"十四五"普通高等教育本科系列教材　　　全国电力行业"十四五"规划教材

U0662021

工程项目管理

（第二版）

主　编　马　斌　雒少江

副主编　高　榕　高　莹　王有熙

参　编　翟　塱　张家荣　曹　宁

主　审　朱记伟

中国电力出版社
CHINA ELECTRIC POWER PRESS

内 容 提 要

本书为全国电力行业"十四五"规划教材，全书共 14 章，涵盖工程项目管理的基本内容，涉及工程项目管理概论，工程招标投标，工程项目组织机构，工程项目施工组织设计，流水施工原理，工程网络计划技术，工程项目进度控制，工程项目成本控制，工程项目质量控制，工程项目安全与环境管理，工程项目资源管理，工程项目合同管理，建设工程项目施工管理信息化及工程收尾管理等。书中每章均有课程思政教学案例，以期实现知识传授与价值引领的有机结合。

本书可作为高等院校工程管理等专业研究生及本科生的工程项目管理课程教材，也可作为各类成人教育学校相关课程教材，还可作为施工一线工程技术及项目管理人员参考用书。

扫码获取本书配套拓展资源

图书在版编目（CIP）数据

工程项目管理/马斌，雒少江主编；高榕，高莹，
王有熙副主编. -- 2 版. -- 北京：中国电力出版社，
2025.5. -- ISBN 978 - 7 - 5198 - 9793 - 2

Ⅰ. F284

中国国家版本馆 CIP 数据核字第 20254JK377 号

出版发行：中国电力出版社
地　　址：北京市东城区北京站西街 19 号（邮政编码 100005）
网　　址：http://www.cepp.sgcc.com.cn
责任编辑：孙　静（010 - 63412542）
责任校对：黄　蓓　于　维
装帧设计：郝晓燕
责任印制：吴　迪

印　　刷：北京雁林吉兆印刷有限公司
版　　次：2021 年 6 月第一版　2025 年 5 月第二版
印　　次：2025 年 5 月北京第一次印刷
开　　本：787 毫米×1092 毫米　16 开本
印　　张：16.25
字　　数：400 千字
定　　价：49.80 元

前　　言

　　土木工程是建造各类工程设施的科学技术的统称，道路、桥梁、铁路、水利、房屋建筑等均属于土木工程。土木工程建设作为基础设施建设，对国民经济的发展具有重要作用。目前，我国土木工程建设正处于向智能化转型的过程中，对工程项目管理提出了更高的要求。

　　工程项目管理贯穿规划论证、勘测设计、招投标、施工、保修以及运营管理等各个环节，其中施工阶段尤为关键，它是将设计蓝图转化为实体建筑的过程，直接关系到工程的最终呈现与质量保证。通过对建设项目全寿命周期进行"三控三管一协调"以及资源优化，工程项目管理不仅能强化现场管控，保障工程整体质量，而且对于提升投资效益、实现安全施工具有重要意义，是工程建设不可或缺的重要保障。

　　本书依据住房和城乡建设部高等工程管理学科专业指导委员会制定的《全国高等学校土建类专业本科教育培养目标和培养方案及主干课程教学基本要求（工程管理专业）》，并结合土建类各专业人才培养方案中对工程项目管理的要求编写，旨在借助本书内容，帮助学生系统掌握工程管理的理论知识，并提升工程思政素养。

　　全书共 14 章，主要包括工程项目管理的基本内容，涉及工程项目管理概论，工程招标投标，工程项目组织机构，工程项目施工组织设计，流水施工原理，工程网络计划技术，工程项目进度控制，工程项目成本控制，工程项目质量控制，工程项目安全与环境管理，工程项目资源管理，工程项目合同管理，建设工程项目施工管理信息化及工程收尾管理等。其中，第 13 章对工程管理信息化软件，如 BIM、广联达、Project 进行了基本的介绍。同时，编者深入挖掘思政元素，将其巧妙融入各个章节的案例之中，实现知识传授与价值引领的有机结合。

　　本书可作为高等院校工程管理等土建类专业研究生及本科生的工程项目管理课程教材，也可作为各类成人教育学校相关课程教材，还可作为施工一线工程技术及项目管理人员的参考用书。

　　本书编写分工如下：马斌、雒少江编写第 1 章及各章课程思政教学案例，并统稿；高榕编写第 2、6、12 章；高莹编写第 3、7 章；王有熙编写第 5、9 章；翟塱编写第 4、8 章；张家荣编写第 10、11 章；曹宁编写第 13、14 章。硕士生王金昕承担了全书的制图及文字校核工作。

　　西安理工大学朱记伟教授主审了本书，并提出了许多宝贵意见，在此致以衷心的感谢！

　　限于编者水平，书中难免存在不妥或疏忽之处，敬请读者批评指正。

编　者

2025 年 4 月

目　　录

前言

第1章　工程项目管理概论 ·· 1

1.1　项目与工程项目 ·· 1

1.2　工程项目管理的基本概念与内容 ·· 4

1.3　工程项目管理体系 ·· 6

1.4　工程项目管理模式 ·· 10

1.5　课程思政教学案例 ·· 14

思考练习题 ·· 16

第2章　工程招标投标 ·· 17

2.1　工程招标 ·· 17

2.2　招标程序 ·· 19

2.3　招标代理机构 ·· 20

2.4　招投标工作 ·· 22

2.5　标底与报价 ·· 24

2.6　招标投标注意事项 ·· 27

2.7　课程思政教学案例 ·· 29

思考练习题 ·· 30

第3章　工程项目组织机构 ·· 31

3.1　工程项目组织 ·· 31

3.2　工程项目经理部 ·· 34

3.3　项目经理 ·· 34

3.4　课程思政教学案例 ·· 37

思考练习题 ·· 39

第4章　工程项目施工组织设计 ·· 40

4.1　施工组织设计概述 ·· 40

4.2　施工组织总设计 ·· 43

4.3　单位工程施工组织设计 ·· 48

4.4　单位工程施工组织设计实例 ·· 51

4.5　课程思政教学案例 ·· 62

思考练习题 ·· 64

第5章　流水施工原理 ·· 65

5.1　流水施工的基本概念 ·· 65

5.2　流水施工的参数 ·· 67

第1章　工程项目管理概论

工程项目管理是指通过一定的组织形式，用系统工程的观点、理论和方法对工程建设项目生命期内的所有工作，包括项目建议书、可行性研究、项目决策、设计、设备询价、施工、签证、验收全运营维护过程进行计划、组织、指挥、协调和控制，以达到保证工程质量、缩短工期、提高投资效益的目的。从工程项目管理的定义中可以看出，施工阶段的项目管理是整个工程建设项目管理过程中的一个环节，而工程建设施工阶段是工程建设主要的实施阶段，各方面工作的好坏对工程建设产品优劣的影响是难以更改的。因此，施工阶段的项目管理是整个工程项目管理的一个重要分支。

1.1　项目与工程项目

本节主要介绍项目的概念、基本特征，建设项目的基本特征及分类，工程项目的概念及特征。

1.1.1　项目及其基本特征

（1）项目的概念。项目的概念有广义与狭义之分。

广义的项目泛指一切符合项目定义，具备项目特点的一次性事业（或活动），如设备的大修或技术改造、新产品的开发、计算机软件开发、应用科学研究等，都可以作为项目。

狭义的项目，一般专指工程建设项目，如建造一座大楼、兴建一座水电站等具有质量、投资、工期要求的一次性工程建设任务。

（2）项目的基本特征。项目一般具有如下几个基本特征：

1）项目的一次性。它是指一个项目完成后，不会有其他项目与之完全相同。该特征使项目管理具有较大的特殊性。为避免项目管理失误，人们就要研究和把握项目的内在规律，依靠科学管理，保证项目的一次成功。

2）项目的目标性和约束性。任何项目都具有特定的目标，同时，这一特定目标的实现总是有一定约束条件的。当然，项目目标也可能在项目实施过程中发生变化，一旦项目目标和约束条件发生变化，项目的管理工作就要随之做出相应调整。

3）项目的生命周期性。项目的一次性决定了项目的生命周期性。在项目生命周期的不同阶段，项目所需投入要素的种类和数量都会有所不同，因而管理的形式内容和方法等也会有所不同。

4）项目的系统性。项目包括人力物资、技术时间、空间信息管理等多种要素。这些要素为实现项目的目标而相互制约、相互作用，构成一个相对完整的系统。

5）项目具有众多结合部。项目外部环境约束项目内部各种要素。项目全生命期的各个不同阶段之间存在众多的结合部（或称为界面）。这些结合部是项目管理工作的重点和难点。

1.1.2　建设项目

建设项目，即基本建设工程项目，是指在一个总体设计或初步设计范围内，由一个或几个单项工程所组成，经济上实行统一核算，行政上实行统一管理或独立工程作为一个建设项目。

（1）建设项目的基本特征。建设项目的基本特征如下：

1）在一个总体设计或初步设计范围内，由一个或若干个之间有内在联系的单项工程所组成，建设中实行统一核算、统一管理。

2）在一定的约束条件下，以形成固定资产为特定目标。约束条件有：时间约束，即有建设工期目标；资源约束，即有投资总量目标；质量约束，即一个建设项目都有预期的生产能力（如公路的通行能力）、技术水平（如使用功能的强度、平整度、抗滑能力等）或使用效益目标。

3）需要遵循必要的建设程序和特定的建设过程。即一个建设项目从提出建设的设想、建议、方案选择、评估、决策、勘察、设计、施工一直到竣工、投入使用，均有一个有序的全过程。

4）按照特定的任务，具有一次性特点的组织形式。其表现是投资的一次性投入，建设地点的一次性固定，设计、施工独立，运营独立。

5）具有投资限额标准。即只有达到一定限额投资的才作为建设项目，不满限额标准的称为零星固定资产购置。

（2）建设项目的分类。建设项目可以按不同标准分类：

1）按建设性质分类，可划分成基本建设项目和更新改造项目两大类。

①基本建设项目是投资建设用于进行以扩大生产能力或增加工程效益为主要目的的新建、扩建工程及有关工作，具体包括以下几个方面。

新建项目：以技术、经济和社会发展为目的，从无到有的建设项目。现有企业、事业和行政单位一般不应有新建项目。如新增加的固定资产价值超过原有全部固定资产价值3倍以上时，才可算新建项目。

扩建项目：企业为扩大生产能力或新增效益而增建的生产车间或工程项目，以及事业和行政单位增建业务用房等。

迁建项目：现有企、事业单位为改变生产布局或出于环境保护等其他特殊要求，搬迁到其他地点的建设项目。

恢复项目：原固定资产因自然灾害或人为灾害等原因已全部或部分报废，又投资重新建设的项目。

②更新改造项目是指建设资金用于对企、事业单位原有设施进行技术改造或固定资产更新，以及相应配套的辅助性生产、生活福利等工程和相关工作。

更新改造项目包括挖潜工程、节能工程、安全工程、环境工程。更新改造措施应掌握专款专用，少搞土建，不搞外延原则进行。

2）按投资作用分类，分为生产性建设项目和非生产性建设项目。

生产性建设项目是指直接用于物质生产或直接为物质生产服务的建设项目，主要包括以下四个方面。

工业建设：包括工业国防和能源建设。

农业建设：包括农、林、牧、水利建设。

基础设施：包括交通、邮电、通信建设、地质普查、勘探建设、建筑业建设等。

商业建设：包括商业、饮食、营销、仓储、综合技术服务事业的建设。

非生产性建设项目是指用于满足人民物质和文化、福利需要的建设和非物质生产部门的建设，主要包括以下几个方面。

办公用房：各级国家党政机关、社会团体、企业管理机关的办公用房。

居住建筑：住宅、公寓、别墅。

公共建筑：科学、教育、文化艺术、广播电视、卫生、体育、社会福利事业、公用事业、咨询服务、宗教、金融、保险等建设。

其他建设：不属于上述各类的其他非生产性建设。

3) 按项目规模分类，基本建设项目划分为大型、中型、小型三类；更新改造项目划分为限额以上和限额以下两类。不同等级标准的建设项目，国家规定的审批机关和报建程序也不尽相同。

划分项目等级的原则如下：

按批准的可行性研究报告（或初步设计）所确定的总设计能力或投资总额的大小，依据国家颁布的《基本建设项目大中小型划分标准》进行分类。

凡生产单一产品的项目，一般以产品的设计生产能力划分；生产多种产品的项目，一般按照其主要产品的设计生产能力划分；产品分类较多，不易分清主次，难以按产品的设计能力划分时，可按投资额划分。

对国民经济和社会发展具有特殊意义的某些项目，虽然设计能力或全部投资不够大、中型项目标准，也按大、中型项目管理。

更新改造项目一般只按投资额分为限额以上和限额以下项目，不再按生产能力或其他标准划分。

（3）建设项目的层次分解。在建筑施工组织中，一般按一个总体设计组织建设，建成后形成生产能力或使用价值的建设工程称为一个建设项目。为了便于组织项目的建设，又将其从大到小的层次依次划分为单项工程、单位工程、分部工程和分项工程。

在一个建设项目中，凡是具有独立的设计文件，竣工后能独立发挥生产能力或效益的工程称为单项工程。在一个单项工程中，凡是可以独立组织施工，但竣工后不能独立发挥生产能力和效益的工程称为单位工程。一个单位工程又可按工程部位或工种不同，划分为若干分部工程。分部工程根据投入的生产要素不同，划分为若干分项工程。实践证明，这种科学合理的划分方法已经被建筑工程界广泛接受。

1.1.3　工程项目

工程项目是最普遍、最典型、最为重要的项目类型，它是一种既有投资行为又有建设行为的项目决策与实施活动，是工程建设的产出物。工程项目具有特定的对象，它以形成固定资产为目的，由建筑、工器具、设备购置、安装、技术改造活动以及与此相联系的其他工作构成。它是以实物形态表示的具体项目，如修建一幢大楼、一座电站、铺设输油管道等。

工程项目可能是一个独立的单体工程，也可能是作为一个系统的群体工程。

工程项目是指为达到预期的目标，投入一定的资本，在一定的约束条件下，经过决策与实施的必要程序，从而形成固定资产的一次性事业。

项目具有广义性和狭义性，项目具备一次性、目标性、系统性等特性。建设项目可以按建设性质、投资作用、项目规模等进行分类。工程项目是工程建设的产成品，是实物形态表示的具体项目。

1.2　工程项目管理的基本概念与内容

　　管理，是指人们为达到一定的目的，对管理的对象所进行的决策、计划、组织、协调、控制等一系列工作，工程项目管理的对象是工程项目，其管理的概念在道理上同其他管理是相通的，但由于工程项目的一次性特征，要求其管理更强调程序性、全面性和科学性。

1.2.1　工程项目管理的基本概念

　　工程项目管理是指以项目为管理对象，在既定的约束条件下，为最优实现项目目标，根据项目的内在规律，对项目生命周期全过程进行有效的计划组织、指挥控制和协调的系统管理活动。

　　工程项目管理是指以全权代表建设单位（业主）的项目经理为核心的工程项目经理部，为实现工程项目目标，对工程项目寿命周期的全过程进行的管理。对于大型、复杂的现代工程项目，往往由于建设单位（业主）人员的知识技术水平和管理能力的局限性，很难保证项目一次性建设的成功。因此，需将项目委托给专职从事项目管理的咨询、监理单位管理。

　　施工项目管理是指以全权代表施工单位（承包商）的项目经理为核心的施工项目经理部，为实现施工项目的目标，对施工项目寿命周期的全过程和各种施工生产要素进行的管理。

1.2.2　工程项目管理的分类

　　按建设工程生产组织的特点，一个项目往往由许多参与单位承担不同的建设任务，由于各参与单位的工作性质、工作任务和利益不同，形成了不同类型的项目管理。由于业主方是建设工程项目生产过程的总集成者——人力资源、物质资源和知识的集成，业主方也是建设工程项目生产过程的总组织者。因此，对于一个建设工程项目而言，虽然有代表不同利益方的项目管理，但是业主方的项目管理是管理的核心。

　　按建设工程项目不同参与方的工作性质和组织特征划分，项目管理有如下类型：

　　（1）业主方的项目管理；

　　（2）设计方的项目管理；

　　（3）施工方的项目管理；

　　（4）供货方的项目管理；

　　（5）建设项目总承包方的项目管理。

　　投资方、开发方和由咨询公司提供的代表业主方利益的项目管理服务都属于业主方的项目管理。施工总承包方和分包方的项目管理都属于施工方的项目管理，材料和设备供应方的项目管理都属于供货方的项目管理。建设项目总承包有多种形式，如设计和施工任务综合的承包，设计、采购和施工任务综合的承包（简称 EPC 承包）等，它们的项目管理都属于建设项目总承包方的项目管理。

1.2.3　工程项目管理的任务

　　（1）业主方项目管理的任务。业主参与工程项目的整个生命周期，业主对工程项目的管理是整个工程建设项目管理的中心。业主对工程项目管理的主要职能有：决策、计划、控制和组织协调。

业主方项目管理任务包括："三管理、三控制、一协调"。"三管理"为：安全管理、合同管理、信息管理；"三控制"为：投资控制、进度控制、质量控制；"一协调"即组织和协调。

业主方项目管理的任务即项目实施阶段的全过程，见表1-1。其中最重要的任务是安全管理，安全管理关系到人身的健康与安全，而投资控制、进度控制、质量控制等则只涉及物质的利益。

表1-1　　　　　　　　　　　　业主方项目管理的任务

项目	设计前的准备阶段	设计阶段	施工阶段	动工前准备阶段	保修期
安全管理					
投资控制					
进度控制					
质量控制					
合同管理					
信息管理					
组织与协调					

业主方受自身条件限制，可通过合同协议进行专业化管理和服务活动的委托。因此，业主方的项目管理并不局限于投资方、开发方的管理，咨询公司、工程监理等提供的代表业主方利益的项目管理都属于业主方的项目管理。

（2）设计方项目管理的任务。设计方项目管理的目标是项目的整体利益和设计方本身利益。项目的投资目标能否实现与设计工作密切相关。设计方的项目管理工作主要在设计阶段进行。

项目方项目管理的主要任务有：与设计工作有关的安全管理、设计成本控制与设计工作有关的工程造价控制、设计进度控制、设计质量控制、设计合同管理、设计信息管理、与设计工作有关的沟通管理。

（3）施工方项目管理的任务。施工方项目管理的目标是项目的整体利益和施工方本身利益。在工程实践中，设计阶段和施工阶段往往是交叉的，因此施工方的项目管理工作也涉及设计阶段。

施工方项目管理的主要任务：施工安全管理、施工成本管理、施工进度管理、施工质量管理、施工合同管理、施工信息管理、与施工有关的沟通管理。

（4）供货方项目管理的任务。供货方项目管理的目标是项目的整体利益和供货方本身利益。供货方的项目管理工作主要在施工阶段进行。

供货方项目管理的主要任务：供货安全管理、供货成本管理、供货进度管理、供货质量管理、供货合同管理、供货信息管理、与供货有关的组织协调。

（5）建设项目总承包方项目管理的任务。建设项目总承包方项目管理的目标是项目的整体利益和供货方本身利益。建设项目总承包方的项目管理工作涉及项目实施阶段的全过程。

建设项目总承包方项目管理的主要任务：安全管理、投资控制、总承包方成本控制、进度控制、质量控制、合同管理、信息管理、与建设总承包方有关的组织协调。

本节从工程项目管理的基本概念出发，根据建设工程项目不同参与方的工作性质和组织特征划将工程项目管理划分成五大参与方，详细介绍了五大参与方项目管理的具体内容。

1.3　工程项目管理体系

本节主要从领域、层次与过程三个维度介绍建设工程项目管理体系，详细介绍工程项目建设程序的七个阶段以及工程项目管理领域和层次。

1.3.1　体系框架

工程项目管理体系按管理学原理可分为领域、层次与过程三个维度，其三维管理体系具体如图1-1所示。

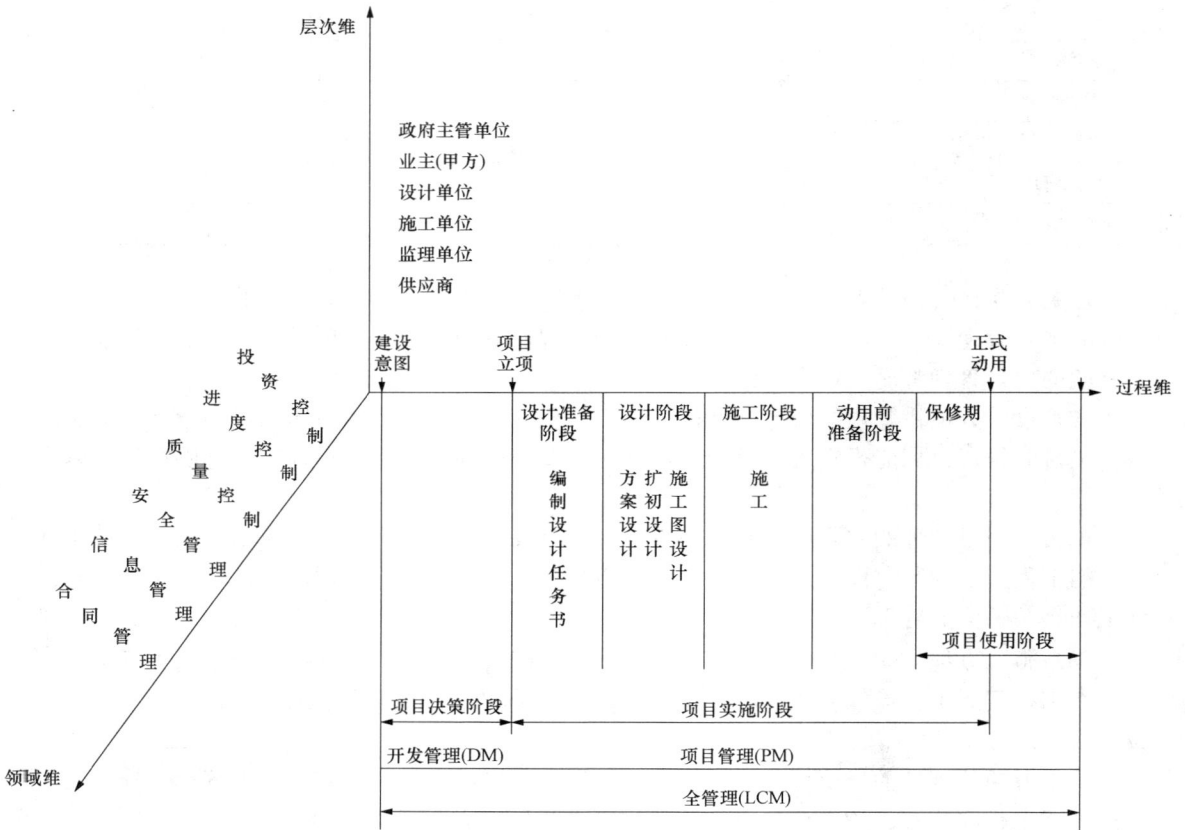

图1-1　建设工程项目管理体系

1.3.2　工程项目管理程序

（1）工程项目生命期。项目都具有明显、确定的周期性与阶段性，且有一定的规律可以遵循，但处于不同行业与专业的不同项目，它们的周期性和阶段性的表现又具有各自的特点，研究项目的周期性和阶段性并得出带有规律性的认识，对合理安排管理资源，有效推进并控制项目的进程具有重大的意义。

工程建设项目生命期可用两种常见的方式，即四阶段和三阶段表达方式予以表达。其中四阶段表达方式是将项目建议书及包括项目方案设计（工程方案）在内的项目可行性研究报告编制、审定、批复过程合一，作为项目的决策阶段，亦即第一阶段；将工程设计与编制预控计划作为独立的第二阶段；将工程采购与施工作为此后的第三阶段；而将处于保修期的项目使用阶段作为工程建设项目的最后，亦即第四阶段。而三阶段表达方式则是将项目的决策阶段称为项目前期管理阶段，将项目竣工后的保修期称为项目后期管理阶段，而将项目的工程设计期与施工期合一称为建造期或建设期管理阶段，这样的两期合一与国际工程管理界习惯的定义与称谓一致。与国际项目管理界就项目生命周期给出的定义相比，三阶段表达法中的"前期管理"阶段涵盖了前者的"开始"与"计划"两个阶段，"建设（造）期管理"正好等同于前者的"执行、控制（细节设计与生产）"阶段，而"后期管理"则相当于后者的"结束"阶段。

对工程建设项目生命周期的科学归纳和正确理解是项目管理者进行项目管理的基础，也是正确实施项目招标采购的必要条件。工程建设项目生命周期与阶段构成的运行规则是客观规律，对必经的工作阶段不能省略，也不要轻易打破阶段性工作之间的逻辑关系，否则会带来项目的风险与损失，项目管理者和项目招标采购工作的组织与参与者对此都应予以充分的重视。

（2）工程项目建设程序。工程项目管理是工程项目建设各程序中，建设主体对工程项目的合同、质量、进度、投资成本和信息进行的管理和组织协调。

我国工程项目建设程序分为七个阶段，如图 1-2 所示，各阶段的具体内容如下。

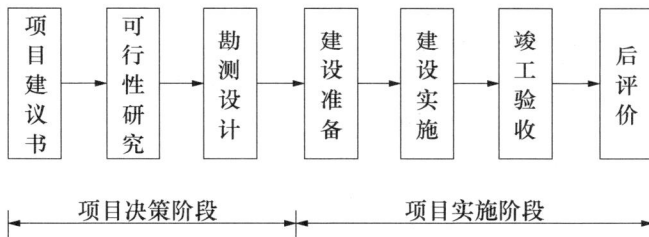

图 1-2　我国工程项目建设程序

1）项目建议书阶段：项目建议书是对拟建项目的轮廓设想，由业主单位向国家提出。

2）可行性研究阶段：通过对工程建设可能的各方案进行技术经济比较，推荐最佳方案。可行性研究报告批准后，项目便正式立项，即可组织筹建机构、设立项目法人，负责进行以后的工作。

3）勘测设计阶段：工程项目设计一般分初步设计和施工图设计两个阶段。技术上比较复杂的工程在初步设计之后加技术设计。初步设计是对可行性研究报告的要求做出技术可行和经济合理的实施方案。施工详图设计是做出工程的结构构造、尺寸，能据以施工的图纸。

4）建设准备阶段：做好征地、拆迁、七通（通水、通电、通路、通邮、通信、通暖气、通天然气或煤气）、一平（场地平整）、组织设备及材料订货，进行施工招标，选定施工单位。

5）建设实施阶段：从工程第一次破土动工开始，工程即进入施工阶段。施工阶段的任务是按施工组织设计进行施工，满足设计和工程合同规定的质量、工期和成本要求。

6）竣工验收阶段：当施工完成工程项目设计规定的全部内容后，即可组织验收。验收合格即可投入运行。

7）后评价阶段：后评价是在项目建成并投入运营或使用后，通过对项目全面总结评价，汲取经验教训，提高改进项目决策水平，以提高投资效益，其主要目的是得到经验、教训和启示。

1.3.3　工程项目管理领域

工程项目管理领域是指项目管理涉及的主要内容，包含投资控制、进度控制、质量控制、信息管理、合同管理和安全管理。这些工程项目管理的内容往往由建设单位、施工单位、设计单位以及监理单位。在工程建设过程的不同阶段参与。

（1）投资控制。建设项目的投资控制始终贯穿于项目的全过程，一般情况下大致可分为立项决策、设计及准备、实施及完工、投产交付四个阶段。做好各阶段投资控制，把工程建设项目的投资控制在批准的投资限额以内，随时纠正建设项目投资过程中发生的偏差，确保工程建设项目投资目标的实现，做到在各个项目中能合理地使用人力、物力、财力，以得到投资的最佳经济效益和社会效益。

实施阶段投资控制是各阶段投资控制重要的一环。一般可分为招投标阶段、施工阶段及结算审计三个阶段的投资控制。作为施工方，施工阶段的投资控制措施最为直接，同时也是整个工程最为关键的环节。

施工阶段的投资控制是项目全过程造价管理中最难、最复杂的一个阶段，施工前必须按项目划分、按时间进度，对建设投资进行合理分配，对施工组织设计和施工方案进行认真审查，做好施工组织设计的技术经济分析；在施工过程中，按工程进度计量支付工程款，与市场经济相适应，办理项目投资的动态结算，严格控制工程变更，按规定程序确定工程变更价款；以合同为依据，处理各种可能的索赔；并做好投资支出分析，促进施工方改进项目施工方法，帮助施工方加强工程成本治理。此外，在项目的实施过程中，由于多种情况的变更，经常出现工作量的变化、施工进度的变化，以及建设方与施工方在执行合同中难免有争执，因此甲方必须合理地确定变更价款，控制投资支出。

（2）进度控制。进度控制是建设项目重要的控制目标，对于建设单位来说，它关系到建设项目能否及时发挥经济和社会效益；而对于施工单位来说，在保证质量和安全的前提下按合同工期竣工，不仅是企业在激烈的市场竞争中生存的需要，也是企业资源综合利用、获取利润的基本要求。因此，无论是建设单位还是施工单位，都把建设项目施工进度的控制放在十分重要的地位。

施工单位进度控制的主要方法有两种：①行政的方法。项目经理部适当地利用行政方法，通过发布进度指令，利用激励手段（惩罚、表扬、批评等）、监督、督促等方式进行进度控制。在使用行政方法时，也要提倡科学性，防止主观、武断、片面地瞎指挥。②经济的方法。作为工程的总承包单位，利用经济控制施工进度，对施工班组，按照多劳多得的原则，实行效益工资，对于管理人员，同样要根据个人工作与工程进度的关联程度，制订针对工作进度的考核，将管理人员的奖金收入与工作进度挂钩。

进度在控制过程中还需要各阶段和各部门之间的紧密配合和协作，只有对这些有关的单位进行协调和控制，才能有效地进行建设项目的进度控制。

（3）质量控制。工程质量控制是指为保证和提高工程质量，运用一整套质量管理体系、手段和方法所进行的系统管理活动。工程质量控制的中心任务是通过建立健全有效的质量监督工作体系来确保工程质量，达到合同规定的标准和等级要求。根据工程质量形成的时间阶段，施工质量控制又分为质量的事前控制、事中控制和事后控制。

1）事前控制。质量的事前控制包括：确定质量标准，明确质量要求；建立本项目的质量监理控制体系；施工场地质检验收；建立完善质量保证体系；检查工程使用的原材料、半成品；施工机械的质量控制；审查施工组织设计或施工方案。

2）事中控制。施工工艺过程质量控制：现场检查、旁站、量测、试验。

工序交接检查：坚持上道工序不经检查验收不准进行下道工序的原则，检验合格后签署认可才能进行下道工序。

隐蔽工程检查验收。

做好设计变更及技术核定的处理工作。

工程质量事故处理：分析质量事故的原因、责任；审核、批准处理工程质量事故的技术措施或方案；检查处理措施的效果。

进行质量、技术鉴定。

建立质量监理日志。

组织现场质量协调会。

3）事后控制。质量的事后控制包括：组织试车运转；组织单位、单项工程竣工验收；组织对工程项目进行质量评定；审核竣工图及其他技术文件资料，搞好工程竣工验收；整理工程技术文件资料并编目建档。

（4）信息管理。建设工程施工项目信息管理是指在施工工程项目实施过程中对信息进行收集、整理、处理、储存、传递与应用等过程的科学管理。施工项目信息管理系统为项目管理的规划、决策、组织、指挥、控制、检查、监督和总结分析提供及时可靠的依据，从而保证项目施工管理的科学实施和快速发展。

信息管理的目的，是为了更好地使用信息，为决策服务。处理好的信息，要按照需要和要求编印成各类报表和文件，以供项目管理工作使用。工程施工信息管理是为了有效地开发、利用、控制和协调施工信息，提高信息的准确性、精确性和实效性。建筑工程施工信息是施工过程中实施进度、成本、质量目标控制的基础和依据，施工活动中涉及的各个部门之间的交流合作都需要充分的信息作为支持，利用信息指导工程施工做出科学合理的决策。

（5）合同管理。工程项目管理是企业管理的基本环节，而合同管理又是工程项目管理的重要内容之一，它是工程项目经济效益的源泉。

工程建设项目的合同根据付款方式的不同一般可分为总价合同、成本加酬金合和单价合同三大类。总价合同适用于工程量不太大且能精确计算、工期较短、技术难度不大、风险不大的项目，而且设计图纸必须详细而全面。成本加酬金合同一般用于需要立即开展工作的项目、新型的工程项目、风险很大的项目。建筑工程项目由于规模较大，建设周期长，技术难度大，各类设计变更情况复杂，故一般多采用单价合同形式，即按招标文件就分部分项工程所列出的工程量清单确定分部分项工程的费用，据此得出合同总价。业主根据承包商所完成的经监理工程师核定的合格工程量支付工程款。单价合同由于使工程风险得到合理的分摊，并能鼓励承包商通过提高工艺等手段来节约成本并从中提高利润，因而得到较为广泛的应用。

1）工程招投标阶段的合同管理。为合理有效地控制工程造价，合理地利用投资，基本建设项目均采用招投标方式。招标投标是工程建设市场的一种交易行为，是通过招投标公开、公平、公正地择优选择施工单位，并通过签订承包合同，把设计概算落到实处。

2）工程实施中的计量支付管理。工程项目计量与支付的实质是根据承包商完成的合格工程量或工作量进行合理计价并办理支付的过程，包括计量、计价、支付等工作内容，是业主、监理工程师、承包商共同参与完成的工作。它不仅包括合同价格内的清单工程细目、计日工、暂定金额等，还包括引起合同价格变化的变更工程、索赔、价格调整等项目费用。

3）竣工决算合同管理。竣工决算是一个工程项目投资的最终反映，竣工决算工作是否顺利和准确取决于合同各阶段的执行情况。建设工程一般工期长，1～2年不等，合同管理竣工决算的影响从建设单位的角度出发主要有下面几个方面：①建设单位的领导要有全局观念；②从事合同管理的人员要相对稳定；③合同资料管理要全面细致；④监理是合同管理的重要力量，监理人员最好是监理公司正式从业人员；⑤施工单位是业主合同管理的有力延伸。做好建设工程的合同管理以使竣工决算工作顺利完成，需要建设单位、监理单位、设计单位和施工单位的通力配合和协作。

总之，合同管理在合同履行过程中起到指导性的作用，在履行合同时，对于各种事件的及时处理，各种变更等及时补充，对合同的履行进度及时跟进，能够避免项目的施工质量作假、施工成本的非必要增加、施工工期的不合理延长，同时降低合同双方可能的纠纷，对整个项目工程起到良好的作用。

（6）安全管理。工程项目施工是一项十分复杂的工作，各种不安全因素相互交错，造成管理难度大、作业难度大、劳动强度高、伤亡事故多。因此，从某种意义上说，做好安全管理工作，实现安全生产才是工程施工的核心，是工程能够顺利进行的基础，是获得效益的前提和保障。因此，作为工程施工的安全管理人员要认真落实企业的各项管理规章制度，做好动态和静态的安全检查，尽可能地保障施工设施不受损坏的同时，努力为劳动者提供一个安全的生活空间和生产环境，从而保证安全生产正常进行，使企业能够获得最大的经济效益。

1.4　工程项目管理模式

工程项目管理模式是工程项目管理知识在建设项目上的运用和实践，即建设工程整个生命周期内，为了确保建设目标实现，从事工程项目建设的公司运用各种相关资源与手段的综合运作方法及组织管理方式。王卓甫（2006）将工程项目管理模式分为融资模式和交易模式两部分。安慧、郑传军（2013）对国际上主要项目管理模式进行总结，将其划分为传统模式、工程总承包模式、项目管理承包模式和其他模式。本书中将建设工程项目管理模式分为交易模式、融资模式、管理模式。

1.4.1　交易模式

交易模式一般包含 DBB、DB、EPC、NCP 和 Partnering 模式，不同的交易模式从内涵、特征、合同模式、承包商风险角度进行分析，具有不同的特点，具体见表 1-2。

模式名称 对比项	DBB (Design - Bid - Build)	DB (Design - Build)	EPC (Engineering - Procurement - Construction)	NCP (Novation - Contract - Pattern)	partnering 模式
内涵	设计 - 招标 - 施工	设计 - 施工	设计 - 采购 - 施工	更替型合同模式	合伙模式
特征	严格按照设计、招标、施工顺序进行，一个阶段完成后才能进行下一个阶段	业主与单一的具备项目管理能力的大型承包商签订设计施工合同，并不通过招标	总承包商负责设计、采购、施工，有序交叉进行	设计机构先进行30%～80%的设计，业主再招标选择承包商承担未完成设计及施工	自愿性、高层参管及信息开发共享，改善项目各参与方关系
合同模式	单价合同	总价合同	总价合同	倾向于总价	合伙协议
承包商风险	只承担自身任务风险	承包商对设计承担较大风险	承包商承担设计采购施工风险	后一部分设计及全部施工风险	业主与承包商共同承担风险
承包商工作范围	承包商各自进行相关领域的项目	按照合同约定，承担项目的设计及建造工作	承担项目从策划到试运营全过程管理	部分设计及全部施工工作	协议约定工作范围
责任明确程度	小	大	大	中	
业主介入程度	业主自主选择咨询、设计、监理方，介入程度较高	业主只管理总承包商，对设计、施工介入程度低	业主重点进行竣工验收，介入程度低	业主前期设计阶段介入程度深，后期介入程度浅	业主与承包商合作沟通，介入程度较深
模式缺陷	按顺序进行，导致工期长，设计的"可施工性"差	业主对设计的控制低，交付方式操作复杂	业主对项目不能进行有效控制，总承包商的风险过大	业主要仔细考虑设计合同更替过程中的责任及风险分配	不能单独存在，且主观因素较多易引起让利行为
适用范围	规模较小的简单项目	规模较小、技术成熟的项目	规模较大、管理难度大、采购工作量大的项目	技术和性能标准易明确的大型项目	适合业主有长期投资的、较复杂的项目

表 1 - 2　　交 易 模 式

1.4.2　融资模式

融资模式一般包含 BOT、BT、TOT、PFI、ABS 和 PPP 模式（详见表 1 - 3），项目融资是近些年兴起的一种融资手段，是以项目的名义筹措一年期以上的资金，以项目营运收入承担债务偿还责任的融资形式。形式有很多，也比较灵活，每一种模式都有适用的领域和趋势。

表 1 - 3　　　　　　　　　　　　融　资　模　式

模式名称 对比项	BOT (Build - Operate - Transfer)	BT (Build - Transfer)	TOT (Transfer - Operate - Transfer)	PFI (Private - Finance - Initiative)	ABS (Asset - Backed - Securitization)	PPP (Public - Private - Partnership)
内涵	建设 - 运营 - 转让	建设 - 转让	移交 - 经营 - 移交	私人主动融资	资产收益证券化融资	公私合作运营
特征	将基础设施的经营权有期限的抵押以获得项目融资	业主在投资方移交项目后通过经营向投资方支付总投资加合理回报	将已投产的公共设施项目交由民间投资者经营以获得增量资产	政府从私人部门处购买服务的融资模式	以项目预期收益为保证，发行债券募集资金	公共部门与私人企业合作参与基础设施建设
合同类型	特许经营权合同	BT 协议	特许经营权合同	公共服务合同	项目未来收益转让合同	特许经营权合同
融资来源	权益投资人和债务投资人	投资者从金融机构融资	民间投资人（经营主体）	全部来自私营部门或与政府共同投资	资本市场发行债券募集资金	公私共同组建项目公司筹措资本金及贷款
项目所有权及经营权	私人企业在特许期内拥有项目所有权及经营权	政府拥有项目所有权，将融资建设特许权转让投资方	私人企业在特许期内拥有全部或部分产权、经营权	政府握有项目所有权，私人部门只有建设、经营权	特许信托机构仅拥有债券存续期内项目资产的所有权	私人企业在特许期内拥有项目所有权及经营权
资金回收方式	通过项目的建设和运营获得间接的经济效益和社会效益	根据回购协议向投资者支付项目总投资及确定的回报	经营项目获得，项目未来若干年收益	合同期内向项目使用者收取费用回收成本	利用项目建设、经营及未来收益回收资本，偿还本息	除直接收益，政府还给予税收优惠、土地优先开发权等补偿
项目风险	投资回收风险较大	政府债务偿还风险较大	越过建设阶段，风险较小	参与者较多，风险较大	由于评级下降的保护政策，风险较小	政府将部分风险转移给私人企业。风险较小
适用范围	投资额度大且期限较长，具有公益性质的基础设施	政府基础设施非经营性项目建设	有收费补偿机制的存量设施	投资较大具有经营收益性的城市公共基础设施	凡是可预见未来收益和持续现金流量的基础设施和公共工程开发项目	城市基础设施及公共服务领域，尤其是大型一次性项目

1.4.3 管理模式

管理模式一般包含 CM（分为代理型和风险型）、PMC、DM、PC 和代建模式，管理模式之间具有不同之处，具体见表1-4。

表1-4 管 理 模 式

模式名称对比项	委托管理模式		PMC (Project - Management - Contract)	DM (Design - Manage)	PC (Project - Controllin)	代建模式
	代理型 CM	风险型 CM				代建制
	Construction - Management					
内涵	建造 - 管理		项目管理总承包	设计 - 管理	项目总控	委托代建
主要特征	将设计分为若干个部分，完成一部分就招标，招标完成就进行施工，有效缩短工程建设工期		业主只负责宏观调控，不做具体管理	由同一实体（DM 公司）向业主提供设计及施工管理服务	承包商运用现代技术，为大型复杂项目提供决策支持	将"投资、建设、使用、管理"分离，避免腐败
合同模式	成本加酬金合同		总价合同	单价合同		代建合同
管理机构	有施工经验的 CM 单位		具有相应的资质、经验的 PM 公司	具备设计及管理资质的 DM 单位	掌握现代信息技术的 PC 单位	专业化的代建单位
管理范围	设计和审批阶段为业主提供建议，施工阶段监督管理		从项目前期策划开始全过程管理	设计和施工管理服务	项目实施工程中的综合管理服务或为业主提供决策支持	提供全过程或分阶段管理服务
承包商与其他参与方关系	CM 单位不与承包商签订合同，负责协调管理	CM 单位与其他承包商签订合同，负责协议管理	PMC 承包商代业主协调管理其他各参与方	负责对设计、供货等单位进行管理或与其签订合同	对其他参与方没有下达指令和直接管理的权力	代建单位作为项目管理公司与设计、采购、监理等承包商签订合同
适用范围	要求尽早开工、工期要求紧、变更多、无法准确定价的项目		投资规模巨大、工艺技术复杂的项目	业主自主管理能力差的项目	工作复杂、重大决策问题多的大型和特大型项目	以财政性直接投资或以财政性直接投资为主的非经营性项目

1.4.4 案例

【案例1】 PPP 融资模式案例。

20 世纪 90 年代后，一种崭新的融资模式——PPP 模式，即"公共部门 - 私人企业 - 合作"的模式在西方特别是欧洲流行起来，在公共基础设施领域，尤其是在大型、一次性的项目，如公路、铁路、地铁等的建设中扮演着重要角色。

PPP 模式是公私合营各种模式的统称。此处是作为一种独立而具体的模式。就此而言，

PPP 融资模式主要应用于基础设施等公共项目。首先，政府针对具体项目特许新建一家项目公司，并对其提供扶持措施。其次，项目公司负责进行项目的融资和建设，融资来源包括项目资本金和贷款。最后，项目建成后，由政府特许企业进行项目的开发和运营，而贷款人除了可以获得项目经营的直接收益外，还可获得通过政府扶持所转化的效益。

【案例 2】　　PPP 模式案例。

北京地铁 4 号线在国内首次采用 PPP 模式，将工程的所有投资建设任务以 7∶3 的基础比例划分为 A、B 两部分，A 部分包括洞体、车站等土建工程的投资建设，由政府投资方负责；B 部分包括车辆、信号等设备资产的投资、运营和维护，吸引社会投资组建的 PPP 项目公司来完成。政府部门与 PPP 公司签订特许经营协议，要根据 PPP 项目公司所提供服务的质量、效益等指标，对企业进行考核。在项目成长期，政府将其投资所形成的资产，以无偿或象征性的价格租赁给 PPP 项目公司，为其实现正常投资收益提供保障；在项目成熟期，为收回部分政府投资，同时避免 PPP 项目公司产生超额利润，将通过调整租金（为简便起见，其后在执行过程中采用了固定租金方式）的形式令政府投资公司参与收益的分配；在项目特许期结束后，PPP 项目公司无偿将项目全部资产移交给政府或续签经营合同。

本章从项目概念出发，分析了项目管理的特点、各个实施过程，描述了项目管理的基本流程，并细化到建设工程项目的范围，对工程项目管理进行了细致分析，总结了工程项目管理的主体单位及其在项目管理中的关系。

1.5　课程思政教学案例

本节从工程项目管理绪论专业思想的视角出发，植入的课程思政教育案例（元素）为：工程项目管理思想——思路与系统思想方法。

1.5.1　专业知识点

工程项目管理作为土木工程专业管理类核心课程，以培养和提高学生的实践、集成和创新能力为中心，以将传授的知识内化为学生实践、集成和创新的综合素质为目标，力图通过理论教学、案例分析、工程实践、计算机上机学习等教学环节，培养学生工程项目管理的综合能力。

目前，我国土木工程建设正处于向智能化、数字化转型的过程中，对工程项目管理提出了更高的要求。土木工程建设项目包括规划论证、勘测设计、招标施工、管理运营几个阶段，其中施工是把建筑和设施由蓝图变成实体的过程，是工程建设管理极为重要的阶段。对建设项目进行"三控三管一协调"以及资源优化，不仅可以加强现场管理，保证工程整体质量，而且对于提高投资效益、实现安全施工有着重要的意义。

1.5.2　思政育人目标

工程项目管理课程思政教育旨在立足工程管理专业课程实际，通过"三峡工程""港珠澳大桥""水立方"等伟大工程建设案例，深刻汲取"秦岭违建""三门峡大坝"等反面案例，结合大国工匠精神和中华优秀传统文化将思政育人融入课程教学。深入挖掘课程的思政内涵，修订课程教学大纲，增加"课程思政"教学目标，融入教学设计和学生学习任务中，并革新教学方式方法，加强教学团队建设，丰富课程思政教学资源，完善课程配套实践教学，改革课程考核方式方法，形成参考性强、推广价值高的典型案例。通过探索工程项目管理专业课程思政教育模式，形成课程思政实施路径，使学生思想政治素质、科学文化素质、身心健康素质等得到全面协调发展，达到"两性一度"，实现"五育"并举。工程项目管理课程在"互联网＋创新"教育背景下，以引导性教学为主，实现学生"做中学"，具体为：构建与实际工程结合嵌入思政案例的项目任务，串联相关知识点，学生以团队形式完成任务，使其掌握施工项目管理专业知识的同时达到思政育人的目的。

树魂立根、课程思政、过程育人，本课程专业思政教育研究的主要内容包括：工程伦理、工程文化、工程哲学、工程艺术、工程战略管理、工程决策管理、工程安全管理、工程环境管理、工程组织论与工程价值论等。注重课程渗透，在实践训练过程中渗透工程师素养，以课程思政培养具有家国情怀、攻坚克难、德才兼备的解决复杂工程问题的高级人才。

思想指引方向，用治国理政的思想引导工程项目建设管理，用工程项目管理实践践行治国理政思想。形成能从技术和经济角度思考工程项目管理活动的全局观，利用辩证思维解决工程管理问题的思维方式，较强的沟通能力和良好的个体和团队合作意识。

1.5.3　思政案例

工程项目管理思想
——思路与系统思想方法

工程项目管理与治国理政具有异曲同工之妙，思想方法一脉相承，如出一辙。用治国理政的思想指导工程项目管理，用工程项目管理实践践行治国理政思想。

工程项目管理的背景、环境日益复杂，涉及环节、因素增多，项目对环境、经济的影响较大，并受到人文、社会关系的影响，资金来源、建设形式也日趋多样化，如果仅仅着眼于具体的技术方法，就不能从战略高度对项目进行综合分析，不能与国家的发展战略、发展观念相协调，所以首先要研究工程项目管理的思想方法。工程项目管理体现出来的思想是多方面的，其中最基本的应该是系统思想。系统思想不仅是项目管理的基本思想，也是项目管理理论形成与发展的基础之一。系统思想的科学基础是系统论，哲学基础是事物的整体观。工程项目管理的系统思想包含两个含义。一是将工程项目自身作为一个系统来管理，也就是运用系统科学的方法，通过信息反馈与调控，对工程项目进行全面综合管理，包括计划、组织、指挥、协调、控制，以实现项目的目标。工程项目管理系统思想的第二个含义是工程项目作为一个系统，又是大系统的一个子系统，"大系统"包括项目所在行业、所在地经济、社会环境，以至于地区、国内、国外市场等，要将工程项目放到社会经济系统中，作为社会大系统的子系统看待。项目自身是一个系统，又是社会环境系统的子系统，项目自身的顺利实施是一个目标，符合社会、环境、发展要求。在这样的思想指导下，工程项目建设才能既实现自身目标，又能起到振兴区域经济、协调全面发展的作用。这一指导思想重点应在项目的策划、评价、决策阶段体现。

1.5.4　思政育人效果

以热点事件为案例，引导学生开阔视野，并把创新思维训练贯穿整个课堂。教学方法与手段改革，引导学生创新性地解决复杂工程问题。注重理论引导与实践结合，要在课程内让学生了解工程项目从投资决策到竣工验收整个过程的系统性管理，让学生学到如何利用现代施工技术与项目管理方法和手段来解决实际工程中会遇到的复杂问题。而在案例中学到的管理方法在实际工程管理中具有一定的局限性，这就要求我们从实际出发，以具体的工程项目为载体，将课程内容与实际工程项目管理结合，这样才能让学生扎实地掌握工程项目管理的方法，才能让学生深刻领会理论联系实际的重要性。

我国建筑事业如今的蓬勃发展得益于千千万万工程人的智慧与汗水。经过了几十年的理论创新、技术探索，我国建筑业厚积薄发，现已跻身于建筑强国之列。在这个质的转化过程中，无数的工程人爱岗敬业、勇于探索，发扬了工匠精神。随着国家对发展结构的调整，我国建设工程对质量及功能的要求更加严格，每项工程从开工到竣工，对工程管理类人才的需求量大大增加。高校为工程领域输送的人才不仅要掌握专业知识，更应该对自己的事业有着十足的干劲和热情，主动传承工匠精神。

树立劳模精神、劳动精神、工匠精神。在课程思政改革的过程中，结合我国建筑业发展的几十年伟大历程。"三峡水利枢纽"工程的运行、"南水北调"工程实现远距离跨流域调水、"港珠澳大桥"通车，这些伟大工程背后离不开工程人的辛劳与付出，它们是我国优秀工程师智慧的结晶，更是我国科技力量进步的见证。课程思政案例展现伟大工程背后的故事，教育学生始终保持工程人的品质，时刻牢记社会赋予我们的责任和使命。

思考练习题

1. 什么是建设工程项目？它的基本特征有哪些？
2. 为什么没有明确目标的建设工程不是项目管理的对象？
3. 建设工程项目管理的核心是什么？业主方对工程项目管理的主要职能和任务是什么？
4. 简述建设工程项目管理体系。
5. 建设工程项目施工管理的特点和内容是什么？
6. 建设工程项目管理有哪几种模式？简述各种模式的特点。

第 2 章　工　程　招　标　投　标

工程招、投标是在国家法律的保护和监督下，工程建设单位与承包企业在双方同意的基础上进行的一种交易行为，包括招标与投标两个方面。招标是工程建设单位择优选择设计、施工或监理单位的活动；投标是设计、施工或监理单位争取获得承包工程的活动。工程招标投标能够保护国家利益、社会公共利益，提高经济效益，保证项目质量。《中华人民共和国招标投标法》（以下简称《招标投标法》）中规定任何单位和个人不得将依法必须进行招标的项目化整为零或者以其他任何方式规避招标。

2.1　工　程　招　标

招标，是指招标人为有偿获得货物、工程和服务等活动的交易资格，提出招标条件，公开或书面邀请投标人前来投标，从中择优选定中标人的单方行为。招标在建设工程领域主要应用于工程建设项目，包括项目勘察、设计、施工、监理及与工程建设有关的重要设备、材料的采购等方面。《招标投标法》规定：招标投标活动应当遵循公开、公平、公正和诚实信用的原则，招标投标活动及其当事人应当接受有关行政监督部门依法实施监督。

2.1.1　招标范围

依法必须进行招标的项目，其招标投标活动不受地区或者部门的限制。任何单位和个人不得违法限制或者排斥本地区、本系统以外的法人或者其他组织参加投标，不得以任何方式非法干涉招标投标活动。

（1）必须进行招标的工程范围。我国《招标投标法》规定，在中华人民共和国境内进行下列工程建设项目包括项目的勘察、设计、施工、监理以及与工程建设有关的重要设备、材料等的采购，必须进行招标。

1）大型基础设施、公用事业等关系社会公共利益、公众安全的项目，具体项目的范围包括：供水、供电、供气、供热等市政工程项目；科技、教育、文化等项目；体育、旅游等项目；卫生、社会福利等项目；商品住宅，包括经济适用住房；其他公用事业项目。

2）全部或者部分使用国有资金投资或者国家融资的项目，其中，使用国有资金投资项目的范围包括：使用各级财政预算资金的项目；使用纳入财政管理的各种政府性专项建设基金的项目；使用国有企业事业单位自有资金，并且国有资产投资者实际拥有控制权的项目。

国家融资项目的范围包括：使用国家发行债券所筹资金的项目；使用国家对外借款或者担保所筹资金的项目；使用国家政策性贷款的项目；国家授权投资主体融资的项目；国家特许的融资项目。

3）使用国际组织或者外国政府贷款、援助资金的项目，具体项目的范围包括：使用世界银行、亚洲开发银行等国际组织贷款资金的项目；使用外国政府及其机构贷款资金的项目；使用国际组织或者外国政府援助资金的项目。

其中，根据《必须招标的工程项目规定》规定，大型基础设施、公用事业等关系社会公共利益、公众安全的项目，其勘察、设计、施工、监理以及与工程建设有关的重要设备、材料等的采购达到下列标准之一的，必须招标。

施工单项合同估算价在 400 万元人民币以上；重要设备、材料等货物的采购，单项合同估算价在 200 万元人民币以上；勘察、设计、监理等服务的采购，单项合同估算价在 100 万元人民币以上。

同一项目中可以合并进行的勘察、设计、施工、监理以及与工程建设有关的重要设备、材料等的采购，合同估算价计计达到前款规定标准的，必须招标。

工程建设进行招投标的作用有：①促进建设单位重视并做好建设前期工作，遵守基本建设程序；②有利节约建设资金；③择优选出符合条件理想的承包施工队伍；④增强承包企业的责任，有利保证工程质量和工期。

当前，我国建筑市场的招标活动中，制度还不够健全和完善，仍有一些不良做法，使不具备条件的人承包了工程，不遵守技术规范，偷工减料、质量不合格，造成豆腐渣工程，必须杜绝。

（2）可以不进行招标的项目。法律规定以下项目可以不进行招标。《招标投标法》中规定"涉及国家安全、国家秘密、抢险救灾或者属于利用扶贫资金实行以工代赈、需要使用农民工等特殊情况，不适宜进行招标的项目，按照国家有关规定可以不进行招标。使用国际组织或者外国政府贷款、援助资金的项目进行招标，贷款方、资金提供方对招标投标的具体条件和程序有不同规定的，可以适用其规定，但违背中华人民共和国的社会公共利益的除外。"

《工程建设项目施工招标投标办法》第 12 条中进一步明确了可以不进行施工招标的项目，依法必须进行施工招标的工程建设项目有下列情形之一的，可以不进行施工招标：

涉及国家安全、国家秘密、抢险救灾或者属于利用扶贫资金实行以工代赈需要使用农民工等特殊情况，不适宜进行招标；施工主要技术采用不可替代的专利或者专有技术；已通过招标方式选定的特许经营项目投资人依法能够自行建设；采购人依法能够自行建设；在建工程追加的附属小型工程或者主体加层工程，原中标人仍具备承包能力，并且其他人承担将影响施工或者功能配套要求；国家规定的其他情形。

招标人依法提出招标项目、组织招标活动，任何单位和个人不得以任何方式非法干涉招标投标活动。

2.1.2 招标方式和方法

依法必须招标的工程建设项目，应当具备下列条件才能进行施工招标：

招标人已经依法成立；初步设计及概算应当履行审批手续的，已经批准；有相应资金或资金来源已经落实；已有招标所需的设计图纸及技术资料。

《招标投标法》规定招标方式分为公开招标和邀请招标。

（1）招标方式。公开招标是指招标人以招标公告的方式邀请不特定的法人或者其他组织投标。邀请招标是指招标人以投标邀请书的方式邀请特定的法人或者其他组织投标。国务院发展计划部门确定的国家重点项目和省、自治区、直辖市人民政府确定的地方重点项目不适宜公开招标的，经国务院发展计划部门或者省、自治区、直辖市人民政府批准，可以进行邀请招标。

公开招标方式：由招标人以招标公告的方式邀请不特定的法人或者其他组织投标。招标公告应当通过国家指定的报刊、信息网络或者其他媒体发布。投标人少于三人的，应重新招标。

邀请投标方式：由招标人以投标邀请书的方式邀请三个以上具备承担项目能力、资信良好的特定的法人或其他组织投标。

招标公告、投标邀请书应当载明招标人的姓名、地址，招标项目的性质、数量、实施地点和时间以及获取招标文件的办法等事项。

两种招标方式不同之处在于：

发布信息的方式不同。公开招标采用公告的形式发布；邀请招标采用投标邀请书的形式发布。

选择的范围不同。公开招标针对的是一切潜在的对招标项目感兴趣的法人或其他组织，招标人事先不知道投标人的数量；邀请招标针对已经了解的法人或其他组织，而且事先已经知道投标者的数量。

竞争的范围不同。公开招标的竞争范围较广，竞争性体现得也比较充分，容易获得最佳招标效果；邀请招标中投标人的数量有限，竞争的范围有限，有可能将某些在技术上或报价上更有竞争力的承包商漏掉。

公开的程度不同。公开招标中，所有的活动都必须严格按照预先指定并为大家所知的程序和标准公开进行，大大减少了作弊的可能；邀请招标的公开程度要逊色一些，产生不法行为的机会也就多一些。

时间和费用不同。邀请招标不需要发公告，招标文件只送几家，缩短了整个招投标时间，其费用相对减少。公开招标的程序复杂，耗时较长，费用也比较高。

（2）招标方法。招标人组织招标的方法可以分为一次招标、分次招标、分段招标、单项工程招标和单位工程招标。

1）一次招标：工程的设计图纸、概算、建设用地、施工许可证等均已具备后进行一次招标。一次签订合同就确定了整个工程承包的内容。

2）分次招标：对大型工程分项目的设计图纸是分阶段提供的，建设单位为了早开工、早见效，往往按工程分项目阶段分次招标。

3）分段招标：公路工程、渠道工程、引水（输气）管道工程，路线长，可将路线分成若干段，进行分段招标。这样，各段可同时施工，加快施工进度。

4）单项工程招标：房建工程多按照一个或多个单项工程招标，与中标人签订合同，发包施工。

5）单位工程招标：水利、矿山尾矿库工程多按照一个单位工程或多个单位工程招标，与中标人签订合同，发包施工。

2.2　招　标　程　序

工程招标的主要工作包括招标项目备案、发布招标公告或投标邀请书、招标文件备案；受理交易登记、投标报名、投标人资格预审；组建评标委员会、开标、评标、提交评标报告；定标、中标公示、出中标通知书、签订合同等。招标程序是指招标单位或委托招标单位开展招标活动全过程的主要步骤、内容及其操作顺序。

已经具备招标资格和一定招标条件的招标单位，即可按下列的工作程序进行招标：

（1）招标项目备案：招标人到综合招投标交易中心领取并填写"招标申请表"，并将项目审批、土地、规划、资金证明、工程担保、施工图审核等前期手续报招投标管理办公室和行政主管部门核准或备案。

（2）招标人自行招标或招标代理合同备案。

（3）招标公告备案：招标人或委托代理机构发布招标公告或发出邀请书，招标公告经招投标管理办公室和行政主管部门备案后，由综合招投标交易中心在指定媒介统一发布。

（4）招标文件备案：招标人或委托代理机构依法编制招标文件后提交招投标管理办公室和行政主管部门备案。

（5）受理交易登记：招标人提交招标备案登记表，综合招投标交易中心安排开标、评标日程。

（6）投标报名：公开招标的项目，投标人必须按招标公告的要求，携带全部相关证件到综合招投标交易中心报名，由行政监督部门、综合招投标交易中心和招标人（或招标代理机构）共同对投标单位所报资料进行审查。

（7）投标人资格预审：招标人需要对潜在投标人进行资格预审的，应当在招标公告或者招标邀请书中载明预审条件、预审方法和获取预审文件的途径，由招标人在综合招投标交易中心组织资格预审。

（8）在综合招投标交易中心发售招标文件和相关资料，组织投标人现场勘察，并对相关问题作出说明。

（9）组建评标委员会：由招标人提交评标专家抽取申请表、合格投标人明细表报招投标管理办公室和行政监督部门备案，并在其现场监督下，从市综合性评标专家库或省综合性评标专家库中随机抽取专家名单，组建评标委员会，负责相关招标项目的评标工作。评标委员会的组建应当在综合招投标交易中心进行。

（10）开标、评标、提交评标报告：投标人在规定截标时间前递交投标文件并签到。招标人在行政主管部门的监督下按程序组织开标、评标。评标委员会完成评标后，应当向招标人提出由评标委员会全体成员共同签字的书面评标报告，推荐前3名合格的中标候选人，并标明排名顺序。

（11）定标：招标人应当在开标之日起7日内，根据评标委员会提出的书面评标报告和推荐的中标候选人确定中标人。招标人也可以授权评标委员会直接确定中标人。招标人应当按排名顺序从中标候选人中选择中标人。中标候选人除因排名顺序被自然淘汰，或者放弃权利外，凡无法定淘汰情形者，招标人不得将其淘汰。

（12）中标公示：招标人提交定标报告经行政主管部门备案后，将中标结果在招标投标网公示，公示期不得少于3日。法律、法规另有规定的，从其规定。

（13）发出中标通知书、签订合同：公示期内没有异议或异议不成立的，招标人经相关行政监督部门和招投标管理办公室备案后向中标人发出中标通知书，同时通知未中标人，并在30日内按照招标文件和中标人的投标文件与中标人订立书面合同。招标人应当在签订合同之日起15日内将合同报招投标管理办公室和行政主管部门备案。

2.3　招标代理机构

《招标投标法》规定：招标代理机构是依法设立、从事招标代理业务并提供相关服务的社会中介组织。根据招标人是否组织招标活动，招标可以分为自行招标与委托招标两种。《招标投标法》中规定："招标人有权自行选择招标代理机构，委托其办理招标事宜。任何单位和个人不得以任何方式为招标人指定招标代理机构。招标人具有编制招标文件和组织评标能力的，可以自行办理招标事宜。任何单位和个人不得强制其委托招标代理机构办理招标事宜。"

我国从 20 世纪 80 年代初开始进行招标投标活动，最初主要是利用世界贷款进行的项目招标。由于一些项目单位对招标投标知之甚少，缺乏专门人才和技能，一批专门从事招标业务的机构由此产生。1984 年成立的中国技术进出口总公司国际金融组织和外国政府贷款项目招标公司（后改为中技国际招标公司）是中国第一家招标代理机构。

招标代理机构应当与招标人签订工程招标代理书面委托合同，并在合同约定的范围内依法开展工程招标代理活动。招标代理机构及其从业人员应当严格按照招标投标法、招标投标法实施条例等相关法律法规开展工程招标代理活动，并对工程招标代理业务承担相应责任。

招标代理机构是依法设立、从事招标代理业务并提供相关服务的社会中介组织。这里有几层含义：①招标代理机构的性质既不是一级行政机关，也不是从事生产经营的企业，而是以自己的知识、致力为招标人提供服务的独立于任何行政机关的组织。招标代理机构可以以多种组织形式存在，如可以是有限责任公司，也可以是合伙等，但自然人一般不能从事招标代理业务。②招标代理机构需依法登记设立，招标代理机构的设立不需有关行政机关的审批。③招标代理机构的业务范围包括：从事招标代理业务，即接受招标人委托，组织招标活动。具体业务活动包括：帮助招标人或受其委托拟定招标文件，依据招标文件的规定，审查投标人的资质，组织评标、定标等等；提供与招标代理业务相关的服务，即指提供与招标活动有关的咨询、代书及其他服务性工作。

自 2018 年 3 月住房和城乡建设部发布关于废止《工程建设项目招标代理机构资格认定办法》的决定，招标代理机构不需要由政府有关部门认定资格，按照自愿原则，招标代理机构需向有关部门报送信息，内容包括：营业执照相关信息、注册执业人员、具有工程建设类职称的专职人员、近 3 年代表性业绩、联系方式。上述信息统一在我部全国建筑市场监管公共服务平台（以下简称公共服务平台）对外公开，供招标人根据工程项目实际情况选择参考。

招标代理机构对报送信息的真实性和准确性负责，并及时核实其在公共服务平台的信息内容。信息内容发生变化的，应当及时更新。任何单位和个人如发现招标代理机构报送虚假信息，可向招标代理机构工商注册所在地省级住房城乡建设主管部门举报。工商注册所在地省级住房城乡建设主管部门应当及时组织核实，对涉及非本省市工程业绩的，可商请工程所在地省级住房城乡建设主管部门协助核查，工程所在地省级住房城乡建设主管部门应当给予配合。对存在报送虚假信息行为的招标代理机构，工商注册所在地省级住房城乡建设主管部门应当将其弄虚作假行为信息推送至公共服务平台对外公布。

招标代理资格废止原因一方面是适应"放管服"改革要求，打击资质出借，维护市场秩序；另一方面有助于招标代理市场个人执业制度体系的建立，符合优胜劣汰的市场竞争规律。

同时，政府监管将从"事前"转变为"事中事后"。资格认定取消后，有关主管部门将建立新的监管方式，全面推行"双随机、一公开"——随机抽取检查对象，随机选派执法检查人员，抽查情况及查处结果及时向社会公开，通过市场竞争和行业自律，强化事中事后监督。

2.4 招投标工作

2.4.1 招标文件编制

招标公告或投标邀请书的内容包括：招标单位和招标工程的名称及结构类型；招标工程的工程内容简介；承包方式；投标单位资格要求、领取招标文件的时间、地点和应缴费用。

工程施工招标文件一般包括：

（1）招标公告或邀请投标书。

（2）投标须知。包括：①投标企业的条件，投标企业资质、施工能力、财产能力等。②标书的主要内容：综合说明，标价（工程单价、单项工程造价和工程总造价）；工程质量达到的等级和保证质量、安全措施；计划开工、竣工日期；施工组织及进度计划（一般用横道图、网络图）；主要工程的施工方法、施工方案及施工机械。③投标担保，标书应附有一份投标保证书，包括一张向招标人支付的银行保付支票（金额由招标人定、未中标者开标后即退回）。④建议的备选方案，应详细说明其优点和缺点，附报价。⑤招标人拒标的权利，对任何不符合投标须知的标书将拒绝接受。⑥现场勘察和标前会的时间和地点、投标起止日期和开标日期、时间和地点（自招标文件发出之日起至投标人提交投标书截止之日止，最短不少于 20 日）。⑦其他，如不保证标价最低者中标等，招标投标程序框图见图 2-1。

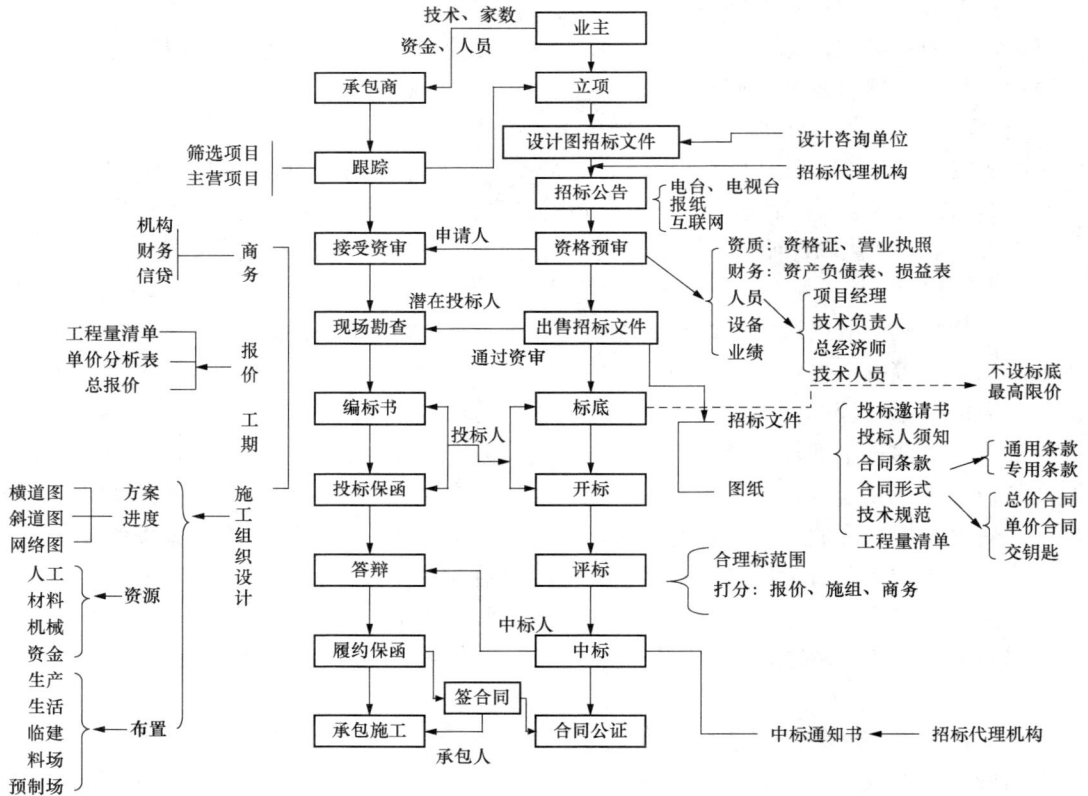

图 2-1　招标投标程序框图

（3）工程概况：工程名称、地址、规模、主要工程量及技术要求、建设工期、工程进度要求、控制性工程日历、材料供应方式及对材料的特殊要求、招标项目相应资金或其来源已落实情况、工程拨款的形式等。招标项目需要投标人合理划分标段的，确定工期的也应在招标文件中载明。

（4）工程量报价表：工程量清单、合同模式。

（5）工程施工图及工程施工技术规范。

（6）投标书的格式及合同主要条款。

招标人对已发出的招标文件进行必要的澄清或者修改的，应当在招标文件要求提交投标文件截止时间至少十五日前，以书面形式通知所有招标文件收受人。该澄清或者修改的内容为招标文件的组成部分。

2.4.2　资格审查

资格审查主要审查是否具有独立签订合同的权力；是否具有履行合同的能力，包括专业、技术资格和能力，资金状况，设备和其他设施状况，管理能力，经验，信誉和相应从业人员；是否处于被责令停业、投标资格被取消、财产被接管、冻结、破产状况；是否在最近三年内没有骗取中标和严重违约及重大工程质量问题。

招标单位对申请投标的企业进行资格审查。参加投标的企业，应按招标通知规定的时间报送申请书，并需附上企业状况说明。内容包括：企业名称、地址、法人代表姓名和开户银行账号；企业的所有制性质和隶属关系；营业执照或资格证书（复印件，原件备查）；企业简况。包括企业成立时间、现有固定资产和流动资金数额、近期施工工程情况、技术装备及管理技术人员数量及等级；企业经营状态；企业安全生产许可证及有效期。

招标单位应仔细审查申请投标企业的状况。首先投标者必须是法律规定有承包资格的企业。在此前提下，应详细考察申请承包者的施工能力。承包者必须具备下列条件：①要有精通管理业务的负责人；②确有足够专职技术人员、工程师和技术工人；③确有施工所需的施工机械和试验设备；④确有同类工程施工的实绩和经验；⑤有良好的信誉，能忠实履行承包合同，能保证工程质量和工期；⑥有足够的履行承包合同的财产和资金。

不少申请承包者缺乏施工能力。为了能够中标，挂靠有能力的企业。一旦中标，施工队伍七拼八凑，或层层下包，致使工程质量不能保证，不能按要求工期完工，影响工程计划。因此，要弄清投标者有无弄虚作假情况，必要时应进行实地考察，以确认其有无能力履行该工程的承包合同。经资格审查合格的企业，招标单位应书面通知其投标。

2.4.3　施工企业投标

投标企业购买或领取招标文件及有关资料，研究制订承包方案和报价。投标期间，招标单位组织投标企业勘察工程现场，并作现场说明，解答招标文件中的疑问。现场说明的补充事项与对提问的回答，应形成文件，作为合同文件的一部分。

投标企业编制、落实承包方案和报价，填写标书。建筑安装工程的标书内容一般应包括：

综合说明；拟派出的项目负责人与主要技术人员的简历、业绩、资质证件、安全证等；拟用于本项目的机械设备；企业业绩、信誉、财务状况等；拟在中标后将中标项目进行分包的部分非主体、非关键性工作；工程总报价、单价分析、水电风、材料、机械台班、劳动力工日等实物消耗量表；施工工期，计划开工、竣工日期和工程形象进度计划；施工组织；主要施工方法和保证质量的措施；临时设施占地数量等。

做成的标书，加盖企业及法人代表的印章，在规定投标日期前密封手送或邮寄给招标单位，超过投标时间晚送的标书为废标。

投标人在招标文件要求提交投标文件的截止时间前，可以补充、修改或者撤回已提交的投标文件，并书面通知招标人。补充、修改的内容为投标文件的组成部分。

2.4.4　开标、评标和定标

开标由招标人主持。招标人收到投标文件和投标保函后，应当签收、保存，不得开启。在招标文件确定的提交投标文件截止时间的同一时间和招标文件中预先确定的地点，在投标人参加的情况下公开开标，当众拆标，宣读各投标企业的报价及主要内容。开标过程应当记录，并存档备查。开标过程应由公证部门公证。

评标由招标人依法组建的评标委员会负责。评标委员会成员名单在中标结果确定前应当保密。招标人应当采取必要措施，保证评标在严格保密的情况下进行。对投标文件中含义不明确的内容，评标委员会可以要求投标人澄清或说明，但不能改变投标文件的实质内容。评标完成后，评标委员会应向招标人提出书面评标报告，并推荐合格的中标候选人。中标人的投标应当符合下列条件之一：①能够最大限度地满足招标文件中规定的各项综合评价标准；②能够满足招标文件的实质性要求，并且报价最接近或次接近标底或不突破最高限价。

确定中标企业的过程称定标。招标人可按照评标委员会的评标报告确定中标人，也可以授权评标委员会直接确定中标人。中标人确定后，招标人应当向中标人发出中标通知书，同时将中标结果通知所有未中标的投标人。中标通知书具有法律效力。中标通知书发出后，招标人改变中标结果、中标人放弃中标项目，均应承担法律责任。

承包者选择得正确与否是工程质量和进度能否保证的关键。甲方在选择承包者时必须慎重对待。

招标单位与中标企业签订承包合同。中标人确定后，双方应在规定之日内签订书面合同。中标人提交履约保函，方可成为承包人，并在规定时间进场展开本工程项目施工。

2.5　标　底　与　报　价

标底是指内部掌握的建设单位对拟发包的工程项目准备付出全部费用的额度。标底一般先由设计单位、工程咨询服务部门或专门从事建筑预算定额的部门，编制出设计概算或施工预算，然后经建设单位和主管机关、建设银行等共同审查后确定。标底是选择中标企业的一个重要指标，在开标前要严加保密，防止泄露，以免影响招标的正常进行。标底确定得是否合理、切合实际，是选择最有利的投标企业的关键环节，是实施建设项目的重要步骤。确定标底时，不能认为把标价压得越低越好，要定得合理，要让中标者有利可图，才能调动其积极性，努力完成建设任务。

2.5.1　标底

标底一般由招标单位或委托设计单位所做的招标预算，是以全社会或地区的综合平均的定额水平为准，在施工过程中采用常规的施工方法并充分考虑不可避免的延误，建成该工程（以施工图为准）所需的投资额，相当于施工图预算。

（1）标底的作用。①上级审批投资的依据，批准后即成为投资额的法定文件；②评标的依据。

（2）标底预算的组成。标底预算由发包工程所含的分部分项工程的预算单价和总价组成。各类工程的单价组成不同，现对路桥、水利、建筑工程分项工程的预算单价组成简述如下。

1）路桥工程：标底预算分章列出。路桥工程分路基工程、路面工程、桥梁涵洞工程、交叉工程、隧道工程、其他工程及沿线设施、临时工程、管理养护及服务房屋共八章。各章中所包括的分部分项工程详见《公路工程基本建设工程概预算编制办法》。

分项工程单价由直接工程费、间接费、施工技术装备费、计划利润和税金组成。

直接工程费是用于施工过程并能直接计入各项造价的生产费用，由直接费、其他直接费和现场经费组成。直接费包括人工费、材料费和机械使用费，用交通运输部或本省、直辖市、自治区政府颁布实施的预算定额计算。其他直接费和现场经费按定额直接费乘以规定的其他直接费费率和现场经费费率计算。

间接费是用定额直接工程费乘以规定的间接费率计算。

定额直接费即定额基价，定额直接工程费是定额基价加其他直接费与现场经费之和。

施工技术装备费按定额直接工程费加间接费之和乘技术装备费率计算。

计划利润是按定额直接工程费加间接费之和乘规定的计划利润率计算。

税金是按直接工程费加间接费与计划利润之和乘规定的综合税率计算。

2）水利工程：建筑工程与安装工程的分项工程组成如下。

建筑工程单价由直接工程费（包括直接费、其他直接费与现场经费）、间接费、企业利润与税金组成。

费率形式的安装工程单价组成项目与建筑工程相同。实物量形式的安装工程单价与建筑工程单价不同点是增加未计价装置性材料费。

直接费套用预算定额作单价分析求出。其他各项费用用规定的费率计算。详见《水利工程设计概（估）算编制规定》。

3）工民建与市政工程：各地区都有统一的单位估算表，列出各分项工程的直接费（包括人工费、材料费、施工机械使用费）单价。分项工程的直接费等于分项工程的定额单价乘其工程量。分部工程的直接费等于所含分项工程直接费之和，单位工程的直接费由所含分部工程的直接费和塔吊增加费、超高增加费、脚手架分摊费组成。单位工程造价由直接费、其他直接费、现场经费、间接费、计划利润、价差、保险费（职工养老、待业、工伤、医疗、残疾人就业等保险）和税金组成。除直接费的单价由定额查取外，其余各项费用均用规定的费率计算，详见有关工程的概、预算编制办法。

（3）标底编制。

各类工程计算方法不同，按下列次序进行。

1）人工、材料及施工机械单价。

路桥工程：人工预算单价由基本工资、地区生活补贴、工资性补贴（包括粮副食及煤补贴、交通补贴）组成。基本工资查《公路基本建设工程概、预算编制办法》，各项补贴按当地省的规定计算。

水利工程：人工预算单价由基本工资、辅助工资和工资附加费组成。具体计算方法见《水利工程设计概（估）算编制办法》。

路桥工程材料预算单价由原价、运杂费、运输损失和采购保管费组成。

材料预算单价＝(材料原价＋运杂费)×(1＋场外运输损耗率)×(1＋采购及保管费率)－
包装品回收价值

原价即出厂价或市场采购价，运杂费包括运费和装卸费。由下式计算：

运杂费＝{运距(km)×运费率[元/(t•km)]＋装卸费(元/t)}×毛重系数

运输损失由原价与运杂费之和乘以损失费率求得。

采购保管费由原价、运杂费与运输损失之和乘以采购保管费率求得。

水利工程的材料预算单价由下式计算：

材料预算单价＝(材料原价＋包装费＋运杂费)×(1＋采购及保管费率)＋运输保险费

材料原价即出厂价或工程就近市场成交价。

路桥工程与水利工程的施工机械台班预算单价由不变费用与可变费用组成。不变费用由《施工机械台班费定额》查出（公路工程，再乘以当年的调整系数）。可变费用由人工费和燃油或电力费用组成。

人工费＝人工预算单价×定额人工工日数

燃油或电力费＝燃油或电力预算单价×定额耗量

工业与民用建筑工程的人工费、材料费和机械使用费在统一单价表中列出直接查用。

2）计算分项直接费：人工费、材料费和机械使用费之和。

3）计算建筑安装单价：各类工程按其单价组成计算。

4）工程量清单汇总：将各分项的总费用依次汇总成工程量清单汇总表，其总和即为标底。

（4）编制标底注意事项。

①必须遵照各工程概、预算编制办法；②编制人员必须持有预算证；③工程分项应按施工图和预算定额，不要漏项或重复；④检查施工方案是否合理；⑤计算工程量要准确无误，有无挖方可利用作填方等；⑥所有定额、费率必须符合规定；⑦独立费必须符合实际，取费标准必须符合规定；⑧计算结果必须反复校核；⑨标底必须保密。

2.5.2 报价

报价也称标价，是投标者的投标预算。报价是以施工单位采用的施工方法和费率，并考虑不可避免地延误计算建成该工程（以施工图为准）所需的工程费用，相当于施工图预算。

（1）报价与标底的区别。报价的费用组成与标底相同。其工程数量仍然是发包方提供的工程量清单所列的数值。但是，投标者所选择的施工方案并不一定与发包者相同。如果投标者采用更先进的技术和最优化的方法组织施工，则报价将低于标底。另外，投标者并不一定采用部、省等规定的间接费率和计划（企业）利润率，而是根据自身的管理水平和对投标的积极程度适当调整这些费率。所以，报价与标底不可能完全一致。

（2）编制报价应注意的要点。①复核工程量：吃透图纸，并进行实地勘察，掌握一切与计算工程量有关的因素，检查有无错算或漏算的工程量。②查实人工、材料和施工机具有关的价格，切勿粗估冒算。③详细分解施工过程，不要漏掉作业项目。④慎重确定间接费率和计划利润率。对大型工程宜选用较低的间接费率和计划利润率，对小型工程可选用较高的两费率；当竞争对手多而竞争激烈时宜选用较低的两费率。⑤税率应按部、省规定，不可调整。⑥在作报价时，应先用部、省颁布的预算定额和规定的费率计算出工程成本和施工图预算（相当于标底）。在此基础上再作出报价，不使自己的标价与标底偏差过大。⑦尽可能估算主要竞争对手的报价。通常，报价进入前三名方有中标的可能。因此，应按主要竞争对手的报价适当调整自己的报价。但也要警惕竞争对手先用高的报价，而在开标前降低报价蒙骗其他投标者。⑧报价是投标成败的关键。报价低而适度是中标的基础。报价过高，无疑会落标，报价太低，未必能中标，也难免潜伏亏损的风险。根据不同报价的预期贡献分析，报价为直接成本的 115％价格为最佳报价。另外，在国际投标中，报价低于主要对手 20％以上时，有中标可能。由于建筑市场不断发展，确定报价必须按当时当地当事条件。⑨填写工程报价表时，所有单价、金额栏均要填写。工程量报价表中的单价或总价除另有规定外，均包括所有设施、人工、材料、安装、维护、临时工程及其他工程费摊入、利润、税金及合同内指明或示意的一切风险、义务和责任，应仔细审查，并平衡各项报价，使其合理。⑩报价在开标前严格保密。

如要降低报价，有四种途径：①采用更先进、成本更低的施工方法；②改进管理工作，降低间接费率；③降低计划利润率，减少计划利润；④路桥工程还可降低施工技术装备费。

（3）工程量报价表。以路桥工程为例，工程量报价表的格式见表 2-1。

表 2-1 工程量报价表

第 100 章 路基工程

序号	项目名称	单位	数量	单价（元）	金额（元）
1-1	清除草皮与表土				
1-1-11	清除表土	100m³	42.00	219.04	9199
…	…				

填写工程量报价表应熟悉投标须知、合同条款、技术规范、图纸等，使之符合以上技术文件。工程量报价表中所有单价、金额均应准确。每章在报价表的结尾应填写该章的总金额。在报价表的前面应将各章报价汇总成总报价。

工程量报价表通常还包括四个附表：单价分析表、分年度劳力计划表、分年度材料计划表和分年度用款计划表。

投标报价是一个相当复杂的过程，过去那种单一严谨的计价方式受到了市场经济的强烈冲击，首当其冲的是取费项目和取费标准。原有遵循行业"预规"计取方式，已逐步过渡为行业指导性和参考性，而企业需要根据自身的经营管理水平测算出各种费用。每个投标报价都应围绕投标策略定价，有时微利报价，有时保本报价，也有时为了占领市场而亏本报价，虽然方式不同，但目的都是为了适应市场变化的需要，保存企业实力，以求企业的长足发展。

2.6 招标投标注意事项

2.6.1 招标人注意事项

招标人是指在招标投标活动中以择优选择中标人为目的的提出招标项目、进行招标的法人或者其他组织。在招投标过程中应注意以下事项。

必须严格遵守我国《招标投标法》，招标、评标、定标等过程都必须依法进行。

要特别重视对投标单位的资格审查和实力调查。防止挂靠投标、层层下包。避免没有施工能力的企业中标。

　　要仔细研究标书，特别注意以下几点。①所选的施工方案、施工方法能否保证工程质量和工期要求。②投标者所提的替代方案和优惠条件，应仔细研究，防止受误导。③标书的文字叙述是否为以后追加费用留有伏笔。例如，某工程的三个投标者关于标价的条款分别是：甲"完成该工程的总预算为 2246 万元"。乙"圆满完成标书所列的工程内容的总费用为 2115 万元"。丙"圆满完成该工程的全部费用为 2312 万元"。乙的标价虽然最低，但它保留了以后追加费用的理由。丙的标价最高，但它是最终标价，投标者放弃了在施工过程中因标书工程量估算不足而追加费用的权利和承担了全部风险。④有无其他缺口，如将工程中的一些难题抛开，使标底最低。这将为报价升级留有余地。

　　标价计算是否准确，取价方法、费用摊销是否合理。用其标价能否按其所选的施工方案、施工方法完成工程任务。要防止投标者为了中标而尽量压低标价。而在施工中偷工减料造成"豆腐渣"工程或质量不合格工程。

　　选择中标者，不能只看报价，尚应综合考虑技术的可靠度、工程质量的可靠水平、工期保证度、企业的信誉高低等，务使确能胜任者且标价合理者中标。

2.6.2　投标人注意事项

　　投标人是指在招标投标活动中以中标为目的响应招标、参与竞争的法人或其他组织，在招投标活动中应注意以下事项。

　　必须严格遵守我国《招标投标法》关于投标等的规定和诚实信用原则。

　　吃透招标文件及合同条款，明确自己承担的责任、义务与风险，承包条件是否苛刻、有无重大风险。

　　详细了解该工程是否合法、是否已经政府批准。非法工程或未经政府批准的工程不能参加投标。

　　详细了解业主的信誉情况和资金来源，资金不到位或缺欠资金的工程，在施工期间将可能停工待料或拖欠工程款。弄清资金来源，也可在投标中就资金问题采取适宜对策，如业主资金暂时有困难，可提出暂垫资金以吸引业主。

　　发现原设计方案不合理有可改进之处或可用某项新技术使造价降低时，不能修改原设计，要按原设计提出报价，但可另附一个修改设计的比较方案，往往能收到出奇制胜的效果。发现工程量清单有误，不能擅自修正，仍应按原数作标价并在标书中说明。

　　要利用作价技巧提高经济效益。如适当提高早期施工项目的单价、适当降低晚期施工的单价，使总标价不致增加，但能提早收回现金成本，减少贷款利息，加速资金周转，增加利润。又如当发现工程量清单上所列工程与实际不符，作价时，可提高那些工程量可能增大的工程单价，这样做，对报价影响不大，却能在工程实施时增加收入。

　　标书应突出自己的优势，以优取胜。也要实事求是地说明自己的劣势，但必须有措施克服自己的劣势，以表现诚实信用。必要时可联合其他企业联合投标。

　　写好标书极为重要。标书填写要清晰、端正，数字计算要反复核对，使业主与评标委员会有良好印象。标书中可写明各种建议，还可含蓄而有礼貌地暗示：某些报价是可以协商的，使业主感兴趣。严格遵守报价时间，勿延误时间而成废标。

　　对确无把握的标，宁可放弃，也不抱侥幸心理。标价过高或低，不仅不能中标，也会影响企业信誉。

报价要严格保密。在银行开保函应尽可能推迟到递交标书前，以使对手们无法探知自己的报价。

招标投标是在市场经济条件下进行工程建设、货物买卖、财产出租、中介服务等经济活动的一种竞争形式和交易方式，是引入竞争机制订立合同（契约）的一种法律形式。招投标管理是招标人对工程建设、货物买卖、劳务承担等交易业务，事先公布选择采购的条件和要求，招引他人承接，若干或众多投标人作出愿意参加业务承接竞争的意思表示，招标人按照规定的程序和办法择优选定中标人的活动。

建设工程招标是指招标人在发包建设项目之前，公开招标或邀请投标人，根据招标人的意图和要求提出报价，择日当场开标，以便从中择优选定中标人的一种经济活动。

建设工程投标是工程招标的对称概念，指具有合法资格和能力的投标人根据招标条件，经过初步研究和估算，在指定期限内填写标书，提出报价，并等候开标，决定能否中标的经济活动。

从法律意义上讲，建设工程招标一般是建设单位（或业主）就拟建的工程发布通告，用法定方式吸引建设项目的承包单位参加竞争，进而通过法定程序从中选择条件优越者来完成工程建设任务的法律行为。建设工程投标一般是经过特定审查而获得投标资格的建设项目承包单位，按照招标文件的要求，在规定的时间内向招标单位填报投标书，并争取中标的法律行为。

工程项目招标的方式在国际上通行的为公开招标、邀请招标和议标，但《中华人民共和国招投标法》未将议标作为法定的招标方式，即法律所规定的强制招标项目不允许采用议标方式，主要因为我国国情与建筑市场的现状条件，不宜采用议标方式，但法律并不排除议标方式。

2.7　课程思政教学案例

本节从工程招标投标专业思想的视角出发，植入的课程思政教育案例（元素）为："求真求实、精益求精"——公开、公平、公正地进行工程项目招投标。

2.7.1　专业知识点

工程招投标是改革开放后市场经济的产物，是建筑业推向市场强制执行的四项制度之一，在国家法律的保护和监督下，工程建设单位与承包企业在双方同意的基础上进行的一种买卖、交易行为，包括招标与投标两个方面。

工程项目招标是招标人为有偿获得货物、工程和服务等活动的交易资格，提出招标条件，公开或书面邀请投标人前来投标，从中择优选定中标人的行为。另外"公正"还体现在工程项目，也就是该招标的项目必须公开招标，有些项目可以采取邀请招标、议标、磋商招标等形式。和谐社会应该建造和谐的工程，和谐的工程体现出招标投标"公正"的原则。

建设工程投标是工程招标的对称概念，指具有合法资格和能力的投标人根据招标条件，经过初步研究和估算，在指定期限内填写标书，提出报价并等候开标，决定能否中标的经济活动。

2.7.2　思政育人目标

工程建设领域招标投标是腐败的重灾区，杜绝围标串标、围猎干部、防微杜渐、警钟长鸣，纯洁政治生态、净化环境。反腐永远在路上。扎紧制度的笼子，形成不能腐、不敢腐、不想腐的环境。

"招标投标活动应当遵循公开、公平、公正和诚实信用的原则。"而其中"公正"是招标的重心。"公正"即公道，与正义有相似的意义，是无私、不偏斜，出于无私的公心，不偏袒投标的某一方而损害另一方的利益。

2.7.3　思政案例

求真求实、精益求精

——公开、公平、公正地进行工程项目招标

工程项目的招标必须严格按照程序，针对招标程序的各个环节中，招标的项目必须符合并列入国民经济长远计划，符合资源节约型、环境友好型的两型社会，招标人依法依规，公开招标，杜绝暗箱操作，反腐倡廉。招标代理人应具备职业素养、道德规范、敬业精神，招标工作方法信息化、远程异地、无纸办公，降低投标成本，为企业减负。标的或限价的计算科学精准，求真求实、精益求精。评标专家在定标中起举足轻重的作用，从市级综合性评标专家库或省综合性评标专家库中随机抽取专家名单，组建评标委员会，评标专家要有职业操守，遵守道德规范。

2.7.4　思政育人效果

工程建设领域招标投标是腐败的重灾区，坚决防范各种利益集团"围猎"和"绑架"领导干部。杜绝围标串标、防微杜渐、警钟长鸣，纯洁政治生态、净化环境。反腐永远在路上。扎紧制度的笼子，形成不能腐、不敢腐、不想腐。招标投标人在招标投标活动中，一定要严格按照法律规定，严守法律底线，不得触碰法律的高压线。

思考练习题

1. 工程施工招标应具备哪些条件？
2. 招标代理机构应具备哪些条件？
3. 工程施工招标、投标中，通常有哪些违规行为？有何危害？如何防止？
4. 简述工程招标投标程序及主要内容。
5. 投标单位做报价应注意哪些问题？
6. 求 75kW 履带式推土机的单价。已知不变费用为 229.2 元/台班，台班用人工 2 工日（单价 19.46 元）、柴油 60kg（单价 2.63 元）。推土定额单位为 1000m³，每定额单位需人工 5 工日，75kW 履带式推土机 1.01 台班，定额基价为 1974 元。其他直接费率为 1.97%，现场管理费率 7.5%，间接费率 4.7%，施工技术装备费率 3%，计划利润率 4%，税率 3.41%。

第3章　工程项目组织机构

　　建设工程项目管理的核心任务是项目的目标控制，在整个项目管理团队中，由哪个组织（部门或人员）定义项目的目标，怎样确定项目目标控制的任务分工，依据怎样的管理流程进行项目目标的动态控制，这都和项目的组织问题有关。只有在理顺组织的前提下，才能有序地进行项目管理。本章主要阐述建设管理体制、五种组织结构模式及其选择，以及施工组织机构的构建和管理任务分工。

3.1　工程项目组织

　　尽管由于施工环境条件的多变性和工作任务的复杂性，使得项目管理组织具有动态临时性这些特征，但其基本框架还是应该相对定型的，这个基本框架被称为组织结构模式，组织结构模式可用组织结构图来描述，反映一个组织系统中各组成部门（组成元素）之间的组织关系（指令关系）。常见的组织结构模式有五种：线性组织结构、职能组织结构、矩阵组织结构、事业部制组织结构、直线职能制组织结构。

3.1.1　线性组织结构

　　线性组织结构来自军事组织系统，组织纪律非常严谨。它是指按照纵向关系逐级安排责、权的组织方式。在线性组织结构中，每一个工作部门只能对其直接下属部门下达工作指令，每一个工作部门也只有一个直接的上级部门，即每一个工作部门只有一个指令源，避免了由于矛盾的指令而影响组织系统的运行，确保了工作指令的唯一性。图 3-1 为线性组织结构图。

　　线性组织结构中上一层的责、权大于下一层，逐级降低，构成一个金字塔状的责权管理系统。其优点是：责权清楚，相对稳定性较大，易于保持良好的纪律，不易发生责权混乱的现象。

　　但在一个大的组织系统中，由于线性组织系统的指令路径过长，会造成组织系统运行的困难；可能导致管理方式死板僵化，工作作风

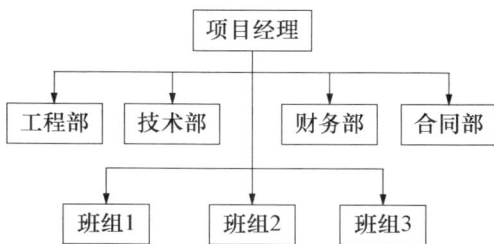

图 3-1　线性组织结构图

武断甚至独裁；某一位领导人负担过重，而其他人员闲着无事；可能有的部门会强调局部目标和局部利益而忽视整体目标与整体利益。

3.1.2　职能组织结构

　　职能组织结构也称 U 形组织、多线性组织结构，是一种传统的组织结构模式。职能制结构起源于 21 世纪初法约尔在其经营的煤矿公司担任总经理时所建立的组织结构形式，故又称"法约尔模型"。它是按职能来组织部门分工，即从企业高层到基层，均把承担相同职能的管理业务及其人员组合在一起，设置相应的管理部门和管理职务。职能组织结构图如图 3-2 所示。

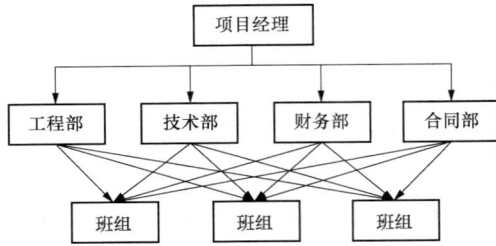

图 3-2　职能组织结构图

在各管理层次间实行高度的专业化分工，设置职能部门，各职能部门分别从职能角度对下级执行者进行业务管理，各级管理机构和人员各自履行一定的管理职能。因此，每一个职能部门所开展的业务活动将为整个组织服务。

职能组织结构的优点是：强调管理业务的专业化，注意发挥各类专家在项目管理中的作用，易于提高工作质量，减轻领导负担。但多头领导，下级执行者接受多方指令，易造成职责不清，没有一个直接对项目负责的强有力的权力中心或个人；不是以目标为导向的；没有客户问题处理中心，协调十分困难。

3.1.3　矩阵组织结构

矩阵组织结构是在威廉·大内的《Z 理论》中首次提出的，是一种较新型的组织结构模式。在矩阵组织结构最高指挥者（部门）下设纵向和横向两种不同类型的工作部门，把职能划分的部门（横向）和按工程项目（或产品）设立的管理机构（纵向），依照矩阵方式有机结合起来，如图 3-3 所示。

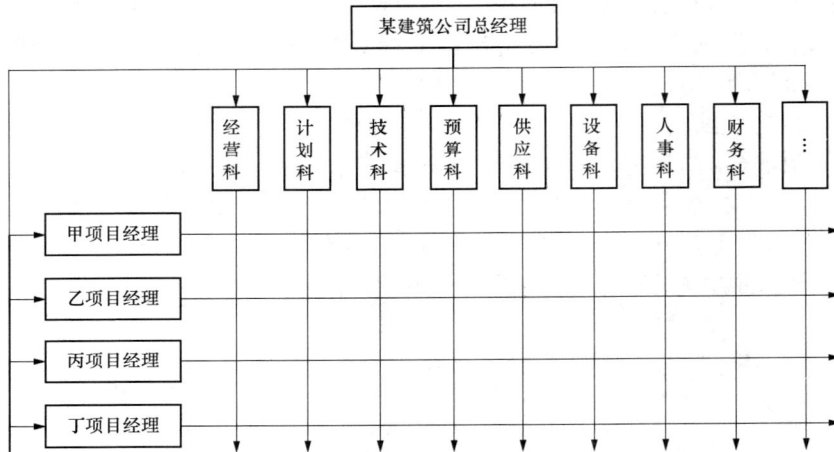

图 3-3　矩阵组织结构图

矩阵组织结构结合了职能型组织和项目型组织的优点，克服了二者的缺点，并根据工程任务的实际情况灵活地组建与之相适应的管理机构，有较大的机动性和灵活性。项目组织与职能部门同时存在，既发挥职能部门纵向优势，又发挥项目组织横向优势。专业职能部门是永久性的，项目组织是临时性的。职能部门负责人对参与项目组织的人员有组织调配和业务指导的责任，项目经理将参与项目组织的职能人员在横向上有效地组织在一起。项目经理对项目的结果负责，而职能经理则负责为项目的成功提供所需资源。

但矩阵组织结构经常变动，稳定性差，每个成员都受项目经理和职能部门经理双重领导；组织中信息和权力等资源一旦不能共享，项目经理与职能经理之间势必会为争取有限的资源或权力不平衡而发生矛盾；成员之间还可能会存在任务分配不明确、权责不统一的问题，这会影响组织效率的发挥。

矩阵组织按项目经理权力大小及其他项目特点，分为弱矩阵、平衡型矩阵和强矩阵。矩阵型组织是一种很有效的组织结构，在西方国家被普遍采用，但矩阵型组织不好操作。

3.1.4　事业部制组织结构

事业部制结构又称"斯隆模型"，最早起源于美国的通用汽车公司。事业部制，就是按照企业所经营的事业，包括按产品、按地区、按顾客（市场）等来划分部门，设立若干事业部（见图 3-4）。事业部是在企业宏观领导下，拥有完全的经营自主权，实行独立经营、独立核算的部门，既是受公司控制利润中心，具有利润生产和经营管理的职能，同时也是产品责任单位或市场责任单位，对产品设计、生产制造及销售活动行使统一领导的职能。

优点是：每个事业部都有自己的产品和市场，能够规划其未来发展，也能灵活自主地适应市场出现的新情况并对其迅速作出反应，所以，这种组织结构既有高度的稳定性，又有良好的适应性；权力下放，有利于最高领导层摆脱日常行政事务和直接管理具体经营工作的繁杂事务，而成为坚强有力的决策机构，同时又能使各事业部发挥经营管理的积极性和创造性，从而提高企业的整体效益。由于各事业部利益的独立性，容易滋长本位主义，一定程度上增加了费用开支。

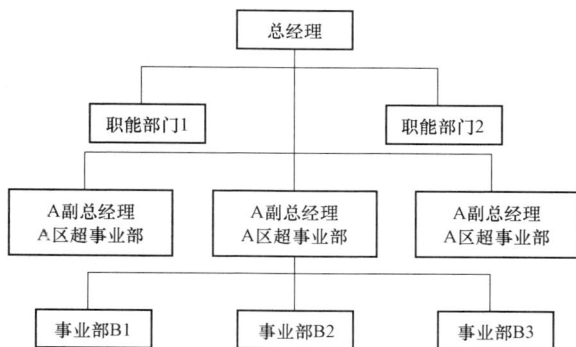

图 3-4　事业部制组织结构图

3.1.5　直线职能制组织结构

直线职能制组织结构是现代工业中最常见的一种结构形式，而且在大中型组织中尤为普遍。这种组织结构的特点是：以直线为基础，在各级行政主管之下设置相应的职能部门（如计划、销售、供应、财务等部门）从事专业管理，作为该级行政主管的参谋，实行主管统一指挥与职能部门参谋—指导相结合（见图 3-5）。在直线职能制结构下，下级机构既受上级部门的管理，又受同级职能管理部门的业务指导和监督。各级行政领导人逐级负责，高度集权。因而，这是一种按经营管理职能划分部门，并由最高经营者直接指挥各职能部门的体制。

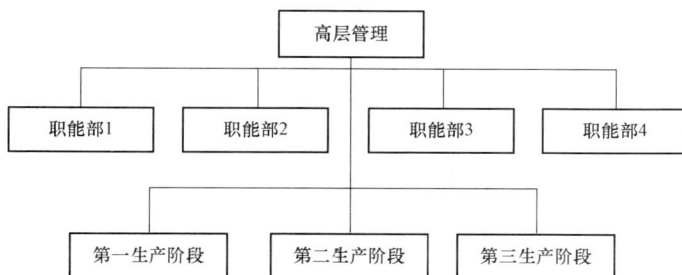

图 3-5　直线职能制组织结构图

直线职能制组织结构快速、灵活、维持成本低且责任清晰。直线职能制组织结构比直线型组织结构具有优越性。它既保持了直线型结构集中统一指挥的优点，又吸收了职能型结构分工细密、注重专业化管理的长处，从而有助于提高管理工作的效率。所存在的问题是经常产生权力纠纷，从而导致直线人员和职能参谋人员的摩擦。为了避免这两类人员的摩擦，管理层应明确他们各自的作用，鼓励直线人员合理运用职能参谋人员所提供的服务。

3.2 工 程 项 目 经 理 部

项目经理部或称项目部，是由项目经理在企业法定代表人授权和职能部门的支持下按照企业的相关规定组建的、进行项目管理的一次性的组织机构。

项目经理部是组织设置的项目管理机构，承担项目实施的管理任务和目标实现的全面责任。项目经理部由项目经理领导，接受组织职能部门的指导、监督：检查、服务和考核，并负责对项目资源进行合理使用和动态管理。其设立可以遵循以下步骤：①根据项目管理规划大纲确定项目经理部的管理任务和组织结构；②根据项目管理目标责任书进行目标分解与责任划分；③确定项目经理部的组织设置；④确定人员的职责、分工和权限；⑤制订工作制度、考核制度与奖惩制度。

项目经理部的组织形式应该按照施工项目的规模、结构复杂程度、专业特点、人员素质、地域范围以及本企业自身特点等来确定。通常，小型项目宜用直线式或职能式项目管理组织形式，大中型项目宜用项目式或矩阵式项目管理组织形式，而远离企业管理层的大中型项目宜用事业部式项目管理组织形式设置项目经理部。

项目经理部的规章制度应该包含若干基本内容，如项目管理人员的岗位责任制度，项目技术管理制度，项目质量管理制度，项目安全管理制度，项目计划、统计与进度管理制度，项目成本核算管理制度，项目材料、机械设备管理制度，项目现场管理制度，项目分配与奖励管理制度，项目例会及施工日志管理制度，项目分包及劳务管理制度，项目组织协调制度，项目信息管理制度等。

项目经理部的运行是根据具体项目的特点，对以上规章制度的执行、检查、协调等动态管理的过程，项目经理应根据项目管理人员岗位责任制度，对管理人员的责任目标进行检查、考核和奖惩。项目经理部应对作业队伍和分包人实行合同管理，加强控制和协调。总体上，应针对反馈信息不断改进，提高管理水平。

在项目完成后，项目经理部得以解体，且应该具备相关条件，即工程已经竣工验收；与各分包单位已经结算完毕；已经协助企业管理人员与建设单位签订了工程质量保修文件；项目管理目标责任书已经履行完成，并且经企业管理层审计合格；已经与企业管理层办理完成有关手续；现场最后清理完毕等。

3.3 项 目 经 理

3.3.1 项目经理

项目经理是企业法定代表人在建设工程项目上的授权委托代理人，由法定代表人任命，并根据法定代表人授权的范围、期限和内容，履行管理职责，对项目实施全过程、全面管理。项目经理是企业为全面提高工程项目管理水平而设立的一种特殊且重要的岗位，具有如下地位和特征：

（1）项目经理是企业任命的一个项目的项目管理班子的负责人（领导人）。

（2）项目经理的任务仅限于主持项目管理工作，其主要任务是项目目标的控制和组织协调。

（3）项目经理不是一个技术岗位，而是一个管理岗位。

（4）项目经理是一个组织系统中的管理者，至于他是否有人权、财权和物资采购权等管理权限，则由其上级确定。

（5）项目经理不应同时承担两个或两个以上未完成项目的领导岗位的工作。在项目运行正常的情况下，组织不应随意撤换项目经理。特殊原因需要撤换项目经理时，应进行审计并按有关合同规定报告相关方。

项目经理既是工程项目的承包责任者，也是施工项目的决策人、责任人、管理者和组织者。对内，项目经理要对企业的效益负责；对外，项目经理在企业法人授权的范围内对建设单位直接负责。

项目经理是各种信息的集散中心。在对项目进行控制的过程中，各种信息通过各种渠道汇集到项目经理这里，项目经理又通过各种方式对上反馈信息、对下发布信息。

项目经理是协调各方面关系的桥梁和纽带。在项目实施的过程中，必须和与项目有关的各个方面的组织进行协调，如建设单位、监理单位和设计单位等，有时还必须和政府部门、各种新闻媒体等组织进行协调。项目经理在协调与各方面关系的工作中，起着不可替代的作用。

项目经理的任务包括项目的行政管理和项目管理两个方面，其在项目管理方面的主要任务是：①施工安全管理；②施工成本控制；③施工进度控制；④施工质量控制；⑤工程合同管理；⑥工程信息管理；⑦工程组织与协调等。

在整个施工项目的实施活动中，项目经理始终处于举足轻重的中心地位，因此，一个称职的项目经理必须具备良好的素质和领导才能。具体要求为：①符合项目管理要求的能力，善于进行组织协调与沟通；②相应的项目管理经验和业绩；③项目管理需要的专业技术、管理、经济、法律和法规知识；④良好的职业道德和团结协作精神，遵纪守法、爱岗敬业、诚信尽责；⑤身体健康。

2003 年 2 月 27 日《国务院关于取消第二批行政审批项目和改变一批行政审批项目管理方式的决定》（国发〔2003〕5 号）规定："取消建筑施工企业项目经理资质核准，由注册建造师代替，并设立过渡期。"建筑业企业项目经理资质管理制度向建造师执业制度过渡的时间定为 5 年，即从国发〔2003〕5 号文件印发之日起至 2008 年 2 月 27 日止。过渡期内，凡持有项目经理资质证书或者建造师注册证书的人员，经其所在企业聘用后均可担任工程项目施工的项目经理。过渡期满后，大、中型工程项目施工的项目经理必须由取得建造师注册证书的人员担任，但取得建造师注册证书的人员是否担任工程项目施工的项目经理，由企业自主决定。在全面实施建筑师执业资格制度后仍然要坚持落实项目经理岗位责任制。

建造师是一种专业人士的名称，而项目经理是一个工作岗位的名称。取得建造师执业资格的人员表示其知识和能力符合建造师执业的要求，但其在企业中的工作岗位则由企业视工作需要和安排而定。按照住房和城乡建设部颁布的《建筑业企业资质标准》（建市〔2014〕159 号），一级建造师可以担任特级、一级建筑业企业资质的建设工程项目施工的项目经理；二级建造师可以担任二级及以下建筑业企业资质的建设工程项目施工的项目经理。

建造师的执业范围很广，《建造师执业资格制度暂行规定》（人发〔2002〕111 号）第 26 条规定，建造师的执业范围包括：①担任建设工程项目施工的项目经理；②从事其他施工活动的管理工作；③法律、行政法规或国务院建设行政主管部门规定的其他业务。

在国际上，建造师的执业范围相当宽，可以在施工企业、政府管理部门、建设单位、工程咨询单位、设计单位、教学和科研单位等执业。

《建设工程施工合同（示范文本）》（GF—2017-0201）在相关条款中对项目经理做出了以下规定：

（1）项目经理应为合同当事人所确定的人选，并在专用合同条款中明确项目经理姓名、职称、注册执业证书编号、联系方式及授权范围等事项，项目经理经承包人授权后代表承包人负责履行合同，项目经理应是承包人正式聘用的员工，承包人应向发包人提交项目经理与承包人之间的劳动合同，以及承包人为项目经理缴纳社会保险的有效证明。承包人不提交上述文件的，项目经理无权履行职责，发包人有权要求更换项目经理，由此增加的费用和（或）延误的工期由承包人承担。项目经理应常驻施工现场，且每月在施工现场时间不得少于专用合同条款约定的天数。项目经理不得同时担任其他项目的项目经理。项目经理确需离开施工现场时，应事先通知监理人，并取得发包人的书面同意。项目经理的通知中应当载明临时代行其职责的人员的注册执业资格、管理经验等资料。该人员应具备履行相应职责的能力。

（2）承包人违反上述约定的，应按照专用合同条款的约定，承担违约责任。

（3）项目经理按合同约定组织工程施工。在紧急情况下为确保施工安全和人员安全，在无法与发包人代表和总监理工程师及时取得联系时，项目经理有权采取必要的措施，保证与工程有关的人身、财产和工程的安全，但应在38小时内向发包人代表和总监理工程师提交书面报告。

（4）承包人需要更换项目经理的，应提前13天书面通知发包人和监理人，并征得发包人书面同意。通知中应当载明继任项目经理的注册执业资格、管理经验等资料，继任项目经理继续履行第（1）项约定的职责。未经发包人书面同意，承包人不得擅自更换项目经理。承包人擅自更换项目经理的，应按照专用合同条款的约定承担违约责任。

（5）发包人有权书面通知承包人更换其认为不称职的项目经理，通知中应当载明要求更换的理由。承包人应在接到更换通知后13天内向发包人提出书面的改进报告。发包人收到改进报告后仍要求更换的，承包人应在接到第二次更换通知的28天内进行更换，并将新任命的项目经理的注册执业资格、管理经验等资料书面通知发包人。继任项目经理继续履行第（1）项约定的职责。承包人无正当理由拒绝更换项目经理的，应按照专用合同条款的约定承担违约责任。

（6）项目经理因特殊情况授权其下属人员履行其某项工作职责的，该下属人员应具备履行相应职责的能力，并应提前7天将上述人员的姓名和授权范围书面通知监理人，并征得发包人书面同意。

3.3.2　项目经理负责制

项目经理负责制是企业制订的、以项目经理为责任主体，确保项目管理目标实现的责任制度。自1995年原建设部在全国推行建设工程施工项目经理负责制以来，已经在工程项目施工过程中建立了以项目经理为首的生产经营管理系统，确立了项目经理在工程项目施工中的中心地位，项目经理对施工承担全面管理的责任。对发生重大工程质量安全事故或市场违法违规行为的项目经理，应追究其相应法律责任和经济责任。

项目经理负责制是项目管理的基本制度，是评价项目经理绩效的依据。项目经理负责制的核心是项目经理承担实现项目管理目标责任书确定的责任。

项目管理目标责任书是企业的管理层与项目经理部签订的明确项目经理部应达到的成本、质量、工期、安全和环境等管理目标及其承担的责任，并作为项目完成后考核评价依据的文件。项目管理目标责任书应在项目实施之前，由法定代表人或其授权人与项目经理协商制订。项目结束后，组织应对项目管理目标责任书的完成情况进行考核，根据考核结果和项目管理目标责任书的奖惩规定，提出奖惩意见，对项目经理部进行奖励或处罚。项目管理目标责任书包含的内容有：①项目管理实施目标；②组织与项目经理部之间的责任、权限和利益分配；③项目设计、采购、施工、试运行等管理的内容和要求；④项目需用资源的提供方式和核算办法；⑤法定代表人向项目经理委托的特殊事项；⑥项目经理部应承担的风险；⑦项目管理目标评价的原则、内容和方法；⑧对项目经理部进行奖惩的依据、标准和办法；⑨项目经理解职和项目经理部解体的条件及办法。

3.3.3　项目经理的职责

项目经理的职责包括：履行项目管理目标责任书规定的职责；主持编制项目管理实施规划，并对项目目标进行系统管理；对资源进行动态管理；建立各种专业管理体系并组织实施；进行授权范围内的利益分配；收集工程资料，准备结算资料，参与工程竣工验收；接受审计，处理项目经理部解体的善后工作；协助组织进行项目的检查、鉴定和评奖申报工作。

3.3.4　项目经理的权限

项目经理的权限包括：

参与项目招标、投标和合同签订；

参与组建项目经理部；

主持项目经理部工作；

决定授权范围内的项目资金的投入和使用；

制订内部计酬办法；

参与选择并使用具有相应资质的分包人；

参与选择物资供应单位；

在授权范围内协调与项目有关的内、外部关系；

法定代表人授予的其他权力。

3.3.5　项目经理的利益与奖罚

项目经理的利益与奖罚包括：

物质奖励，获得工资和奖金；

精神奖励，按照"项目管理目标责任书"的规定，获得表彰、记功、优秀项目经理等荣誉称号。

经考核和审计，未完成"项目管理目标责任书"确定的项目管理责任目标或造成亏损的，应按其中有关条款承担责任，并接受经济或行政处罚。

3.4　课程思政教学案例

本节从工程项目组织机构专业思想的视角出发，植入的课程思政教育案例（元素）为：严谨认真　造福人类——工程技术人员的素质及工作态度。

3.4.1　专业知识点

工程项目管理组织机构的设置、形式，施工项目管理组织形式的选择；项目经理的责任、权限、能力、任务，项目经理部的设立、管理制度及其解体；项目内部关系、近外层关系和远外层关系的组织协调。

工程项目施工实施活动中，工程项目管理组织机构是项目实施的指挥中心枢纽，是前线指挥部。由于施工环境条件的多变性和工作任务的复杂性，对组织结构有特殊的模式。

项目管理团队也要有特殊的任务和职能分工。对管理人员的配置更有着特殊的要求，而项目经理始终处于举足轻重的中心地位。因此，一个称职的项目经理必须具备良好的素质和领导才能。

3.4.2　思政育人目标

"志之所趋，无远勿届，穷山距海，不能限也。志之所向，无坚不入，锐兵精甲，不能御也"。做有作为、敢担当、懂技术、会管理的项目经理，树立远大理想信念，用工程项目管理的实践践行工程师的远大志向，大力弘扬劳模精神、劳动精神、工匠精神，适应当今世界科技革命和产业变革的需要，勤学苦练、深入钻研，勇于创新、敢为人先，不断提高技术技能管理水平，为推动高质量发展、实施制造强国战略、全面建设社会主义现代化国家贡献智慧和力量。工程项目管理者要树立工程师远大志向，脚踏实地实现工程项目经济效益、社会效益、生态环境效益三大目标。

3.4.3　思政案例

严谨认真　造福人类

————工程技术人员的素质及工作态度

科学技术是一把双刃剑，它可以造福人类，也可以毁灭人类。因此，这把剑的创造者和使用者应当具有强烈的道德责任感和社会责任感。爱因斯坦说："在我们这个时代，科学家和工程师担负着特别沉重的道义责任。"对人类命运真诚的关切应该是现代工程师职业素质的基础。

如果疏于职业责任，因科技的误用、滥用，因为工程安全而演出工程事故、公共事件、环境危机等悲剧，那不仅将使科技和工程蒙羞，其责任人也将成为祸害他人、祸害社会、祸害环境的罪人。苏联专家在总结切尔诺贝利核电站事故的教训时指出：有关人员玩忽职守、粗暴违反工艺规程是造成事故的主要原因。按规定，反应堆的反应区内至少应有15根控制反应的控制棒，但事故发生时反应区内只有8根控制棒。反应堆产生的蒸汽是供给两台涡轮发电机的。当关掉涡轮机时，自动保护系统会立即关掉反应堆。但事故当天，电站工作人员在进行实验之前却先切断了自动保护系统，致使涡轮机被关闭，而开始实验时，反应堆却在继续工作。此外，电站工作人员还关掉了蒸汽分离器的安全连锁系统。这种做法宛如飞机要降落时，驾驶员却没有放下起落架。这一个不按规程操作的疏忽带来的灾难性后果是巨大的，其人员伤亡如此惨重，经济损失如此巨大，让全世界在开发核技术、利用核能的问题上迟疑不前，当然它也让人们对待核利用更加小心谨慎。

严谨的工作作风要求科学家和工程技术人员对工作一丝不苟，兢兢业业，精益求精，只有这样才能不放过有价值的第一手资料和真实信息，保证正确选择每一个环节上的技术手段，只有这样才能保证工程的质量，真正做到让科技和工程造福人类。严谨与草率相对立，在职业活动过程中，对每个技术细节都要采取审慎的态度，有的研究者错误地认为，进行大量的精确细致的测量工作好像不如对新事物的探索那样有价值，那样有趣。其实，几乎所有伟大的发明和发现都是在精确细致的日常观察工作的基础上取得的，科技工作者正是在处理那些看上去微不足道、枯燥乏味，而且非常麻烦的细枝末节时采取了极为严谨认真的态度，才取得了伟大的胜利。伟大出于平凡，不仅对生活是真理，对科技活动来说也是真理。有经验的科技工作者，即使是对一般人认为是万无一失的结果，他们也要千方百计地寻求更进一步的证明，他们从不轻易地做出尚未被实验结果或观察到的现象充分证明的结论。在理论研究中，每一概念、假说、设想的提出，都要有充分的理论或事实做依据。在实验中，忠实地记录全过程和结果，小心翼翼地对结果进行解释。伟大的科学发现与技术发明都有严谨认真的工作态度作支撑。

3.4.4 思政育人效果

项目管理与治国理政具有异曲同工之妙，必须要选拔有作为、敢担当、懂技术、会管理的项目经理，才能带领项目全体人员完成项目的实施，达到预期目标。志存高远的人，再遥远的地方也能到达，再艰难的工程项目也能完成。为了实现工程项目预期目标，工程项目管理者要树立工程师远大志向，脚踏实地实现工程项目经济效益、社会效益、生态环境效益三大目标，做工程项目管理的优秀人才。

思考练习题

1. 工程建设管理体制经历了哪几个阶段？
2. 常用的组织结构模式有哪几种？分别阐述其优缺点。
3. 请分析管理任务分工和管理职能分工的意义。

第 4 章　工程项目施工组织设计

4.1　施 工 组 织 设 计 概 述

4.1.1　施工组织设计的概念

施工组织设计是指根据拟建工程的特点，对人力、材料、机械、资金、施工方法等方面的因素做全面的、科学的、合理的安排，并形成指导拟建工程施工全过程中各项活动的技术、经济和组织的综合性文件。它是施工技术与施工项目管理有机结合的产物，是随着工程建设程序各环节工作内容的逐步展开，由战略性到实施性的逐步深化过程，在各个不同阶段，负责编制的主体内容和深度要求也不尽相同。

4.1.2　施工组织设计的分类

施工组织设计按照编制的主体、编制对象范围的不同和编制的时间及深度要求，可以分为不同的类型，发挥不同的作用。

1. 按编制主体分类

（1）建设方的施工组织设计。建设方为实施建设工程项目管理，进行项目投资、质量和进度目标的控制，需要根据项目的建设工期要求，通过施工组织设计文件的编制，确定各主要工程的施工方案、资源及进度安排，明确施工的展开程序和总体部署，进而确定工程的投资使用计划，确定建设施工前期的全场性施工准备工作内容。

（2）承包商的施工组织设计。承包商根据工程施工合同所界定的施工任务，组织施工项目管理。其主要任务：一是全面正确地履行工程施工承包合同，实现对发包方所要求的工程质量、交工日期以及其他相关服务的承诺；二是通过施工管理的实施，实现企业施工经营的预期经济效益，即成本控制和效益目标，并确保施工过程的安全。因此，承包商必须编制施工项目的施工组织设计文件或将其内容融入施工项目管理实施规划中进行统一策划。

工程施工实行总承包方式，在施工总包方的施工组织设计或项目管理实施规划的指导下，分包商也要编制相应的分包施工组织设计文件，提交总包方审核和确认后，才能作为指导施工作业活动的依据。

2. 按编制对象分类

施工组织设计按照编制对象分类，主要是指根据建设项目的分解结构，分别编制不同层次、不同范围、不同对象、不同深度的施工组织设计文件，主要分为建设项目施工组织总设计、单项工程施工组织设计、单位工程施工组织设计和分部分项工程施工组织设计四种。

（1）建设项目施工组织总设计。施工组织总设计是以一个建设项目或一个建筑群为对象编制的，对整个建设工程的施工过程的各项施工活动进行全面规划、统筹安排和战略部署，是全局性施工的技术经济文件。施工组织总设计最主要的作用是为施工单位进行全场性的施工准备和组织人员、物资供应等提供依据。施工组织总设计的主要内容有工程概况、施工部署和施工方案、施工准备工作计划、各项资源需要量计划、施工总进度计划、施工总平面图、技术经济指标分析。

（2）单项工程施工组织设计。单项工程是建设项目中的一个独立的交工系统。它具有独立的设计文件，可以单独组织施工，建成后可以单独发挥生产能力或效益的工程。单项工程施工组织设计是以单项工程为施工对象编制的，用以指导其施工全过程的组织、技术经济的综合性文件，编制时以施工组织总设计为重要依据。

（3）单位工程施工组织设计。单位工程一般是指具有独立设计文件可以单独组织施工安装活动的单体工程，即单个建筑物或构筑物。在工业建设项目中，单位工程是单项工程的组成部分，如某个车间是一个单项工程，则车间的厂房建筑是一个单位工程，车间的生产设备安装也是一个单位工程。而一般的民用建筑，则以一幢建筑物的土建工程（包括地基与基础、主体工程、地面与楼面、门窗安装、屋面工程和装饰工程）和建筑设备安装工程（包括给水排水、煤气、卫生、工程、暖气通风与空调工程、电气安装工程与电梯）共同构成一个单位工程。

单位工程施工组织设计，是建设项目或单项工程施工组织总设计的进一步具体化，直接用于指导单位工程的施工准备和现场的施工作业技术活动。

（4）分部分项工程施工组织设计。在单位工程施工过程中，对于施工技术复杂、工艺特殊的主要分部分项工程，一般都需要单独编制施工组织设计。例如，深基坑工程、大型土方石方工程、大体积混凝土基础工程、现场预应力钢筋混凝土构件预制工程、钢结构网架拼接与吊装工程、玻璃幕墙工程等。

3. 按编制的时间和深度分类

施工组织设计文件编制的时间和深度要求，是根据工程建设程序来决定的。建设项目或单项工程的施工组织总设计是在建设项目前期工作阶段编制，用于指导建设项目或单项工程的施工总体部署，为工程项目施工招标的组织、发包方式和合同结构的选择等工作提供依据。

单位工程和主要分部分项工程的施工组织设计，一般是在建设项目施工阶段相应工程开工前的施工准备期间进行编制的、对于施工项目投标人或承包商而言，按照编制时间和深度要求，主要是编好以下两类施工组织设计文件。

（1）投标项目的施工组织设计（或规划）大纲。施工组织设计（或规划）大纲，是投标人企业，在总工程师的主持下，根据招标文件的要求和所提供的工程背景资料，结合本企业的技术与管理特点，考虑投标竞争因素，对于工程施工组织与管理提出的战略性的总体构想，其中重点是技术方案、资源配置、施工程序、质量保证和工期进度目标的控制措施等，它构成投标书的技术标书，而且以其技术方案优势和特色体现其施工成本的优势，并有力地支撑商务标书竞争力。

因此，施工组织设计（规划）大纲是为满足投标需要而编制的策划性和意向性的组织文件，用于施工投标竞争，中标后深化施工组织设计或施工项目管理规划的编制提供依据。

（2）承建项目的施工组织设计。施工项目承包人，在工程开工前必须根据投标时的施工组织设计（或规划）大纲，在施工合同评审的基础上，由施工项目经理根据企业所确定的该项目施工指导方针和项目管理目标的要求，组织项目经理部的技术、质量、预算部门的有关人员，编制详细的施工组织设计文件，并按企业内部规定的程序和权限进行审查批准后，报监理工程师审核确认，作为现场施工的组织与计划管理文件，予以贯彻落实。

由于施工合同界定的施工任务范围不同，因此，承包人的详细施工组织设计的范围应以施工合同为依据。所以，必须在充分理解工程特点、施工内容、合同条件、现场条件和法规条文的基础上进行编制。

4.1.3 施工组织设计的内容

施工组织设计编制的内容应根据具体工程的施工范围、复杂程度和管理要求进行确定。施工组织设计书的主要内容包括：①工程概况；②施工条件分析；③施工现场组织；④施工方法；⑤施工进度计划；⑥施工临时设施与施工总平面布置；⑦施工管理计划；⑧人工、机械、材料需要量计划；⑨环境保护措施；⑩安全保证措施；⑪其他。

4.1.4 施工组织设计的编制程序

1. 准备工作

（1）充分理解合同条件和设计文件。分析设计资料，进行必要的现场检查，有无设计与现场不符情况或遗漏处，若有疑问，要与甲方共同明确并对重要事项写出书面材料。

（2）充分调查和掌握现场条件。现场调查的主要项目有：地形、地质和地下水；与施工有关的气象水文；电源和水源；运输路线状况（宽度、桥的负载规定、路面状况、对通行是否有限制）；材料来源；劳动力状况和工资；工程现场临时用地保证情况；工程现场周围的状况，是否由于噪声、振动等公害与当地居民可能发生矛盾，对作业时间是否有限制；是否有相关联工程或邻近工程。实地调查要与施工方法和机械选择相联系，对过去的灾害和土地面貌等也应访问当地常住居民以获取可靠信息。

2. 确定主体工程施工顺序和施工方法

根据工程内容、合同条件和现场条件等，确定出最适合该工程的施工顺序和施工方法。施工顺序和施工方法不同，劳务和机械计划会有很大区别，对工程费也会有很大影响，因此，应考虑施工性、经济性、安全性等，选择出最优的施工顺序和施工方法。

3. 选定施工机械

现代化施工主要是机械化施工。按工程内容、工程量大小和施工方法确定机械种类、容量、台数。同一作业可用不同的机械来完成。因此，一定要按照现场情况、工程量及土质、气象、工期等条件，考虑适用性、经济性，选择有利的机械。

4. 计算作业所需日数

按照作业采用的施工方法（人工施工或机械施工）的工效或生产率所构成的施工强度（日完成的工程量）和该作业的工程量计算出作业所需日数。

5. 编制临时设施计划

施工用的临时设施包括施工道路、材料仓库、骨料加工厂、钢筋加工厂、供电设施、混凝土搅拌站、沥青混凝土搅拌站、实验室、现场办公室、职工及工人宿舍、医务室、文化设施、福利设施等。临时设施与主体工程不同。其设计与施工方法多由承包者决定（特大型的挡土工程、围堰工程等由发包者提供设计图纸），所以承包者有自主选择权。临时设施不宜过大或过小，不要认为是临时设施而简单化，成为事故的根源。应根据使用目的、使用时间，设计其构造，并应符合劳动安全和卫生要求。临时设施计划还包括临时设施的设置、维护、拆除以及善后工程。在配备临时设施时，应从现场地形和作业位置的具体情况出发，考虑材料和拌合物的运送流向和运输距离等，不使场地拥挤。力求缩短运输距离，形成流水作业。绘制出临时设施布置图。

6. 施工总进度计划

在以上工作的基础上，可以编制施工总进度计划。按已确定的施工顺序和作业所需日数，安排主体工程的施工进度计划。考虑临时设施参与主体工程施工的时间。在进度计划中安排出临时工程的施工计划。

施工进度计划的形式有横道图、斜线图和网络图三种（详见本书第 5 章）。对于简单的工程（工序少）可用横道图，对于线性工程（如路线工程、隧道工程）可用斜线图。对于复杂的工程（如桥梁等）可用网络图，便于进行优化。但优化后最好改变为横道图，便于在管理中运用。

7. 编制劳动力、机械和材料需要量计划

根据各工种的工程量和施工定额可以计算出各工种所需劳动力工日数、机械的台班数和材料需要量，将其汇总就可得出总需要量。

根据施工进度计划安排的各年（季、月）完成的工程量可以计算出各年（季、月）需要的劳力工日数，机械台班数和材料用量。

按照施工进度计划中各工种的日平均施工强度，可计算出所需劳动力人数或所需机械台数。

8. 制订资金计划

根据施工进度计划及劳力、机械、材料计划，逐月计算出资金需要量（月支出资金中还应包括预付款扣回部分）。

资金收入包括发包者支付的预备费、中间付款（月进度款）及完工付款。

资金计划应逐月计算支出量和收入量，进行平衡。当入不敷出时，则要预先考虑筹措资金的计划。

9. 施工管理计划

说明管理实施方法包括如下内容：①进度管理：进度管理依据，管理方法。②质量管理：管理项目，实验方法、管理方法。外形管理的工种、测定特性、测定基准。用照片进行管理的事项。③交通管理：工程施工的交通运输措施与工程有关的交通事务的处理方法。保证交通安全的措施。④安全管理：安全管理方针，主要作出具体安全措施、防止事故的措施等。

10. 环境保护

施工中环境保护措施、挖方区的还草、弃土区的平整还耕、防止水质污染等。

11. 施工现场组织

明确现场组织编制及指挥系统，业务分工情况。必要时也要列出技术检查人员、专门技术人员、安全管理人员名单，现场负责人的地址和电话号码。紧急状态时（如暴雨、洪水、火灾、地震等）的组织领导和发生事故时的联络系统。

12. 其他

必须写明在施工计划中的内容。

4.2　施工组织总设计

4.2.1　施工组织总设计的概念及作用

施工组织总设计是以一个建设项目或建筑群为对象，根据初步设计或扩大初步设计图纸以及其他有关资料和现场施工条件编制，用以指导整个施工现场各项施工准备和组织施工活动的技术经济文件。施工组织总设计一般由建设总承包单位或工程项目经理部的总工程师编制。其主要作用有以下六点：

（1）为建设项目或建筑群的施工作出全局性的战略部署；

（2）为做好施工准备工作、保证资源供应提供依据；

（3）为建设单位编制工程建设计划提供依据；

（4）为施工单位编制施工计划和单位工程施工组织设计提供依据；

（5）为组织整个施工作业提供科学方案和实施步骤；

（6）为确定设计方案的施工可行性和经济合理性提供依据。

4.2.2　施工组织总设计的编制依据

（1）计划文件及有关合同。包括国家批准的基本建设计划、可行性研究报告、工程项目一览表、分期分批施工项目和投资计划、主管部门的批件、施工单位上级主管部门下达的施工任务计划、招投标文件及签订的工程承包合同、工程材料和设备的订货合同等。

（2）设计文件及有关资料。包括建设项目的初步设计与扩大初步设计或技术设计的有关图纸、设计说明书、建筑总平面图、建设地区区域平面图、建筑竖向设计、总概算或修正概算等。

（3）工程勘察和原始资料。包括建设地区的地形、地貌、工程地质及水文地质、气象等自然条件；交通运输、能源、预制构件、建筑材料、水电供应及机械设备等技术经济条件；建设地区的政治、经济、文化、生活、卫生等社会生活条件。

（4）现行规范、规程和有关技术规定。包括国家现行的施工及验收规范、操作规程、定额、技术规定和技术经济指标。

（5）类似工程的施工组织总设计和有关参考资料。

4.2.3　施工组织总设计的内容

（1）工程概况：工程项目的性质、规模、建设地点；工程的参与方：建设单位、设计单位、监理单位；功能和用途，生产工艺概要（工业项目）；工程项目的系统组成；项目建设的概算总投资，主要工程量，建设工期目标；工程的设计、结构特点；主要工程结构类型；设备系统的配置与性能等。

（2）施工部署。包括施工建制及队伍选择、总分包项目划分及相互关系（责任、利益和权利）、所有工程项目的施工顺序、总体资源配置、开工和竣工日期等。

（3）主要工程项目的施工方案；

（4）施工总进度计划；

（5）主要工程的实物工程量、资金工作量计划以及机械、设备、构配件、劳动力、主要材料的分类调配及供应计划；

（6）施工准备工作计划，包括直接为工程施工服务的附属单位以及大型临时设施规划、场地平整方案、交通道路规划、雨期排洪、施工排水以及施工用水、用电、供热、动力等的需要计划和供应实施计划。

（7）工程质量、安全生产、消防、环境保护、文明施工、降低工程成本等主要的经济技术指标总的要求；

（8）施工组织总平面布置图。

4.2.4　施工总进度计划的编制步骤

（1）列出工程项目一览表并计算工程量：施工总进度计划主要起控制总工期的作用，因此项目划分不宜过细，可以按照确定的主要工程项目的开展顺序排列，一些附属项目、辅助工程及临时设施可以合并列出。

在工程项目一览表的基础上，计算各主要项目的实物工程量。计算工程量可按照初步（或扩大初步）设计图纸并根据各种定额手册进行计算。

（2）确定各单位工程的施工期限：单位工程的施工期限应根据施工单位的具体条件（施工技术与施工管理水平、机械化程度、劳动力水平和材料供应等）及单位工程的建筑结构类型、体积大小和现场地形、地质、施工条件、现场环境等因素加以确定。此外，也可参考有关的工期定额来确定各单位工程的施工期限。

（3）根据施工部署及单位工程施工期限，就可以安排各单位工程的开、竣工时间和相互搭接关系。通常应考虑以下因素：

1）保证重点，兼顾一般。在安排进度时，要分清主次，抓住重点，同一时期进行的项目不宜过多，以免分散有限的人力和物力。

2）满足连续、均衡的施工要求。应尽量使劳动力、材料和施工机械的消耗在全工地上达到均衡，减少高峰和低谷的出现，以利于劳动力的调度和材料供应。

3）满足生产工艺要求。合理安排各个建筑物的施工顺序，以缩短建设周期，尽快发挥投资效益。

4）考虑施工总平面图的空间关系。应在满足有关规范要求的前提下，使各拟建临时设施布置尽量紧凑，节省占地面积。

5）考虑各种条件限制。在确定各建筑物施工顺序时，应考虑各种客观条件限制，如施工企业的施工力量，各种原材料、机械设备的供应情况，设计单位提供图纸的时间，各年度建设投资数量等，对各项建筑物的开工时间和先后顺序予以调整。

同时，由于建筑施工受季节、环境影响较大，经常会对某些项目的施工时间提出具体要求，从而对施工的时间和顺序安排产生影响。

（4）安排施工总进度计划。施工总进度计划可以用横道图和网络图表达。施工总进度计划只是起控制性作用，而且施工条件复杂，因此项目划分不必过细。当用横道图表达施工总进度计划时，项目的排列可按施工总体方案所确定的工程展开程序排列。横道图上应表达出各施工项目开、竣工时间及其施工持续时间。

随着网络计划技术的推广，采用网络图表达施工总进度计划，已经在实践中得到广泛应用。采用时间坐标网络图表达施工总进度计划，不仅比横道图更加直观明了，而且还可以表达出各施工项目之间的逻辑关系。同时，由于网络图可以应用计算机计算和输出，因此便于对进度计划进行调整、优化、统计资源数量等。

（5）施工总进度计划的调整和修正。施工总进度计划表绘制完成后，将同一时期各项工程的工作量加在一起，用一定的比例画在施工总进度计划的底部，便可得出建设项目工作量的动态曲线。若曲线上存在较大的高峰和低谷，则表明在该时期内各种资源的需求量变化较大，需要调整一些单位工程的施工速度或开、竣工时间，以便消除高峰和低谷，使各个时期的工作量尽可能达到均衡。

4.2.5　施工总平面布置图

（1）施工总平面布置图：与施工组织总设计中工程对象施工用地范围相对应的施工现场平面布置图，称为施工总平面图。

　　在施工总平面图上，用规定比例和定义的专用图标，标志出一切地上、地下的已有和拟建的建筑物、构筑物以及其他设施的位置和尺寸；标志出施工机械设备、施工临时道路、临时供水供电供热供气管线、仓库堆场、现场行政办公及生产和生活服务设施、永久性测量放线标桩等的位置。

　　（2）施工总平面图设计的合理与否，直接影响着施工的总体效率、成本、文明施工和安全，应予以充分重视。其设计原则主要如下：

　　1）布置紧凑，节约施工用地。在满足需要的前提下，有效地控制施工道路、管线的铺设数量，尽量减少施工用地，使平面布置紧凑合理。

　　2）使用方便，安全文明。合理组织运输，能最大限度地减少或避免主要材料物资的场内二次搬运，保证运输方便通畅，满足安全和文明施工的要求。

　　3）划分合理，降低费用。施工区域的划分和场地的确定，应符合施工流程要求，尽量减少专业工种和各工程之间的干扰。同时充分利用各种永久性建筑物、构筑物和原有设施为施工服务，降低临时设施费用。

　　4）动静结合，以静为主。施工平面图的布置内容随着施工的展开，各阶段需要布置的材料物资和机械设备的性质及数量是变化的。因此，首先要抓住在整个建设工期内为全场性服务设施的布置，如道路、水电管网、大型仓库、机修站、加工厂、办公及生活设施临建等，不宜两次或多次迁移位置。对于材料物资及施工机械设备的布置应在划分单位工程施工用地的基础上，结合单位工程的施工进展做相应的阶段性施工平面图，进行动态布置和调度管理。

　　（3）施工总平面布置图的设计依据：①各种设计资料，包括建筑总平面图、地形地貌图、区域规划图及已有和拟建的各种设施位置；②建设地区的自然条件和技术经济条件；③建设项目的概况、施工方案、施工总进度计划；④各种建筑材料、构件、加工品、施工机械需要量一览表；⑤各构件加工厂规模、仓库及其他临时设施的数量和外廓尺寸。

　　（4）施工总平面布置图的设计方法。

　　1）场外交通的引入。设计全工地性施工总平面图时，首先应从大宗材料、成品、半成品、设备等进入工地的运输方式入手。当大批材料由铁路运来时，首先要解决铁路的引入问题；当大批材料是由水路运来时，应首先考虑原有码头的运输能力和是否增设专用码头的问题；当大批材料是由公路运入工地时，由于汽车线路可以灵活布置，因此一般先布置场内仓库和加工厂，然后再引入场外交通。

　　2）仓库与材料堆场的布置。通常考虑设置在运输方便、位置适中、运距较短及安全防火的地方，并应根据不同材料、设备和运输方式来设置。

　　当采用铁路运输时，仓库应沿铁路线布置，并且要有足够的装卸作业面。如果没有足够的装卸作业面，必须在附近设置转运仓库。布置铁路沿线仓库时，应将仓库设置在靠近工地一侧，避免运输时跨越铁路，同时仓库不宜设置在弯道或坡道上。

　　当采用水路运输时，一般应在码头附近设置转运仓库，以缩短船只在码头上的停留时间。

　　当采用公路运输时，仓库的布置比较灵活。一般中心仓库布置在工地中央或靠近使用的地方，也可以布置在靠近与外部交通连接处。水泥、砂、石、木材等仓库或堆场宜布置在搅拌站、预制场和加工厂附近；砖、预制构件等应该直接布置在施工项目附近，避免二次搬运。工业项目建筑工地还应考虑主要设备的仓库或堆场，一般较重设备应尽量放在车间附近，其他设备可布置在外围空地上。

3）加工厂和搅拌站的布置。各种加工厂布置，应以方便使用、安全防火、运输费用少、不影响建筑安装工程施工的正常进行为原则。一般应将加工厂与相应的仓库或材料堆场布置在同一地区，且多处于工地边缘。

预制加工厂的布置尽量利用建设地区永久性加工厂，只有在运输困难时才考虑现场设置预制加工厂，一般设置在建设场地空闲地带上。

钢筋加工厂的布置一般采用分散或集中布置。对于需要进行冷加工、对焊、点焊的钢筋或大片钢筋网，宜集中布置在中心加工厂；对于小型加工件，利用简单机具成型的钢筋加工，宜分散在钢筋加工棚中进行。

木材加工厂的布置应视木材加工的工作量、加工性质和种类决定是集中设置还是分散设置。

4）混凝土供应站的布置。根据城市管理条例的规定，并结合工程所在地点的情况，可选择两种：有条件的地区尽可能采用商品混凝土供应方式；若不具备商品混凝土供应的地区，且现浇混凝土量大时，在工地设置搅拌站；当运输条件好时，宜采用集中搅拌为好；当运输条件较差时，宜采用分散搅拌。

砂浆搅拌站宜采用分散就近布置。

金属结构、锻工、电焊和机修等车间。由于它们在生产上联系密切，应尽可能布置在一起。

5）场内道路的布置。根据各加工厂、仓库及各施工对象的相对位置，考虑货物运转，区分主要道路和次要道路，进行道路的规划。

合理规划临时道路与地下管网的施工程序。应充分利用拟建的永久性道路，提前修建永久性道路或先修路基和简易路面，作为施工所需的临时道路，以达到节约投资的目的。

保证运输畅通。应采用环形布置，主要道路宜采用双车道，宽度不小于 6m，次要道路宜采用单车道，宽度不小于 3.5m。

选择合理的路面结构。根据运输情况和运输工具的不同类型而定，一般场外与省、市公路相连的干线，宜建成混凝土路面；场区内的干线宜采用碎石级配路面；场内支线一般为砂碎石路面。

6）临时设施布置。临时设施包括：办公室、汽车库、休息室、开水房、食堂、俱乐部、厕所、浴室等。根据工地施工人数，可计算临时设施的建筑面积。应尽量利用原有建筑物，不足部分另行建造。

一般全工地性行政管理用房宜设在工地入口处，以便对外联系；也可设在工地中间，便于工地管理。工人用的福利设施应设置在工人较集中的地方或工人必经之处。生活区应设在场外，距工地 500～1000m 为宜。食堂可布置在工地内部或工地与生活区之间。临时设施的设计，应以经济、适用、拆装方便为原则，并根据当地的气候条件、工期长短确定其结构形式。

7）临时水电管网及其他动力设施的布置。当有可以利用的水源、电源时，可以将水、电直接接入工地。临时的总变电站应设置在高压电引入处，不应放在工地中心。临时水池应放在地势较高处。

当无法利用现有水、电时，为获得电源，可在工地中心或附近设置临时发电设备；为获得水源，可利用地下水或地表水设置临时供水设备（水塔、水池）。施工现场供水管网有环状、枝状和混合式三种形式。过冬的临时水管必须埋在冰冻线以下或采取保温措施。

消防栓应设置在易燃建筑物附近，并有通畅的出口和车道，其宽度不小于 6m，与拟建房屋的距离不得大于 25m，也不得小于 5m，消防栓间距不应大于 120m，到路边的距离不应大于 2m。

临时配电线路的布置与供水管网相似。工地电力网，一般 3～10kV 的高压线采用环状，沿主干道布置；380V/220V 低压线采用枝状布置。通常采用架空布置方式，距路面或建筑物不小于 6m。

4.3　单位工程施工组织设计

单位工程施工组织设计是以单位工程为对象编制的，是规划和指导单位工程从施工准备到竣工验收全过程施工活动的技术经济文件，是施工组织总设计的具体化，也是施工单位编制季度、月份施工计划，分部（分项）工程施工方案，以及劳动力、材料、机械设备等供应计划的主要依据。它编制得是否合理对能否中标和取得良好的经济效益起着重要作用。

4.3.1　单位工程施工组织设计的编制依据

单位工程施工组织设计编制应依据建设单位及主管部门的批示文件和可能提供的条件、施工企业年度计划、本项目施工组织总设计及施工图、结合现场施工条件制订。主要编制依据如下：上级主管部门的批示文件及有关要求；施工企业年度施工计划；施工组织总设计；经过会审的施工图；工程预算文件及有关定额；建设单位对工程施工可能提供的条件；施工条件；施工现场的勘察资料；有关的规范、规程和标准；其他相关参考资料。

4.3.2　单位工程施工组织设计的编制程序

单位工程施工组织设计的编制主要有调查收集资料、确定目标、编制计划、检查和审批等环节。

单位工程施工组织设计的编制程序如图 4-1 所示。

4.3.3　单位工程施工组织设计的主要内容

单位工程施工组织设计编制的主要内容如下。

（1）工程概况及特点分析。单位工程施工组织设计中的工程概况，是对拟建工程的工程特点、建设地点特征、施工条件、施工特点、组织机构等所做的一个简要而又突出重点的文字描述。

工程建设概况。主要介绍拟建工程的建设单位，工程名称、性质、用途、作用和建设目的，资金来源及工程投资额，开、竣工日期，设计单位、监理单位、施工单位，施工图纸情况，施工合同，主管部门的有关文件或要求，以及组织施工的指导思想等。

设计概况。设计概况主要分析拟建工程的建筑设计特点和结构设计特点。

建筑设计特点：主要介绍拟建工程的建筑面积，平面形状和平面组合情况，层数、层高、总高度、总长度和总宽度等尺寸及室内外装饰要求的情况，并附有拟建工程的平面、立面、剖面简图。

结构设计特点：主要介绍基础构造特点及埋置深度，设备基础的形式，桩基础的根数及深度，主体结构的类型，墙、柱、梁、板的材料及截面尺寸，预制构件的类型、质量及安装位置，楼梯构造及形式等。

```
┌─────────────────────────────────────┐
│  调查研究，收集相关资料，熟悉会审图纸  │
└─────────────────────────────────────┘
                  ↓
┌─────────────────────────────────────┐
│  确定施工规划目标(成本、进度、质量)    │
└─────────────────────────────────────┘
                  ↓
┌─────────────────────────────────────┐
│            计算工程量                  │
└─────────────────────────────────────┘
                  ↓
┌─────────────────────────────────────┐
│        选择施工方案和施工方法          │
└─────────────────────────────────────┘
                  ↓
┌─────────────────────────────────────┐
│          编制施工进度计划              │
└─────────────────────────────────────┘
                  ↓
┌─ ─ ─ ─ ─ ─ ─ ─ ─ ─ ─ ─ ─ ─ ─ ─ ─ ─ ┐
│ ┌─────────┐ ┌─────────┐ ┌─────────┐ │
│ │编制施工机具、││编制材料、构件、││编制劳动力需││
│ │设备需要量计划││加工品需要量计划││要量计划   ││
│ └─────────┘ └─────────┘ └─────────┘ │
└─ ─ ─ ─ ─ ─ ─ ─ ─ ─ ─ ─ ─ ─ ─ ─ ─ ─ ┘
                  ↓
┌─────────────────────────────────────┐
│        确定临时生产、生活设施          │
└─────────────────────────────────────┘
                  ↓
┌─────────────────────────────────────┐
│     确定临时供水、供电、供热管线       │
└─────────────────────────────────────┘
                  ↓
┌─────────────────────────────────────┐
│            编制运输计划                │
└─────────────────────────────────────┘
                  ↓
┌─────────────────────────────────────┐
│          编制施工准备工作计划          │
└─────────────────────────────────────┘
                  ↓
┌─────────────────────────────────────┐
│            设计施工平面图              │
└─────────────────────────────────────┘
                  ↓
┌─────────────────────────────────────┐
│          制订主要技术组织措施          │
└─────────────────────────────────────┘
                  ↓
┌─────────────────────────────────────┐
│            计算技术经济指标            │
└─────────────────────────────────────┘
                  ↓
┌─────────────────────────────────────┐
│              检查汇总                  │
└─────────────────────────────────────┘
                  ↓
┌─────────────────────────────────────┐
│                审批                    │
└─────────────────────────────────────┘
```

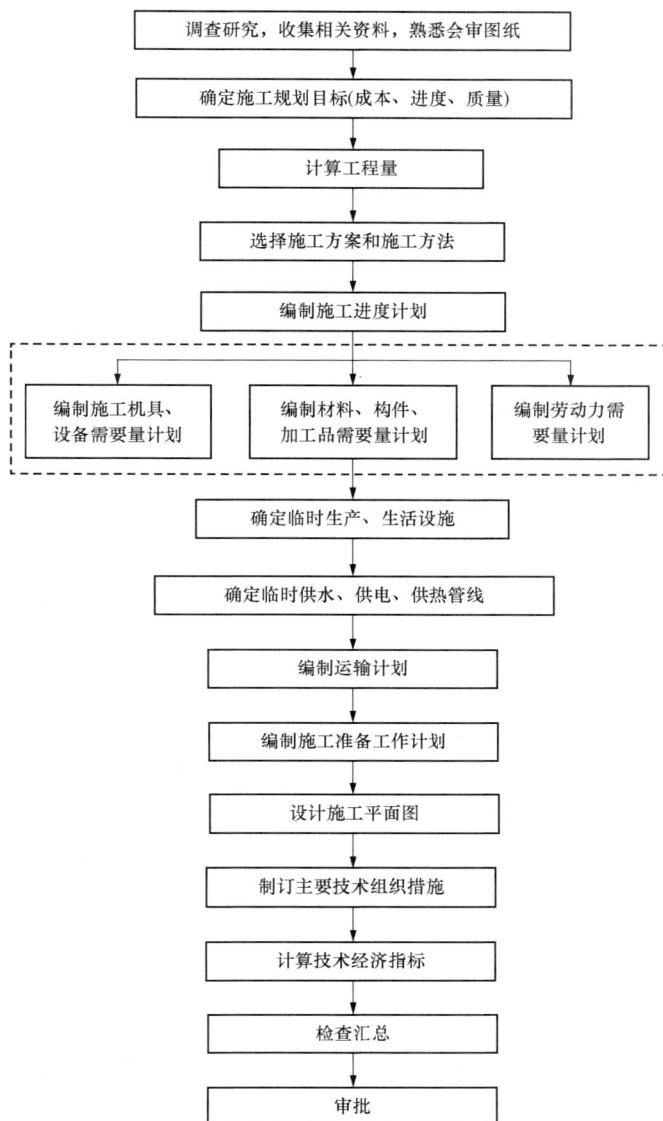

图 4-1　单位工程施工组织设计的编制程序

主要工程量。为了说明主要工程的工程量，一般列出主要工程量一览表。

建设地点特征。主要介绍拟建工程的位置、地形，工程地质和水文地质条件，不同深度的土壤分析，冻结时间与冻土深度，地下水位与水质，气温，冬雨期起止时间，主导风向与风力，地震烈度等特征。

施工条件。主要介绍水、电、道路及场地平整的"三通一平"情况，施工现场及周围环境情况，当地的交通运输条件，材料、预制构件的生产及供应情况，施工机械设备的落实情况，劳动力特别是主要施工项目的技术工种的落实情况，内部承包方式、劳动组织形式及施工管理水平，现场临时设施的解决。

工程施工特点分析。主要介绍工程施工的重点所在。不同类型的建筑、不同条件下的工程施工，均有其不同的施工特点，如砖混结构的施工特点是砌砖和抹灰工程量大、水平与垂直运输量大等。又如现浇钢筋混凝土高层建筑的施工特点主要是结构和施工机具设备的稳定性要求高等。

（2）施工总平面图布置。施工总平面图是对拟建工程的施工现场所做的平面规划和布置，是施工组织设计的重要内容。它是按照一定的设计原则，确定和解决为施工服务的施工机械、施工道路、材料和构件堆场、各种临时设施、水电管网等的现场合理位置关系。

施工总平面图是施工方案在施工现场的空间体现，反映了已建建筑和拟建工程、临时设施和施工机械、道路等之间的相互空间关系。它布置得是否合理，管理执行得好坏，对现场文明施工、施工进度、工程成本、工程质量和施工安全都将产生直接影响，因此，搞好施工平面图设计具有重要的意义。施工平面图绘制的比例一般为 1：200～1：500。

施工总平面图设计的主要内容有：①建筑平面上已建和拟建的一切房屋、构筑物和其他设施的位置和尺寸；②拟建工程施工所需的起重与运输机械、搅拌机等位置及其主要尺寸，起重机械的开行路线和方向等；③地形等高线，测量放线标桩的位置和取弃土的地点；④为施工服务的一切临时设施的位置和面积；⑤各种材料（包括水、暖、电、卫等材料）、半成品、构件和工业设备等的仓库和堆场；⑥施工运输道路的布置和宽度、尺寸，现场出入口，铁路和港口位置等；⑦临时给水排水管线、供电线路、热源气源管道和通信线路等的布置；⑧一切安全和防火设施的位置。

（3）施工方案设计。施工方案与施工方法是单位工程施工组织设计的核心问题，是单位工程施工组织设计中带有决策性的重要环节，是决定整个工程全局的关键。施工方案的合理与否，直接影响到工程进度、施工平面布置、施工质量、安全生产和工程成本等。

一般来说，施工方案的设计包括：确定施工流向和施工程序，确定各施工过程的施工顺序，主要分部分项工程的施工方法和施工机械选择，单位工程施工的流水组织，主要的技术组织措施等。

（4）施工进度计划。施工进度计划是在确定了施工方案的基础上，根据规定工期和各种资源供应条件，按照施工过程的合理施工顺序及组织施工的原则，用图表的形式（横道图或网络图）对一个工程从开始施工到工程全部竣工的各个项目，确定其在时间上的安排和相互间的搭接关系。在此基础上方可编制月度、季度计划及各项资源需求量计划。

（5）施工准备与资源配备计划。施工准备与资源配备计划主要包括施工准备工作的技术准备、现场准备、物资准备及劳动力、材料、构件、半成品、施工机具需要量计划、运输量计划等内容。

（6）各项技术组织措施。各项技术组织措施包括质量保证措施，施工安全保证措施，文明施工保证措施，施工进度保证措施，冬、雨季施工措施，降低成本措施，提高劳动生产率措施等内容。

（7）主要技术经济指标。主要技术经济指标包括工期指标、质量和安全指标、降低成本指标和节约材料指标等内容。

单位工程施工组织设计是以单位工程为对象编制的，主要包含工程概况及特点分析、施工总平面图设计、施工方案设计、施工进度计划、施工准备和资源配备计划、各项技术组织措施和主要经济指标等内容，需要参考相关依据按照一定程序进行编制。

4.4　单位工程施工组织设计实例

单位工程施工组织设计主要包括施工总平面图、施工方案、机械选配、进度计划、资源优化配置和质量及 HSE 管理体系等内容，下面结合工程实例说明单位工程施工组织设计的几个主要内容。

（1）施工总平面图。某工程所在地交通便利，附近有市政给水管网可供施工用水，并有当地电网可利用，综合以上客观条件及施工进度要求，确定本工程施工平面布置的原则。施工平面图上包含的内容有：建筑平面上拟建的一切房屋、构筑物和其他设施的位置和尺寸；拟建工程施工所需的起重与运输机械、搅拌机等位置及其主要尺寸，起重机械的开行路线和方向等；各种材料（包括水、暖、电、卫等材料）、半成品、构件和工业设备等的仓库和堆场；临时给水排水管线、供电线路和通信线路等的布置。具体如图 4-2 所示。

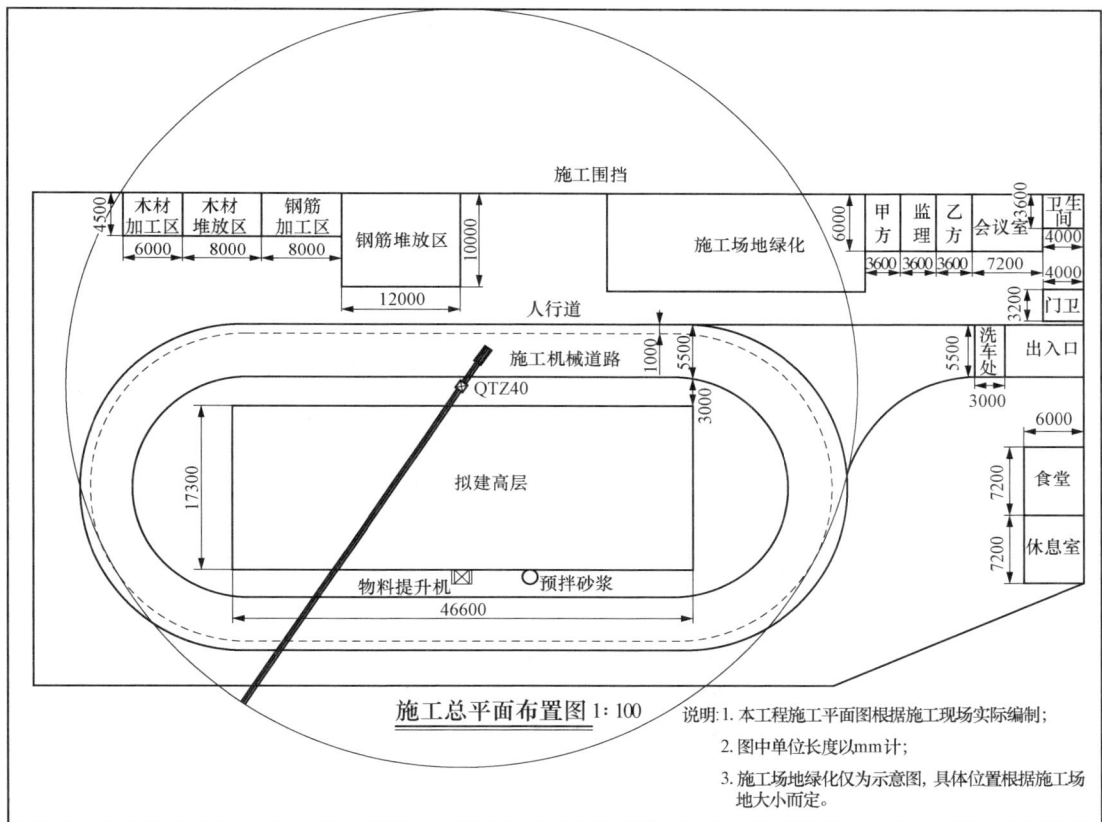

图 4-2　施工平面布置图

运输线路的布置原则是：首先开通主线纵向施工便道作为全线运输主骨架，再与横向进出主线的地方道路相结合，全盘考虑，做到不因某条地方道路的阻塞而影响全线的施工，方便材料，机械设备在全线内的灵活调配及施工点之间的联系，做好地方道路的维护工作。

生活设施布置在有自来水的供水管路附近，施工用水的主干管道用 $\phi100$ 的镀锌钢管。

施工及生活用电用当地电网，自备发电机一台。

（2）泥结碎石路面的施工方案设计。泥结碎石路面是以碎石作为骨料、泥土作为填充料和黏结料，经压实修筑成的一种结构。泥结碎石路面厚度一般为 8～20cm；当总厚度等于或超过 15cm 时，一般分两层铺筑，上层厚度 6～10cm，下层厚度 9～14cm。泥结碎石路面的力学强度和稳定性不仅有赖于碎石的相互嵌挤作用，同时也有赖于土的黏结作用。泥结碎石路面虽用同一尺寸石料修筑，但在使用过程中由于行车荷载的反复作用，石料会被压碎而向密实级配转化。

本工程所设计的泥结石道路施工包括回填路基及泥结碎石路面层和路肩施工方案。碎石垫层厚 15cm，泥结碎石面层厚 8cm。施工工艺流程如图 4-3 所示。

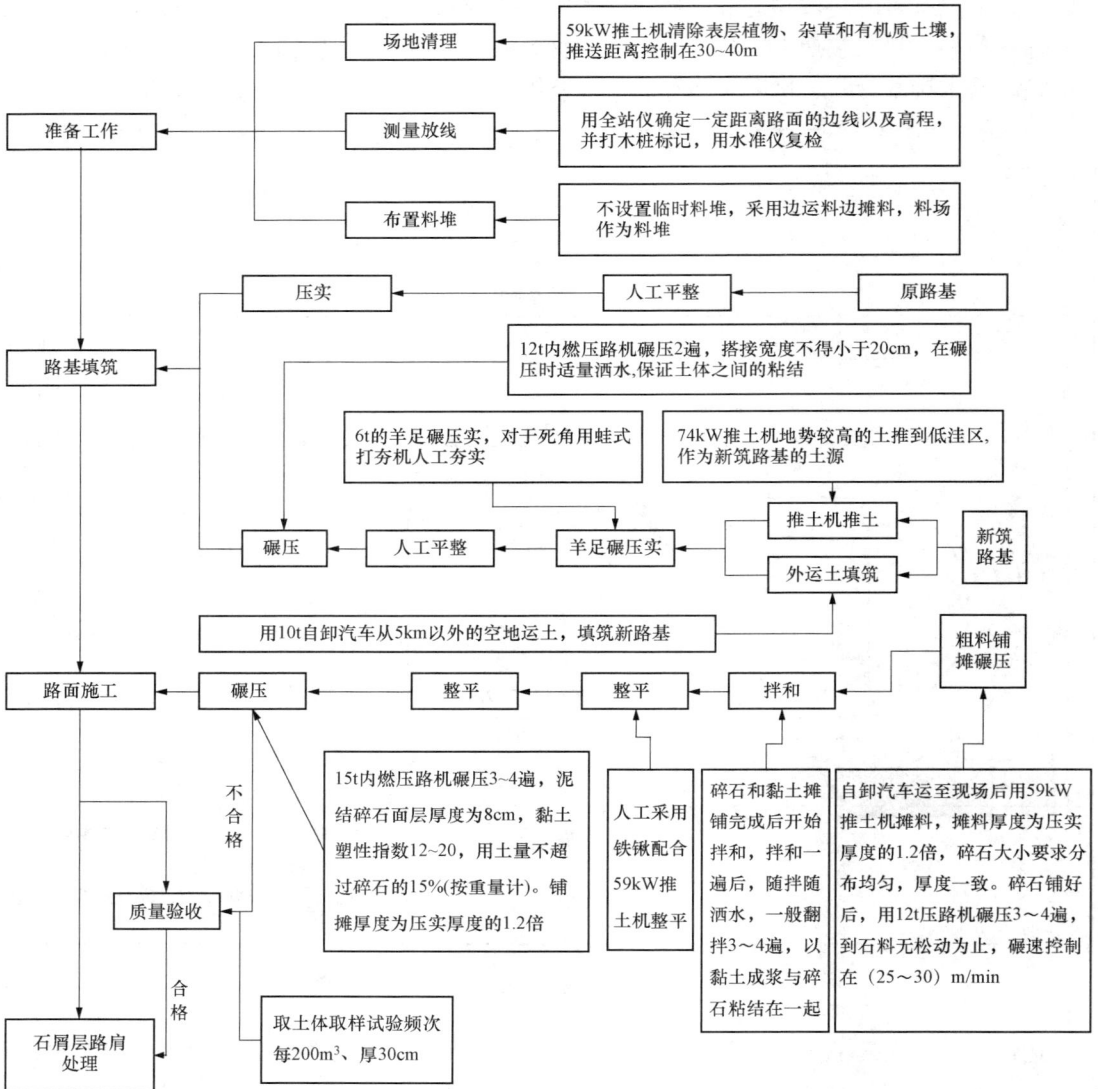

图 4-3 泥结石道路施工工艺流程

准备工作包括场地清理、测量放线和布置料堆。

场地清理主要清除工程区内树木、树桩树根、杂草、垃圾以及监理工程师认为的其他有碍物。含细根须、植物、覆盖草等的表层有机质土壤要及时开挖运至监理指定地点。场地清理及表土清除都采用 59kW 推土机推土，推距 30～40m。推平采用推土机将高处土方就近推至低处，使场地平整。

推土机整平如图 4-4 所示。

图 4-4　推土机整平

材料准备：碎石采用轧制的碎石或天然碎石。粒径为 2～4cm，石料等级不低于规范要求，扁平细长颗粒不超过 20%，近似正方形有棱为好，不能含有其他杂物。

黏土的塑性指数一般大于 12～20，黏土中不得含腐殖质或其他杂物。黏土用量一般不超过碎石干重的 15%（按重量计）。

路基填筑。原有路基经人工整平压实即可。新筑路基采用 74kW 推土机地势较高的土推到低洼区，作为新筑路基的土源，用 6t 的羊足碾压实，对于死角用蛙式打夯机或人工夯实，压实后人工整平进行下一阶段的施工。羊足碾碾压如图 4-5 所示。

路面施工。粗料铺摊碾压：在压实的路基上按松散铺厚度（压实厚度 1.2 倍）摊铺碎石，要求碎石大小颗粒均匀分布，厚度一致。本工程采用 59kW 推土机摊料，推土机摊料如图 4-6 所示。碎石铺好后，用 12t 内燃式压路机碾压 3～4 遍，直至石料无松动为止，碾速宜慢，25～30m/min。碎石摊铺后，将规定的用量土，均匀地摊铺在碎石层顶上。

图 4-5　羊足碾碾压

图 4-6　推土机摊料

拌和、整平：泥结碎石面层使用拌和法，碎石和土摊铺完毕后开始拌和，拌和一遍后，随拌随洒水，翻拌 4 遍，以黏土成浆与碎石黏结在一起，然后由人工整平将路面整平。整平之前应注意高程检测。

碾压：在人工整平路面并确保高程的基础上，再用 12t 压路机洒水碾压，使泥浆上冒，表层石缝中有一层泥浆即停止碾压。过几小时后，现用 15t 压路机进行收浆碾压一遍后中撒嵌缝石屑，再碾压两遍。压路机碾压泥结石路面施工如图 4 - 7 所示。

图 4 - 7　压路机碾压泥结石路面施工

压实后的土体取样试验频次每 200m³、厚 30cm，取样一次或由监理根据工程实际确定试验频率。

石屑层和路肩。田间路磨耗层厚度 2cm，松铺厚度为压实厚度的 1.3 倍，粒径为厚度的 0.55 倍。将磨耗层石料与 20%～30% 的黏土先干拌 2 遍，将拌和好的混合料摊铺在路面上，用 12t 压路机碾压 3 遍。同时做好路肩的培垫和整理。路面横向坡比为中间向两边 3%。磨耗层洒水湿润后，将粒径 2～5mm 的粗砂均匀铺上一层即可。

检查验收。压实后的土体取样试验频次每 200m³ 取样一次或由监理根据工程实际确定试验频率。

工程施工经检验合格，泥结石道路竣工。泥结石道路竣工效果图如图 4 - 8 所示。

图 4 - 8　泥结石道路竣工效果图

（3）机械选配。某项目路基工程挖土方 58916m³，平均运土距离为 8km，计划 95 天挖完，一班制施工，现采用挖掘机挖土配自卸汽车运土的方案。现有 0.6m³ 单斗挖掘机、0.8m³ 单斗挖掘机、1m³ 单斗挖掘机可供选择。挖掘机的基本参数见表 4 - 1。

表 4 - 1   挖 掘 机 基 本 参 数

型号	WY50	WY75	WY100	型号	WY50	WY75	WY100
斗容量（m³）	0.6	0.8	1.0	台班单价（元/台班）	670	884	1012
台班产量（m³/台班）	457	628	712				

合理配备自卸汽车，尽量使挖掘机能够连续作业，挖掘机挖出的土能够迅速装上自卸汽

车，自卸汽车进出也比较方便。现有 6t 自卸汽车、8t 自卸汽车、10t 自卸汽车可供选择。自卸汽车的基本参数见表 4-2。

表 4-2　　　　　　　　　　　　　自卸汽车基本参数

型号	TL875	TL855	AZ3500	型号	TL875	TL855	AZ3500
装载质量（t）	6	8	10	台班单价（元/台班）	574	681	850
台班产量（m³/台班）	47	68	80				

单斗挖掘机的生产率。$0.6m^3$ 单斗挖掘机一个台班的生产率为 $457m^3/$台班，$0.8m^3$ 单斗挖掘机一个台班的生产率为 $628m^3/$台班，$1.0m^3$ 单斗挖掘机一个台班的生产率为 $712m^3/$台班。

自卸汽车的生产率。6t 自卸汽车一个台班的生产率为 $47m^3/$台班，8t 自卸汽车一个台班的生产率为 $68m^3/$台班，10t 自卸汽车一个台班的生产率为 $80m^3/$台班。

挖掘机挖 $1m^3$ 的土需要的单价如下：

$0.6m^3$ 单斗挖掘机 $670/457＝1.47$（元/m^3）。

$0.8m^3$ 单斗挖掘机 $884/628＝1.41$（元/m^3）。

$1.0m^3$ 单斗挖掘机 $1012/712＝1.42$（元/m^3）。

$0.8m^3$ 单斗挖掘机的单价最低，因此优先选择 $0.8m^3$ 单斗挖掘机进行土方开挖。

自卸汽车运 $1m^3$ 的土需要的单价：

6t 自卸汽车 $574/47＝12.2$（元/m^3）。

8t 自卸汽车 $681/68＝10.0$（元/m^3）。

10t 自卸汽车 $850/80＝10.6$（元/m^3）。

8t 自卸汽车的单价最低，因此优先选择 8t 自卸汽车进行运土。

挖掘机的选择。每天需要 $0.8m^3$ 单斗挖掘机的台数 $58916/(628×95)＝0.99$（台）取 1 台，1 台 $0.8m^3$ 单斗挖掘机每天挖土量 $628×1＝628m^3$。

自卸汽车选择。每天需要 8t 自卸汽车的台数：$628/68＝9.2$（台）。

方案一：取 10 台 8t 自卸汽车。

10 台 8t 自卸汽车每天运土量 $68×10＝680m^3$。

10 台 8t 自卸汽车每天的台班单价 $681×10＝6810$（元）。

方案二：取 8 台 8t 自卸汽车，1 台 10t 自卸汽车。

8 台 8t 自卸汽车加 1 台 10t 自卸汽车每天运土量：$68×8+80×1＝624m^3＜628m^3$。

由于方案二自卸汽车每天的运土量不能运完挖掘机挖出的土，故放弃此方案。采用方案一。

根据上述计算，路基工程挖土方选择 1 台 $0.8m^3$ 单斗挖掘机挖土，10 台 8t 自卸汽车配合运土。

（4）进度计划。某地铁工程工期目标为 730 日历天，计划开工日期为 2020 年 4 月 26 日，至 2022 年 4 月 26 日竣工。施工进度横道图如图 4-9 所示，施工进度网络图如图 4-10 所示。

（5）资源优化配置。压路机是整个施工过程中必不可少的机械，在工程中起到碾压密实的作用，整个施工工程中压路机台班的消耗量如图 4-11 所示。

序号	工作名称	开始时间	工期	劳动力数
1	施工准备	2020-4-26	20	320
2	机械人工进场	2020-5-16	12	201
3	涵洞挖填	2020-5-28	32	402
4	换填土	2020-6-29	10	1360
5	基础及覆土回填	2020-7-9	22	1240
6	钢筋混凝土盖板	2020-7-31	18	350
7	墙身及出入口	2020-8-18	27	203
8	土方施工1	2020-8-18	12	360
9	石方施工1	2020-8-30	70	1145
10	土方施工2	2020-9-14	91	1800
11	石方施工2	2020-11-14	99	2660
12	附属工程	2021-3-23	20	1035
13	路基加固及防护	2021-4-12	30	2308
14	挡土墙	2021-5-12	9	1106
15	铺道床	2021-5-12	62	1216
16	改造工程	2021-7-13	60	1289
17	铺道岔	2021-7-13	50	357
18	铺轨道	2021-7-13	60	254
19	沉降维修	2021-9-11	93	1908
20	通信建筑工程	2021-3-23	20	1702
21	通信安装工程	2021-4-12	20	2002
22	通信设备工程	2021-5-2	17	1267
23	供电线路	2021-5-19	61	120
24	电源设备	2021-7-19	61	895
25	其他电力工	2021-9-18	48	203
26	房屋建筑工程	2021-3-23	195	1760
27	建筑安装工程	2021-10-4	53	1397
28	建筑设备工程	2021-11-26	33	1237
29	给排水管道工程	2021-12-29	33	1018
30	给排水建筑工程	2022-1-31	20	1005
31	安装及设备	2022-2-20	17	852
32	站场工程	2022-3-9	23	678
33	站区工程	2022-4-1	16	306
34	竣工移交	2022-4-17	9	0

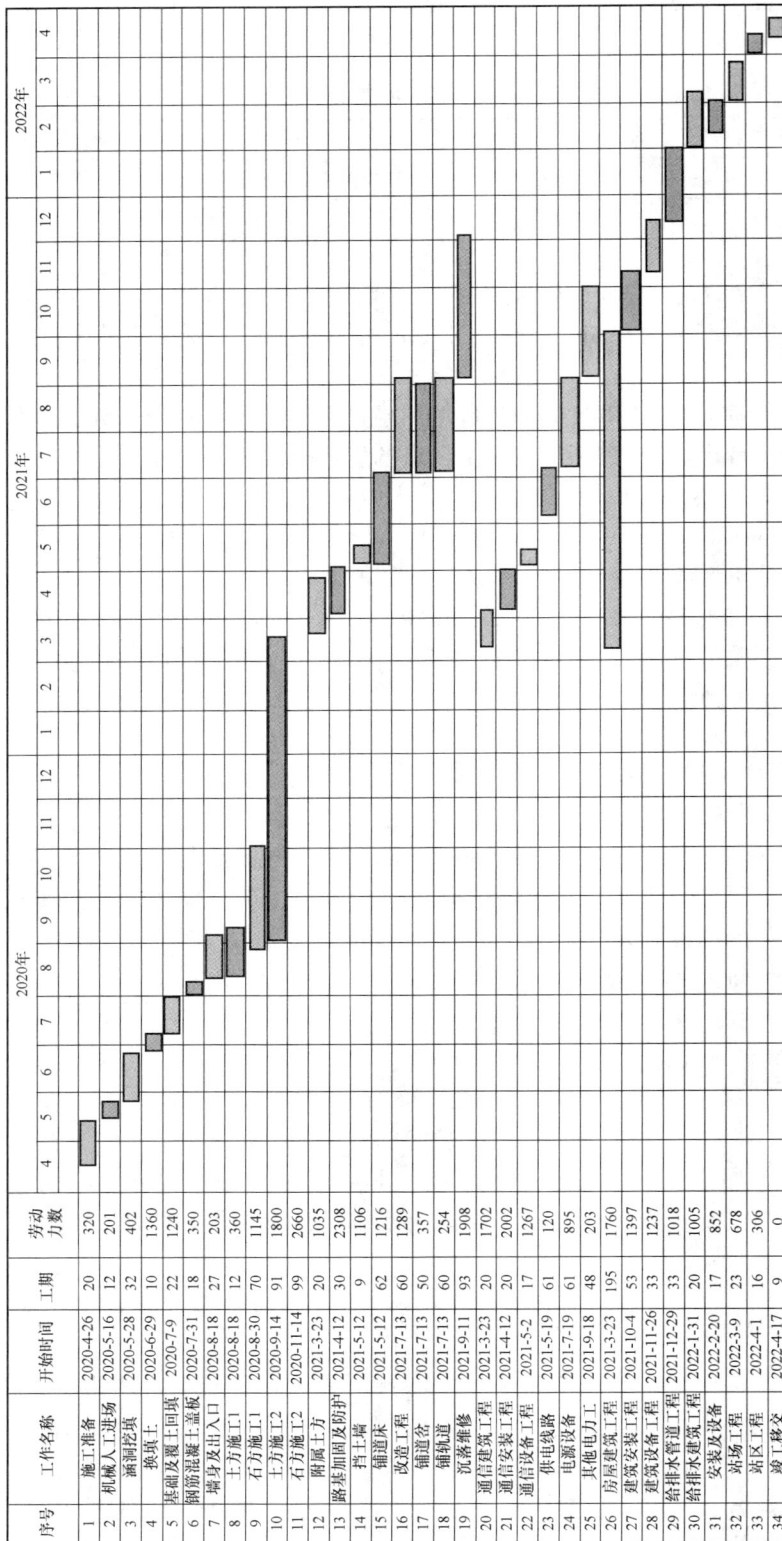

图 4 - 9　施工进度横道图

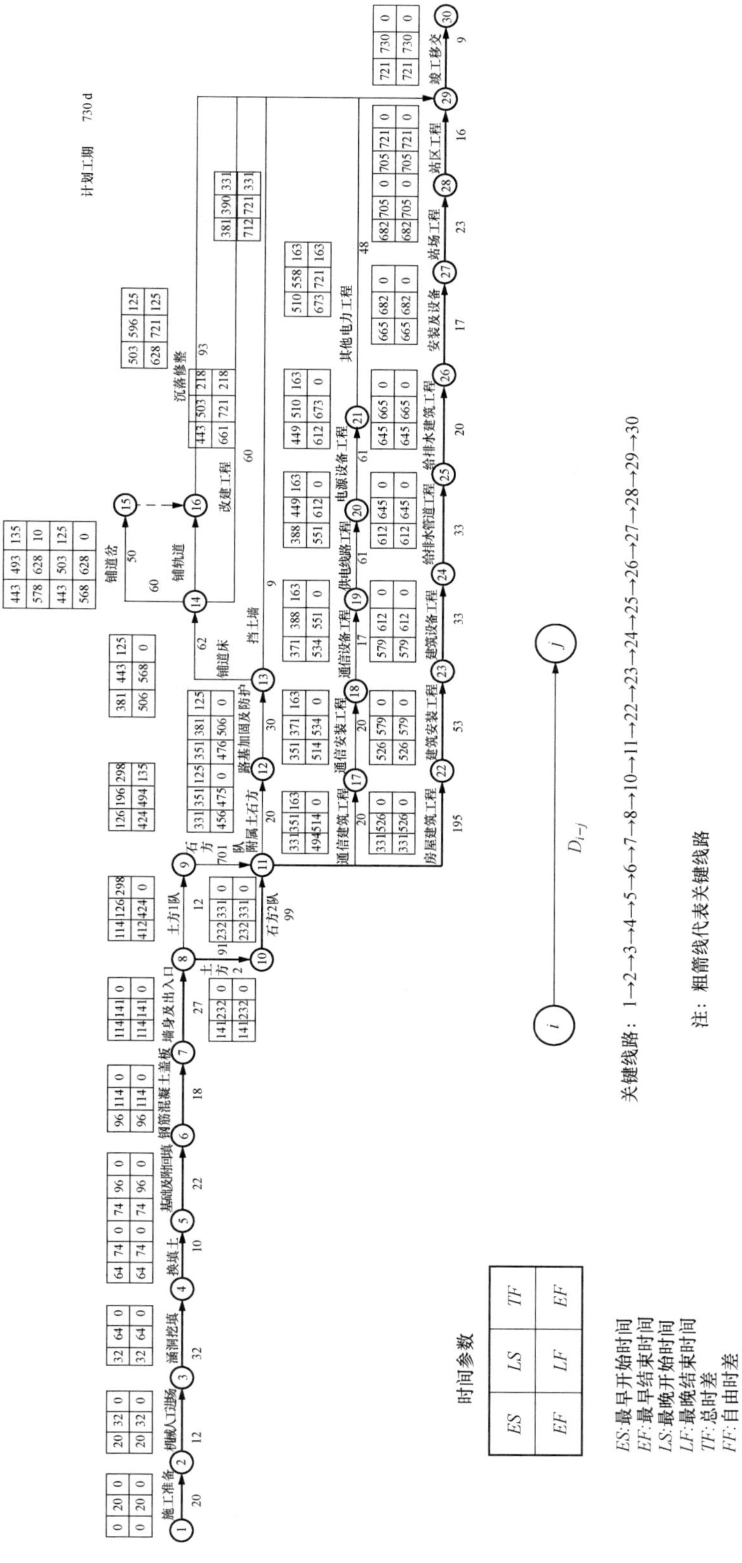
计划工期　730 d
施工准备
机械人工进场
涵洞挖填
换填土
基础及附属回填
钢筋混凝土盖板
墙身及出入口
土方1队
土方
石方
石方2队
附属土石方
路基加固及防护
挡土墙
铺道床
铺轨道
铺道岔
改建工程
沉落修整
通信建筑工程
通信安装工程
通信设备工程
供电线路工程
电源设备工程
其他电力工程
房屋建筑工程
建筑安装工程
建筑设备工程
给排水管道工程
给排水建筑工程
安装及设备
站场工程
站区工程
竣工移交
时间参数
ES LS TF
EF LF EF
ES:最早开始时间
EF:最早结束时间
LS:最晚开始时间
LF:最晚结束时间
TF:总时差
FF:自由时差
D_{i-j}

关键线路：1→2→3→4→5→6→7→8→10→11→22→23→24→25→26→27→28→29→30

注：粗箭线代表关键线路

图 4-10　施工进度网络图

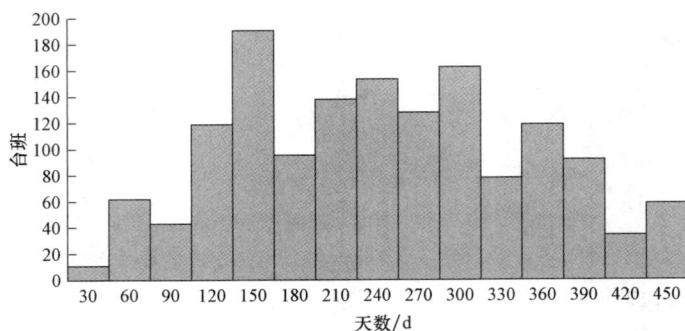

图 4-11　优化前压路机台班消耗量情况

为保证资源集中利用，减少资金消耗量，保证机械联系作业，对压路机的台班消耗量进行资源优化，优化后压路机台班的消耗量柱状图呈正态分布，且总数量不变。优化结果如图 4-12 所示。

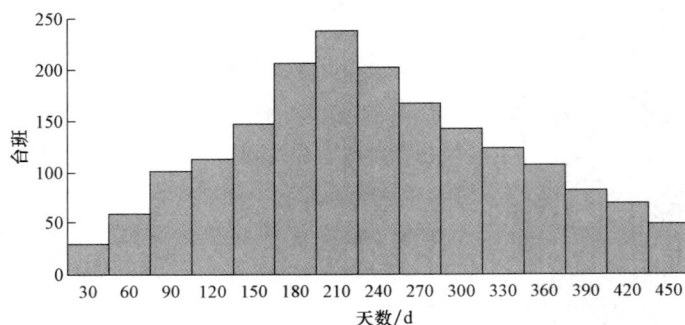

图 4-12　优化后压路机台班消耗量资源优化

（6）质量及 HSE 管理体系与保证措施。质量管理的目标之一就是如何使工程建设的质量管理达到全优。基本要求即质量好、工期短、消耗低、经济效益高、施工环境整洁文明和符合安全管理标准。质量管理机构所负责安排人员配备的各个在岗质量管理人员应担负起其相应的质量管理职能，质量管理人员配备情况表见表 4-3，质量保障体系框图如图 4-13 所示。

表 4-3　　　　　　　　　　　质量管理人员配备情况表

名称	人员分配及人数	职责
项目总经理	项目经理 1 名	主要责任人
项目副总经理	项目副经理 1 名	施工总调度
项目管理技术负责人	技术负责人 2 名	质量主管
质检工作组	检验工程师 2 名	质检
测量工作组	工程师 3 名、测量员 3 名	质检
施工工作组	质检员 6 名	质检

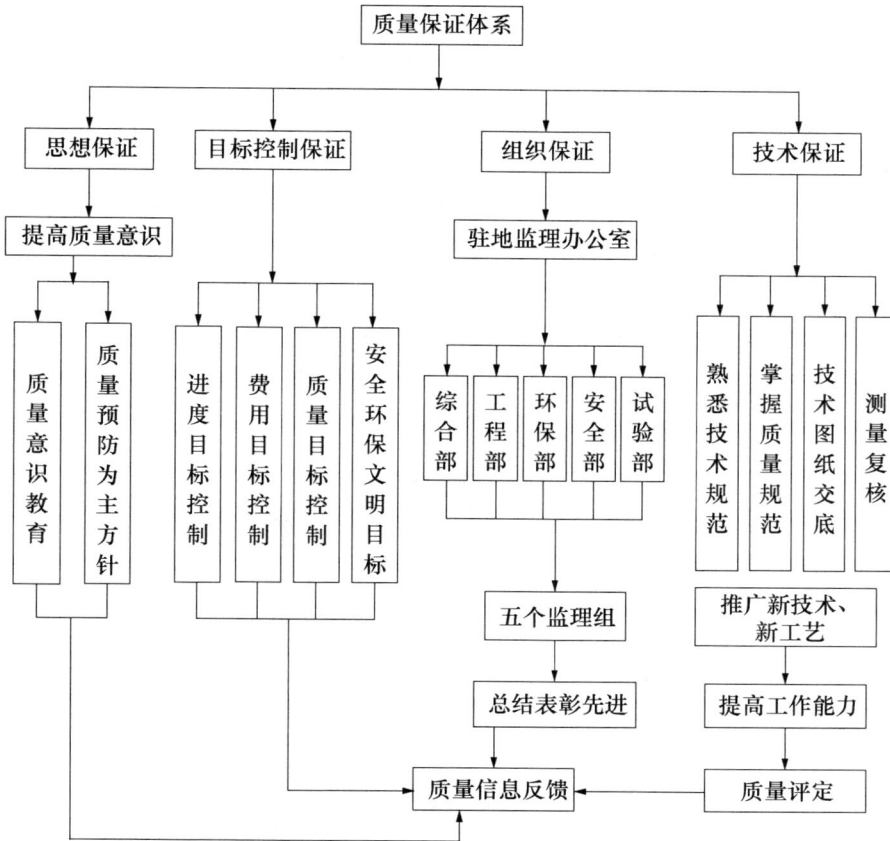

图 4-13　质量保障体系框图

质量管理制度要求见表 4-4。

表 4-4　　　　　　　　　　质　量　管　理　制　度

1	开工前有关质量的管理制度、网络等规章制度必须制订完全并且对外公布
2	开工前所有施工管理人员必须按规定时间到公司上岗，有特殊情况不能在岗的施工人员需及时到施工管理公司相关部门办理施工责任委托书
3	在开工前必须认真编制具体施工的组织和设计，经过当地有关工程管理部门的审批合格后才可以开始进行工程的实施
4	开工前需要项目经理负责组织有关的项目工作人员及时熟悉并且仔细研究施工的图纸，及时组织做好材料和图纸的施工设计会审，针对工程项目的复杂疑难问题及时制订具体详细的施工设计方案
5	项目设计单位负责人和质检员在项目施工现场必须按照项目设计单位的要求和国家规定的项目工程验收管理规范对项目施工过程进行监督和安全检查，如果在项目工程设计中发现存在的变更必须由原项目设计施工单位负责人盖章后确认才能开始实施

　　质量工程科学管理这些政策措施可以直接起到有效帮助我们在今后的工程施工中进一步不断强化建筑质量工程科学管理，达到有效保证高工程质量、高标准地顺利完成各项工程质量管理工程建设任务的重要保障作用。质量管理措施见表 4-5。

表 4 - 5   **质 量 管 理 措 施**

1	项目部应对参与本项目的质量管理人员工作能力和水平进行严格测试，确保每一个项目监理服务人员的工作质量，重点检查技术水平，工作能力、工作责任心、职业道德等各方面的情况
2	主要进口设备产品进场之前应有中国海关提供中文专业技术文件报关检验单及报关说明书，进口设备进场应有该进口产品的中国海关商检检验合格书的证明及进口海关提供中文的专业技术文件报关检验单及报关说明书。主要工程设备安装进场时，施工单位相关人员干部应及时地认真填报《设备进场报验单》并及时完整上报中国海关保税项目部
3	分项工程经施工单位自检合格后报项目部验收、签证。验收不合格，由项目部下发《质量整改通知单》，并督促其限期整改
4	严格执行规范建立质量体系，做好各项检查工作，要做到精心施工与管理

文明生产管理。文明生产安全管理制度见表 4 - 6，文明生产管理措施见表 4 - 7。

表 4 - 6   **文明生产安全管理制度**

1	每位员工应在日常工作中形成遵章守纪一丝不苟、文明礼貌、讲究卫生的良好习惯
2	施工现场的布置设计要达到"三通一平"的设计标准
3	每位员工要遵守社会公德和职业道德，尊师爱徒、团结友爱、说话和气、待人礼貌
4	各类机械设备设施要保持清洁且整洁摆放的状态，定时及时清扫
5	保持工作环境如办公室卫生的清洁，档案和资料要放置齐整，仔细妥善保管
6	输电线路安置要符合规范，架设也要合乎要求规定，做到"三相五线制"

表 4 - 7   **文 明 生 产 管 理 措 施**

1	严格的监督管理，进入现场的执勤人员必须随身随时穿戴各种制服、头戴安全帽，高空飞行作业的执勤人员必须随身随时穿戴制服安全带，必须及时安装各种防护安全措施
2	所有现场的工作人员都必须要自觉接受思想道德和职业精神文明的教育，遵守良好的社会职业道德，减少工程施工对现场单位周围环境的不良影响，由现场单位派出的专人专门负责现场单位公共关系的管理协调，听取现场单位有关工作人员提出的改善意见和整改建议，虚心接受现场监督检查和批评

安全生产管理。安全是施工过程中应引起重视的首要问题，需通过严格的安全保障体系和管理制度将工伤死亡率、事故负伤率等降到零。安全保障框图如图 4 - 14 所示，安全生产管理制度见表 4 - 8，安全生产管理措施见表 4 - 9，安全应急预案见表 4 - 10。

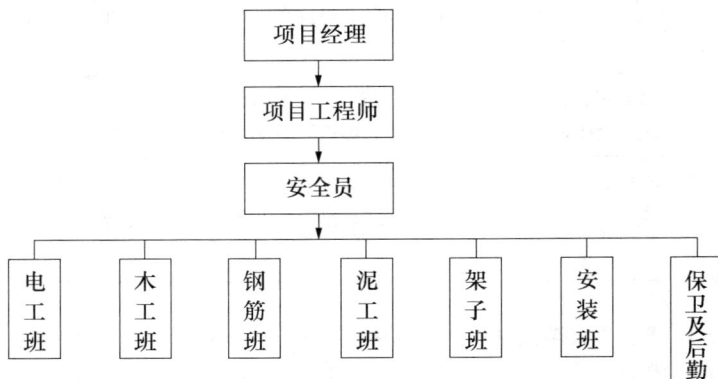

图 4 - 14   安全保障框图

表 4-8	安 全 生 产 管 理 制 度
1	各级施工单位必须建立健全施工现场的安全监督管理机构、规章制度。由建设工程公司上属的主管部门对其日常工作进行监督检查
2	严格的执勤监督管理进入现场的执勤人员必须佩戴安全帽，高空飞行作业的执勤人员必须随身随时佩戴安全带，必须及时进行安装各种防护安全措施
3	明确划分项目部各人员的责任制，使其在施工过程中履行自己的责任和义务。项目经理是安全第一责任人，负责安全生产的直接责任
4	项目部必须按照现场安全防护施工的工作环境，配备技术人员。技术人员分别确定公司相应岗位专业技术安全员的配备人数
5	制订严格的安全操作管理和施工技术安全操作规程，由各级项目部的技术安全员安全管理施工员和技术操作管理人员对各个工作岗位和对各班组的安全工作人员定期地组织进行安全管理施工操作技术上的安全指导培训教育和技术培训

表 4-9	安 全 生 产 管 理 措 施
1	对一些安全专业性强、难度大的安全施工项目，单独组织编制专项安全施工的组织方案和设计。并及时呈报上级部门批准进行安全施工审批，未经上级部门审批的安全施工项目，不准进行安全施工
2	杜绝在没有任何的安全防护措施方案下进行安全施工
3	大型模板吊装采用模板必须在架上固定设置牢固的吊装垫木和拉杆，用麻绳插钩吊放架必须紧紧绑牢以使其他模板吊装保持稳定；大型的模板吊装采用模板就位，构件在架上进行模板吊装就位，摘钩前必须与其他模板吊装就位构件焊接牢固
4	所有的起重机械设备、起重机构和机具都必须根据需要经常定期进行安全检查、保养和同时进行日常养护维修，保证其灵敏可靠
5	有资格条件按规定计划时间有力度地组织学习培训各类专用电工、电器设备的安全操作维护工、电焊工和经常与安全使用生产无证电气机械作业设备接触的技术人员，学习安全用电生产作业用煤供电的基本知识和严格执行作业用电安全生产管理的有关规程，严禁使用无证生产电气设备作业技术人员非法进入从事安全使用生产无证电气设备作业

表 4-10	安 全 应 急 预 案
1	预防为主，坚持做到预防与应急相结合，经常性地组织和做好应对发生生产安全事故的思想工作准备、预案措施准备、机制准备和工作的准备
2	现场救援总指挥单位要本着"先救援、后汇报"的工作原则，首先立即组织在现场的领导和员工实施现场救援汇报工作，待企业有效控制危险局面后，立即向总指挥及企业的领导和员工汇报
3	如果发生重大火灾，应立即向119求援。如果发生火灾事故危及伤者人身，很有可能四处找寻，但寻不到火灾急救车，应立即向120市火灾急救救援服务指挥中心寻求救援
4	突发重大的一起人身或者财产意外伤害事故，班组的副主任班长和现场的设备操作员和管理人员等都应当立即主动采取果断的抢救措施，立即自动断电停机或者紧急自动停电，将这起事故中的受害人从手动接触不通电的受害机器设备上或直接手动接触不通电的受害部位迅速解救出来

　　环境保护管理。为了积极响应执行国家关于绿色环保的方针和可持续发展的政策，在设计和施工的过程中，通过对施工生产、生活活动的环境质量控制，最大限度地控制和减少施

工对生产、生活造成的各种环境影响，达到改善施工环境，保护其人身健康的主要目的。环保管理制度见表 4-11，环保管理措施见表 4-12。

表 4-11　　　　　　　　　　　　　　　　环保管理制度

1	专业公司专门负责对大型建筑施工工程项目在生产经营过程中对于大气污染、扬尘、噪声、废渣的产品质量安全控制以及所用危险有害金属化学品原料进行的质量管理和产品质量安全控制
2	资产管理部门主要负责在对新购买的机械设备进行选型时，考虑机械设备对生产环境的直接影响
3	机械部门主要负责现场施工以及机械配套设施的维护和日常保养，减少其对于环境的破坏和污染
4	施工队、场、站在建设工程中准备使用天然石油气等化学品及其他废气储油品时，应严格检查保证使用废气储油油品无出现跑、冒、滴、漏油等现象，废油油品应及时处理收集于现场设置指定的废气储油容器后，交由市物资监督管理局等部门集中处理，安质局和相关环保部门在旁边设站，严禁将此类油品废油直接堆放倾倒
5	施工作业流程和指导书内容主要涵盖机械施工的活动、机械生产过程中噪声的控制和防措，施工单位按照国家批准的施工作业流程和指导书要求进行了施工，同时一定要做好施工作业单位和人员的安全防护管理工作，工程管理部对机械施工的过程中噪声进行了管理

表 4-12　　　　　　　　　　　　　　　　环保管理措施

1	禁止在生活区、办公区附近从事露天喷砂施工，并且应该及时喷水掩盖粉尘，及时清洁以防恶臭及有害气体作业
2	施工队、场、站管理单位负责对施工过程中的建筑废弃物按设计要求进行回收和分类，由施工责任管理单位统一回收和处理
3	严禁将食物的加工废料、食物残渣以及剩饭菜倒入下水道，以免造成工程部下水道的淤堵。下水道应经常清理，防止淤积堵塞
4	在声源处理时利用了隔音、吸音、消声器等多种方法大大降低了噪声
5	设立卫生活动区域，并且建立临时垃圾堆放场所，在施工后及时清理垃圾和边角余料

单位工程施工组织设计包含施工总平面图布设、施工方案、机械选配、进度计划、资源优化配置和质量及 HSE 管理体系与保证措施等内容。

施工组织设计是工程项目实施的指导性文件，施工组织、施工方案和施工进度是施工组织设计的重要内容。施工组织总设计和单位工程施工组织设计有各自的侧重点，应根据相关依据按照一定程序进行编制。

4.5　课程思政教学案例

本节从工程项目施工组织设计专业思想的视角出发，植入的课程思政教育案例（元素）为：都江堰水利工程——人与自然和谐的经典之作。

4.5.1　专业知识点

施工组织总设计的概述、施工部署、施工总进度计划及资源供应计划。建筑工地组织、布局，施工部署、总进度计划。施工组织设计是工程项目管理在项目实施阶段的重要技术手段，简称为施工设计，指根据拟建工程的特点，对人力、材料、机械、资金、施工方法等方面的因素作全面的、科学的、合理的安排，并形成指导拟建工程施工全过程中各项活动的技术、经济和组织的综合性文件。

施工组织设计包括，施工组织（参见第 3 章）、施工进度（参见第 7 章）和施工方案三部分，而施工方案又是施工组织设计的重中之重。

4.5.2　思政育人目标

施工组织设计是工程项目由宏伟蓝图变成雄伟建筑的实施设计，而在实施过程中，作为工程师及工程项目自身，工程伦理、工程文化、工程哲学是施工组织设计的思想根基。

工程伦理：体现在工程项目自身的伦理道德，即工程项目对社会的责任、工程项目对自然的责任。体现在工程师的伦理道德，即工程师的忠诚、诚实、责任、担当；团队精神、组织力量；对国家忠实、对人民的诚实、社会责任、工作挑大梁。

工程文化：体现在工程项目自身的文化，即人文精神三敬畏——敬畏山水、敬畏历史、敬畏人性；人文素养三优化——环境优化、文化优化、民生优先；体现在工程师素质文化，即优秀工程师应该从一般人忽视的地方发现潜在问题、寻求解决方案；寻找方法时敢于"试错"（并且所在环境有这个宽容度允许，甚至鼓励犯错，而不是一味追求安全稳妥）；永不满足，不断精益求精（不止和他人比，还要和自己已取得的成就比）；工程师不仅做梦，还会"筑梦"，特别有执行力，能动手把脑中的梦统统"变"出来。

工程哲学：从唯物辩证法的观点出发，体现在工程项目本身的工程哲学，即自然的才是永恒的、本土的才是全球的、人本的才是本源的、民族的才是世界的。中国是世界的中国、中国的发展离不开世界，世界的发展也离不开中国。体现在工程师的哲学思想，即唯物辩证思想、因势利导、化不利为有利、变被动为主动。在投资造价、工程效益、民生福祉、生态保护、可持续发展等工程项目建设诸多元素中择优。达到工程项目管理课程工程伦理、工程文化、工程哲学思证教育之目的。工程哲学在工程项目建设全生命期，它是明确什么能做，什么不能做，应该怎么做，由谁来做。

4.5.3　思政案例

都江堰水利工程

——人与自然和谐的经典之作

都江堰位于成都平原西部的岷江上。都江堰水利工程建于公元前 256 年，是全世界迄今为止年代最久、唯一留存、以无坝引水为特征的宏大水利工程。

都江堰水利工程由创建时的鱼嘴分水堤、飞沙堰溢洪道、宝瓶口引水口三大主体工程和百丈堤、人字堤等附属工程构成，科学地解决了江水自动分流、自动排沙、控制进水流量等问题，消除了水患。

鱼嘴是修建在江心的分水堤坝，把汹涌的岷江分隔成外江和内江，外江排洪，内江引水灌溉。飞沙堰起泄洪、排沙和调节水量的作用。宝瓶口控制进水流量，因口的形状如瓶颈，故称宝瓶口。内江水经过宝瓶口流入川西平原灌溉农田。从玉垒山截断的山丘部分，称为"离堆"。

都江堰水利工程充分利用当地西北高、东南低的地理条件，根据江河出山口处特殊的地形、水脉、水势，乘势利导，无坝引水，自流灌溉，使堤防、分水、泄洪、排沙、控流相互依存，共为体系，保证了防洪、灌溉、水运和社会用水综合效益的充分发挥。

都江堰建成后，成都平原沃野千里，"水旱从人，不知饥馑，时无荒年，谓之天府"。两千多年来都江堰一直发挥着防洪灌溉作用。截至1998年，都江堰灌溉范围已达40余县，灌溉面积达到66.87万公顷。对四川的经济文化发展有很大贡献。

随着科学技术的发展和灌区范围的扩大，从1936年开始，水利技术人员逐步改用混凝土浆砌卵石技术对渠首工程进行维修、加固，增加了部分水利设施，古堰的工程布局和"深淘滩、低作堰""乘势利导、因时制宜""遇湾截角、逢正抽心"等治水方略没有改变，都江堰水利工程成为世界最早水资源利用的典范。现代水利专家们仔细研究了整个工程的设计后，都对它的极高的科学水平和工程思想惊叹不止。比如飞沙堰的设计就是很好地运用了回旋流的理论。这个堰，平时可以引水灌溉，洪水时则可以排水入外江，而且还有排砂石的作用，有时很大的石块也可以从堰上滚走。当时没有水泥，这么大的工程都是就地取材，用竹笼装卵石作堰，费用节省，效果显著。

都江堰的创建，以不破坏自然资源，充分利用自然资源为人类服务为前提，变害为利，使人、地、水三者高度协调统一。

4.5.4 思政育人效果

人与自然和谐共生，工程哲学辩证治水。我国水情复杂，人多水少，水资源时空分布极不均匀，这是水利现代化必须遵循的客观规律。我国历代君王均注重治水，特色的治水理念与朴素的辩证思想为水利建设提供了中国式的治水智慧。例如"天人合一"思想、"顺应自然"理念、"阴阳五行学说"。老子说："天下莫柔弱于水，而攻坚强者莫之能胜，其无以易之。"其意便是水既是最柔弱的东西，又是最坚硬的东西，具有极强的辩证法思想，类似的还有《孔子家语》中说："夫君者舟也，人者水也。水可载舟，亦可覆舟。君以此思危，则可知也。"明代水利专家潘季驯说："水有性，拂之不可；河有防，驰之不可；地有定形，强之不可；治有正理，凿之不可。"这句话辩证说明了水流和堤防的关系。

老子在《道德经》中写道"人法地、地法天、天法道、道法自然"，其"天人合一"思想既包含不同层次的自然规律，又强调发挥人的主观能动性，同时是中国古代唯物主义与唯心主义斗争的焦点。老子在《道德经》中提出了"无为而治"的思想，不是指不作为，而是指不要乱作为，要顺其自然地进行治理。战国末期，荀子在总结前人治水经验时，更是提出了"人定胜天"的思想，即人类可以征服自然，把人的主观能动性发挥到极致。新时代我国水利现代化建设更是基于我国的历史治水思想作了进一步扩展。

思考练习题

1. 论述施工组织设计的编制依据和编制内容。
2. 试述施工组织总设计与单位工程施工组织设计的区别与联系。
3. 施工部署包括哪些内容？
4. 简述施工总平面图设计的步骤和方法。
5. 试述单位工程施工组织设计的编制依据和编制程序。
6. 试述单位工程施工组织设计的主要内容。

第 5 章　流 水 施 工 原 理

　　一个工程项目都是由若干个施工过程组成的，而每一个施工过程可以组织一个或多个施工队组来进行施工。流水施工作为最合理、最科学的施工组织方式，它是把一个工程项目分成若干段，把施工队伍按不同工种、不同作业方式分成若干组，根据工艺要求使每个施工段上都有施工队作业，且每个施工队都有工作可干，各施工队在不同的施工段上进行流水作业，保证了施工进度，提高了施工效率，节约了项目投资。

5.1　流水施工的基本概念

　　建筑工程的施工是由许多个施工过程组成的，流水施工是指所有的施工过程按一定的时间间隔依次投入施工，各个施工过程陆续开工，陆续竣工，使同一施工过程的专业队保持连续、均衡施工，相邻两个专业队能最大限度地搭接施工。

　　工业生产的经验表明，流水施工作业是组织生产的最高形式。在建筑安装施工中，由于建筑产品固定性和施工流动性的特点，应用流水施工作业的方法组织施工，和一般的工业生产相比，具有不同的特点和要求。

5.1.1　流水施工的特点

　　一般来说，流水施工有以下特点：施工工期较短，可以尽早发挥投资效益；实现专业化生产，可以提高施工技术水平和劳动生产率；连续施工，可以充分发挥施工机械和劳动力的生产效率；提高工程质量，可以增加建设工程的使用寿命和节约使用过程中的维修费用；降低工程成本，可以提高承包单位的经济效益。

　　流水施工在工艺划分、时间排列和空间布置上统筹安排，投入的连续性和均衡性方便了各种生产资源的组织，使施工企业的生产能力可以得到充分的发挥。劳动力、机械设备可以得到合理的安排和使用，进而提高了生产的经济效率，具体可归纳为以下几点：

　　（1）便于施工中的组织与管理。流水施工的均衡性可避免施工期间劳动力和其他资源使用过分集中，有利于资源的组织。

　　（2）有利于提高劳动生产率。流水施工实现了专业化生产，改善了劳动组织，改进操作方法和施工机具，促进了劳动生产率的不断提高。

　　（3）有利于提高工程质量。专业化的施工提高了工人的专业技术水平和熟练程度，为推行全面质量管理创造了条件，有利于保证和提高工程质量。

　　（4）施工工期比较理想。由于流水施工的连续性，保证了各专业队伍连续施工，减少了专业工作的间隔时间，达到了缩短工期的目的。

　　（5）有利于降低工程成本。工期缩短、工人技术水平和劳动生产率的提高，可以减少用工量和施工暂设工程建造量，降低工程成本，提高利润水平。

5.1.2　流水施工的表示方式

流水施工的表示方式，主要有水平指示图表、垂直指示图表和网络图三种。

（1）水平指示图表。流水施工水平指示图表又称横道图，也称甘特图。在水平指示图表中，横坐标表示流水施工的持续时间，纵坐标表示开展流水施工的施工过程、专业工作队的名称、编号和数目，呈梯形分布的水平线段表示流水施工的开展情况。T 为流水施工计划总工期；T_1 为最后一个专业工作队或施工过程完成施工段全部施工任务的持续时间；n 为专业工作队数或施工过程数；m 为施工段数；K 为流水步距；t 为流水节拍；Ⅰ、Ⅱ、Ⅲ、Ⅳ为专业工作队或施工过程的编号；①、②、③、④为施工段的编号。

水平指示图表的优点是：绘图简单，施工过程及其先后顺序清楚，时间和空间状况形象直观，水平线段的长度可以反映流水施工进度，使用方便。在实际工程中，常用水平图表编制施工进度计划，如图 5-1 所示。

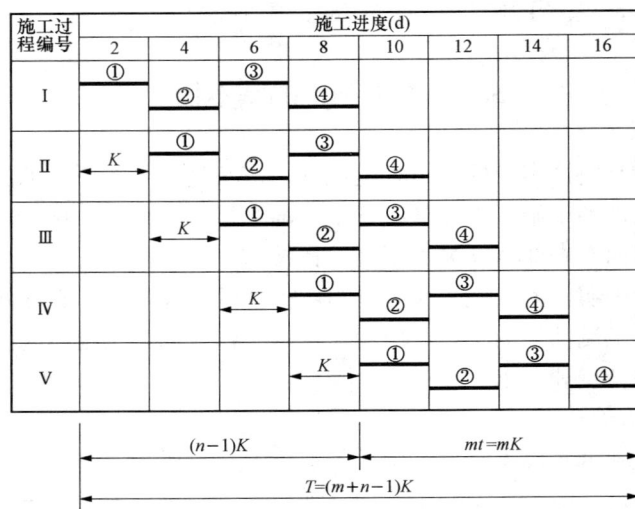

图 5-1　水平指示图

（2）垂直指示图。垂直指示图表又称斜线图。在垂直指示图表中，横坐标表示流水施工的持续时间；纵坐标表示开展流水施工所划分的施工段编号，施工段编号自下而上排列；n 条斜线段表示各专业工作队或施工过程开展流水施工的情况，如图 5-2 所示（图中各符号的含义同图 5-1）。

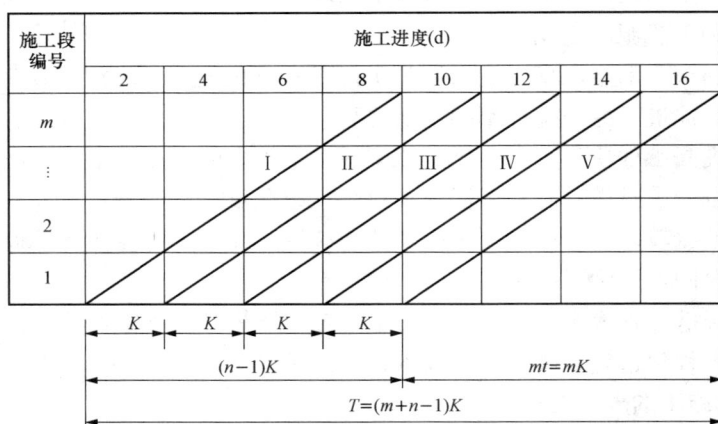

图 5-2　垂直指示图

垂直指示图表的优点是：施工过程及其先后顺序清楚，时间和空间状况形象直观，斜向进度线的斜率可以明显表示出各施工过程的施工速度；利用垂直指示图表研究流水施工的基本理论比较方便，但编制实际工程进度计划不如横道图方便，一般不用其表示实际工程的流水施工进度计划。

（3）网络图。

1）网络图。网络图是指由箭线和节点组成的，用来表示工作流程的有向、有序的网状图形。

2）网络计划。网络计划是指用网络图表达任务构成、工作顺序并加注工作时间参数的进度计划。因此，提出一项具体工程任务的网络计划安排方案，就必须首先要求绘制网络图。

3）网络计划技术。利用网络图的形式表达各项工作之间的相互制约和相互依赖关系，并分析其内在规律，从而寻求最优方案的方法称为网络计划技术。网络计划是把一项工程的全部建造过程分解成若干项工作，按照各项工作开展的先后顺序和相互之间的逻辑关系用网络图的形式表达出来。通过网络图各项时间参数的计算，找出计划中关键工作、关键线路和计算工期。通过网络计划优化，不断改进网络计划的初始安排，找到最优的方案。在计划的实施过程中，通过检查、调整，对其进行有效的控制和监督，以最小的资源消耗，获得最大的经济效益。

5.2 流水施工的参数

流水施工的参数，对流水施工组织、项目进度控制都有着重要作用。流水施工的参数按其性质的不同，一般可分为工艺参数、时间参数和空间参数三种。

5.2.1 工艺参数

在组织流水施工时，用以表达流水施工在施工工艺上开展顺序及其特征的参数，称为工艺参数。通常，工艺参数包括施工过程数和流水强度两种。

（1）施工过程数。施工过程数是指参与一组流水的施工过程数目，以符号 n 表示。施工过程划分的数目多少、粗细程度一般与下列因素有关。

1）施工计划的性质与作用。对工程施工控制性计划、长期计划及建筑群体规模大、结构复杂、施工工期长的工程的施工进度计划，其施工过程划分可粗些、综合性大些，一般划分至单位工程或分部工程；对中小型单位工程及施工工期不长的工程的施工进度计划，其施工过程划分可细些、具体些，一般划分至分项工程；对月度作业性计划，有些施工过程还可分解为工序，如安装模板、绑扎钢筋等。

2）施工方案及工程结构。施工过程的划分与工程的施工方案及工程结构形式有关。如厂房的柱基础与设备基础挖土如同时施工，可合并为一个施工过程；若先后施工，可分为两个施工过程。承重墙与非承重墙的砌筑也是如此。砌体结构、大墙板结构、装配式框架与现浇钢筋混凝土框架等不同的结构体系，其施工过程划分及其内容也各不相同。

3）劳动组织及劳动量大小。施工过程的划分与施工队组的组织形式有关。如现浇钢筋混凝土结构的施工，如果是单一工种组成的施工班组，可以划分为支模板、绑扎钢筋、浇筑混凝土 3 个施工过程；同时为了组织流水施工的方便或需要，也可合并成一个施工过程，这时劳动班组由多工种混合班组组成。

施工过程的划分还与劳动量大小有关。劳动量小的施工过程，当组织流水施工有困难时，可与其他施工过程合并，如垫层劳动量较小时可与挖土合并为一个施工过程，这样可以使各个施工过程的劳动量大致相等，便于组织流水施工。

4）施工过程内容和工作范围。一般来说，施工过程可分为下述 4 类。

第 1 类：加工厂（或现场外）生产各种预制构件的施工过程；

第 2 类：各种材料及构配件、半成品的运输过程；

第 3 类：直接在工程对象上操作的各个施工过程（安装砌筑类施工过程）；

第 4 类：大型施工机具安置及砌砖、抹灰、装修等脚手架搭设施工过程（不构成工程实体的施工过程）。

前两类施工过程，一般不应占用施工工期，只配合工程实体施工进度的需要，及时组织生产和供应到现场，所以一般可以不划入流水施工过程；第 3 类必须划入流水施工过程；第 4 类要根据具体情况，如果需要占用施工工期，则可划入流水施工过程。

（2）流水强度。流水强度是指某施工过程在单位时间内所完成的工程量，一般以 V_i 表示。

机械施工过程的流水强度

$$V_i = \sum_{i=1}^{x} R_i S_i \qquad (5-1)$$

式中　V_i——某施工过程 i 的机械操作流水强度；

　　　R_i——投入施工过程 i 的某种施工机械台班数；

　　　S_i——投入施工过程 i 的某种施工机械产量定额；

　　　x——投入施工过程 i 的施工机械种类数。

人工施工过程的流水强度

$$V_i = R_i S_i \qquad (5-2)$$

式中　V_i——某施工过程 i 的人工操作流水强度；

　　　R_i——投入施工过程 i 的工作队人数；

　　　S_i——投入施工过程 i 的工作队平均产量定额。

5.2.2　空间参数

在组织工程项目流水施工时，用以表达流水施工在空间布置上所处状态的参数，称为空间参数。空间参数包括施工工作面和施工段。

（1）施工工作面。施工工作面也称工作前线，是指提供人工或机械进行操作的活动范围和空间。施工工作面的大小表明了施工对象能安置多少工人操作或布置施工机械、设备的面积，反映相应工种的产量定额、建筑安装工程操作规程和安全规程等的要求，随各施工过程的性质、施工方法和使用的工具、设备不同而变化。施工工作面确定得合理与否，直接影响专业工作队的生产效率。因此，必须合理确定工作面。

（2）施工段。在组织流水施工时，通常把施工对象在平面上划分为若干个劳动量大致相等的施工区域，这些区域称为施工段，一般以"m"表示。它是流水施工的主要参数之一。

划分施工区段的目的，在于保证不同的施工队组能在不同的施工区段上同时进行施工，消灭由于不同的施工队组不能同时在一个工作面上工作而产生的互等、停歇现象，为流水施工创造条件。

划分施工段的基本要求：

1）施工段的数目要合理。施工段数过多势必要减少人数，施工工作面不能充分利用，拖长工期；施工段数过少，则会引起劳动力、机械和材料供应的过分集中，有时还会造成"断流"现象。

2）各施工段的劳动量（或工程量）要大致相等（相差宜在15％以内），以保证各施工队组连续、均衡、有节奏地施工。

3）要有足够的工作面，使每一施工段所能容纳的劳动力人数或机械台数能满足合理劳动组织的要求。

4）当组织楼层结构的流水施工时，为使各施工班组能连续施工，上一层的施工必须在下一层对应部位完成后才能开始。因此，每一层的施工段数必须大于或等于其施工过程数 n，即 $m \geq n$（m 为分层流水施工时的施工段数目；n 为流水施工的施工过程数或作业班组数）。

【例 5-1】　某两层现浇钢筋混凝土结构房屋的主体工程，在组织流水施工时将主体工程划分为三个施工过程，即支模板、绑扎钢筋和浇筑混凝土。设每个施工过程在各个施工段上施工所需时间均为 2d，当施工段数目不同时，流水施工的组织情况也有所不同。

当 $m=n$，即每层分三个施工段组织流水施工时，其流水施工进度安排如图 5-3 所示。

施工层	施工过程	施工进度(d)							
		2	4	6	8	10	12	14	16
一	支模板	①	②	③					
	绑扎钢筋		①	②	③				
	浇筑混凝土			①	②	③			
二	支模板				①	②	③		
	绑扎钢筋					①	②	③	
	浇筑混凝土						①	②	③

图 5-3　流水施工图（$m=n$）

从图 5-3 可以看出，各施工班组均能保持连续施工，每一施工段有施工班组，工作面能充分利用，无停歇现象，也不会产生工人窝工现象，这是比较理想的。

当 $m>n$，即每层分四个施工段组织流水施工时，其进度安排如图 5-4 所示。

从图 5-4 可以看出，各施工过程或作业班组能保证连续施工，但所划分的施工段会出现空闲。但这种情况并不一定有害，它可以用于技术间歇时间和组织间歇时间。

当 $m<n$，即每层分两个施工段组织流水施工时，其进度安排如图 5-5 所示。

从图 5-5 可看出，各施工过程或作业班组不能连续施工而会出现窝工现象，这对一个建筑物组织流水施工是不适宜的。但有若干幢同类型建筑物时，且施工对象规模较小，确实不可能划分较多的施工段时，可以一个建筑物为一个施工段，组织幢号大流水施工，以保证施工班组连续作业，不出现窝工现象。

施工层	施工过程	施工进度(d)									
		2	4	6	8	10	12	14	16	18	20
一	支模板	①	②	③	④						
	绑扎钢筋		①	②	③	④					
	浇筑混凝土			①	②	③	④				
二	支模板					①	②	③	④		
	绑扎钢筋						①	②	③	④	
	浇筑混凝土							①	②	③	④

图 5-4　流水施工图（$m>n$）

施工层	施工过程	施工进度(d)						
		2	4	6	8	10	12	14
一	支模板	①	②					
	绑扎钢筋		①	②				
	浇筑混凝土			①	②			
二	支模板				①	②		
	绑扎钢筋					①	②	
	浇筑混凝土						①	②

图 5-5　流水施工图（$m<n$）

施工段划分的一般部位要有利于结构的整体性，应考虑到施工工程对象的轮廓形状、平面组成及结构构造上的特点。在满足施工段划分基本要求的前提下，可按下述几种情况划分施工段的部位。

①设置有伸缩缝、沉降缝的建筑工程，可按此缝为界划分施工段；

②单元式的住宅厂程，可按单元为界分段，必要时以半个单元处为界分段；

③道路、管线等按长度方向延伸的工程，可按一定长度作为一个施工段；

④多幢同类型建筑，可以一幢房屋作为一个施工段。

（3）施工层。对于多、高层的建筑物、构筑物，应既划分施工段，又划分施工层。施工层是指为满足竖向流水施工的需要，在建筑物垂直方向上划分的施工区段。施工层的划分视工程对象的具体情况而定，一般以建筑物的结构层作为施工层；有时为方便施工，也可以按一定高度划分一个施工层，例如单层工业厂房砌筑工程一般按 1.2～1.4m（即一步脚手架的高度）划分为一个施工层。又如，一个 16 层的全现浇剪力墙结构的房屋，其结构层数就是施工层数。如果该房屋每层划分为三个施工段，那么其总的施工段数：$m=16$ 层×3（段/层）$=48$ 段。

5.2.3　时间参数

在组织工程项目流水施工时，用以表达流水施工在时间排列上所处状态的参数，称为时间参数。时间参数包括流水节拍、流水步距、技术间歇时间、时间间歇时间等。

（1）流水节拍。流水节拍是指从事某一施工过程的施工班组在一个施工段上完成施工任务所需的时间，用符号 t_i 表示（$i=1，2，3\cdots$）。

1）流水节拍的确定。流水节拍的大小直接关系到投入的劳动力、材料和机械的多少，决定着施工进度和施工的节奏性。因此，合理确定流水节拍，具有重要意义。通常有三种确定方法：定额计算法、经验估算法、工期计算法。

定额计算法。根据现有能够投入的资源（劳动力、机械台班和材料量）确定流水节拍，但须满足最小工作面的要求。流水节拍的计算式为

$$t_i = \frac{P_i}{R_i b} = \frac{Q_i}{S_i R_i b} \tag{5-3}$$

或

$$t_i = \frac{P_i}{R_i b} = \frac{Q_i H_i}{R_i b} \tag{5-4}$$

式中　t_i——某施工过程的流水节拍；

Q_i——某施工过程在某流水段上的工作量；

S_i——某施工过程的每工日（或每台班）产量定额；

R_i——某施工过程的施工班组人数或机械台班；

b——每天工作班数；

H_i——某施工过程采用的时间定额；

P_i——在一个施工段上完成某施工过程所需的劳动量（工日数）或机械台班量（台班数）。

经验估算法。经验估算表达式为

$$t = \frac{a + 4b + c}{6} \tag{5-5}$$

式中　t——某施工过程在某施工段上的流水节拍；

a——某施工过程在某施工段上的最短估算时间；

b——某施工过程在某施工段上的正常估算时间；

c——某施工过程在某施工段上的最长估算时间。

这种方法多适用于采用新工艺、新方法和新材料等没有时间定额可循的工程项目。

工期计算法。对某些施工任务在规定日期内必须完成的工程项目，往往采用倒排进度法计算流水节拍，具体步骤如下。

第一步：根据工期倒排进度，确定某施工过程的工作持续时间；

第二步：确定某施工过程在某施工段上的流水节拍。

若同一施工过程的流水节拍不相等，则用经验估算法进行计算；若流水节拍相等，则按式（5-6）进行计算，即

$$t = \frac{T}{m} \tag{5-6}$$

式中　t——流水节拍；

T——某施工过程的工作持续时间；

m——某施工过程划分的施工段数。

若流水节拍根据工期要求来确定时，必须检查劳动力和机械供应的可能性，物资供应能

否相适应。

2）确定流水节拍的要点。施工班组人数应符合施工过程最少劳动组合人数的要求。例如，现浇钢筋混凝土施工过程，它包括上料、搅拌、运输、浇捣等施工操作环节，如果人数太少，则无法组织施工。要考虑工作面的大小或某种条件的限制。施工班组人数也不能太多，每个工人的工作面要符合最小工作面的要求。工作面是表明施工对象上可能安置多少工人操作或布置施工机械场所的大小，主要工种的最小工作面可参考表 5-1 的有关数据。

表 5-1　　　　　　　　　　　　主要工种最小工作面参考表

工作项目	最小工作面	说明
砖基础	7.6m/人	以 1 砖半计，2 砖乘以 0.8，3 砖乘以 0.55
砖砌墙	8.5m/人	以 1 砖计，1 砖半乘以 0.7，2 砖乘以 0.57
毛石墙基	3.0m/人	以 60cm 计
毛石墙	3.3m/人	以 40cm 计
混凝土柱、墙基础	8m³/人	机拌、机捣
混凝土设备基础	7m³/人	机拌、机捣
现浇钢筋混凝土柱	2.45m³/人	机拌、机捣
现浇钢筋混凝土梁	3.2m³/人	机拌、机捣
现浇钢筋混凝土墙	5m³/人	机拌、机捣
现浇钢筋混凝土楼板	5.3m³/人	机拌、机捣
预制钢筋混凝土柱	3.6m³/人	机拌、机捣
预制钢筋混凝土梁	3.6m³/人	机拌、机捣
预制钢筋混凝土屋架	2.7m³/人	机拌、机捣
预制钢筋混凝土平板、空心板	1.91m³/人	机拌、机捣
预制钢筋混凝土屋架大型屋面板	2.62m³/人	机拌、机捣
混凝土地坪及面层	40m²/人	机拌、机捣
外墙抹灰	16m²/人	
内墙抹灰	18.5m²/人	
卷材屋面	18.5m²/人	
防水水泥砂浆屋面	16m²/人	
门窗安装	11m²/人	

流水节拍要考虑各种机械台班的效率（吊装次数）或机械台班产量的大小；

流水节拍要考虑各种材料、构件等施工现场堆放量、供应能力及其他有关条件的制约；

流水节拍要考虑施工及技术条件的要求。例如，不能留施工缝必须连续浇筑的钢筋混凝土工程，有时要按三班制工作的条件决定流水节拍，以确保工程质量；

确定一个分部工程各施工过程的流水节拍时，首先应考虑主要的、工程量大的施工过程的节拍（它的节拍最大，对工程起主要作用），其次确定其他施工过程的节拍值；

节拍值一般取整数，必要时可保留 0.5d（台班）的小数值。

（2）流水步距。在组织工程项目流水施工时，相邻两个专业施工班组先后进入同一施工段开始施工时的合理时间间隔，称为流水步距。流水步距通常以 K 表示。

流水步距的数目取决于参加流水的施工过程数。如果施工过程数为 n 个，则流水步距的总数为 $n-1$ 个。

流水步距的大小，对工期有着较大的影响。一般来说，在施工段不变的条件下，流水步距越大，工期越长；流水步距越小，则工期越短。

确定流水步距要点：①满足相邻两个专业施工班组在施工顺序上的相互制约关系；②保证各专业班组都能连续作业；③保证相邻两个专业施工班组在开工时间上最大限度地、合理地搭接。不同类型的流水施工，它们流水步距的分析和判断方法繁简程度不同。

在流水施工中，如果同一施工过程在各施工段上的流水节拍相等，则各相邻施工过程之间的流水步距可按式（5-7）计算

$$K_{i,j+1} = \begin{cases} t_i + (t_j - t_d) & （当\ t_i \leqslant t_{i+1}） \\ mt_i - (m-1)t_{i+1} + (t_j - t_d) & （当\ t_i > t_{i+1}） \end{cases} \tag{5-7}$$

式中　t_i——第 i 个施工过程的流水节拍；

　　t_{i+1}——第 $i+1$ 个施工过程的流水节拍；

　　t_j——第 i 个施工过程与第 $i+1$ 个施工过程之间的间歇时间；

　　t_d——第 i 个施工过程与第 $i+1$ 个施工过程之间的搭接时间；

　　m——一个施工层的施工段数。

（3）间歇时间。间歇时间包含两种情况。一种是工艺间歇时间，另一种是组织间歇时间。

1）工艺间歇时间。根据施工过程的工艺性质，在流水施工组织中，除了考虑两相邻施工过程之间的流水步距外，必要时还需考虑合理的工艺间歇时间，如基础混凝土浇捣以后，必须经过一定的养护时间才能继续后道工序——墙基础的砌筑，这种由工艺原因引起的等待时间，称为工艺间歇时间。工艺间歇以 G 表示。

2）组织间歇时间。组织间歇是指施工中由于考虑组织技术的因素，两相邻施工过程在规定的流水步距以外增加的必要间歇时间，以便施工人员对前道工序进行检查验收，并为后道工序做必要的施工准备。组织间歇以 Z 表示。

（4）搭接时间。搭接时间又称平行搭接时间。是指前后两个施工过程（施工班组）在同一施工段上有一段进行平行搭接施工，这个搭接时间称为搭接时间。平行搭接施工可使工期进一步缩短，施工更趋合理。搭接时间以 C 表示。

（5）流水工期。流水工期是指一个流水施工中，从第一个施工过程（或作业班组）开始进入流水施工到最后个施工过程（或作业班组）施工结束所需的全部时间。流水工期以 T 表示。一般可采用下式计算

$$T = \sum K_{i,i+1} + T_N \tag{5-8}$$

式中　$\sum K_{i,i+1}$——流水施工中各流水步距之和；

　　　T_N——流水施工中最后一个施工过程的持续时间。

流水施工参数一方面有助于施工工程的有序组织，便于项目管理人员根据实际情况合理

划分施工过程、施工段及组织施工队伍；另一方面使项目管理人员确定时间参数、空间参数，继而为合理控制项目进度做好准备。

本节介绍流水施工的基本概念、特征及表示方法，在此基础上阐述了流水施工的三类参数，即工艺参数、时间参数和空间参数，这些内容是工程项目管理中常用的施工组织方法及进度控制方法之一，理解及掌握这些内容有助于理解工程项目的安排和进度控制手段。

5.3　流水施工的基本方式

流水施工根据各施工过程实践参数的不同特点，可以分为等节拍专业流水、异节拍专业流水和无节奏专业流水等几种基本方式。

5.3.1　等节拍专业流水

等节拍专业流水是指在组织流水施工时，如果所有的施工过程在各个施工段上的流水节拍彼此相等，这种流水施工组织方式称为等节拍专业流水，也称固定节拍流水或全等节拍流水或同步距流水，它是一种最理想的流水施工组织方式。

（1）基本特点。

流水节拍彼此相等。

如果有 n 个施工过程，流水节拍为 t_i，则

$$t_1 = t_2 = \cdots = t_i = \cdots = t_{n-1} = t_n = t（常数） \tag{5-9}$$

流水步距彼此相等，而且等于流水节拍，即

$$K_{1,2} = K_{2,3} = \cdots = K_{n-1}, K = t（常数） \tag{5-10}$$

每个专业工作队都能够连续施工，施工段没有空闲。

专业工作队数（n_1）等于施工过程数（n）。

（2）组织步骤。

确定施工顺序，分解施工过程；确定施工起点流向，划分施工段。划分施工段时，其数目 m 的确定如下。

无层间关系或施工层时，可取 $m=n$。

有层间关系或施工层时，施工段数目分下面两种情况确定。

1）无技术和组织间歇时，取 $m=n$。

2）有技术和组织间歇时，为了保证专业工作队能够连续施工，应取 $m>n$。此时，每层施工段空闲数为 $m-n$，一个空闲施工段的时间为 t，则每层的空闲时间为

$$(m-n)t = (m-n)K \tag{5-11}$$

设一个楼层内各施工过程间的技术、组织间歇时间之和为 $\sum Z_1$，楼层间技术、组织间歇时间为 Z_2，如果每层的 $\sum Z_1$ 均相等，Z_2 也相等，而且为了保证连续施工，施工段上除 $\sum Z_1$ 和 Z_2 外无空闲，则

$$(m-n)K = \sum Z_1 + Z_2 \tag{5-12}$$

所以每层的施工段数 m 可按下式确定

$$m = n + \frac{\sum Z_1}{K} + \frac{Z_2}{K} \tag{5-13}$$

如果每层的 $\sum Z_1$ 不完全相等，Z_2 也不完全相等，应取各层中最大的 $\sum Z_1$ 和 Z_2，并按式（5-14）确定施工段数为

$$m = n + \frac{\max \sum Z_1}{K} + \frac{\max Z_2}{K} \tag{5-14}$$

根据等节拍专业流水要求，确定流水节拍 t 的数值。

确定流水步距 $K = t$。

计算流水施工的工期。

不分施工层时，工期的计算公式为

$$T = (m+n-1)K + \sum Z_{j,j+1} + \sum G_{j,j+1} - \sum C_{j,j+1} \tag{5-15}$$

式中　T——流水施工总工期；

m——施工段数；

n——施工过程数；

K——流水步距；

j——施工过程编号，$1 \leqslant j \leqslant n$；

$\sum Z_{j,j+1}$——j 与 $j+1$ 两个施工过程间的技术间歇时间；

$\sum G_{j,j+1}$——j 与 $j+1$ 两个施工过程间的组织间歇时间；

$\sum C_{j,j+1}$——j 与 $j+1$ 两个施工过程间的平行搭接时间。

分层施工时，工期的计算公式为

$$T = (mr+n-1)K + \sum Z_{j,j+1}^1 + \sum G_{j,j+1}^1 - \sum C_{j,j+1} \tag{5-16}$$

式中　r——施工层数；

$\sum Z_{j,j+1}^1$——第一个施工层内各施工过程之间的技术间歇时间之和；

$\sum G_{j,j+1}^1$——第一个施工层内各施工过程之间的组织间歇时间之和。

其他符号的含义同前。

在公式中，没有二层及二层以上的 $\sum Z_1$ 和 Z_2，是因为他们均已包括在公式中 mrt 项内，见表 5-2。

表 5-2　　　　　　　　分层并有技术、组织间歇时间的等节拍专业流水进度表

施工过程	施工过程编号	施工进度(d)															
		1	2	3	4	5	6	7	8	9	10	11	12	13	14	15	16
1	Ⅰ	①	②	③	④	⑤	⑥										
	Ⅱ		①	②	③	④	⑤	⑥									
	Ⅲ			①	②	③	④	⑤	⑥								
	Ⅳ				Z_1	①	②	③	④	⑤	⑥						

续表

施工过程	施工过程编号	施工进度(d)															
		1	2	3	4	5	6	7	8	9	10	11	12	13	14	15	16
2	I						Z_2	①	②	③	④	⑤	⑥				
	II								①	②	③	④	⑤	⑥			
	III									Z_1	①	②	③	④	⑤	⑥	
	IV											①	②	③	④	⑤	⑥

$(n-1)K+Z_1$ ←————————→ ← mrt →

绘制流水施工指示图表。

【例 5 - 2】 某分部工程由四个分项工程所组成，流水节拍均为 2d，无技术，组织间歇时间，试确定流水步距，计算工期并绘制流水施工进度表。

解 由已知条件 $t_i=t=2\mathrm{d}$，本分部工程宜组织等节拍专业流水。

（1）确定流水步距。由等节拍专业流水特点知

$$K = t = 2(\mathrm{d})$$

（2）确定施工段数。

根据题意 $m=n=4$

（3）计算工期

$$T = (m+n-1)K + \sum Z_{j,j+1} + \sum G_{j,j+1} - \sum C_{j,j+1}$$
$$T = (4+4-1)\times 2 + 0 + 0 - 0 = 14(\mathrm{d})$$

（4）绘制流水施工进度表，见表 5 - 3。

表 5 - 3 等节拍专业流水施工进度计划

分项工程编号	施工进度(d)						
	2	4	6	8	10	12	14
A	①	②	③	④			
B	K	①	②	③	④		
C		K	①	②	③	④	
D			K	①	②	③	④

$T = (4+4-1)\times 2 = 14$

【**例 5 - 3**】 某项工程由Ⅰ、Ⅱ、Ⅲ、Ⅳ4 个施工过程所组成。划分两个施工层组织流水施工。施工过程Ⅱ完成后需养护 1d 下一个施工过程才能施工，层间技术间歇为 1d，流水节拍均为 1d，试在保证工作队连续作业的前提下，确定施工段数，计算工期，绘制流水施工进度表。

解 由已知条件 $t_i = t = 1d$，本项目宜组织等节拍专业流水。

（1）确定流水步距。由等节拍专业流水特点知

$$K = t = 1(d)$$

（2）确定施工段数。因该工程分两层施工，其施工段数确定公式为

$$m = n + \frac{\sum Z_1}{K} + \frac{Z_2}{K} = 4 + \frac{1}{1} + \frac{1}{1} = 6$$

（3）计算工期。

由公式 $\qquad T = (mr + n - 1)K + \sum Z_1 - \sum C_{j,j+1}$

得 $\qquad T = (6 \times 2 + 4 - 1) \times 1 + 1 + 0 = 16(d)$

（4）绘制流水施工进度表，如分层并有技术、组织间歇时间的等节拍专业流水进度表，见表 5 - 4。

表 5 - 4 　　　　分层并有技术、组织间歇时间的等节拍专业流水进度表

施工过程	施工过程编号	施工进度(d)															
		1	2	3	4	5	6	7	8	9	10	11	12	13	14	15	16
1	Ⅰ	①	②	③	④	⑤	⑥										
	Ⅱ		①	②	③	④	⑤	⑥									
	Ⅲ				①	②	③	④	⑤	⑥							
	Ⅳ					①	②	③	④	⑤	⑥						
2	Ⅰ							①	②	③	④	⑤	⑥				
	Ⅱ								①	②	③	④	⑤	⑥			
	Ⅲ										①	②	③	④	⑤	⑥	
	Ⅳ											①	②	③	④	⑤	⑥

5.3.2 异节拍专业流水

异节拍专业流水是指在组织流水施工时，如果同一施工过程在各施工段上的流水节拍彼此相等，不同施工过程在同一施工段上的流水节拍彼此不相等而且均为某一常数的整数倍的

流水施工组织方式，又称为成倍节拍专业流水。有时，为了加快流水施工速度，在资源供应满足的前提下，对流水节拍长的施工过程，组织几个同工种的专业工作队来完成同一施工过程在不同施工段上的作业任务，从而就形成了一个工期最短的、类似于等节拍专业流水的等步距的异节拍流水施工方案。这里主要讨论等步距的异节拍专业流水。

（1）基本特点。同一施工过程在各施工段上的流水节拍彼此相等，不同的施工过程在同一施工段上的流水节拍彼此不等，但均为某一常数的整数倍；流水步距彼此相等。且等于流水节拍的最大公约数；各专业工作队能够保证连续施工。施工队没有空闲；专业工作队数大于施工过程数，即 $n_1 > n$。

（2）组织步骤。确定施工顺序，分解施工过程。确定施工起点、流向，划分施工段。划分施工段时，其数目 m 的确定如下：

1）不分施工层时，可按划分施工段原则确定施工段数目。

2）分施工层时，每层的施工段数可按下式确定

$$m = n_1 + \frac{\max \sum Z_1}{K_b} + \frac{\max Z_2}{K_b} \tag{5-17}$$

式中　n_1——专业工作队总数；

　　　K_b——等步距异节拍专业流水的流水步距。

其他符号含义同前。

按异节拍专业流水确定流水节拍。

确定流水步距。按式（5-18）计算

$$K_b = 最大公约数\{t_1, t_2, \cdots, t_n\} \tag{5-18}$$

确定专业工作队数

$$b_j = \frac{t_j}{K_b} \tag{5-19}$$

$$n_1 = \sum_{j=1}^{n} b_j \tag{5-20}$$

式中　t_j——施工过程 j 在各施工段上的流水节拍；

　　　b_j——施工过程 j 所要组织的专业工作队数；

　　　j——施工过程编号，$1 \leqslant j \leqslant n$。

（3）计算总工期

$$T = (m \cdot r + n - 1)K_b + \sum Z_1 - \sum C_{j,j+1} \tag{5-21}$$

式中　r——施工层数（不分层时，$r=1$；分层时，$r=$实际施工层数）。

其他符号含义同前。

【例5-4】　某项目由Ⅰ、Ⅱ、Ⅲ 3个施工过程组成，流水节拍分别为2、6、4d，试组织等步距的异节拍专业流水施工。

解　（1）确定流水步距

$$K_b = 最大公约数\{2,4,6\} = 2(d)$$

（2）确定专业工作队

$$b_1 = \frac{t_1}{K_b} = \frac{2}{2} = 1(队)$$

$$b_2 = \frac{t_2}{K_b} = \frac{6}{2} = 3(队)$$

$$b_3 = \frac{t_3}{K_b} = \frac{4}{2} = 2(队)$$

$$n_1 = \sum_{j=1}^{3} b_j = 1 + 3 + 2 = 6(队)$$

（3）确定施工段数。

为了使各专业工作队连续施工，取

$$m = n = 6(段)$$

（4）计算工期

$$T = (mr + n - 1)K_b + \sum Z_1 - \sum C_{j,j+1}$$
$$= (6 \times 1 + 6 - 1) \times 2 + 0 - 0$$
$$= 22(d)$$

（5）编制流水施工进度表，见表 5 - 5。

表 5 - 5   **等步距异节拍专业流水施工进度表**

施工过程	编号	施工进度(d)										
		2	4	6	8	10	12	14	16	18	20	22
I	I	①	②	③	④	⑤	⑥					
II	II a		①			④						
	II b			②			⑤					
	II c				③				⑥			
III	III a					①	③		⑤			
	III b						②	④		⑥		

（n-1）K_b ←—————→   mk_b

T=22

【例 5 - 5】 某两层现浇钢筋混凝土工程，施工过程分为安装模板、绑扎钢筋和浇筑混凝土。已知每段每层各施工过程流水节拍分别为：$t_{模}=2d$、$t_{扎}=2d$、$t_{混}=1d$。当安装模板专业工作队转移到第二结构层的第一施工段时，需待第一层第一段的混凝土养护 1d 后才能进行。在保证各专业工作队连续施工的条件下，求该工程每层最少的施工段数，并给出流水进度图表。

解　根据题意，本工程宜采用等步距异节拍专业流水。

（1）确定流水步距

$$K_b = 最大公约数\{2,2,1\} = 1(d)$$

（2）确定专业工作队数

$$b_{模} = \frac{t_{模}}{K_b} = \frac{2}{1} = 2(队)$$

$$b_{扎} = \frac{t_{扎}}{K_b} = \frac{2}{1} = 2(队)$$

$$b_{混} = \frac{t_{混}}{K_b} = \frac{1}{1} = 1(队)$$

$$n_1 = \sum_{j=1}^{3} b_j = 2+2+1 = 5(队)$$

（3）确定每层的施工段数。为保证工作队连续施工，其施工段数可按下式确定

$$m = n_1 + \frac{Z_2}{K_b} = 5 + \frac{1}{1} = 6(段)$$

（4）计算工期

$$T = (m \cdot r + n - 1)K_b + \sum Z_1 - \sum C_{j,j+1}$$
$$= (6 \times 2 + 5 - 1) \times 1 + 0 - 0 = 16(d)$$

（5）编制流水施工进度表，见表 5-6。

表 5-6　　　　　　　　有两个施工层的流水施工进度表

施工过程	工作队	施工进度(d)															
		1	2	3	4	5	6	7	8	9	10	11	12	13	14	15	16
安装	Ⅰa	①		③			⑤		①		③		⑤				
	Ⅰb		②		④			⑥		②		④		⑥			
绑筋	Ⅱa			①		③		⑤			①		③			⑤	
	Ⅱb				②		④			⑥		②		④			⑥
浇混	Ⅲ					①	②	③	④	⑤	⑥	①	②	③	④	⑤	⑥

$$\overleftrightarrow{\quad (n-1)K_b \quad}\quad\overleftrightarrow{\quad m \cdot r \cdot t_m \quad}$$

—— ▬▬ 施工层

5.3.3 无节奏专业流水

在实际施工中，通常每个施工过程在各个施工段上的工程量彼此不相等，各专业工作的生产效率相差较大，导致大多数流水节拍也彼此不相等，不可能组织等节拍专业流水或异节奏专业流水。在这种情况下，往往利用流水施工的基本概念，在保证施工工艺，满足施工顺序要求的前提下，按照一定的计算方法，确定相邻专业工作队之间的流水步距，使其在开工时间上最大限度地、合理地搭接起来。形成每个专业工作队都能够连续工作的流水施工方式，称为无节奏专业流水，也称分别流水，它是流水施工的普遍形式。

（1）基本特点。无节奏专业流水具有以下特点：

每个施工过程在各个施工段上的流水节拍不尽相等。

在多数情况下，流水步距彼此不相等，而且流水步距与流水节拍二者之间存在着某种函数关系。

各专业工作队能都连续施工，个别施工段可能有空闲。

专业工作队等于施工过程数，即 $n_1 = m$。

（2）组织步骤。按照要求分为以下几步：

1）确定施工顺序，分解施工过程。

2）确定施工起点、流向，划分施工段。

3）确定各施工过程在各个施工段上的流水节拍。

4）确定相邻两个专业工作队的流水步距。

5）计算流水步距可用"累加数列错位相减取大差法"。举例如［例5-6］所示。

【例5-6】 某工程的流水节拍见表5-7。

表5-7　　　　　　　　　　某工程施工的流水节拍

施工过程	流水节拍(d)			
	第一施工段	第二施工段	第三施工段	第四施工段
甲	3	3	4	4
乙	5	4	3	3
丙	2	5	4	4

计算流水步距的步骤是：

第一步，累加各施工过程的流水节拍，形成累加数列系列；

第二步，相邻两施工过程的累加数据系列错位相减；

第三步，取差数之大者作为该两个施工过程的流水步距。

根据以上3个步骤对本例进行计算。

（1）累加各施工过程的流水节拍。

甲：　　3　　6　　10　　14

乙：　　5　　9　　12　　15

丙：　　2　　7　　11　　15

（2）求甲、乙两施工过程流水步距。

$$
\begin{array}{ccccc}
3 & 6 & 10 & 14 & 0 \\
- & 0 & 5 & 9 & 12 & 15 \\
\hline
3 & 1 & 1 & 2 & -15
\end{array}
$$

可见，其最大值为 3，故甲、乙两施工过程的流水步距取 3d。

同理可求乙、丙两施工过程的流水步距。

$$
\begin{array}{ccccc}
5 & 9 & 12 & 15 & 0 \\
- & 0 & 2 & 7 & 11 & 15 \\
\hline
5 & 7 & 5 & 4 & -15
\end{array}
$$

故乙、丙两施工过程的流水步距取 7d。

（3）计算流水施工的计划工期

$$T = \sum_{j=1}^{n-1} K_{j,j+1} + \sum_{i-1}^{m} t_i^{Zh} Z + \sum Z + \sum G - \sum C_{j,j+1} \tag{5-22}$$

$$\sum Z = \sum Z_{j,j+1} + \sum Z_{k,k+1} \tag{5-23}$$

$$\sum G = \sum G_{j,j+1} + \sum G_{k,k+1} \tag{5-24}$$

式中　T——流水施工总工期；

$K_{j,j+1}$——j 与 $j+1$ 两个专业工作队之间的流水步距；

t_i^{Zh}——最后一个施工过程在第 i 个施工段上的流水节拍；

Z——技术间歇时间；

$\sum Z$——技术间歇时间总和；

$\sum Z_{j,j+1}$——相邻两专业工作队 j 与 $j+1$ 之间的技术间歇时间之和（$1\leqslant j\leqslant n-1$）；

$\sum Z_{k,k+1}$——相邻两施工层间的技术间歇时间之和（$1\leqslant k\leqslant r-1$）；

$\sum G$——组织间歇时间总和；

$\sum G_{j,j+1}$——相邻两专业工作队 j 与 $j+1$ 之间的组织间歇时间之和（$1\leqslant j\leqslant n-1$）；

$\sum G_{k,k+1}$——相邻两施工层间的组织间歇时间之和（$1\leqslant k\leqslant r-1$）。

（4）绘制流水施工进度表。

【例 5-7】　某项目经理拟承包一建设工程，该工程包括 Ⅰ、Ⅱ、Ⅲ、Ⅳ、Ⅴ 5 个施工过程。施工时在平面上划分为 4 个施工段，每个施工过程在各个施工段上的流水节拍见表 5-8。规定施工过程 Ⅱ 完成后，其相应施工段至少要养护 2d，施工过程 Ⅳ 完成后，其相应施工段要留 1d 的准备时间，为了尽早完成，允许施工过程 Ⅰ 与 Ⅱ 之间搭接施工 1d，试编制流水施工方案。

表 5 - 8　　　　　　　　　　施工过程流水节拍参数表

流水节拍 施工段	施工过程 I	II	III	IV	V
①	3	1	2	4	3
②	2	3	1	2	4
③	2	5	3	3	2
④	4	3	5	3	1

解　根据题设条件，该工程应能组织无节奏专业流水。

（1）累加各施工过程的流水节拍。

I：　　3　　　5　　　7　　　11
II：　　1　　　4　　　9　　　12
III：　　2　　　3　　　6　　　11
IV：　　4　　　6　　　9　　　12
V：　　3　　　7　　　9　　　10

（2）确定流水步距。

$K_{I、II}$

```
  3     5     7     11    0
—   0     1     4     9     12
  3     4     3     2     —12
```

所以 $K_{I、II}=\max\{3,4,3,-12\}=4(d)$。

$K_{II、III}$

```
  1     4     9     12    0
—   0     2     3     6     11
  1     2     6     6     —11
```

所以 $K_{II、III}=\max\{1,2,6,6,-11\}=6(d)$。

$K_{III,IV}$

```
  2     3     6     11    0
—   0     4     6     9     12
  2     —1    0     2     —12
```

所以 $K_{III,IV}=\max\{2,-1,0,2,-12\}=2(d)$。

$K_{IV,V}$

```
  4     6     9     12    0
    0     3     7     9     10
  4     3     2     3     —10
```

所以 $K_{IV,V}=\max\{4,3,2,3,-10\}=4(d)$。

（3）计算流水施工的计划工期

$$T = \sum_{j=1}^{n-1} K_{j,j+1} + \sum_{i=1}^{m} t_i^{Zh} Z + \sum Z + \sum G - \sum C_{j,j+1}$$

$$= (4+6+2+4) + (3+4+2+1) + (2+1-1)$$

$$= 28(\mathrm{d})$$

（4）绘制流水施工进度计划表，见表 5-9。

表 5-9　　　　　　　　　　　　　　流水施工进度计划表

施工过程	施工进度(d)																											
	1	2	3	4	5	6	7	8	9	10	11	12	13	14	15	16	17	18	19	20	21	22	23	24	25	26	27	28
I		①			②		③			④																		
II		$K_{I,II}-C_{I,II}$		①		②				③					④													
III						$K_{II,III}+Z_{II,III}$							①	②		③				④								
IV															①					②	③			④				
V																$K_{IV,V}+G_{IV,V}$				①				②			③	④

$$\sum K_{j,j+1}+Z_{II,III}+C_{IV,V}-C_{I,II} \qquad \sum t_i^{V}$$

$$T=28\mathrm{d}$$

本节讲述了流水施工的基本方式，等节拍专业流水、异节拍专业流水和无节奏专业流水并针对不同的流水施工介绍了计算方法。

5.4　课程思政教学案例

本节从流水施工原理专业思想的视角出发，植入的课程思政教育案例（元素）为：流水作业的智慧结晶——三峡工程三期施工计划。

5.4.1　专业知识点

施工组织的三种形式及其特点。流水施工的基本概念及其优点。流水施工的重要参数定义及应用。从专业的视角，介绍流水施工在工艺划分、时间排列和空间布置上的统筹安排，劳动力、机械设备、资金等资源连续性、均衡性、合理性投入，使施工企业的生产能力得到充分的发挥；流水施工分类、节奏流水施工和异节奏流水施工的组织步骤及应用。进而提高生产的经济效率，具体可归纳为：流水施工的均衡性可避免施工期间劳动力和其他资源使用过分集中，有利于资源的组织；流水施工实现了专业化生产，改善了劳动组织，改进操作方法和施工机具，促进了劳动生产率的不断提高；专业化的施工提高了工人的专业技术水平和熟练程度，为推行全面质量管理创造了条件，有利于保证和提高工程质量；由于流水施工的连续性，保证了各专业队伍连续施工，减少了专业工作的间隔时间，达到了缩短工期的目的；工期缩短、工人技术水平和劳动生产率的提高，可以减少用工量和施工暂设工程建造量，降低工程成本，提高利润水平。

5.4.2　思政育人目标

施工流水工作的精髓与本质是：千里之行、始于足下；不积跬步、无以至千里；干一行、爱一行、钻一行、精一行；日日行不怕路万里、常常做不怕事万千；脚踏实地的努力一点、积累一滴。任何工作给自己定个目标、一张一弛、劳逸结合、持之以恒，撸起袖子加油干，幸福是奋斗出来的；努力成为做好工作的行家里手！一切平凡的工作都可以创造不平凡的成就。

5.4.3　思政案例

流水作业的智慧结晶

——三峡工程三期施工计划

三峡工程总进度控制目标是一期、二期、三期工程按期完成，以及三峡枢纽工程全部完成，只有各项目各阶段施工能够按照进度计划完成，才能有条不紊实现总进度目标。

为提高工作效率，加强联系，并及时互通信息，由业主出资，在坝区设计、监理、施工承包商和业主之间建立了计算机局域网。选择 Lotus Notes 作为信息交换平台和应用平台，这些基础平台对计划编制和传递提供了强有力的手段。

三峡水利枢纽主要由混凝土建筑物组成，混凝土工程量巨大，特别是二阶段工程中的混凝土施工更是峰高，量大。

在进度计划编制安排混凝土施工作业程序时，靠过去的手工排块方法，很难在短时间内得出一个较优的混凝土施工程序。在编制进度计划时，为了能够及时高效地得到一个较优的混凝土施工程序，业主与电力公司成都勘测设计研究院，共同研制了三峡二阶段工程混凝土施工仿真系统和永久船闸混凝土仿真系统，用于解决上述问题。

要做好施工进入动态控制，并及时调整计划部署，就必须建立传递施工现场施工信息的快速通道。针对这一问题，利用 Note 开发三峡工程预报系统。该系统主要包括实物工程量日完成情况、大型施工设备工作状况、工程施工质量及安全统计结果、物资（主要是水泥和粉煤灰）仓储情况等。利用该系统，业主与监理等有关单位就可及时掌握工程进展情况，如再通过工作分析和处理加工就可为下一步工作提供参考的决策依据。

工程进度计划管理是合同管理的重要内容，工程组织、管理及经营成本控制，合同变更、索赔等围绕计划展开，切合实际的计划并严格按照计划组织实施，是工程建设持续稳步正常进行的前提，是资源优化配置和成本控制的依据，是避免盲目投入和成本浪费的保证。

三峡工程三期总体作业计划把流水施工的思想体现得淋漓尽致。

5.4.4　思政育人效果

世界百年未有之大变局加速演进，世界进入新的动荡变革期，迫切需要回答好"世界怎么了""人类向何处去"的时代之问。立足新时代新征程，中国青年的奋斗目标和前行方向归结到一点，就是坚定不移听党话、跟党走，努力成长为堪当民族复兴重任的时代新人。希望广大青年用脚步丈量祖国大地，用眼睛发现中国精神，用耳朵倾听人民呼声，用内心感应时代脉搏，把对祖国血浓于水、与人民同呼吸共命运的情感贯穿学业全过程、融汇在事业追求中。

思考练习题

1. 什么是流水施工？它的基本特点有哪些？

2. 简述流水施工主要参数的种类。

3. 何谓施工段？划分施工段有哪些原则？

4. 何谓流水节拍？

5. 某工程包括四项施工过程，各施工过程最合理的流水施工组织确定的流水节拍为：

（1）$t_1 = t_2 = t_3 = t_4 = 4d$，并有 $Z_{2,3} = 2d$，$C_{3,4} = 2d$；

（2）$t_1 = 4d$，$t_2 = 2d$，$t_3 = 4d$，$t_4 = 2d$，并有 $Z_{2,3} = 4d$。

6. 如何组织等节拍专业流水、异节拍专业流水、无节奏专业流水？

7. 某基础工程分为 A、B、C、D 4 个施工过程，每个施工过程分为 3 个施工段，流水节拍均为 2d，试组织全等节拍流水施工。

8. 在第 7 题的基础上，假设 A、B 施工过程之间要有 2d 的技术间歇时间，其他条件均相同，请组织流水施工。

9. 某工程分为甲、乙、丙 3 个施工过程，每个施工过程分为 3 个施工段，各施工过程的流水节拍分别为 3、1、4d，并且甲施工过程完工后需要 2d 的流水间歇时间，试组织异节拍流水施工。

第6章 工程网络计划技术

网络计划是指采用箭线、节点组成的网络图形表达进度计划的方法，这种方法起源于美国，是项目计划管理的重要方法。网络计划技术既是一种科学的计划方法，又是一种有效的生产管理方法。网络计划最大特点就在于它能够提供施工管理所需要的多种信息，有利于加强工程管理，它有助于管理人员合理地组织生产，做到心里有数，知道管理的重点应放在何处，怎样缩短工期，在哪里挖掘潜力，如何降低成本。在工程管理中提高应用网络计划技术的水平，必能进一步提高工程管理的水平。

6.1 工程网络计划

从 1956 年起，美国的一些数学家和工程师开始探讨这方面的问题。1957 年，美国杜邦化学公司首次采用了一种新的计划管理办法，即关键路线法（critical path method，CPM），第一年就节约了 100 多万美元，相当于该公司用于研究发展 CPM 所花费用的 5 倍以上，取得了很好的效果。

1958 年，美国海军武器局特别规划室在研制北极星导弹潜艇时，应用了被称为计划评审技术（program evaluation and review technique，PERT）的计划方法，使北极星导弹潜艇比预定计划提前两年完成。统计资料表明，在不增加人力、物力、财力的既定条件下，采用 PERT 就可以使进度提前 15%～20%，节约成本 10%～15%。

1960 年后，美国又采用了 PERT 技术，组织了阿波罗载人登月计划，该计划运用了一个 7000 人的中心实验室，把 120 所大学，2 万多个企业，42 万人组织在一起，耗资 400 亿美元，于 1969 年，人类的足迹第一次登上了月球，使 PERT 法声誉大振。网络计划法效果极为显著，故而引起了世界性轰动，各国广泛应用。

后来，为了适应各种计划管理的需要，以 CPM 方法为基础，又研制出了其他一些网络计划法，如搭接网络技术（DLN），图形评审技术（GERT），决策网络计划法（DN），风险评审技术（VERT），仿真网络计划法和流水网络计划法等。从此，网络计划技术被许多国家认为是当前最为行之有效的、先进的、科学的管理方法。

20 世纪 60 年代，我国著名数学家华罗庚教授结合实际，在吸收国外网络计划技术理论的基础上，将 CPM、PERT 等方法统一定名为统筹法。网络计划技术在我国已广泛应用于国民经济各个领域的计划管理中，尤其是建筑行业得到了广泛推广和应用。

6.1.1 工程网络计划相关概念

工程网络计划是采用网络图的形式编制的工程进度计划，并在计划实施过程中加以控制，以保证实现预定目标的科学的计划管理技术。网络图是由箭线和节点组成，用来表示工作流程的有向、有序的网状图形，根据图中箭线和节点所代表的含义不同，可将其分为双代号网络图和单代号网络图，相关基本概念如下。

（1）工作。工作是指计划任务按需要粗细程度划分而成的、消耗时间或资源的一个子项目或子任务。其中，紧前工作是指紧排在本工作之前的工作，紧后工作是指紧排在本工作之后的工作，与本工作同时进行的工作称为平行工作；从网络图起点节点开始到达本工作之前为止的所有工作称为本工作的先行工作，从紧后工作到达网络图终点节点的所有工作称为本工作的后续工作。

（2）虚工作。虚工作是指既不耗用时间，也不耗用资源的虚拟的工作。双代号网络计划中，表示前后工作之间的逻辑关系；单代号网络计划中，表示虚拟的起始工作或结束工作。

（3）箭线与节点。网络图是指由箭线和节点组成的，用来表示工作流程的有向、有序网络图形。箭线是指网络图中一端带箭头的实线，双代号网络计划中，箭线表示一项工作；在单代号网络计划中，箭线表示工作之间的逻辑关系。节点是指网络计划中箭线端部的圆圈或其他形状的封闭图形，在双代号网络计划中，表示工作开始或完成的时刻；在单代号网络计划中，表示一项工作或虚工作。

（4）线路。网络图中从起点节点开始，沿箭头方向顺序通过一系列箭线与节点，最后到达终点节点的通路称为线路。

（5）逻辑关系。在网络计划中，各项工作之间的先后顺序关系称为逻辑关系，逻辑关系又分为工艺逻辑关系和组织逻辑关系。工艺逻辑关系是指由生产工艺客观上所决定的各项工作之间的先后顺序关系。组织关系是指在生产组织安排中，考虑劳动力、机具、材料或工期的影响，在各项工作之间主观上安排的先后顺序关系。

（6）双代号网络计划。以箭线及其两端节点的编号表示工作的网络图。

（7）单代号网络计划。以节点及该节点的编号表示工作，箭线表示工作之间逻辑关系的网络图。

（8）双代号时标网络计划。以时间坐标单位为尺度，表示箭线长度的双代号网络计划。

（9）单代号搭接网络计划。单代号网络计划中，前后工作之间可能有多种时距关系的肯定性网络计划。

6.1.2　工程网络计划的分类

工程网络计划可以按编制对象、性质和作用、时间表达方式、工作的逻辑关系和持续时间能否肯定、网络计划的目标等分类。

（1）按网络计划的编制对象划分。

1）总体网络计划。总体网络计划是以整个建设项目为对象编制的网络计划，如一座新建工厂、一个建筑群的施工网络计划。

2）单位工程网络计划。单位工程网络计划是以一个单位工程为对象编制的网络计划，如一幢办公楼、教学楼、住宅楼的施工网络计划。

3）局部网络计划。局部网络计划是以单位工程中的某一分部工程或某一建设阶段为对象编制的网络计划，如按基础、主体、装饰等不同施工阶段编制或按不同专业编制的网络计划。

（2）按网络计划的性质和作用划分。

1）控制性网络计划。控制性网络计划以单位工程网络计划和总体网络计划的形式编制，是上级管理机构指导工作、检查和控制进度计划的依据，也是编制实施性网络计划的依据。

2）实时性网络计划。实时性网络计划的编制对象为分部工程和复杂的分项工程，以局部网络计划的形式编制。它的施工过程划分较细，是管理人员在现场具体指导施工的依据，是控制性进度计划得以实施的基本保证。

（3）按网络计划的时间表达方式划分。

1）无时标网络计划。这种网络计划中各项工作的持续时间通常以数字的形式标注在工作箭线或工作节点的下边，箭线的长短与持续时间无关。

2）时标网络计划。这种网络计划是以横坐标为时间坐标，箭线的长度受时间坐标的限制，箭线在时间坐标上的投影长度直接反映工作的持续时间。

（4）按工作的逻辑关系和持续时间能否肯定划分。

1）肯定型网络计划。如果网络计划中各项工作之间的逻辑关系是肯定的，各项工作的持续时间也是确定的，而且整个网络计划有确定的工期，这种类型的网络计划就称为肯定型网络计划。

2）非肯定型网络计划。如果网络计划中各项工作之间的逻辑关系或持续时间是不确定的，整个网络计划的工期是不确定的，这种类型的网络计划就称为非肯定型网络计划。

（5）按网络计划的目标划分。

1）单目标网络计划。只有一个最终目标的网络计划称为单目标网络计划。

2）多目标网络计划。由若干个独立的最终目标和与其相关的工作组成的网络计划称为多目标网络计划。

6.1.3　网络计划编制程序

在建设工程进度控制工作中，较多地采用确定型网络计划。确定型网络计划的基本原理是：首先，利用网络图的形式表达一项工程计划方案中各项工作之间的相互关系和先后顺序关系；其次，通过计算找出影响工期的关键线路和关键工作；接着，通过不断调整网络计划，寻求最优方案并付诸实施；最后，在计划实施过程中采用有效措施对其进行控制，以合理使用，高效、优质、低耗地完成预定任务。网络计划技术不仅是一种科学的计划方法，同时也是一种科学的动态控制方法。一般工程网络计划编制程序见表6-1。

表6-1　　　　　　　　　网络计划编制程序表

序号	阶段	主要工作内容
1	准备	确定网络计划目标
		调查研究
2	工程项目工作结构分解	工作分解结构
		编制工程实施方案
		编制工作明细表
3	编制初步网络计划	分析确定逻辑关系
		绘制初步网络图
		确定工作持续时间
		确定咨询需求
		计算时间参数
		确定关键线路和关键工作
		形成初步网络计划

序号	阶段	主要工作内容
4	编制正式网络计划	检查与修正
		网络计划优化
		确定正式的网络计划
5	网络计划实施与控制	执行
		检查
		调整
6	收尾	分析
		总结

6.2　双代号网络计划

双代号网络计划是以双代号网络图表示的网络计划。其中双代号网络图是以箭线及其两端节点的编号表示工作的网络图。单代号网络计划用单代号表示法绘制的网络计划。

6.2.1　双代号网络图的组成

双代号网络图是指用箭线及其两端节点的编号表示工作的网络图，如图 6-1 所示。由于可以用箭线两端节点的编号表示该项工作，故又称双代号表示法。

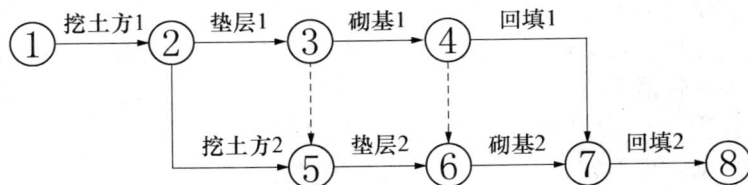

图 6-1　某基础工程的双代号网络图

双代号网络图由工作、节点和线路三个基本要素组成。

（1）工作。工作是指计划任务按需要粗细程度划分而成的、消耗时间或同时也消耗资源的一个子项目或子任务，也可以称为工序、过程或活动。

1）分类。按消耗资源情况，工作通常可分为三类：①既消耗时间也消耗资源的工作（如挖土、浇筑混凝土等）；②只消耗时间不消耗资源的工作（如屋面找平层的干燥、混凝土的养护等）；③既不消耗时间，也不消耗资源的工作。前两种是实际存在的工作，也称实工作；后一种是人为虚设的工作，仅表示工作之间的逻辑关系，通常称其为"虚工作"，起着联系、区分和断路的作用，一般用虚箭线表示，其表达形式可垂直方向向上或向下，也可水平方向向右，如图 6-1 中的 3～5 工作和 4～6 工作。

工作按其在网络图中的相互关系，通常可分为五种类型：①紧前工作，是指紧排在本工作之前的工作；②紧后工作，是指紧排在本工作之后的工作；③平行工作，是指可与本工作同时进行的工作；④开始工作，是指无紧前工作的工作；⑤结束工作，是指无紧后工作的工作。如图 6-1 所示，垫层 2 的紧前工作是垫层 1 和挖土 2；垫层 1 的紧后工作是垫层 2 和砌基 1；垫层 1 与挖土 2 是平行工作；挖土 1 是开始工作；回填 2 是结束工作。

2）表达形式及要求。

①工作箭线的长度和方向。在无时间坐标的网络图中，原则上讲，箭线的长短可以任意画，但必须满足逻辑关系和指向；在有时间坐标的网络图中，其箭线长度必须根据完成该项工作所需持续时间的大小按比例绘制。

②箭线的形状可以是水平线，也可以是折线或斜线，但最好画成水平线或带水平线的折线。在同一张网络图中，箭线的画法要一致。

③工作的名称或内容写在箭线上面，持续时间写在箭线下面，箭头方向表示工作的进行方向，箭尾表示工作的开始，箭头表示工作的完成，如图 6-2 所示。

（2）节点。节点是指双代号网络图中箭线端部表示工作之间逻辑关系的圆圈。它只标志着工作结束和开始的瞬间，既不占用时间也不消耗资源。

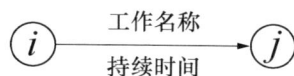

图 6-2 工作表示方法

节点按其在网络图中的位置可分为：①起点节点，指网络图的第一个节点，表示一项任务的开始，也称为开始节点。其特征是：只有从此节点引出的箭线（外向箭线），而无指向此节点的箭线（内向箭线）。②终点节点，指网络图的最后一个节点，它表示一项任务的完成，也称为完成节点。其特征是：只有内向箭线，而无外向箭线。③中间节点，指起点节点和终点节点以外的节点，其特征是：既有内向箭线，又有外向箭线。

在网络图中，每一个节点都有自己的编号，以便计算网络图的时间参数和检查网络图是否正确。编号应从起点节点沿箭线方向，从小到大，直至终点节点，不能重号，并且箭尾节点的编号应小于箭头节点的编号。一般可按自然数顺序采用连续编号，也可采用非连续编号（奇数编号法、偶数编号法或间隔编号法等）。

（3）线路。线路是指网络图中从起点节点开始，沿箭头方向的顺序，通过一系列箭线与节点，最后到达终点节点的通路。每一条线路都有它确定的完成时间，它等于该线路上各项工作持续时间的总和，即线路上总的工作持续时间。

关键线路是指全部由关键工作组成的线路或线路上总的工作持续时间最长的线路。它在网络图中不止一条，可能同时存在多条，通常用粗箭线或双箭线表示。非关键线路是指网络图中，除关键线路以外的其他所有线路。位于关键线路上的工作为关键工作，其余均为非关键工作。关键线路和非关键线路并不是始终不变的，在一定条件下，二者可以相互转化。

6.2.2 双代号网络图的绘制

双代号网络图的绘制应严格遵循各项工作之间的逻辑关系，按照绘制的规则、步骤和排列方式进行绘制。

（1）逻辑关系。逻辑关系是指网络计划中各项工作之间相互制约或相互依赖的关系。

1）分类。逻辑关系一般分为施工工艺关系（简称工艺关系）和施工组织关系（简称组织关系）。工艺关系是指生产工艺上客观存在的先后顺序。例如，建筑工程施工时，先做基础，再做结构，再做装修这种先后顺序一般是不得随意改变的。组织关系是指在不违反工艺关系的前提下，人为地安排工作的先后顺序。例如，建筑群中各个建筑物的开工顺序的先后；流水施工中各段施工的先后顺序。

2）逻辑关系的表示方式。双代号网络图中各工作逻辑关系的表示方式见表 6-2。

表 6 - 2　　　　　　　　　　**网络图中各工作逻辑关系的表示方式**

序号	工作之间的逻辑关系	网络图中表示方法	说明
1	A、B 两项工作按照依次施工方式进行	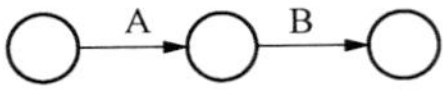	B 工作依赖着 A 工作，A 工作约束着 B 工作的开始
2	A、B、C 三项工作同时开始	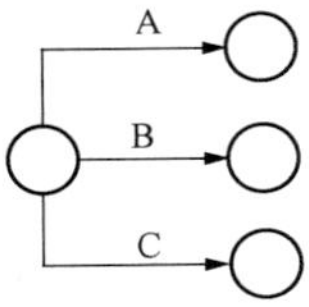	A、B、C 三项工作称为平行工作
3	A、B、C 三项工作同时结束	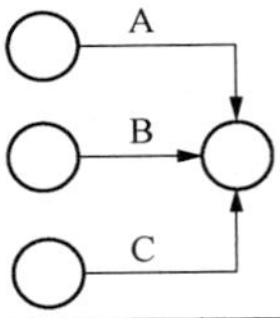	A、B、C 三项工作称为平行工作
4	A、B、C 三项工作，只有在 A 完成后 B、C 才能开始	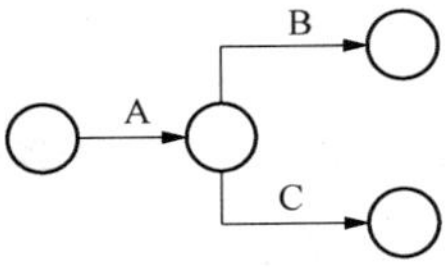	A 工作制约着 B、C 工作的开始，B、C 为平行工作
5	A、B、C 三项工作，C 工作只有在 A、B 工作完成后才能开始	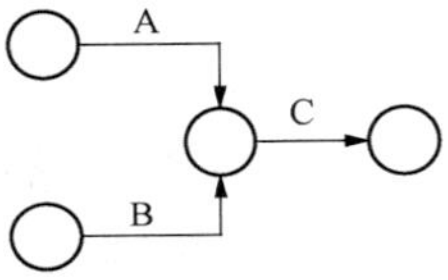	C 工作依赖着 A、B 工作的开始，A、B 为平行工作
6	A、B、C、D 四项工作，只有当 A、B 完成后，C、D 才能开始	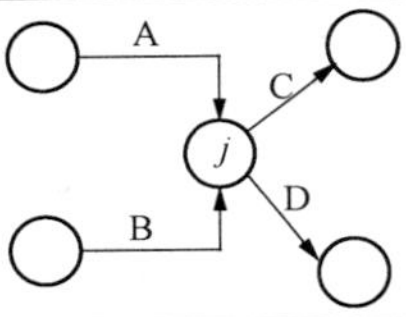	通过中间事件 j 正确地表达了 A、B、C、D 之间的关系
7	A、B、C、D 四项工作，A 完成后 C 才能开始，A、B 完成后 D 才能开始	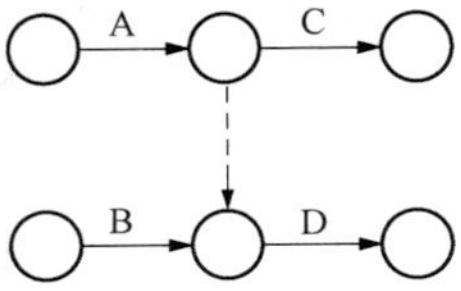	A 与 D 之间引入了逻辑连接（虚工作），只有这样才能正确表达他们之间的约束关系
8	A、B、C、D、E 五项工作，A、B 完成后 C 才能开始，B、D 完成后 E 才能开始	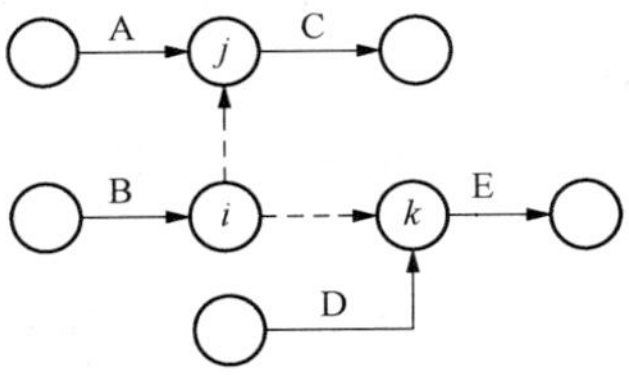	虚工作 i-j 反映出 C 工作受到 B 工作的约束；虚工作 i-k 反映出 E 工作受到 B 工作的约束
9	A、B、C、D、E 五项工作，A、B、C 完成后 D 才能开始，B、C 完成后 E 才能开始	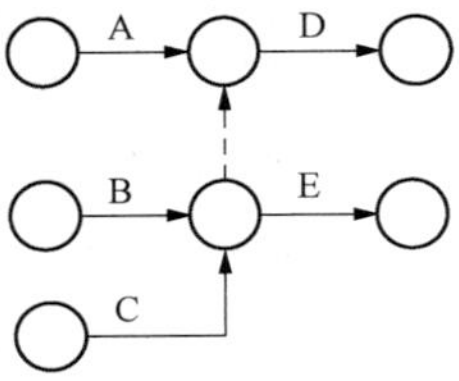	虚工作表示 D 工作受到 B、C 工作的约束

序号	工作之间的逻辑关系	网络图中表示方法	说明
10	A、B两项工作分三个施工段，流水施工		每个工种工程建立专业工作队，在每个施工段上进行流水作业，不同工种之间用逻辑搭接关系表示

（2）绘图规则。

1）一个网络图中，只允许出现一个起点节点和一个终止节点。

2）必须正确表达工作之间的逻辑关系，合理添加虚工作。

3）严禁出现循环回路。循环回路是指从一个节点出发，顺着箭线方向前进，又返回到该节点的线路。循环回路在逻辑关系上是错误的，在时间计算上不可能实现，如图6-3所示。

4）节点之间严禁出现带双向箭头或无箭头的连线，如图6-4所示。

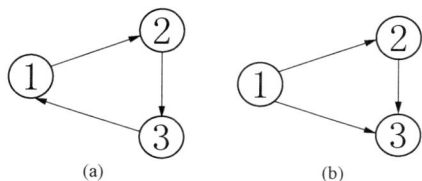

图6-3 工作表示方法
（a）错误循环回路；（b）正确线路

图6-4 错误的箭线画法
（a）双箭头的连线；（b）无箭头的连线

5）严禁出现没有箭头节点或没有箭尾节点的箭线。

6）严禁在箭线上引入或引出箭线，如图6-5所示。但当网络图的起点节点有多条外向箭线，或终点节点有多条内向箭线时，可用母线法绘制，如图6-6所示。这种方法仅限于无紧前工作的工作和无紧后工作的工作，其他工作是不允许这样绘制的。

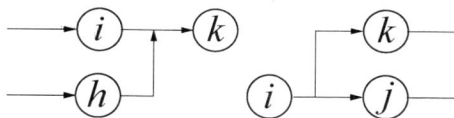

图6-5 在箭线上引入和引出箭线的错误画法

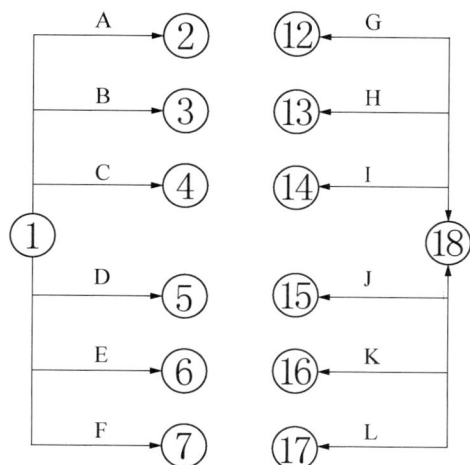

7）不允许出现重复编号的节点。

8）宜避免箭线交叉，当交叉不可避免时，可用过桥法、断线法或指向法表示，如图6-7所示。

9）双代号网络图中只有一个起点节点和一个终点节点。若有两个或两个以上时，应将多个节点合并成一个或用虚箭线连成一个。

10）同一项工作在一个网络图中不能表达两次以上。如图6-8所示，工作D出现了两次。应引进虚工作，如图6-9所示。

（3）绘制步骤。对一项计划来说，绘制网络图时，按以下程序进行：

①确定项目的计划目标；②进行项目目标和

图6-6 母线法绘图

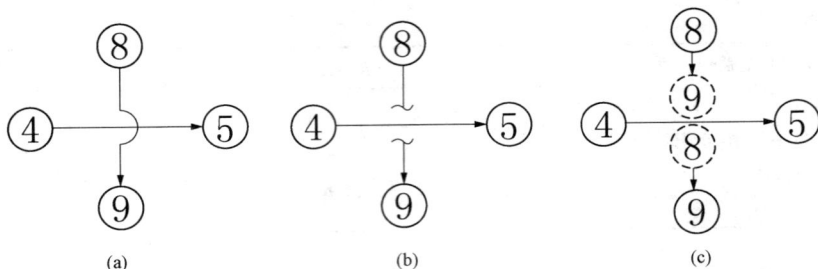

图 6-7　交叉箭线的处理方法
（a）过桥法；（b）断线法；（c）指向法

工作的分解；③确定各项工作之间的逻辑关系；④分析确定各工作的持续时间；⑤确定网络计划的类型；⑥绘制网络计划草图；⑦检查（若不符合要求，对计划草图进行调整修改，直至符合要求）；⑧绘制正式的网络计划图。

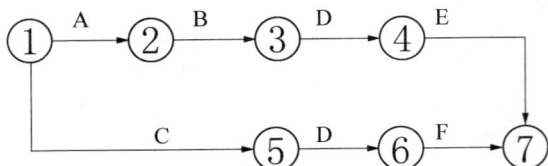

图 6-8　同一项工作错误表达方法

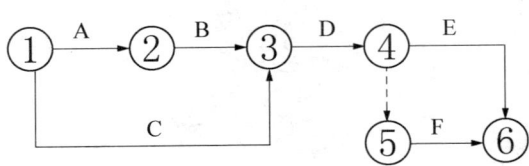

图 6-9　同一项工作正确表达方法

（4）绘制过程中的排列方式。以某基础工程为例，该计划编制对象确定为基础工程，分解后的工作内容有：挖土方、做垫层、砌基础及回填土；按照施工工艺的要求计算确定的各工作之间的顺序如图 6-10 所示。依据该工作的工程量、定额及劳动力等情况，确定各工作在各施工段完成所需的持续时间分别为 2、2、4、1。

图 6-10　某基础工程的工序及持续时间

为了缩短工期，可将基础工程划分为两个施工段进行平行搭接流水施工，其网络图如图 6-11 所示。

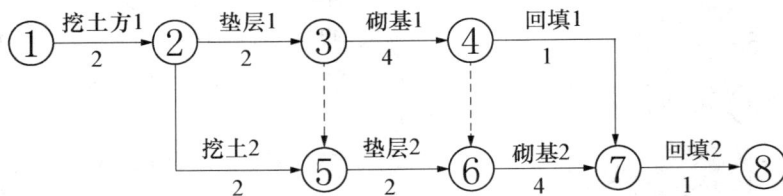

图 6-11　分两个施工段流水施工网络图

（5）绘制示例。

【例 6-1】 已知各项工作之间的逻辑关系如表 6-3 所示，试绘制双代号网络图。

表 6-3　　　　　　　　　工 作 逻 辑 关 系 表

工作	A	B	C	D	E	F	G	H
紧前工作	—	—	A、B	C	C	E	E	D、G

解 根据双代号网络图绘制规则绘制草图，整理成条理清晰，布局合理，无箭线交叉，无多余虚线和多余节点的网络图，如图 6-12 所示。

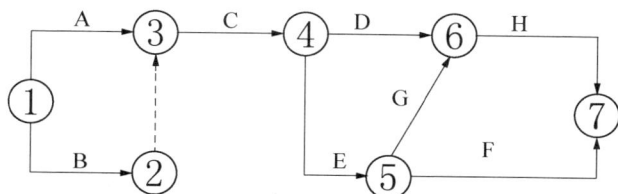

图 6-12 ［例 6-1］双代号网络图

【例 6-2】 已知各项工作之间的逻辑关系如表 6-4 所示，试绘制双代号网络图。

表 6-4 工 作 逻 辑 关 系 表

工作	A	B	C	D	E	F
紧前工作	—	A	A	A	B、C、D	D

解 根据双代号网络图绘制规则绘制草图，再依据网络图绘图规则检查各个工作的逻辑关系是否正确，最后绘制成双代号网络图，如图 6-13 所示。

6.2.3 双代号网络计划时间参数的计算

时间参数是指工作或结点所具有的各种时间值，双代号网络图的时间参数可分为节点参数，工作时间参数及工作时差三种。

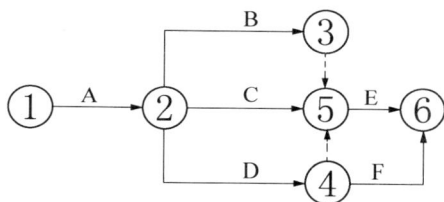

图 6-13 ［例 6-2］双代号网络图

节点的时间参数包括节点的最早时间（ET_i）和节点的最迟时间（LT_i）；工作时间参数分为最早开始时间 ES_{i-j}、最早结束时间 EF_{i-j}、最迟开始时间 LS_{i-j}、最迟完成时间 LF_{i-j}；工作时差分为总时差 TF_{i-j} 和自由时差 FF_{i-j}。

网络计划时间参数计算的方法有分析计算法、图上计算法、表上计算法、电算法等，本书仅介绍图上计算法。

图上计算法是依据分析计算法的时间参数关系式，直接在网络图上进行计算的一种比较直观、简便的方法。各工作的时间参数计算后应标注在水平卷线的上方或垂直线性的左侧。标注的形式，即每个参数的位置如图 6-14 所示。每个参数的含义如表 6-5 所示。

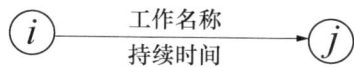

图 6-14 时间参数的标注方式

表 6-5 各时间参数及其含义

时间参数	含义
工作最早开始时间（earliest starting time）ES_{i-j}	在紧前工作的约束条件下，本工作可能开始的最早时刻
工作最早完成时间（earliest finishing time）EF_{i-j}	在紧前工作的约束条件下，本工作可能完成的最早时刻
工作最迟开始时间（latest starting time）LS_{i-j}	在不影响整个任务按期完成的前提下，本工作最迟必须开始的时刻

续表

时间参数	含义
工作最迟完成时间（latest finishing time）LF_{i-j}	在不影响整个任务按期完成的前提下，本工作最迟必须完成的时刻
总时差（total float time）TF_{i-j}	在不影响总工期的前提下，本工作可以利用的机动时间
自由时差（free float time）FF_{i-j}	在不影响紧后工作最早开始时间的前提下，本工作可以利用的机动时间

（1）"最早时间"的计算。最早时间包括工作最早开始时间和工作最早完成时间。

1）工作最早开始时间。工作最早开始时间是指在紧前工作的约束条件下，本工作可能开始的最早时刻。工作 i-j 的最早开始时间用 ES_{i-j} 表示。

计算顺序：由于最早开始时间是以紧前工作的最早完成时间为依据，因此该类参数的计算必须从起点节点开始，顺箭线方向逐项计算，直到终点节点为止。

计算方法：凡与起点节点相连的工作都是计划的起始工作，当未规定其最早开始时间时，其值都定为零，如式（6-1）所示

$$ES_{i-j} = 0(i = 1) \tag{6-1}$$

式中　ES_{i-j}——工作 i-j 的最早开始时间。

所有其他工作的最早开始时间，均取其各紧前工作最早完成时间 EF_{h-i} 中的最大值，如式（6-2）所示

$$ES_{i-j} = \max\{EF_{h-i}\} \tag{6-2}$$

式中　EF_{h-i}——工作 i-j 的各项紧前工作 h-i 的最早完成时间。

2）工作最早完成时间。工作最早完成时间是指在紧前工作的约束条件下，本工作可能完成的最早时刻。工作 i-j 的最早完成时间用 EF_{i-j} 表示。其值等于该工作最早开始时间加上该工作持续时间，如式（6-3）所示

$$EF_{i-j} = ES_{i-j} + D_{i-j} \tag{6-3}$$

式中　D_{i-j}——工作 i-j 的持续时间。

在某项工作的最早开始时间计算后，应立即将其最早完成时间计算出来，以便于其紧后工作的计算。

3）计算示例。

【例 6-3】　如图 6-15 所绘制的双代号网络图，计算各项工作的最早开始和最早完成时间。并将计算出的工作参数按要求标注于图上，如图 6-16 所示。

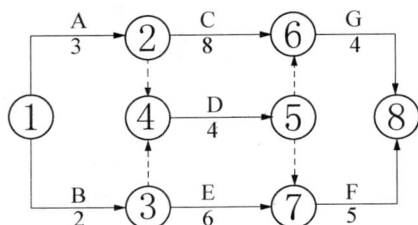

图 6-15　[例 6-3] 双代号网络图

解　其中，工作 1—2、工作 1—3 均是该网络计划的起始工作，所以 $ES_{1-2}=0$，$ES_{1-3}=0$，工作 1—2 的最早完成时间为 $EF_{1-2}=ES_{1-2}+D_{1-2}=0+3=3$，同理，工作 1—3 的最早完成时间为 $EF_{1-3}=0+2=2$。

工作 2—6 的紧前工作是工作 1—2，因此工作 2—6 的最早开始时间为工作 1—2 的最早完成时间，为 $ES_{2-6}=EF_{1-2}=3$；工作 2—6 的最早完成时间

$EF_{2-6}=ES_{2-6}+D_{2-6}=3+8=11$。同理，工作 3—7 的紧前工作是工作 1—3，因此工作 3—7 的最早开始时间为工作 1—3 的最早完成时间，为 $ES_{3-7}=EF_{1-3}=2$；工作 3—7 的最早完成时间 $EF_{3-7}=ES_{3-7}+D_{3-7}=2+6=8$。

工作 4—5 的紧前工作是工作 1—2 和 1—3，应等这两项工作全部完成后，工作 4—5 才能开始，因此工作 4—5 的最早开始时间应取工作 1—2 和 1—3 的最早完成时间的最大值，即 $ES_{4-5}=\max\{EF_{1-2},\ EF_{1-3}\}=\max\{3,\ 2\}=3$，工作 4—5 的最早完成时间为 $EF_{4-5}=ES_{4-5}+D_{4-5}=3+4=7$。

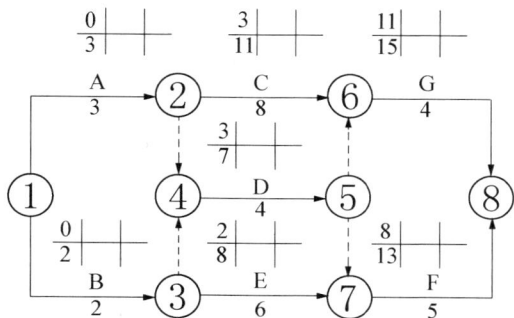

图 6 - 16　　［例 6 - 3］用图上计算法计算工作的最早时间

工作 6—8 的紧前工作是工作 2—6 和 4—5，应等这两项工作全部完成后，工作 6—8 才能开始，因此工作 6—8 的最早开始时间应取工作 2—6 和 4—5 的最早完成时间的最大值，即 $ES_{6-8}=\max\{EF_{2-6},\ EF_{4-5}\}=\max\{11,\ 7\}=11$，工作 6—8 的最早完成时间为 $EF_{6-8}=ES_{6-8}+D_{6-8}=11+4=15$。

工作 7—8 的紧前工作是工作 3—7 和 4—5，应等这两项工作全部完成后，工作 7—8 才能开始，因此工作 7—8 的最早开始时间应取工作 3—7 和 4—5 的最早完成时间的最大值，即 $ES_{7-8}=\max\{EF_{3-7},\ EF_{4-5}\}=\max\{8,\ 7\}=8$，工作 7—8 的最早完成时间为 $EF_{7-8}=ES_{7-8}+D_{7-8}=8+5=13$。

将上述计算结果标注在每项工作上边的 $ES_{i\text{-}j}$、$EF_{i\text{-}j}$ 的位置上，如图 6 - 16 所示。

（2）确定网络计划的工期。当全部工作的最早开始与最早完成时间计算完后，网络计划计算工期 T_c 就等于以网络计划的终点节点为完成节点的各个工作最早完成时间的最大值，如式（6 - 4）所示

$$T_c = \max\{EF_{i\text{-}n}\} \tag{6 - 4}$$

式中　$EF_{i\text{-}n}$——以终点节点为完成节点的各个工作的最早完成时间。

网络计划的计划工期 T_p 的计算应按下列情况分别确定。

1）当规定要计算工期 T_c 时，网络计划的计划工期 T_p 应小于或等于要计算工期 T_c，如式（6 - 5）所示

$$T_p \leqslant T_c \tag{6 - 5}$$

2）当未规定要计算工期 T_c 时，网络计划的计划工期 T_p 应等于计算工期 T_c，如式（6 - 6）所示

$$T_p = T_c \tag{6 - 6}$$

如［例 6 - 3］，网络计划的计算工期为 $T_c=15$。由于本计划没有要计算工期，故 $T_p=T_c=15$。

（3）"最迟时间"的计算。最迟时间包括工作最迟开始时间和工作最迟完成时间。

1）工作最迟完成时间。工作最迟完成时间是指在不影响整个任务按期完成的前提下，本工作最迟必须完成的时间。工作 $i\text{-}j$ 的最迟完成时间用 $LF_{i\text{-}j}$ 表示。

计算顺序：该计算需依据计划工期或紧后工作的要求进行，因此，该类参数的计算应从网络图的终点节点开始，逆着箭线方向朝起点节点依次逐项计算。

计算方法：凡与终点节点（$j=n$）为完成节点的工作的，其最迟开始时间应按网络计划的计划工期 T_P 确定，如式（6-7）所示

$$LF_{i-n} = T_P \qquad (6-7)$$

所有其他工作的最迟开始时间 LF_{i-j}，等于其各紧后工作最迟开始时间中的最小值，如式（6-8）所示

$$LF_{i-j} = \min\{LS_{j-k}\} \qquad (6-8)$$

式中　LS_{j-k}——工作 $i-j$ 的各项紧后工作 $j-k$ 的最迟开始时间。

2）工作最迟开始时间。工作最迟开始时间是指在不影响整个任务按期完成的前提下，本工作最迟必须开始的时间。工作 $i-j$ 的最迟开始时间用 LS_{i-j} 表示。其值等于该工作最迟完成时间减去该工作持续时间，如式（6-9）所示

$$LS_{i-j} = LF_{i-j} - D_{i-j} \qquad (6-9)$$

式中　D_{i-j}——工作 $i-j$ 的持续时间。

3）计算示例。如图 6-15 所得到的计算工期被确认为计划工期时，则该网络计划的最迟时间计算如下。

图 6-16 中，工作 6—8、工作 7—8 均是该网络计划的结束工作，所以最迟完成时间等于计划工期，即：$LF_{6-8}=LF_{7-8}=T_P=15$。

工作 6—8 的持续时间为 4，故其最迟开始时间为 $15-4=11$；工作 7—8 的持续时间为 5，故其最迟开始时间为 $15-5=10$。

工作 2—6 的紧后工作是 6—8，而工作 6—8 的最迟开始时间为 11，所以工作 2—6 的最迟完成时间为 11；工作 2—6 的持续时间为 8，则工作 2—6 的最迟开始时间为 $11-8=3$。

工作 3—7 的紧后工作是 7—8，而工作 7—8 的最迟开始时间为 10，所以工作 3—7 的最迟完成时间为 10；工作 3—7 的持续时间为 6，则工作 3—7 的最迟开始时间为 $10-6=4$。

工作 4—5 的紧后工作是工作 6—8 和工作 7—8，而工作 6—8 和工作 7—8 的最迟开始时间分别为 11 和 10，所以工作 4—5 的最迟完成时间为二者中的最小值 10；工作 4—5 的持续时间为 4，则工作 4—5 的最迟开始时间为 $10-4=6$。

工作 1—2 的紧后工作是工作 2—6 和工作 4—5，而工作 2—6 和工作 4—5 的最迟开始时间分别为 3 和 6，所以工作 1—2 的最迟完成时间为二者中的最小值 3；工作 1—2 的持续时间为 3，则工作 1—2 的最迟开始时间为 $3-3=0$。

工作 1—3 的紧后工作是工作 3—7 和工作 4—5，而工作 3—7 和工作 4—5 的最迟开始时间分别为 4 和 6，所以工作 1—3 的最迟完成时间为二者中的最小值 4；工作 1—3 的持续时间为 2，则工作 1—3 的最迟开始时间为 $4-2=2$。

将上述计算结果标注在每项工作上边的 LS_{i-j}、LF_{i-j} 的位置上，如图 6-17 所示。

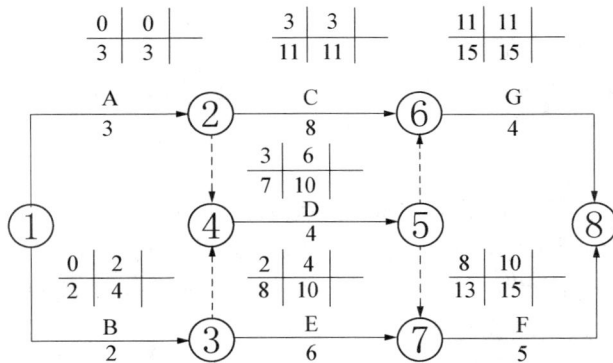

图 6-17　[例 6-3] 用图上计算法计算工作的最迟时间

（4）工作时差的计算。工作时差

是指在网络图的非关键工作中存在的机动时间，或者说是最多允许推迟的时间，时差越大，工作的时间潜力也越大。常用的时差有工作总时差和工作自由时差。

1) 总时差。总时差是指在不影响工期的前提下，本工作所具有的机动时间。工作 $i-j$ 的总时差用 TF_{i-j} 表示。

计算方法：总时差的值等于工作最迟时间减最早时间。如式（6-10）和式（6-11）所示，总时差计算示意如图 6-18 所示

$$TF_{i-j} = LS_{i-j} - ES_{i-j} \qquad (6-10)$$

或

$$TF_{i-j} = LF_{i-j} - EF_{i-j} \qquad (6-11)$$

从式（6-10）和式（6-11）可看出：利用已求出的本工作最迟与最早开始时间或最迟与最早完成时间相减，即可求出本工作的总时差。如图 6-19 所示，工作 1—2 的总时差为 $0-0=0$ 或 $3-3=0$，将其标注在图上双十字的右上角。其他计算结果如图 6-19 所示。

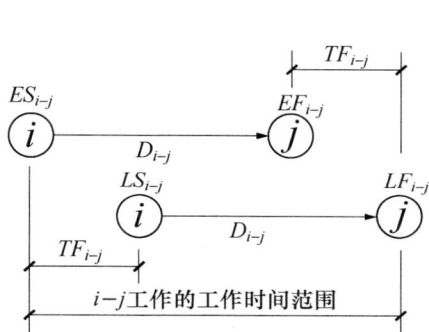

图 6-18　总时差计算示意图

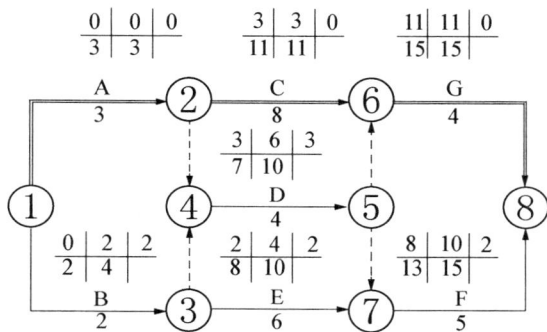

图 6-19　[例 6-3] 用图上计算法计算工作的总时差

计算目的：通过总时差的计算，可以方便地找出网络图中的关键工作和关键线路。总时差为 0 者，意味着该工作没有机动时间，即为关键工作（当计划工期与计算工期不相等时，总时差为最小值者是关键工作）。由关键工作所构成的线路，就是关键线路。在图 6-19 中，双箭线所表示的即①②⑥⑧为关键线路。在一个网络计划中，关键线路至少有一条。

工作总时差是网络计划调整与优化的基础，是控制施工进度、确保工期的重要依据。需要注意，若利用工作总时差，将可能影响其后续工作的最早开工时间（但不影响最迟开始时间）和相关线路上各项工作时差的重分配。

2) 自由时差。自由时差是指在不紧后工作最早开始时间的前提下，本工作所具有的机动时间。工作 $i-j$ 的总时差用 FF_{i-j} 表示。自由时差是总时差的一部分，其值不会超过总时差。

计算顺序：工作的自由时差应从网络计划的终点节点开始自右向左依次计算。

计算方法：总时差的值等于其所有紧后工作的最早开始时间的最小值减去本工作的最早完成时间，如式（6-12）所示，总时差计算示意如图 6-20 所示

$$FF_{i-j} = \min\{ES_{j-k}\} - (ES_{i-j} + D_{i-j}) \qquad (6-12)$$

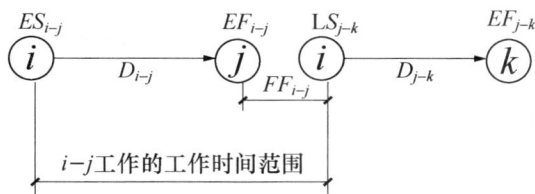

图 6-20　总时差计算示意图

对于网络计划的结束工作，应将计划工期看作紧后工作的最早开始时间进行计算。

　　结合［例 6-3］，如图 6-21 所示，工作 6—8 的自由时差为 15－15＝0；工作 7—8 的自由时差为 15－13＝2；工作 4—5 的紧后工作是工作 6—8 和工作 7—8，而工作 6—8 和工作 7—8 的最早开始时间分别为 11 和 8，取二者中的最小值 8；工作 4—5 的最早完成时间为 7，则工作 4—5 的自由时差为 8－7＝1；将其标注在图上双十字的右下角。其他计算结果如图 6-21 所示。

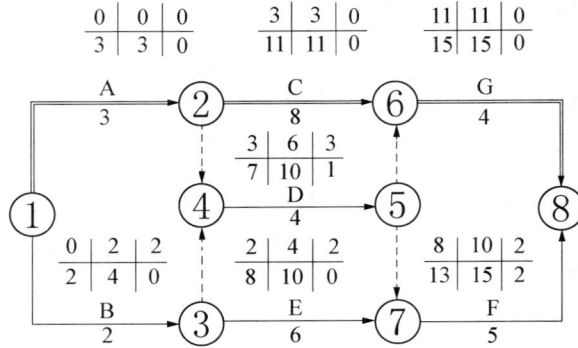

图 6-21　　［例 6-3］用图上计算法计算工作的自由时差

6.3　单 代 号 网 络 计 划

　　单代号网络图是以节点及其编号表示工作，以箭线表示工作之间逻辑关系的网络图，并在节点中加注工作代号、名称和持续时间，如图 6-22 所示。单代号网络图作图简便，图面简洁，由于没有虚箭线，产生逻辑错误的可能较小，且单代号网络图更适合用计算机进行绘制、计算、优化和调整。最新发展起来的几种网络计划形式，如决策网络（DCPM）、图式评审技术（GERT）、前导网络（PN）等，都是采用单代号表示的。但单代号网络图用节点表示工作：没有长度概念，不够形象，不便于绘制时标网络图。

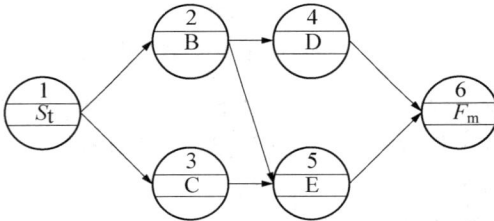

图 6-22　单代号网络图
1～6—节点编号；BE—工作；
S_t—虚拟起点节点；F_m—虚拟终点节点

6.3.1　单代号网络图的组成

　　（1）节点。单代号网络图中每个节点表示一项工作，节点用圆圈或矩形表示，如图 6-23 所示；节点所表示的工作名称、持续时间和工作代号等应标注在节点内，单代号网络图中的节点必须编号。编号标注在节点内，其号码可间断，但是严禁重复。一项工作必须有唯一的一个节点及相应的一个编号。

　　（2）箭线。单代号网络图中的箭线表示紧邻工作之间的逻辑关系，既不占用时间，也不消耗资源，箭线应画成水平的直线、折线，或

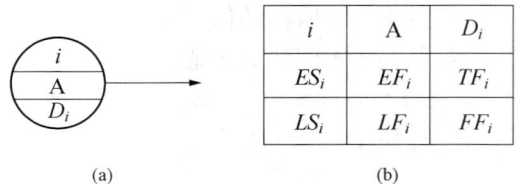

图 6-23　单代号网络图工作的表示方法
（a）圆节点表示方法；（b）矩形节点表示方法
i—节点编号；A—工作；D_i—持续时间

斜线。箭线水平投影方向应自左向右，表示工作的进行方向，工作之间的逻辑关系包括工艺关系和组织关系，在网络中均表现为工作之间的先后顺序。

（3）线路。单代号网络图中的，各条线路应用线路上的节点编号从小到大依次表述。

6.3.2　单代号网络图绘图原则

单代号网络图的绘图规则与双代号网络图基本相同，节点编号的原则上来说，只要不重复、不漏编，每根箭线的箭头节点编号大于箭尾节点的编号即可。一般的编号方法是，网络图的第一个节点编号为1，其他节点的编号按自然数从小到大依次连续编排，最后一个节点的编号就是网络图节点的个数。有时也采取不连续编号的方法以留出备用节点号。当网络图中出现多项没有进去工作的工作节点和多项没有紧后工作的工作节点时，应在网络图的两端分别设置虚拟的起点节点和终点节点，虚拟的起点节点和终点节点所需的时间为零。当只有一个没有紧前工作的工作节点和只有一项没有紧后工作的工作节点时，就不宜设置虚拟的起点节点和虚拟的终点节点。具体绘图原则如下：

（1）单代号网络图应正确表达已定的逻辑关系。

（2）单代号网络图中，不得出现回路。

（3）单代号网络图中，不得出现双箭头或无箭头的连线；单代号网络图中，不得出现没有箭尾节点的箭线和没有箭头节点的箭线。

（4）绘制网络图时，箭线不宜交叉，当交叉不可避免时，可采用过桥法和指向法绘制。

（5）单代号网络图中应有一个起点节点和一个终点节点。

绘图时，主要注意各项工作之间的逻辑关系的正确表达，可以先绘制草图，再对草图进行整理，使节点、箭线的位置合理，保证网络图条理清晰、美观。

6.3.3　时间参数计算

单代号网络计划的时间参数计算应在确定各项工作持续时间之后进行，时间参数应分别标注，如图 6-24 所示。单代号网络计划时间参数的计算公式与双代号网络时间参数的计算公式基本相同，知识工作的时间参数下角标由双角标变为单角标。

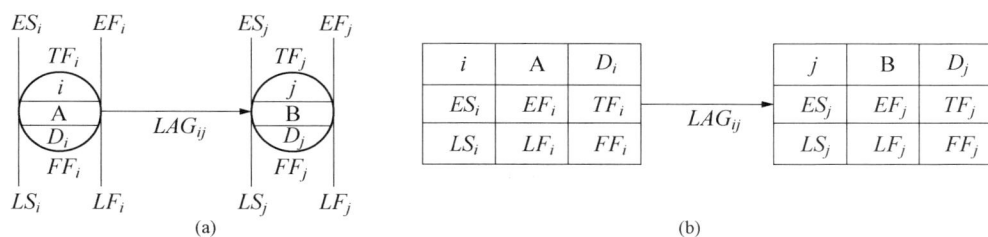

图 6-24　单代号网络计划时间参数的标注

i、j—节点编号；A、B—工作；D_i—持续时间；ES_i—最早开始时间；EF_i—最早结束时间；
LS_i—最晚开始时间；LF_i—最晚结束时间；TF_i—总时差；FF_i—自由时差

工作 i 的最早开始时间（ES_i）应从网络计划的起点节点开始顺着箭线方向依次逐项计算。

（1）当起点节点 i 的最早开始时间（ES_i）无规定时，应按下式计算

$$ES_i = 0$$

（2）其他工作 i 的最早开始时间（ES_i）应按下式计算

$$ES_i = \max\{ES_h + D_h\} = \max\{EF_h\}$$

式中　ES_h——工作 i 的各项紧前工作 h 的最早开始时间；

　　　D_h——工作 i 的各项紧前工作 h 的持续时间；

　　　EF_h——工作 i 的各项紧前工作 h 的最早完成时间。

（3）工作 i 的最早完成时间（EF_i）应按下式计算

$$EF_i = ES_i + D_i$$

（4）网络计划计算工期（T_c）应按下式计算

$$T_c = EF_n$$

式中　EF_n——终点节点 n 的最早完成时间。

（5）网络计划的计划工期（T_p），应按下列规定情况确定：

当已规定要求工期（T_t）时

$$T_p \leqslant T_t$$

当未规定要求工期（T_t）时

$$T_p \leqslant T_c$$

（6）相邻两项工作 i 和 j 之间的间隔时间（LAG_{ij}）的计算应符合下列规定：

当终点节点为虚拟节点时，其间隔时间应按下式计算

$$LAG_{i,n} = T_p - EF_i$$

其他节点之间的间隔时间应按下式计算

$$LAG_{i,j} = ES_j - EF_i$$

（7）工作总时差的计算应符合下列规定：

工作 i 的总时差（TF_i）应从网络计划的终点节点开始，逆着箭线的方向依次逐项计算。

终点节点所代表的工作 n 的总时差（TF_n）应按下式计算

$$TF_n = T_p - EF_n$$

其他工作 i 的总时差（TF_i）应按下式计算

$$TF_i = \min\{TF_j + LAG_{ij}\}$$

（8）工作自由时差的计算应符合下列规定：

终点节点所代表的工作 n 的自由时差（FF_n）应按下式计算

$$FF_n = T_p - EF_n$$

终点节点所代表的工作的总时差（TF_n）应按下式计算

$$FF_i = \min\{LAG_{i,j}\}$$

（9）工作最迟完成时间的计算应符合下列规定：

终点节点所代表的工作 n 的最迟完成时间（LF_n）应按下式计算

$$LF_n = T_p$$

其他工作 i 的最迟完成时间（LF_i）应按下式计算

$$LF_i = \min\{LS_j\}$$

或

$$LF_i = EF_i + TF_i$$

式中　LS_j——工作 i 的各项紧后工作 j 的最迟开始时间。

（10）工作 i 的最迟开始时间（LS_i）应按下式计算

$$LS_i = LF_i - D_i$$

或

$$LS_i = ES_i + TF_i$$

6.4　双代号时标网络计划

双代号时标网络计划是指以时间坐标为尺度编制的网络计划。

6.4.1　双代号时标网络计划的特点及适用范围

双代号时标网络计划简称时标网络计划，实质上是在一般网络图上加注时间坐标，它所表达的逻辑关系与原网络计划完全相同，但箭线的长度不能任意画，与工作的持续时间相对应。时标网络计划既有一般网络计划的优点，又有横道图直观易懂的优点。

（1）双代号时标网络计划的主要特点。

1）兼有网络计划与横道计划的优点，它能够清楚地表明计划的时间进程，使用方便。

2）能在图上直接显示出各项工作的开始与完成时间、自由时差及关键线路。

3）在时标网络计划中可以统计每一个单位时间对资源的需要量，以便进行资源优化和调整。

4）由于箭线受时间坐标的限制，当情况发生变化时，对网络计划的修改比较麻烦，往往要重新绘图。宜使用计算机程序软件编制、修改此类计划。

5）由于受时间坐标的限制，不易产生"循环回路"之类的逻辑错误。

（2）双代号时标网络计划适用于以下几种情况：

1）工作项目较少、工艺过程比较简单的工程。

2）局部网络工程。

3）作业性网络工程。

4）使用实际进度前锋线进行进度控制的网络计划。

6.4.2　双代号时标网络图的绘制

时标网络计划宜按最早时间绘制。在绘制前，首先应根据确定的时间单位绘制出一个时间坐标表，时间坐标单位可根据计划期的长短确定（可以是小时、天、周、旬、月或季等），如表6-6所示；时标一般标注在时标表的顶部或底部（也可在顶部和底部同时标注，特别是大型的、复杂的网络计划），要注明时标单位。有时在顶部或底部还加注相对应的日历坐标和计算坐标。时标表中的刻度线应为细实线，为使图面清晰，此线一般不画或少画，常用的时间坐标体系如表6-6所示。

表6-6　　　　　　　　　　　　常用的时间坐标体系示意表

计算坐标	0	1	2	3	4	5	6	7	8	9	10	11	12	13	14
日历坐标	24/4	25/4	26/4	29/4	30/4	6/5	7/5	8/5	9/5	10/5	13/5	14/5	15/5	16/5	17/5
工作日坐标	1	2	3	4	5	6	7	8	9	10	11	12	13	14	15
网络计划															

计算坐标主要用作网络计划时间参数的计算，但不够明确。如网络计划表示的计划任务从第0天开始，就不易理解。

日历坐标可明确表示整个工程的开工日期和完工日期以及各项工作的开始日期和完成日期，同时还可以考虑扣除节假日休息时间。

工作日坐标可明确表示各项工作在工程开工后第几天开始和第几天完成，但不能表示工程的开工日期和完工日期以及各项工作的开始日期和完成日期。

（1）绘制规则。在绘制时标网络计划时，应遵循以下规定：

1）代表工作的箭线长度在时标表上的水平投影长度，应与其所代表的持续时间相对应；

2）节点的中心线必须对准时标的刻度线；

3）在箭线与其结束节点之间有不足部分时，应用波形线表示；

4）在虚工作的开始与其结束节点之间，垂直部分用虚箭线表示，水平部分用波形线表示；

5）绘制时标网络计划应先绘制出无时标网络计划（逻辑网络图）草图；

6）时标的时间单位应根据需要在编制网络计划之前确定，可以是时、天、周、月或季等。

（2）绘制方法。时标网络计划的绘制方法有间接绘制法和直接绘制法两种。

1）间接绘制法。间接绘制法（或称先算后绘法）指先计算无时标网络计划草图的时间参数，然后再在时标网络计划表中进行绘制的方法。

用这种方法时，应先对无时标网络计划进行计算，算出其最早时间。然后再按每项工作的最早开始时间将其箭尾节点定位在时标表上，再用规定线型绘出工作及其自由时差，即形成时标网络计划。绘制时，一般先绘制出关键线路，然后再绘制非关键线路。

绘制步骤如下：①先绘制网络计划草图，如图 6 - 25 所示；②计算工作最早时间并标注在图上；③在时标表上，按最早开始时间确定每项工作的开始节点位置（图形尽量与草图一致），节点的中心线必须对准时标的刻度线；④按各工作的时间长度画出相应工作的实线部分，使其水平投影长度等于工作时间；由于虚工作不占用时间，所以应以垂直虚线表示；⑤用波形线把实线部分与其紧后工作的开始节点连接起来，以表示自由时差。

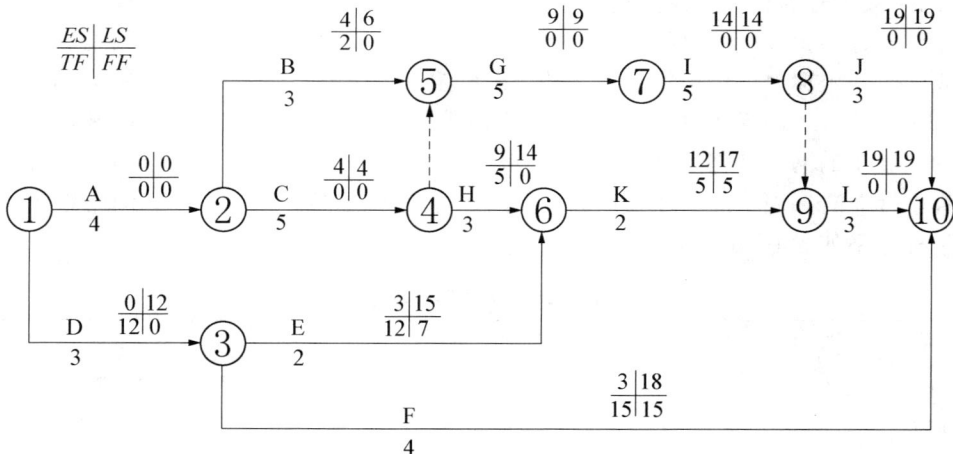

图 6 - 25　某双代号无时标网络计划

绘制完成的双代号时标网络图如图 6 - 26 所示。

【例 6 - 4】　试用间接方法绘制下列时标网络计划。

2）直接绘制法。直接绘制法是指不计算网络计划的时间参数而直接按无时标的网络计划草图绘制时标网络计划的方法。

1　2　3　4　5　6　7　8　9　10　11　12　13　14　15　16　17　18　19　20　21　22

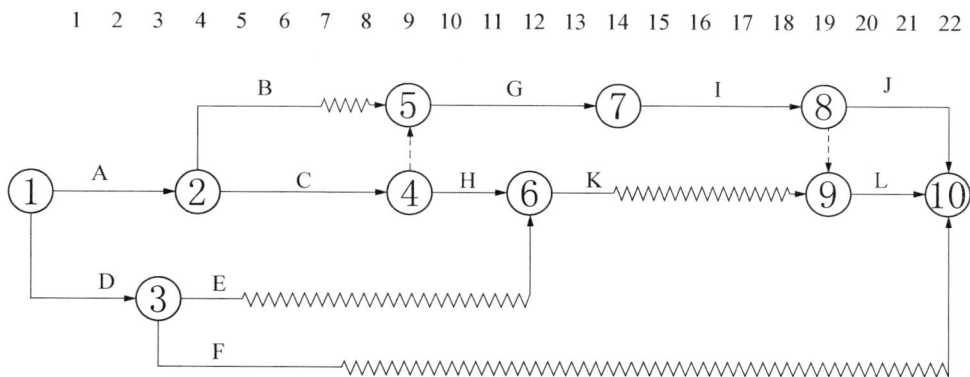

图 6-26　某双代号时标网络计划

①绘制时标表。

②将起点节点定位在时标表的起始刻度线上。

③按工作持续时间在时标表上绘制以网络计划起点节点为开始节点的工作箭线，其他工作的开始节点必须在该工作的全部紧前工作都绘出后，定位在这些紧前工作最晚完成的时间刻度上。

④某些工作的箭线长度不足以达到该节点时，用波形线补足，箭头画在波形与节点连接处。

⑤用上述方法自左至右依次确定出其他节点的位置，直至网络计划的终点节点，注意确定节点的位置时，尽量与无时标网络图的节点位置相似，保持布局基本不变，网络计划的终点节点是在无紧后工作的工作全部绘出后，定位在最晚完成的时间刻度上。

6.4.3　关键线路和时间参数的判定

（1）关键线路的判定。时标网络计划的关键线路，应从终点节点至始点节点进行观察，凡自始至终没有波形线的线路，即为关键线路。

判别是不是关键线路仍然是根据这条线路上各项工作是否有总时差。在这里，是根据是否有自由时差来判断是否有总时差的。因为有自由时差的线路必有总时差，自由时差是位于线路的末端，既然末端不出现自由时差，那么这条线路段上各工作也就没有总时差，这条线路必然就是关键线路。如图 6-27 的关键线路为 1—2—4—5—6—7—9—10。

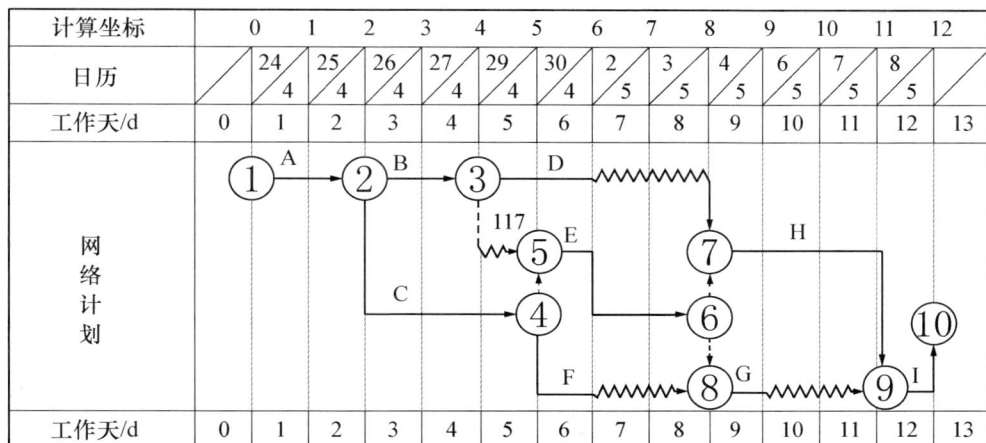

图 6-27　某双代号时标网络计划

（2）时间参数的判定。

1）计算工期的判定。时标网络计划计算工期等于终点节点与起点节点所在位置的时标值之差。

如图 6-24 所示，计算工期为 $T_c=12$ 天。

2）最早时间的判定。在时标网络计划中，每条箭线箭尾节点中心所对应的时标值，即为该工作的最早开始时间。没有自由时差工作的最早完成时间为其箭头节点中心所对应的时标值；有自由时差工作的最早结束时间为其箭线实线部分右端点所对应的时标值。

如图 6-24 所示，工作 2—4 的最早开始时间 $ES_{2-4}=3d$，最早完成时间 $EF_{2-4}=5d$；$ES_{3-7}=5d$，$EF_{3-7}=6d$。

3）工作自由时差值的判定。工作自由时差值等于其波形线（或虚线）在坐标轴上的水平投影长度。

理由是：工作的自由时差等于其紧后工作的最早开始时间与本工作的最早结束时间之差。每条波形线的末端，就是该条波形线所在工作的紧后工作的最早开始时间，波形线的起点就是它所在工作的最早完成时间，波形线的水平没影就是这两个时间之差，也就是自由时差值。

注意：当本工作之后只紧接虚工作时，本工作箭线上不存在波形线，这样其紧接的虚箭线中波形线水平投影长度的最短者则为本工作的自由时差；如果本工作之后不只紧接虚工作时，该工作的自由时差为 0。

4）工作总时差值的推算。时标网络计划中，工作总时差不能直接观察，但可利用工作自由时差进行判定。工作总时差应自右向左逆箭线推算，因为只有其所有紧后工作的总时差被判定后，本工作的总时差才能判定。

工作总时差等于其紧后工作的总时差加本工作与该紧后工作之间的时间间隔 LAG_{i-j-k} 之和的最小值，如式（6-13）所示

$$TF_{i-j} = \min\{TF_{j-k} + LAG_{i-j-k}\} \tag{6-13}$$

所谓两项工作之间的时间间隔 LAG_{i-j-k} 指本工作的最早完成时间与其紧后工作最早开始时间之间的差值。

如图 6-24 所示，关键工作 9—10 的总时差为 0，8—9 的自由时差是 2，故 8—9 的总时差就是 2；工作 4—8 的总时差就是其紧后工作 8—9 的总时差 2 与本工作的自由时差 2 之和，即总时差为 4；计算工作 2—3 的总时差，要在 3—7 与 3—5 的工作总时差 2 与 1 中挑选一个小的 1，本工作的自由时差为 0，所以它的总时差就是 1。

5）最迟时间的推算。有了工作总时差与最早时间，工作的最迟时间便可计算出来。工作最迟开始时间等于本工作的最早开始时间与其总时差之和，如式（6-14）所示；工作最迟完成时间等于本工作的最早完成时间与其总时差之和，如式（6-15）所示

$$LS_{i-j} = ES_{i-j} + TF_{i-j} \tag{6-14}$$

$$LF_{i-j} = EF_{i-j} + TF_{i-j} \tag{6-15}$$

如图 6-24 所示，工作 2—3 的最迟开始时间，$LS_{2-3}=ES_{2-3}+FT_{2-3}=1+2=3$，其最迟完成时间 $LF_{2-3}=EF_{2-3}+FT_{2-3}=1+4=5$。余下的工作的最迟时间可以类推。

【例 6 - 5】　已知某时标网络计划如图 6 - 28 所示，试确定关键线路，并计算出各非关键工作的自由时差、总时差以及最迟开始时间和最迟完成时间。

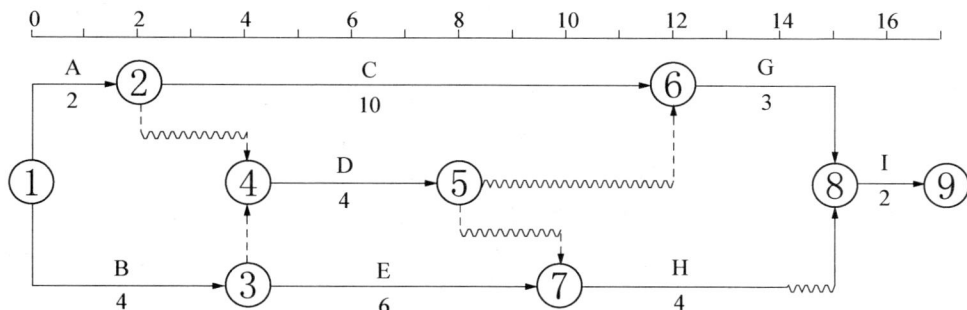

图 6 - 28　某双代号时标网络计划

解　关键线路为：$1-2-6-8-9$

（1）自由时差。

工作 B 为 $FF_{1-3}=0$

工作 D 为 $FF_{4-5}=\min\{LAG_{4-5-6}, LAG_{4-5-7}\}=\min\{2, 4\}=2$

工作 E 为 $FF_{3-7}=0$

工作 H 为 $FF_{7-8}=1$

（2）总时差（由后向前计算）。

工作 H 为 $TF_{7-8}=TF_{8-9}+FF_{7-8}=0+1=1$

工作 D 为 $TF_{4-5}=\min\{TF_{7-8}+FF_{4-5}, TF_{6-8}+FF_{4-5}\}=\min\{1+2, 0+4\}=3$

工作 E 为 $TF_{3-7}=TF_{7-8}+FF_{3-7}=1+0=1$

工作 B 为 $TF_{1-3}=\min\{TF_{3-7}+FF_{1-3}, TF_{4-5}+FF_{1-3}\}=\min\{1+0, 3+0\}=1$

（3）最迟开始时间。

工作 B 为 $LS_{1-3}=ES_{1-3}+TF_{1-3}=0+1=1$

工作 D 为 $LS_{4-5}=ES_{4-5}+TF_{4-5}=4+3=7$

工作 E 为 $LS_{3-7}=ES_{3-7}+TF_{3-7}=4+1=5$

工作 H 为 $LS_{7-8}=ES_{7-8}+TF_{7-8}=10+1=11$

（4）最迟完成时间。

工作 B 为 $LF_{1-3}=EF_{1-3}+TF_{1-3}=4+1=5$

工作 D 为 $LF_{4-5}=EF_{4-5}+TF_{4-5}=8+3=11$

工作 E 为 $LF_{3-7}=EF_{3-7}+TF_{3-7}=10+1=11$

工作 H 为 $LF_{7-8}=EF_{7-8}+TF_{7-8}=14+1=15$

本章根据国家行业标准《工程网络计划技术规程》（JGJ/T 121—2015）系统地讲述了双代号网络计划、单代号网络计划、双代号时标网络计划的基本理论知识；着重介绍了各种类型网络图时间参数的计算和绘制。通过本章学习，要求了解工程网络计划技术的基本理论、分类、特点和网络计划软件的应用，在熟悉单、双代号网络图绘图规则的基础上，掌握其绘制方法并掌握双代号时标网络计划的绘制方法；掌握单、双代号网络计划时间参数的基本概念和计算方法；能够熟练地确定单、双代号网络计划的关键工作和关键线路。

网络图是指网络计划技术的图解模型，反映整个工程任务的分解和合成。分解，是指对工程任务的划分；合成，是指解决各项工作的协作与配合。分解和合成是解决各项工作之间，按逻辑关系的有机组成。绘制网络图是网络计划技术的基础工作。在实现整个工程任务过程中，包括人、事、物的运动状态。这种运动状态都是通过转化为时间函数来反映的。反映人、事、物运动状态的时间参数包括：各项工作的作业时间、开工与完工的时间、工作之间的衔接时间、完成任务的机动时间及工程范围和总工期等。通过计算网络图中的时间参数，求出工程工期并找出关键路径。在关键路线上的作业称为关键作业，这些作业完成的快慢直接影响着整个计划的工期。在计划执行过程中关键作业是管理的重点，在时间和费用方面则要严格控制。网络优化，是指根据关键路线法，通过利用时差，不断改善网络计划的初始方案，在满足一定的约束条件下，寻求管理目标达到最优化的计划方案。网络优化是网络计划技术的主要内容之一，也是较之其他计划方法优越的主要方面。

6.5　课程思政教学案例

本节从工程网络计划技术专业思想的视角出发，植入的课程思政教育案例（元素）为：基于"双法"的网络计划技术——华罗庚的统筹法和优选法。

6.5.1　专业知识点

工程网络计划的分类。双代号网络图的绘制原则，能够根据规则绘制实际工程的双代号网络图。网络图是指网络计划技术的图解模型，反映整个工程任务的分解和合成。分解，是指对工程任务的划分；合成，是指解决各项工作的协作与配合。分解和合成是解决各项工作之间按逻辑关系的有机组成。绘制网络图是网络计划技术的基础工作。在实现整个工程任务过程中，包括人、事、物的运动状态。这种运动状态都是通过转化为时间函数来反映的。反映人、事、物运动状态的时间参数包括：各项工作的作业时间、开工与完工的时间、工作之间的衔接时间、完成任务的机动时间及工程范围和总工期等。通过计算网络图中的时间参数，求出工程工期并找出关键路径。在关键路线上的作业称为关键作业，这些作业完成的快慢直接影响着整个计划的工期。在计划执行过程中关键作业是管理的重点，在时间和费用方面则要严格控制。网络优化，是指根据关键路线法，通过利用时差，不断改善网络计划的初始方案，在满足一定的约束条件下，寻求管理目标达到最优化的计划方案。网络优化是网络计划技术的主要内容之一，也是较之其他计划方法更优越的主要方面。

6.5.2　思政育人目标

20世纪60年代，我国著名数学家华罗庚教授结合实际，在吸收国外网络计划技术理论的基础上，将CPM、PERT等方法统一定名为统筹法。网络计划技术在我国已广泛应用于国民经济各个领域的计划管理中，尤其是建筑行业得到了广泛推广和应用。

6.5.3　思政案例

中国应用数学的先行者和开拓者

——华罗庚的故事

在中国现代数学洪荒之地，有一位抱定"战士死在沙场幸甚"的开拓者，他就是华罗庚。他是中国解析数论、典型论、矩阵几何学、自守函数论与多个复变函数论等研究的创始人与奠基者。他解决了高斯完整三角和的估计难题，华林和塔里问题改进，一维射影几何基本定理证明，近代数论方法。他是中国应用数学的先行者和开拓者。他先后担任过大学教授、数学研究所所长和中国科学院副院长，被公认为世界一流的数学权威。

华老语录：任何一个人，都必须养成自学的习惯，即使今天在校的学生也要养成自学的习惯，因为迟早总要离开学校的，自学就是一种独立学习、独立思考的能力。他从小就有天才的数学头脑，在学习中特别善于动脑筋，一步一步登上科学的高峰。华老在《从孙子的"神奇妙算"谈起》一书中说："神奇妙算古名词，师承前人沿用之。神奇化易是坦道，易化神奇不足提。妙算还从拙中来，愚公智叟两分开。积久方显愚公智，发白才知智叟呆。埋头苦干是第一，熟练生出百巧来。勤能补拙是良训，一分辛劳一分才。"

1950 年 2 月，华老携夫人、孩子从美国回国，在途中写下了《致中国全体留美学生的公开信》，3 月 10 日，中央人民广播电台播送了公开信，他在信中说道："梁园虽好，非久居之乡，归去来兮。"在这封信中，华罗庚喊出了"科学没有国界，科学家是有自己的祖国的"。之后回到了清华园，担任清华大学数学系主任。

华罗庚先生的功绩不仅在于他个人的学术成就，更重要的在于他对发展中国数学事业的指导和领导。20 世纪 40 年代，华罗庚提出了发展中国数学事业的三部曲蓝图：纯粹数学各分支、应用数学的各个方面以及计算数学和计算技术的发展。1950 年他放弃在美国的优厚条件回国，立即着手实施三部曲蓝图。他是中国纯粹数学等众多领域的创始人，中国应用数学的先行者和开拓者，同时也是中国计算数学和计算技术最早的倡导者和组织者。计算技术的规划从 1956 年 4 月开始，6 月结束。在此期间，华罗庚坐镇在北京西郊宾馆。经过紧张的工作，终于完成了这次国家科学规划中的第 41 项"计算技术的建立"任务说明书，其主要内容包括三方面：①先集中，后分散；②引进苏联先进技术；③大力培养新生力量。

三部曲都取得了辉煌成就，为国家培养了大批数学人才，包括数十位中国科学院院士和国内外著名的数学家。华罗庚培养出众多优秀青年，如王元、陈景润、万哲先、陆启铿、龚升等。

这位开拓中国现代数学研究的巨人，逝世前的遗愿竟是"甚盼尸体能对革命有用，矮墙可做人梯，跨沟可作人桥。

6.5.4　思政育人效果

讲华罗庚的故事，学习他的崇高品德，理论联系实际，在工程实践中锻炼成长，走好青年一代新的长征路。

思考练习题

1. 用双代号网络图的形式表达下列工作之间的逻辑关系：

(1) A、B 的紧前工作为 C，B 的紧前工作为 D。

(2) H 的紧后工作为 A、B，F 的紧后工作为 B、C。

(3) A、B、C 完成后进行 D，B、C 完成后进行 E。

(4) A、B 完成后进行 H，B、C 完成后进行 F，C、D 完成后进行 G。

(5) A 的紧后工作为 B、C、D，B、C、D 的紧后工作为 E，C、D 的紧后工作为 F。

2. 根据表 6 - 7、表 6 - 8 中的工作之间逻辑关系，绘制双代号、单代号网络图。

表 6 - 7 工作逻辑关系表（1）

工作	A	B	C	D	E	F	G	H	I	J
紧前工作	—	A	A	A	B	C、D	D	B	E、H、F	G

表 6 - 8 工作逻辑关系表（2）

工作	A	B	C	D	E	G	H	I	J	K
紧前工作	—	A	A	B	B	D	G	E、G	C、E、G	H、I

3. 请按表 6 - 9 绘制双代号网络图并计算时间参数，指出关键线路。

表 6 - 9 工作逻辑关系表（3）

工作	A	B	C	D	E	F
紧前工作	—	A	A	A	B、C、D	D
紧后工作	B、C、D	E	E	E、F	—	—
持续时间	2	1	3	5	4	2

第7章 工程项目进度控制

在工程项目控制中，涉及范围最广、影响最大的是进度控制。它既涉及工程项目建设单位、设计单位、施工总包和分包单位、材料物资供应单位、工程监理和咨询单位的人力、物力、财力的计划安排与使用，也涉及这些单位最终利益的实现。因此，进度控制是一项非常重要的工作。

7.1 工程项目进度控制工作内容

工程项目进度控制是指为保证工程项目实现预期的工期目标，对工程项目生命周期全过程的各项工作时间进行计划实施检查调整等一系列工作。

工程项目进度控制是指对工程建设各阶段的内容、工作程序、持续时间和衔接关系根据进度总目标及资源优化配置的原则编制计划并付诸实施，然后在进度计划的实施过程中经常检查实际进度是否按计划要求进行，对出现的偏差情况进行分析，采取补救措施或调整、修改原进度计划后再付诸实施，如此循环，直到建设工程竣工验收交付使用。

影响工程项目进度的主要因素有以下几点。

（1）建设单位因素：设计变更、施工场地、开工手续、工程款支付。

（2）勘察设计因素：勘察报告不准、设计缺陷和错误、图纸提供不及时、不可靠技术采用。

（3）施工单位因素：施工工艺错误、不合理施工方案、施工安全措施不当、施工难度大。

（4）自然环境因素：水文、地质、不可抗力。

（5）社会环境因素：上级领导部门的指令和指导意见，邻近单位干扰，交通、环境整治，停水、停电，战争、骚乱、罢工。

（6）组织管理因素：审批手续延误、合同表述失当、组织协调不力、配合上有问题。

（7）材料、设备因素：供应不及时、有差错，材料和设备的不合理使用，设备安装有误。

（8）资金因素：资金不到位、资金被挪用。

下面重点讲述工程项目施工阶段进度控制的工作内容。

7.1.1 施工准备阶段进度控制

施工准备阶段进度控制包括项目施工计划工期目标的确定与分解、编制施工进度计划、编制施工准备工作计划和资源计划、编制年、季、月、旬度施工作业计划、制订施工进度控制工作细则等几项主要内容。

（1）项目施工计划工期目标的确定与分解。在施工准备阶段，首先需要根据合同工期等因素，确定工程项目施工的计划工期目标。工期目标确定之后，再将其分解为施工全过程的几个阶段性目标。

（2）编制施工进度计划。工程项目施工进度计划常用的表达方式有横道图和网络图。

（3）编制施工准备工作计划和资源计划。为确保工程项目施工进度计划的顺利实施，还需编制工程项目开工前的准备工作计划和开工后阶段性准备工作计划及各种物资资源需用计划。

（4）编制年、季、月、旬度施工作业计划。对工期较长的工程项目，需将项目总体的进度计划按年、季、月、旬度等划分为若干计划阶段、遵循"远粗近细"的原则编制"滚动式"施工进度计划。在项目施工的每一计划阶段结束时，去掉已完成的施工作业内容，根据计划执行情况和内外部条件的变化情况，调整修订后续计划，将计划阶段顺序向前推进（滚动）一段，制订一个新的阶段计划。

（5）制订施工进度控制工作细则。在开工前制订详细的施工进度控制工作细则，是对项目施工进度进行有效控制的重要措施，其主要内容包括：

1）进度控制人员的确定与分工。

2）制订进度控制工作流程。

3）明确进度控制工作方法。如进度检查方法，进度数据收集、统计、整理方法，进度偏差分析与调整方法等。

4）设置进度控制点。在进度计划实施前要明确哪些事件是对施工进度和工期有重大影响的关键性事件，这些事件是项目施工进度控制的重点。

通过制订施工阶段进度控制工作细则，明确为了对施工进度实施有效控制，应该和必须做好哪些工作，由谁来做，什么时间做和怎么做。

7.1.2　施工阶段进度控制

施工阶段进度控制是工程项目进度控制的关键，施工阶段进度控制的工作流程如图7-1所示。

其主要工作内容如下。

（1）施工进度的跟踪检查。在工程项目施工过程中，进度控制人员要通过收集作业层进度报表、召开现场会议和亲自检查实际施工进度等方式，随时了解和掌握实际进度情况。

（2）收集、整理和统计有关进度数据。在跟踪检查施工进度过程中，要全面、系统地收集有关进度数据。并经过整理和统计，形成正确反映实际进度情况、便于将实际进度与计划进度进行对比的数据资料。

（3）将实际进度与计划进度进行对比分析。经过对比分析出是否发生了进度偏差。实际进度比计划进度拖后或超前。

（4）分析进度偏差对工期和后续工作的影响。当发生进度偏差之后，要进一步分析该偏差对工期和后续工作有无影响，影响到什么程度。

（5）分析是否需要进行进度调整。当分

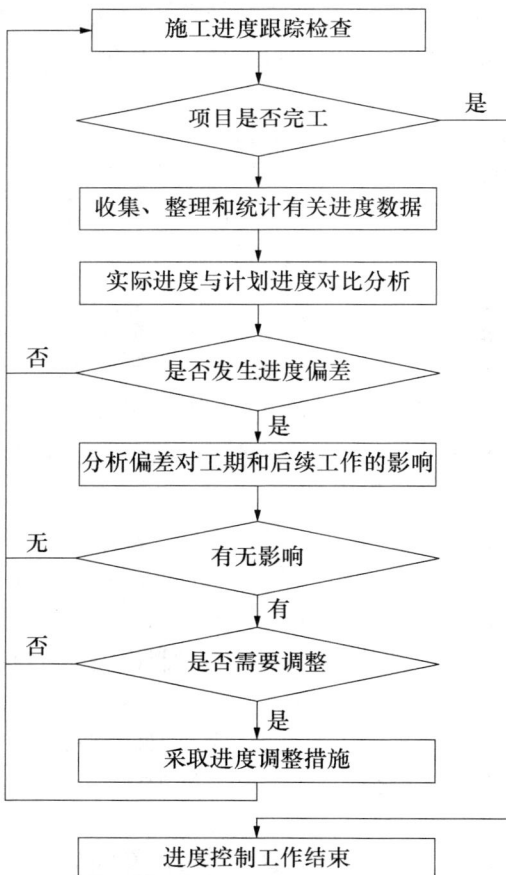

图7-1　施工进度控制工作流程示意图

析出进度偏差对工期和后续工作的影响之后，还要视工期和后续工作是否允许发生这种影响，以及允许影响到什么程度来决定是否对施工进度进行调整。

一般从工期控制角度来看，某些工作的实际进度比计划进度超前是有利的。所以进度控制工作的重点是进度发生拖后现象时，要通过分析决定是否需要调整。当然，进度超前过多也会影响到资源供应、资金使用等问题。如果这些条件限制很严格也要进行调整。

（6）采取进度调整措施。当明确了必须进行施工进度调整之后，还要具体分析产生这种进度偏差的原因，并综合考虑进度调整对工程质量、安全生产和资源供应等因素的影响，确定在哪些后续工作上采取技术上、组织上或经济上的调整措施。

在技术上可采取的加快施工进度的措施主要有：①改进施工工艺和施工技术，缩短工艺技术间歇时间；②采用更先进的施工方法，缩短施工作业时间；③采用更先进的施工机械，提高施工作业效率。

在组织上可采取的加快施工进度的措施主要有：①增加作业面，组织更多的施工队组；②增加每天施工时间（加班加点或多班制）；③增加作业人数；④增加机械设备数量；⑤采取平行流水施工、立体交叉作业，以充分利用空间和争取时间；⑥保证物资资源供应和做好协调工作等。

在经济上可采取的加快施工进度的措施主要有：①提高酬金数额；②对采取的一系列技术措施给予相应的经济补偿。

除上述措施外，还可以通过加强思想教育和精神鼓励等工作，激发作业层人员的劳动积极性，提高作业效率。

（7）实施调整后的进度计划。调整后的新计划实施后，重复上述控制过程，直至工程项目全部完工。

7.1.3　竣工验收，交付使用阶段进度控制

竣工验收、交付使用阶段的工作特点是：在施工作业方面，大量施工任务已经完成，但还有许多零星琐碎的修补、调试、扫尾、清理等工作要做；在管理业务方面，施工技术指导性工作已基本结束，但却有大量的技术资料汇总整理、竣工检查验收、工程质量等级评定、工程结（决）算、工程项目移交等管理工作要做。这些工作如不抓紧进行，也将影响工程项目的交付期限。这一阶段进度控制工作有以下三个方面。

（1）制订竣工验收阶段工作进度计划。在该计划中，要详细列出各项工作的日程安排，并把工作落实到每个人员。

（2）定期检查各项工作进展情况。在检查中如果发现工作拖延现象，应及时采取必要的调整措施。

（3）整理有关工程进度资料。认真做好进度资料整理工作，进行归类、编目、建档。为以后的工程项目进度控制工作积累经验，同时也为工程决算和索赔提供依据。

工程项目施工阶段的进度控制是项目建设的进度控制内容的重点，应从施工准备、施工期及竣工验收、交付使用几个阶段严格控制进度，分析偏差并采取针对性措施及时调整纠偏。

7.2　实际进度与计划进度的比较方法

工程项目施工进度控制方法很多，常用的进度比较方法有横道进度计划实施中的比较方

法、前锋线比较方法、S形曲线比较方法、香蕉形曲线比较方法等。

7.2.1 横道进度计划实施中的比较方法

横道进度计划实施中的控制方法是指将项目实施过程中收集到的数据，经加工整理后直接用横道线平行绘于原计划的横道线处，进行实际进度与计划进度的比较方法。

（1）匀速进展横道图比较法。匀速进展指的是项目进行中，单位时间完成的任务量是相等的。例如某工程项目基础工程的计划进度和截止到第9周末的实际进度如图7-2所示，其中细线条表示该工程计划进度，粗实线表示实际进度。从图中实际进度与计划进度的比较可以看出，到第9周末进行实际进度检查时，挖土方和做垫层两项工作已经完成；支模板按计划也应该完成，但实际只完成75%，任务量拖欠25%；绑扎钢筋按计划应该完成60%，而实际只完成20%，任务量拖欠40%。

工作名称	持续时间	进度计划/周															
		1	2	3	4	5	6	7	8	9	10	11	12	13	14	15	16
挖土方	6																
做垫层	3																
支模板	4																
绑钢筋	5																
混凝土	4																
回填土	5																

▲检查日期

图7-2　某项基础工程进度计划

（2）非匀速进展横道图比较法。实际工作中，非匀速进展更为普遍，其比较的方法步骤为：

1）编制横道图进度计划。

2）在横道线上方标出计划完成任务量累计百分比曲线。

3）用粗线标出实际进度，并在粗线下方标出实际完成任务量累计百分比，如图7-3所示。

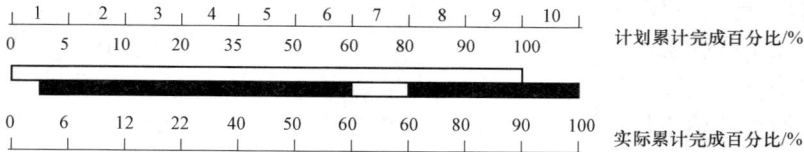

图7-3　非匀速进展横道图比较法示意图

4）比较分析实际进度与计划进度。

①如果同一时刻横道线上方累计百分比大于横道线下方累计百分比，表明实际进度拖后，二者之差即为拖欠的任务量；

②如果同一时刻横道线上方累计百分比小于横道线下方累计百分比，表明实际进度超前，二者之差即为超前的任务量；

③如果同一时刻横道线上方累计百分比等于横道线下方累计百分比，表明实际进度与计划进度一致。

7.2.2 前锋线比较法

前锋线比较法是通过绘制某检查时刻工程项目实际进度前锋线，进行工程实际进度与计划进度比较的方法，它主要适用于时标网络计划。所谓前锋线，是指在原时标网络计划上，从检查时刻的时标点出发，用点划线依此将各项工作实际进展位置点连接而成的折线。前锋线比较法就是通过实际进度前锋线与原进度计划中，各工作箭线交点的位置来判断工作实际进度与计划进度的偏差，进而判定该偏差对后续工作及总工期影响程度的一种方法。

采用前锋线比较法进行实际进度与计划进度的比较，其步骤如下：

（1）绘制时标网络计划图。工程项目实际进度前锋线是在时标网络计划图上标示，为清楚起见，可在时标网络计划图的上方和下方各设一时间坐标。

（2）绘制实际进度前锋线。一般从时标网络计划图上方时间坐标的检查日期开始绘制，依次连接相邻工作的实际进展位置点，最后与时标网络计划图下方坐标的检查日期相连接。工作实际进展位置点的标定方法有两种：

1）按该工作已完任务量比例进行标定。假设工程项目中各项工作均为匀速进展，根据实际进度检查时刻该工作已完任务量占其计划完成总任务量的比例，在工作箭线上从左至右按相同的比例标定其实际进展位置点。

2）按尚需作业时间进行标定。当某些工作的持续时间难以按实物工程量来计算而只能凭经验估算时，可以先估算出检查时刻到该工作全部完成尚需作业的时间，然后在该工作箭线上从右向左逆向标定其实际进展位置点。

（3）进行实际进度与计划进度的比较。前锋线可以直观地反映出检查日期有关工作实际进度与计划进度之间的关系。对某项工作来说，其实际进度与计划进度之间的关系可能存在以下三种情况：

1）工作实际进展位置点落在检查日期的左侧，表明该工作实际进度拖后，拖后的时间为二者之差；

2）工作实际进展位置点与检查日期重合，表明该工作实际进度与计划进度一致；

3）工作实际进展位置点落在检查日期的右侧，表明该工作实际进度超前，超前的时间为二者之差。

（4）预测进度偏差对后续工作及总工期的影响。通过实际进度与计划进度的比较确定进度偏差后，还可根据工作的自由时差和总时差预测该进度偏差对后续工作及项目总工期的影响。由此可见，前锋线比较法既适用于工作实际进度与计划进度之间的局部比较，又可用来分析和预测工程项目整体进度状况。

（5）示例。

【例 7-1】 某分部工程施工网络计划，在第 4 天下班时检查，C 工作完成了该工作 1/3 的工作量，D 工作完成了该工作的 1/4 工作量，E 工作已全部完成该工作的工作量，则实际进度前锋线如图 7-4 所示上点划线构成的折线。

通过比较可以看出：

1）工作 C 实际进度拖后 1 天，其总时差和自由时差均为 2 天，既不影响总工期，也不影响其后续工作的正常进行；

2）工作 D 实际进度与计划进度相同，对总工期和后续工作均无影响；

3）工作 E 实际进度提前 1 天，对总工期无影响，将使其后续工作 F、I 的最早开始时间

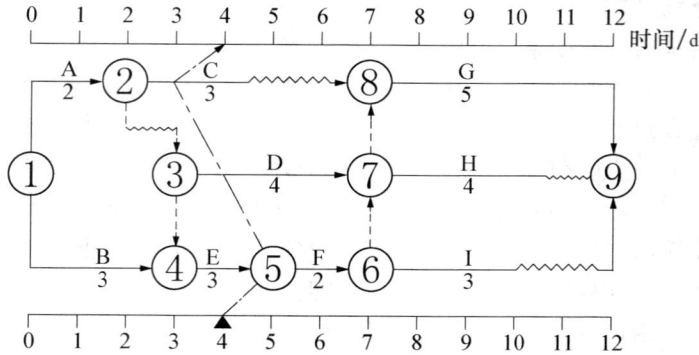

图 7 - 4　某分部工程施工网络计划前锋线比较图

提前 1 天。

综上所述，该检查时刻各工作的实际进度对总工期无影响，将使工作 F、I 的最早开始时间提前 1 天。

7.2.3　S 形曲线比较法

（1）S 形曲线的概念。所谓 S 形曲线比较法，是以横坐标表示进度时间，纵坐标表示累计完成任务量，而绘制出一条按计划时间累计完成任务量的 S 形曲线，将施工项目的各检查时间实际完成的任务量与 S 形曲线进行实际进度与计划进度相比较的一种方法，如图 7 - 5 所示。

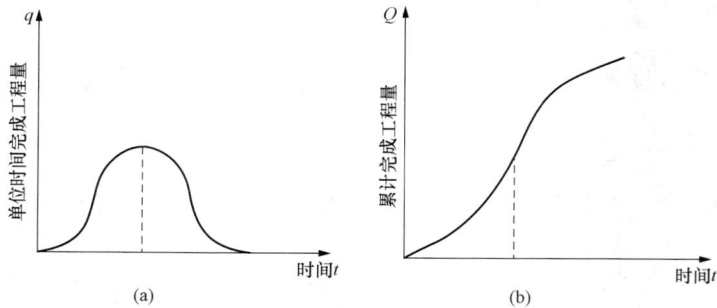

图 7 - 5　时间与完成工作量关系曲线示意图

对整个施工项目的施工全过程而言，一般是开始和结尾阶段，单位时间投入的资源量较少，中间阶段单位时间投入的资源量较多，与其相关，单位时间完成的任务量也是呈同样变化的，而随时间进展累计完成的任务量，则应该呈 S 形变化。

（2）S 形曲线绘制。S 形曲线的绘制步骤如下：

1）确定工程进展速度曲线：根据每单位时间内完成的任务量（实物工程量、投入劳动量或费用），计算出单位时间的计划量值（q_j）。

2）计算规定时间实际累计完成的任务量：其计算方法是将各单位时间完成的任务量累加求和，可以按式（7 - 1）来计算

$$Q_j = \sum_{j=1}^{n} q_j \tag{7-1}$$

式中 Q_j——第 j 天累计完成的工程量；

　　q_j——第 j 天完成的工程量。

　　3）计算规定时间实际累计完成任务量的百分比：其计算方法是将各单位时间累计完成的任务量除以总工程量，可以按式（7-2）来计算

$$\mu_j = \frac{Q_j}{Q} \times 100\% \qquad (7-2)$$

式中 Q——总工程量；

　　u_j——第 j 天累计完成工程量的百分比。

　　4）绘制计划和实际的 S 形曲线。

　　5）分析比较 S 形曲线。

　　（3）示例。

【例 7-2】　某分部工程总工程量为 10000m^2，计划 10 天完成，每天完成工程量如图 7-6 所示，试绘制该工程的 S 形曲线。

　　解　绘制步骤和方法如下。

　　1）确定每单位时间（每天）完成的工作量 q_j 值，$j=1，2，\cdots，10$，结果如表 7-1 所示。

　　2）确定每单位时间（每天）累计完成的工作量 Q_j 值，$j=1，2，\cdots，10$，结果如表 7-1 所示。

　　3）确定每单位时间（每天）累计完成工程量的百分比 u_j 值，$j=1，2，\cdots，10$，结果如表 7-1 所示。

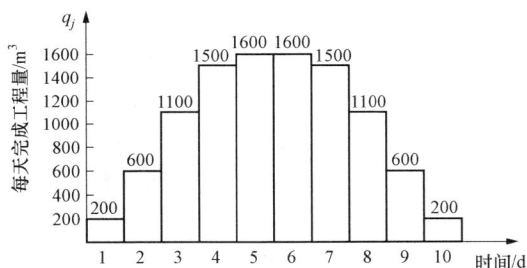

图 7-6　每天完成工程量

表 7-1　　　　　　　　　　完成工作量汇总表

时间（d）	j	1	2	3	4	5	6	7	8	9	10
每天完成量（m³）	q_j	200	600	1100	1500	1600	1600	1500	1100	600	200
累计完成量/m³	Q_j	200	800	1900	3400	5000	6600	8100	9200	9800	10000
累计完成百分比（%）	u_j	2	8	19	34	50	66	81	92	98	100

　　4）根据 $(j，Q_j)$ 或 $(j，u_j)$ 绘制 S 形曲线，如图 7-7 所示。

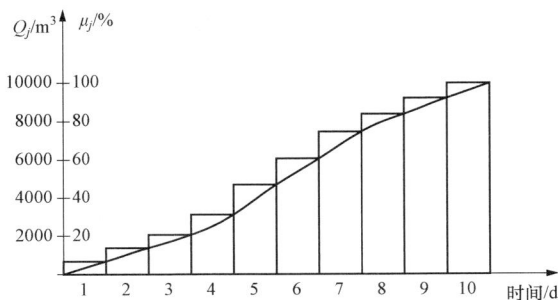

图 7-7　[例 7-2] S 形曲线

　　（4）S 形曲线的比较分析。S 形曲线比较法，同横道图一样，是在图上直观地进行施工项目实际进度与计划进度相比较，如图所示。一般情况，计划进度控制人员在计划时间前绘制出 S 形曲线。在项目施工过程中，按规定时间将检查的实际完成情况，绘制在与计划 S 形曲线同一张图上，可得出实际进度 S 形曲线，比较两条 S 形曲线可以得到如下信息。

1）工程项目实际进展状况。如果工程实际进展点落在计划 S 形曲线左侧，表明此时实际进度比计划进度超前，如图 7‑8 中的 a 点；如果工程实际进展点落在 S 形计划曲线右侧，表明此时实际进度拖后，如图 7‑8 中的 b 点；如果工程实际进展点正好落在计划 S 形曲线上，则表示此时实际进度与计划进度一致。

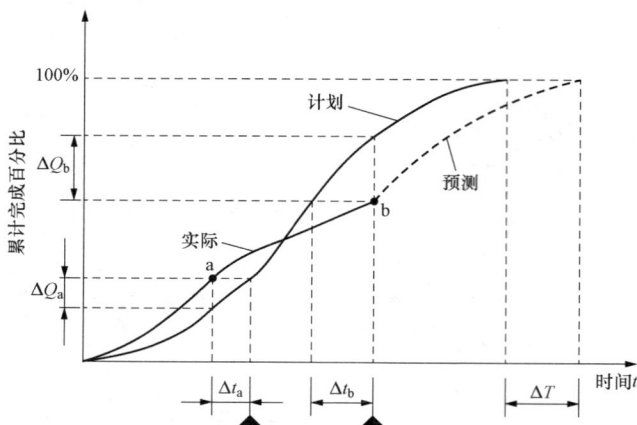

图 7‑8　S 形曲线控制图

2）工程项目实际进度超前或拖后的时间。在 S 形曲线比较图中可以直接读出实际进度比计划进度超前或拖后的时间。如图 7‑8 所示，Δt_a 表示 t_a 时刻实际进度超前的时间；Δt_b 表示 t_b 时刻实际进度拖后的时间。

3）工程项目实际超额或拖欠的任务量。在 S 形曲线比较图中也可直接读出实际进度比计划进度超额或拖欠的任务量。如图 7‑8 所示，ΔQ_a 表示 t_a 时刻超额完成的任务量，ΔQ_b 表示 t_b 时刻拖欠的任务量。

4）后期工程进度预测。如果后期工程按原计划速度进行，则可做出后期工程计划 S 形曲线如图 7‑8 中虚线所示，从而可以确定工期拖延预测值 ΔT。

7.2.4　香蕉曲线比较法

香蕉曲线是由两条 S 形曲线组合而成的闭合曲线。由 S 形曲线比较法可知，工程项目累计完成的任务量与计划时间的关系，可以用一条 S 形曲线表示。对于一个工程项目的网络计划来说，如果以其中各项工作的最早开始时间安排进度而绘制 S 形曲线，称为 ES 曲线；如果以其中各项工作的最迟开始时间安排进度而绘制 S 形曲线，称为 LS 曲线。两条 S 形曲线具有相同的起点和终点，因此，两条曲线是闭合的。在一般情况下，ES 曲线上的其余各点均落在 LS 曲线的相应点的左侧。由于该闭合曲线形似"香蕉"，故称为香蕉曲线，如图 7‑9 所示。

香蕉曲线比较法的作用。香蕉曲线比较法能直观地反映工程项目的实际进展情况，并可以获得比 S 形曲线更多的信息。其主要作用有：

（1）合理安排工程项目进度计划。如果工程项目中的各项工作均按其最早开始时间安排进度，将导致项目的成本加大；而如果各项工作都按其最迟开始时间安排进度，则一旦受到进度影响因素的干扰，又将导致工期拖延，使工程进度风险加大。因此，一个科学合理的进度计划优化曲线应处于香蕉曲线所包络的区域之内。

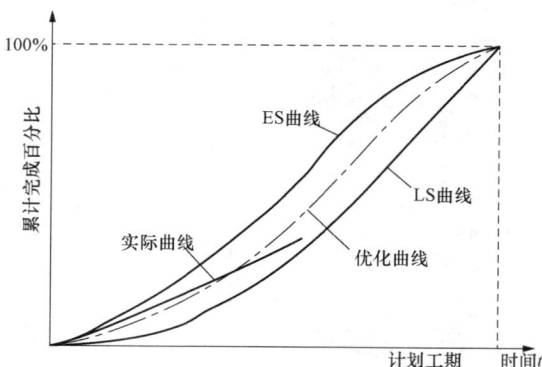

图 7‑9　香蕉曲线图

（2）定期比较工程项目的实际进度与计划进度。在工程项目的实施过程中，根据每次检查收集到的实际完成任务量，绘制出实际进度S形曲线，便可以与计划进度进行比较。工程项目实施进度的理想状态是任一时刻工程实际进展点应落在香蕉曲线图的范围之内。如果工程实际进展点落在ES曲线的左侧，表明此刻实际进度比各项工作按其最早开始时间安排的计划进度超前；如果工程实际进展点落在LS曲线的右侧，则表明此刻实际进度比各项工作按其最迟开始时间安排的计划进度拖后。

（3）预测后期工程进展趋势。利用香蕉曲线可以对后期工程的进展情况进行预测。

为了取得应有的实际管理效果，进度计划编制完成之后必须付诸实施，以力求将工程实际进度及建设工期约束在计划规定的轨道与时间范围之内。否则，计划就会失去其控制工程进度的实际意义而流于表面形式。然而，由于进度计划执行过程中人力、物力、资金供应和自然条件的种种变化，原定计划经常被打乱往往是在所难免的，计划的平衡是相对的，不平衡则是绝对的。管理者为了把握何时需进行控制及采取何种措施进行控制，就必须随时检查工程实际进度是否在按照计划规定执行，以便及时发现进度偏差（即与进度计划相比，实际进度的超前或滞后情况），并深入分析进度偏差的形成原因。计划执行情况的检查与分析是工程进度管理过程中极为重要的日常性工作。

7.3　案　　　例

巴西世界杯一半球场建设逾期

依照起初与国际足联达成的协议，巴西世界杯12座球场须在2013年12月31日之前交付使用。但时至今日，由于各种不同的原因，仍有6座球场未能按期竣工。巴西世界杯将分散在12座城市进行，今年联合会杯期间，6座城市的比赛场馆均已完工并投入使用，而另外6座球场，按照国际足联的要求，必须于今年12月31日前交付。但是截至2013年11月底，圣保罗和纳塔尔的球场工程进度为94%，阿雷格里港球场进度为92%，玛瑙斯为90.5%，库亚巴为89%，而库里蒂巴仅为82.7%。

造成工程延误的原因多种多样，但综合起来主要有三点：一是财政问题，包括资金不到位或拨付延迟；二是劳工问题，如缺乏劳力或工人罢工；三是接二连三地发生事故，致使工程停工和接受相关调查。

财政问题属于管理过程中的问题，几乎困扰着所有球场的建设。它们的资金来自联邦政府、地方政府与私人捐助，其中任何一方拨付延迟，都会导致工程难以为继。如库里蒂巴下城球场主要依靠巴西国开行的贷款，但这笔钱去年1月份才到位。另外，多数球场工程存在严重超预算问题。按照巴西法律，凡有政府投资的项目超出了预算，必须要接受联邦审计法院的审计，否则项目将不得追加投资。而这个审计过程就耗费了不少时间。

劳力的缺乏属于工程计划的失误。目前，凡工期出现了延误的球场，都在日夜不停三班倒地施工。由于有些工人不愿意在夜晚工作，库亚巴的潘塔纳尔球场因此出现了缺少劳动力的问题。同时，工人也在为工作条件与工资斗争，纳塔尔的沙丘球场就不时发生罢工。

最后，加班加点施工引发的事故则属于边界条件变化的失误。去年11月，圣保罗的伊塔盖拉球场因起重机倒塌造成两名工人死亡。马瑙斯的亚马逊球场也分别在3月和12月，发生过两起伤亡事故。工程事故带来的停工调查，让施工停滞。

为了弥补拖延的工程进度，目前，玛瑙斯和库里蒂巴的体育场馆负责人都公开表示由于工程期限问题不得不放弃原来的一些设计方案。库里蒂巴决定放弃安装可伸缩的顶棚的设计方案；而玛瑙斯则表示要放弃原来的可持续理念，因为无法按时安装太阳能发电系统。同时，巴西体育部表示，由于场馆建设花费的增加，且基础设施的改善项目没有募集到更多的投资，决定取消 14 项其他配套基础设施的改建项目，而其中有 12 项都是关于公共交通的，主要是机场的新建和改建项目。

通过案例可以看到面对已发生的进度拖延问题，解决措施主要是采取积极的措施赶工，抓紧依靠调整后期计划，修改网络计划等。其具体方法包括：

（1）增加资源投入，如增加劳动力、材料、周转材料和设备的投入量等（巴西政府应当增加投资数额）；

（2）重新分配资源（例如案例中取消基础设施改建的投资额用以完成体育馆的建设）；

（3）减少工作范围，包括减少工作量或删去一些工作包（放弃一些设计建造方案或者更改一些体育场的设计建造方案，减少工作量或者删除一些工作包或分包工程等）；

（4）改善工具器具以提高劳动效率；

（5）改善劳动生产率，主要通过辅助措施和合理的工作过程；（政府组织培训建筑工人，注意工人级别与工人技能的协调，增发奖金，改善工人的工作环境，注意项目小组时间上和空间上合理的组合和搭接等）；

（6）将部分任务分包委托给另外的单位，将原计划由自己生产的结构构件改为外购；

（7）改变网络计划中工程活动的逻辑关系（如体育馆工程采用流水施工等）；

（8）修改实施方案，提高施工速度和降低成本等（案例中设计单位取消体育馆可伸缩顶棚的方案以及放弃原来的可持续理念等）。

本章从工程项目管理角度出发，围绕工程项目计划与进度管理，逐一研究了工程项目进度管理、工程项目施工进度计划的编制、工程项目施工流水作业、工程项目计划管理、工程项目进度计划、工程项目进度偏差分析方法和工程项目进度控制方法。

7.4　课程思政教学案例

本节从工程项目进度控制专业思想的视角出发，植入的课程思政教育案例（元素）为：火神山医院抗击新冠疫情——中国建造的速度奇迹。

7.4.1　专业知识点

在工程项目控制中，涉及范围最广、影响最大的是进度控制。它既涉及工程项目建设单位、设计单位、施工总包和分包单位、材料物资供应单位、工程监理和咨询单位的人力、物力、财力的计划安排与使用，也涉及这些单位最终利益的实现。因此，进度控制是一项非常重要的工作。

重点难点：横道图比较法、S 形曲线比较法、香蕉曲线比较法、前锋线比较法。

解决方案：通过对比讲解进度及进度控制的概念，通过分析举例讲解进度控制的影响因素和程序；利用案例分析讲解横道图比较法、S 形曲线比较法、香蕉曲线比较法、前锋线比较法的原理，通过情景设置让学生在课堂上练习横道图比较法、S 形曲线比较法、香蕉曲线比较法、前锋线比较法的实际应用。

7.4.2　思政育人目标

历史，总是在时间的坐标中展开其壮丽画卷。中国共产党人善于从大的历史视野对目标任务进行长远谋划。牢牢把未来掌握在自己手中，让国家发展按照稳定的节奏不断向前。中国建造的工程项目进度控制彰显中国速度。

7.4.3　思政案例

火神山医院抗击新冠疫情
——中国建造的速度奇迹

火神山医院"神"在速度。不到 10 天时间建成医院，时间紧、任务重、挑战重重，这是一场与时间竞速、与疫魔赛跑的较量，也是一场不容闪失、必须打赢的硬仗。日夜轰鸣，紧锣密鼓，不眠不休，在这场与疫魔竞速的较量中，每一道工序的时间安排都精确到以小时来计算，每一名建设者都在工地夜以继日地挥汗如雨。他们的目标、信念只有一个：早日完工，战胜疫情！2020 年 1 月 23 日开始建设，24 日已有上百台挖掘机抵达现场；25 日正式开工，26 日第一间样板房建成；27 日，场地整平、碎石黄沙回填全部完成，首批箱式集装箱板房吊装搭建；28 日，双层病房区钢结构初具规模……2020 年 2 月 1 日，全面展开医疗配套设备安装，2 日交付完工。10 天 10 夜争分夺秒，火神山医院在日夜轰鸣的机械声中拔地而起。

7.4.4　思政育人效果

未来祖国的工程建设者在项目进度计划中，谨记把未来掌握在自己手上，让国家的发展按照稳定的节奏持续向前。审时度势、与时俱进，工程项目的实施既要紧紧把控总工期，又要实现阶段性的节点任务，方可实现工程进度计划控制的目标。在工程建设中科学合理计划工期，牢牢把握住项目开工、单位工程完工、竣工验收等阶段节点，杜绝"烂尾工程""随意拖期""完工不验"等现象。弘扬"两山"医院、青衣方舱医院无人能及的中国速度，发扬中国智慧、为中国建造再创世界建筑史的速度奇迹。

思考练习题

1. 何谓工程项目进度控制？其主要工作内容有哪些？
2. 简述横道进度计划实施中的进度控制步骤与方法。
3. 何谓实际进度前锋线？
4. 某项混凝土浇筑工程的总工程量为 1000m³，计划在 8d 内完成，每天浇筑量见表 7-2，试绘制该项混凝土浇筑工程施工进度直方图和 S 形曲线。

表 7-2　　　　　　　　　　　　　　混凝土浇筑工程量表

时间（d）	1	2	3	4	5	6	7	8
每天完成量（m³）	60	90	140	180	180	140	120	90
累计完成量（m³）								
累计完成百分比（%）								

第8章 工程项目成本控制

工程的成本控制是从工程投标报价开始，直至项目竣工结算完成为止，贯穿于项目实施的全过程。在施工中通过对人工费、材料费和机械使用费及工程分包费用进行控制，最终达到对工程项目成本的控制。

8.1 施工成本管理概述

施工成本管理是指通过控制手段，在达到建筑物预定功能和工期要求的前提下优化成本开支，将施工总成本控制在施工合同或设计规定的预算范围内。

8.1.1 施工成本的构成和分类

施工成本是指以施工项目作为成本核算对象的施工过程中所耗费的生产资料转移的价值和劳动者的必要劳动所创造的价值的货币形式。包括所消耗的主要原材料、构配件、其他材料、周转材料的摊销费和租赁费、施工机械的使用费或租赁费、支付给工人的工资、奖金以及项目经理部为组织和管理工程施工所发生的全部费用支出。

（1）我国建筑安装工程费用的构成。根据住建部标〔2013〕44号文件的规定，目前我国建筑安装工程费用的构成（按构成要素划分）如图8-1所示。

（2）施工成本的构成。施工成本与建筑工程费用不是一个完全等同的概念。施工成本是施工过程中所发生的费用支出的总和，成本由许许多多支出的费用所组成。因此，上述的建安工程费用并不会全部都变成施工成本，项目的施工成本只包括其中的人工费、材料费（包含工程设备）、施工机具使用费、企业管理费和规费。

人工费是指按工资总额构成规定，支付给从事建筑安装工程施工的生产工人和附属生产单位工人的各项费用。

材料费是指施工过程中耗费的原材料、辅助材料、构配件、零件、半成品或成品、工程设备的费用。

施工机具使用费是指施工作业所发生的施工机械、仪器仪表使用费或者租赁费。

企业管理费是指建筑安装企业组织施工生产和经营管理所需的费用。

规费是指按国家法律、法规规定，由省级政府和省级有关权力部门规定必须缴纳或计取的费用。

（3）施工成本的分类。按成本的核算方法，可将成本划分为下列几类：

预算成本是按照建筑安装工程实物量和国家或企业制订的预算定额及相关取费标准计算的社会平均成本或企业平均成本；

计划成本是在预算成本的基础上确定的标准成本，是依据施工企业的要求（如内部承包合同的规定），结合施工项目的技术特征、项目管理人员的素质、劳动力素质以及设备情况等确定的。它是成本管理的目标，也是控制施工项目成本的标准；

实际成本是施工项目施工过程中实际发生的可以列入成本支出的费用总和。

建筑安装工程费

人工费
1.计时工资或计件工资
2.奖金
3.津贴、补贴
4.加班加点工资
5.特殊情况下支付的工资

材料费
1.材料原价
2.运杂费
3.运输损耗费
4.加采购及保管费

施工机具使用费
1.施工机具使用费
　折旧费
　大修理费
　经常修理费
　安拆费及场外运费
　人工费
　燃料动力费
　税费
2.仪器仪表使用费

企业管理费
1.管理人员工资
2.办公费
3.差旅交通费
4.固定资产使用费
5.劳动保险和职工福利费
6.劳动保护费
7.检验试验费
8.工会经费
9.职工教育经费
10.财产保险费
11.财务费
12.税金
13.其他

利润

规费
1.社会保险费
　1.养老保险费
　2.失业保险费
　3.医疗保险费
　4.生育保险费
　5.工伤保险费
2.住房公积金
3.工程排污费

税金
1.营业税
2.城市维护建设税
3.教育附加费
4.地方教育附加

1.分部分项工程费
2.措施项目费
3.其他项目费

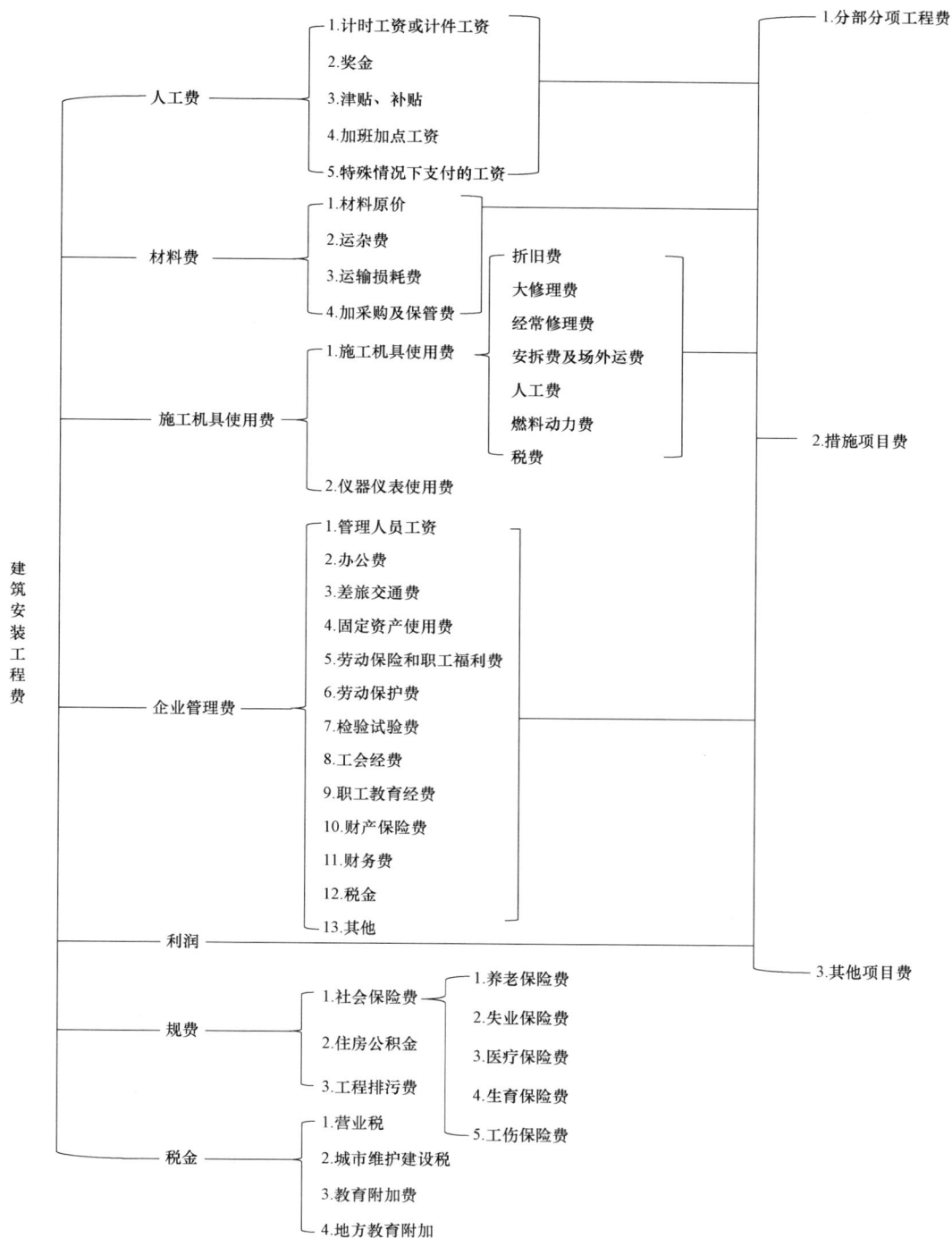

图 8-1　建筑安装工程费用构成图

以上三种成本的关系是：实际成本与预算成本比较，反映的是社会平均成本（或企业平均成本）的超支或节约；技术成本同预算成本的比较，差额是计划成本降低额；计划成本同实际成本的比较，差额是实际成本降低额，是项目经理部的经济效益。

8.1.2　施工成本管理的任务

施工成本管理是指施工项目为降低施工成本而进行的各种管理工作的总称。施工成本管理就是在保证工期和质量符合要求的前提下，利用组织措施、经济措施、技术措施、合同措施等把施工成本控制在计划范围内，并进一步寻求最大限度的成本节约。

施工成本管理的任务和环节包括：施工成本预测、施工成本计划、施工成本控制、施工成本核算、施工成本分析和施工成本考核六个方面。

（1）施工成本预测。施工成本预测就是根据成本信息和施工项目的具体情况，运用一定的技术方法，对未来的施工项目的成本水平及其可能发展的趋势进行科学的预测和估计。其实质就是在施工项目施工以前对成本进行估算。施工成本的预测，通常是对施工项目在计划工期内影响其成本的各个因素进行分析，比照近期已完成的施工项目或者将完成的项目的成本（单位成本），预测这些因素对工程成本中有关项目的影响程度，预测出拟建工程的单位成本或总成本。

（2）施工成本计划。施工成本计划是以货币形式编制施工项目在计划期内的生产费用、成本水平、成本降低率以及降低成本所采用的主要措施和规划的书面方案，它是建立施工项目成本管理责任制、开展成本控制和核算的基础。一般来说，一个施工项目成本计划应该包括从开工到竣工所必需的施工成本。它是本施工项目降低成本的指导性文件，是设立目标成本的依据，也可以说，成本计划是目标成本的一种形式。

（3）施工成本控制。施工成本的控制是指在施工过程中，对影响施工项目成本的各种因素加强管理，并采用各种有效措施，将施工中实际发生的各种消耗和支出严格控制在成本计划范围内，随时监控并及时反馈，严格审查各项费用是否符合标准，计算实际成本和计划成本之间的差异并进行分析，进而采用多种形式消除施工中的损失现象，发现并总结先进经验。

施工成本控制是施工成本管理的中心，这一工作贯穿于施工项目从投标阶段开始直到项目竣工验收的全过程，它是企业全面成本管理的重要环节。因此必须明确各级管理组织和各级管理人员的责任和权限，这是成本控制的基础，必须给予足够的重视。

（4）施工成本核算。施工成本核算包括两个基本环节：一是按照规定开支范围对施工费用进行归集，计算出施工费用的实际发生额；二是根据成本核算对象，采用适当的方法计算出该项目的总成本和单位成本，施工成本管理需要正确、及时地核算施工过程中发生的各项费用，计算施工项目额实际成本。

施工成本一般以单位工程为成本核算对象，但也可以按照承包工程项目的规模、工期、结构类型、施工组织和施工现场等情况，结合成本管理要求，灵活划分成本核算对象，施工成本核算的基本内容包括：人工费、材料费、周转材料费、结构件费、机械使用费、其他措施费的核算；分包工程成本的核算；企业管理费和规费核算、项目月度施工成本报告编制。

（5）施工成本分析。施工成本分析是在施工成本核算的基础上，对成本的形成过程和影响成本升降的因素进行分析，以寻求进一步降低成本的途径，包括有利于偏差的挖掘和不利偏差的纠正。施工成本分析贯穿于施工成本管理的全过程，尤其是在成本的形成过程中，利于施工项目的成本核算资料（成本信息），与目标成本、预算成本，以及类似的施工项目的实际成本等进行比较。了解成本的变动情况，同时也要分析主要基础经济指标对成本的影响，系统地开发成本变动的因素，检查成本计划的合理性，并通过成本分析，深入揭示成本变动的规律，寻找降低施工项目成本的途径，以便于有效地进行成本控制。

成本偏差分为局部成本偏差和累计成本偏差。局部成本偏差包括项目的月度（或周、天等）核算成本偏差、专业核算成本偏差以及分部分项作业成本偏差等；累计成本偏差是指已完工的某一时间点上实际总成本与相应的计划总成本的差异。成本偏差的控制分析是关键，纠偏是核心，要针对分析得出的偏差发生原因，采取切实措施加以纠正。分析成本偏差的原因应采取定性和定量相结合的方法。

（6）施工成本考核。施工成本考核是指在施工项目完成后，对施工项目成本形成中的各责任者，按施工项目成本目标责任制的有关规定，将成本的实际指标与计划、定额、预算进行对比和考核，评定施工项目成本计划的完成情况和各责任者的业绩，并以此给予相应的奖金和处罚。通过成本考核，做到赏罚分明，才能有效地调动每一位员工在各自岗位上努力完成目标的积极性，为降低施工项目成本和增加企业累计，做出自己的贡献。

施工成本考核是衡量成本降低的实际效果，也是对成本指标完成情况的总结和评价，成本考核制度包括考核的目的、时间、范围、对象、方式、依据、指标、组织领导、评价与奖惩原则等内容。

以施工成本降低额和施工成本降低率作为成本考核的主要指标，要加强组织管理层对项目管理部的指导，并充分依靠技术人员、管理人员和作业人员的经验和智慧，防止项目管理在企业内部异化为靠少数人承担风险的以包代管模式。成本考核也可分别考核组织管理层和项目部。

施工成本管理的每一个环节都是相互联系和相互作用的。成本预测是成本决策的前提，成本计划是成本决策所确定目标的具体化。成本计划控制则是对成本计划的实施进行控制和监督，保证决策的成本目标的实现，而成本核算又是成本计划是否实现的最后检验。它所提供的成本信息又对下一个施工项目成本预测和决策提供基础资料。成本考核是实现成本目标责任制的保证和实现决策目标的重要手段。

8.1.3　施工成本的影响因素和管理措施

建筑工程项目的整个过程比较复杂，涉及的环节众多，因此建筑成本管理也会贯穿到整个施工当中的不同阶段，项目的设计、规划、施工以及后期完工阶段都与成本管理有着重要的联系。强化对建筑成本的管控，能够不断提升项目的经济效益和投资精准性。

（1）施工成本的影响因素。影响项目成本的因素很多，主要有以下几个因素：

外部因素主要指市场经济因素（物价的涨落）和业主（增加工作范围、经常做工程变更等）及设计（设计错误、漏项、未能及时提供图纸等）等项目参与方的因素。

内部因素包括施工方案、施工进度控制水平、施工质量控制水平、施工安全控制水平、施工现场管理水平以及其他因素。

先进的施工方案不仅能提高工程质量、节约工期，而且节约成本。特别是施工方案中选用的新施工技术、废物利用措施等，能够达到节约材料的目的，从而节约成本。反之，则可以提高工程成本。

施工进度控制水平。施工进度的快慢，不仅关乎工程能否按期竣工，而且还会影响到施工成本。进度快，会节约间接成本，但也可能增加直接费；进度慢，则会增加间接费，也可能同时减少直接费。最理想的进度控制情况是使实际工期与最佳工期吻合，这样能使总费用最低。

施工质量控制水平。项目的质量与成本成正比例关系，质量越高则成本增加，反之则降低。无论工作质量的提高，还是材料质量与工序质量的提高，都会使成本增加。

施工安全控制水平。现场不发生安全事故，则不仅能提高工人工作的积极性，而且还能节约处理意外事故的费用。

施工现场管理水平。重视现场管理，能节约原材料、构配件在加工和使用过程中的损耗和浪费；能提高机械设备的利用率；能降低材料在仓库中的积压；能提高工程质量，减少返工损失；能按时竣工，避免逾期罚款等，这些都能够起到节约成本的作用。

其他因素。如人工费的开支，机械的租赁价格等。

（2）施工成本管理的措施。为了取得施工成本管理的理想效果，应当从多方面采取措施实施管理。通常可以将这些措施归纳为组织措施、技术措施、经济措施、合同措施。

1）组织措施。组织措施是从施工成本管理的组织方面采取的措施。施工成本控制是全员的活动，如实行项目经理责任制，落实施工成本管理的组织机构和人员，明确各级施工成本管理人员的任务和职能分工、权利和责任。施工成本管理不仅是专业成本管理人员的工作，各级项目管理人员都负有成本控制责任。

组织措施的另一方面是编制施工成本控制工作计划，确定合理详细的工作流程。要做好施工采购规划，通过生产要素的优化配置、合理使用、动态管理，有效控制实际成本；加强施工定额管理和施工任务管理，控制活劳动和物化劳动的消耗；加强施工调度，避免因施工计划不周和盲目调度造成窝工损失、机械利用率降低、物料积压等而是施工成本增加。成本控制工作只有建立在科学管理的基础上，具备合理的管理体制，完善的规章制度，稳定的作业秩序，完整准确的信息传递才能取得成效。组织措施是其他各类措施的前提和保障，而且一般不需要增加什么费用，运用得当可以收到良好的效果。

2）技术措施。技术措施是在施工过程中降低成本，主要是进行技术经济分析，确定最佳的施工方案等。结合施工方法进行材料使用的比选，在满足功能要求的前提下，通过待用、改变配合比、使用添加剂等方法降低材料消耗的费用。确定最合适的施工机械、设备使用方案。结合项目的施工组织设计及自然地理条件，降低材料的库存成本和运输成本。先进施工技术的应用，新材料的运用，新开发机械设备的使用等。在实践中，也要避免仅从技术角度选定方案而忽视对其经济效果的分析论证。

技术措施不仅对解决施工成本管理过程中的技术问题是不可缺少的，而且对纠正施工成本管理目标偏差也有相当重要的作用。因此，运用技术纠偏措施的关键，一是要提出多个不同的技术方案，二是要对不同的技术方案进行技术经济分析。

3）经济措施。经济措施是最易为人们所接受和采用的措施。管理人员应编制资金使用计划，确定并分解施工成本管理目标。对施工成本管理目标进行风险分析，并制订防范性对策。对各种支出应认真做好资金的使用计划，在施工中严格控制各项开支。及时准确地记录、收集、整理、核算实际发生的成本。对各种变更及时做好增减账。及时落实业主签证，及时结算工程款。通过偏差分析和未完工工程预测，可发现一些潜在的问题，将引起未完成工程施工成本增加，对这些问题应以主动控制为出发点，及时采取预防措施。由此可见，经济措施的运用绝不仅仅是财务人员的事情。

4）合同措施。合同措施是采用合同措施控制施工成本，应贯穿整个合同周期，包括从合同谈判开始到合同终结的全过程。首先是选用合适的合同结构，对各种合同结构模式进行分析、比较，在合同谈判时要争取选用适合于工程规模、性质和特点的合同结构模式。其次，在合同的条款中应仔细考虑一切影响成本和效益的因素，特别是潜在的风险因素。通过对引起成本变动的风险因素的识别和分析，采取必要的风险对策，如通过合理的方式增加承担风险的个体数量，降低损失发生的比例，并最终使这些策略反映在合同的具体条款中。在合同执行期间，合同管理的措施，既要密切关注对方合同执行的情况，以寻求合同索赔的机会；同时也要密切关注自身履行合同的情况，以防止被对方索赔。

通过本节内容了解工程管理构成和分类，施工成本管理的概念和任务。了解用组织措施、经济措施、技术措施、合同措施等进行施工成本的管理。

8.2 施工项目成本计划的编制

施工成本计划是施工项目成本控制的一个重要环节，是实现降低施工成本任务的指导性文件。如果针对施工项目所编制的成本计划达不到目标成本要求时，必须组织施工项目管理班子的有关人员重新研究并寻找降低成本的途径，重新进行编制。同时，编制成本计划的过程也是动员全体施工项目管理人员的过程，是挖掘降低成本潜力的过程，是检查施工技术质量管理、工期管理、物资消耗和劳动消耗管理等是否落实的过程。

8.2.1 成本技术的编制依据

施工成本计划的编制依据包括：投标报价文件；企业定额、施工预算；施工组织设计或施工方案；人工、材料、机械台班的市场价；企业颁布的材料指导价、企业内部机械台班价格、劳动力内部挂牌价格；周转设备内部租赁价格、摊销损耗标准；已签订的工程合同、分包合同（或估价书）；结构件外加工计划和合同；有关财务成本核算制度和财务历史资料；施工成本预测资料；拟采取的降低施工成本的措施；其他相关资料。

8.2.2 成本计划的编制步骤

编制成本计划的程序，因项目的规模大小、管理要求不同而不同，大中型项目一般采用分级编制的方法，即先由各部门提出部门成本计划，再由项目经理部汇总编制全项目工程的成本计划；小型项目一般采用集中编制的方式，即由项目经理部先编制各部门的成本计划，再汇总编制全项目的成本计划。无论采用哪种方式，其编制的基本程序如下。

（1）搜集和整理资料。广泛搜集资料并进行归纳整理是编制成本计划的必要步骤。所需搜集的资料也即是编辑成本计划的依据。这些资料主要包括：

①国家、上级部门、公司总部有关编制成本计划的规定；

②项目经理部与企业签订的承包合同及企业下达的成本降低额、降低率和其他有关技术经济指标；

③有关成本预测、决策的资料；

④施工项目的施工图预算、施工预算；

⑤施工组织设计；

⑥施工项目使用的机械设备生产能力及其利用情况；

⑦施工项目的材料消耗、物资供应、劳动工资及劳动效率等计划资料；

⑧计划期内的物资消耗定额、劳动工时定额、费用定额等资料；

⑨以往同类项目成本计划的实际执行情况及有关技术经济指标完成情况的分析资料；

⑩同行业同类项目的成本、定额、技术经济指标资料及增产节约的经验和有效措施；

⑪本企业的历史先进水平和当时的先进经验及采取的措施；

⑫国外同类项目的先进成本水平情况等资料。

此外，还应深入分析当前情况和未来的发展趋势，了解影响成本升降的各种有利和不利因素，研究如何克服不利因素和降低成本的具体措施，为编制成本计划提供丰富具体和可靠的成本资料。

（2）估算成本确定目标。财务部门在掌握丰富的资料，并加以整理分析，特别是在对基期成本计划完成情况进行分析的基础上，根据有关的设计、施工等计划，按照工人项目应投入的物资、材料、劳动力、机械、能源及各种设施等等，结合计划期内各种因素的变化和准备采取的各种增产节约措施，进行反复测算、修订、平衡后，估算生产费用支出的总水平，进而提出全项目的成本计划控制指标，最终确定目标成本。确定目标成本以及把总的目标分解、落实到各相关部门、班组时，多采用工作分解法。

工作分解法又称为工程分解结构，在国外被简称为 WBS（Work Breakdown Structure），它的特点是以施工图设计为基础，以本企业做出的项目施工组织设计及技术方案为依据，以实际价格和计划的物资、材料、人工、机械等消耗量为基准，估算工程项目的实际发生费用，据以确定成本目标，具体步骤是：首先把整个工程项目逐级分解为内容单一、便于进行单位供料成本估算的小项或工序，然后按小项自下而上估算、汇总，从而得到整个工程项目的估算，估算汇总后还要考虑风险系数和物价指数，对估算结果加以修正。

（3）编制成本计划草案。对大中型项目，经项目经理部批准下达成本计划指标后，各职能部门应充分发动群众进行认真的讨论，在总结上期成本计划完成情况的基础上，结合本期计划指标，找出完成本期计划的有利和不利因素，提出挖掘潜力、克服不利因素的具体措施，以保证计划任务的完成。为了使指标真正落实，各部门应尽可能将指标分解落实下达到各班组及个人，使得目标成本的降低额和降低率得到充分讨论、反馈、再修订，使成本计划既能够切合实际，又能成为群众共同奋斗的目标。

各职能部门亦应认真讨论项目部下达的费用控制指标，拟订具体实施的技术经济措施方案，编制各部门的费用预算。

（4）综合平衡，编制正式的成本计划。在各职能部门上报了部门成本计划和费用预算后，项目经理部首先应结合各项目技术经济措施，检查各计划和费用预算是否合理可行，并进行综合平衡，使各部门计划和费用预算之间相互协调、衔接；其次，要从全局出发，在保证企业下达的达成降低任务或本项目目标成本实现的情况下，以生产计划为中心，分析研究成本计划与生产计划、劳动工时计划、材料成本与物资供应计划、工资成本与工资基金计划、资金计划等的相互协调平衡。经反复讨论多次综合平衡，最后确定的成本计划指标，即可作为编制成本计划的依据。项目经理部正式编制的成本计划，上报企业有关部门后即可正式下达至各职能部门执行。一般说来，计划施工成本总额应控制在目标成本的范围内。

8.2.3　成本计划的编制方法

施工成本计划是施工项目成本控制的一个重要环节，是实现降低施工成本任务的指导性文件。

（1）按施工成本组成，编制施工成本计划。施工成本可按成本，分为人工费材料费、施工机具使用费、企业管理费和规费，如图 8-2 所示。

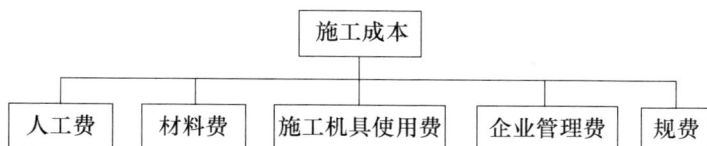

图 8-2 按施工成本构成分解

（2）按子项目组成编制施工成本计划。各个大中型的工程项目通常是由若干个单项工程所组成，而每一个单项工程又包括了多个单位工程，每一个单位工程又是由若干个分部分项工程所构成。因此，首先要把项目总施工成本分解到单项工程和单位工程之中，再进一步分解为分部工程和分项工程，以利于成本控制，如图 8-3 所示。

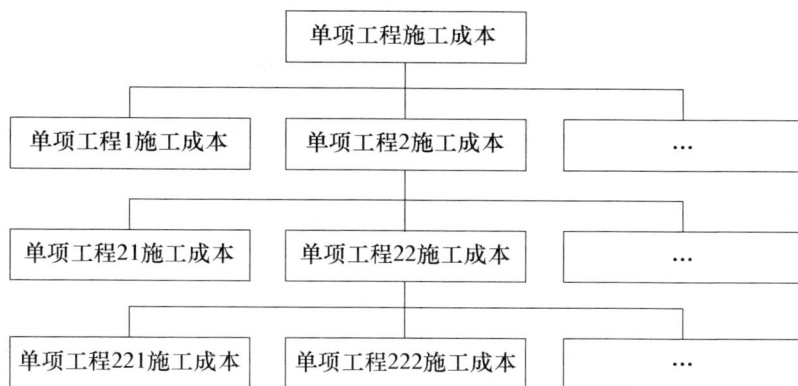

图 8-3 按子项目分解施工成本

（3）按施工进度编制施工成本计划。编制按施工进度的施工成本计划，通常可利用控制项目进度的网络图进一步扩充而得到。也就是在建立网络图时，一方面确定完成各项工作所需花费的时间，另一方面同时确定完成这一工作的合适的施工成本支出计划。在实践中，将工程项目分解为既能方便表示时间，又能方便地表示出施工成本支出计划的工作是不容易的，通常如果项目分解程度对时间控制合适的话，则对施工成本计划可能分解过细，以至于不可能对每一项工作确定其施工成本支出计划，反之亦然。因此在编制网络计划时，应充分考虑到进度控制对项目划分要求的同时，还要考虑确定施工成本支出计划对项目划分的要求，做到二者兼顾。

通过对施工成本目标按时间进行分解，在网络计划基础上，可获得项目进度计划横道，并在此基础上编制成本计划。其表示方法有两种：一是在时标网络图上按月编制的成本计划（见图 8-4），二是利用时间—成本累计曲线表示（见图 8-5）。

时间—成本累计曲线是在图 8-5 和横道图计划或时标网络计划的基础上逐月累加绘制形成的曲线图。

值得注意的是，以上三种施工成本计划的编制方法并不是相互独立的。在实践中，往往需要将这几种方法结合起来使用，从而可以取得扬长避短的效果。

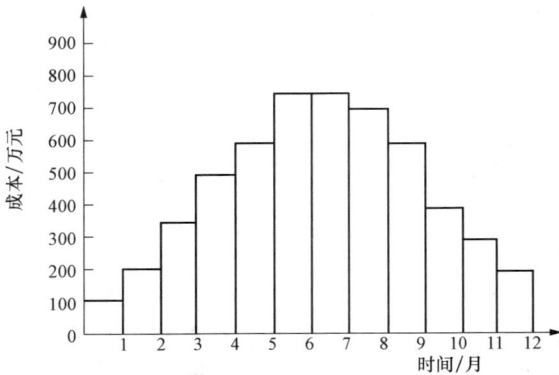

图 8-4　按月编制成本计划曲线

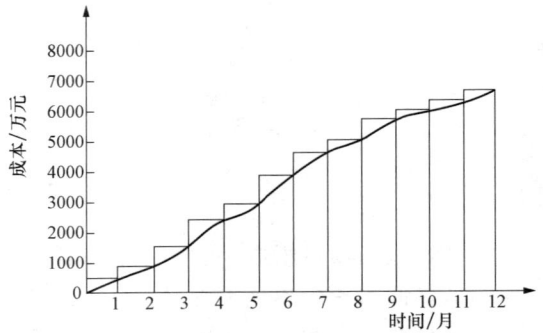

图 8-5　时间—成本累计曲线

8.3　施 工 成 本 控 制

施工成本控制是指在施工过程中，对影响施工成本的各种因素加强管理，并采取各种有效措施，将施工中实际发生的各种消耗和支出严格控制在成本计划范围内，随时揭示并及时反馈，严格审查各项费用是否符合标准，计算实际成本和计划成本之间的差异，并进行分析，进而采取多种措施消除施工中的损失浪费现象。

建设工程项目施工成本控制应贯穿于项目从投标阶段开始直至竣工验收的全过程，它是企业全面成本管理的重要环节。施工成本控制可分为事先控制、事中控制（过程控制）和事后控制。在项目的施工过程中，需要按动态控制原理对实际施工成本的发生过程进行有效控制。通过本节学习了解施工成本计划是建立施工项目成本管理责任制，开展成本控制和核算的基础，它是该项目降低成本的指导性文件，是设立目标成本的依据。

8.3.1　成本控制的依据和原则

施工阶段是控制建设工程项目成本发生的主要阶段，它通过确定成本目标并按计划成本进行施工资源配置，对施工现场发生的各种成本费用进行有效控制。

（1）施工成本控制的依据。施工成本控制的依据主要有施工承包合同、施工成本计划；施工组织设计或施工方案；人、材、机市场价格；进度计划；已签订的工程合同、分包合同、工程变更资料、索赔资料等。

（2）施工成本控制的原则。施工项目成本控制原则是企业成本管理的基础和核心，在对项目施工过程进行成本控制时，必须遵循以下基本原则。

效益原则。效益是指施工项目的经济效益和社会效益，两者必须统一起来认识。应该科学地理解进度、质量和成本三者之间的辩证关系，达到三者的统一。这是一条基本原则，是实现长远效益的基本原则，工程质量的提高能减少保修费用的支出，也能减少用户的运行费用，这是最大的节约，同时由于供需提前也有可能给用户和社会带来超前的效益。

全面性原则。全面性原则包括两个方面，一是全员参与或成本管理和控制，二是全过程的成本控制。首先成本是一项综合性很强的指标，它涉及项目组织中的各部门、各单位和每一位职工的工作和业绩，这就要求所有人员都应该积极主动地关心成本、控制成本，并且都有权利和义务对成本实施控制。其次是全过程的成本控制。施工项目启动后，从施工准备到交工验收和保修期结束，都在产生费用，都必须进行计划与控制。

责、权、利结合的原则。这一原则从内部承包责任制和签订内部承包合同中体现出来。从项目经理到每一个管理者和操作者，都必须对成本控制承担起自己的责任，而且受以相应的权利，考核业绩时同职工的工资奖金挂钩，奖罚分明。

目标管理的原则。把成本控制作为目标管理的一项重要内容，它是把成本计划目标加以分解，逐一落实到各有关部门、单位和个人，施工中不断检查执行结果，发现并分析偏差，及时采取控制措施，力求以最小的成本支出，获得最多且有效的产出。

动态控制原则。动态控制是指施工成本控制要贯穿整个施工过程，每个控制期（周、旬、月），都要收集实际数据，比较项目的实际成本支出和计划成本，看是否存在偏差，如果存在偏差应及时采取有效措施进行纠正，将实际成本控制在计划的范围之内。

8.3.2　成本控制的步骤

在确定了施工项目的施工成本计划之后，必须定期地进行施工成本计划值与实际值的比较，当实际值偏离计划值时，分析产生偏差的原因，采取适当的纠偏措施，以保证施工成本控制目标的实现。其成本控制的步骤是：

比较→分析→预测→纠偏→检查

比较：按照某种确定的方式将施工成本计划值与实际值逐项进行比较，以发现施工是否已超支。

分析：在比较的基础上，对比较的结果进行分析，以确定偏差的严重性以及偏差产生的原因。这一步是施工成本控制的核心，其主要目的在于找出产生偏差的原因，从而采取有针对性的措施，减少或避免相同偏差的再次发生或减少由此造成的损失。

预测：根据项目实施情况估算整个项目完成时的施工成本，预测的目的在于为决策提供依据。

纠偏：当实际工程项目的实际施工成本出现了偏差，应当根据工程的具体情况、偏差分析和预测的结果，采取适当的措施，以期达到使施工成本偏差尽可能小的目的。纠偏是施工成本控制中最具实质性的一步，只有纠正偏差才能最终达到有效控制施工成本的目的。

检查：对工程的进展进行跟踪和检查，及时了解工程进展状况以及纠偏措施的执行情况和效果，为今后的工作积累经验。

8.3.3　成本控制方法

施工成本控制的方法很多，本书在此只介绍其中一些方法。

（1）价值工程。价值工程是指以提高产品实用价值为目的，以功能分析为核心，以开发集体智慧为动力，以定量计算为手段研究，用最少的代价取得最合适的功能的管理方法。

价值工程的计算公式。价值工程为我们提供了一个评判依据，这就是用一个数学公式来表示其基本的特性。即

$$V = \frac{F}{C} \tag{8-1}$$

式中　V——表示产品的价值；

　　　F——表示产品的功能；

　　　C——表示产品的成本。

价值高表明有益程度高，好处就多；价值低则表明益处不大，好处不多。如：有两种物品功能完全相同，而价格有高低的差异，那么按价值工程的观点就认为价格低的那种物品的价值就高。

产品价值提高的途径。

根据价值工程的含义和计算公式，提高产品的价值有以下措施：

产品的功能保持不变，使其成本降低$\left(V\uparrow=\dfrac{F\rightarrow}{C\downarrow}\right)$。

保持产品功能不变，通过严格控制产品的原材料的使用数量和控制其价格，提高其生产规模，使产品的成本得到降低，从而使得产品的价值更高。这是企业提高经济效益最常见的途径之一，例如：钢模板代替木模板，竹胶模板代替某些木质模板。

产品的成本保持不变，使其功能提高$\left(V\uparrow=\dfrac{F\uparrow}{C\rightarrow}\right)$。

在保证产品的生产成本投入不变的情况下，通过改变生产工艺、提高工程质量、拓展产品的功能，使得产品功能得到提高，从而使得产品的价值更高，如：对旧产品进行技术改造和技术革新，在保证产品成本基本不变的基础上，增加一些新的功能，从而使得产品的价值更高。

既提高产品功能，又降低产品成本$\left(V\uparrow\uparrow=\dfrac{F\uparrow}{C\downarrow}\right)$。

通过不断改变产品的设计、增加产品的功能，与此同时通过规模生产降低产品的成本，从而大幅度地提高产品的价值，这是一种提高产品价值的最有效的途径。

使产品成本略有提高，但产品功能大幅提高$\left(V\uparrow=\dfrac{F\uparrow\uparrow}{C\uparrow}\right)$。

在通常情况下，提高产品的功能往往也会引起产品成本的提高，但是只要功能提高的幅度远远大于成本提高的幅度，依然是可行的。也就是通过增大对产品成本的适当投入和改变产品的设计等手段，使得产品的功能大幅地增加和提高，从而提高产品的价值。这种方式往往用在新产品的开发方面，也就是以某种新产品完全代替旧产品，以提高企业的竞争能力。

使产品功能略有降低，但产品成本大幅度降低$\left(V\uparrow=\dfrac{F\uparrow}{C\downarrow\downarrow}\right)$。

通过改变产品的设计，减少产品中某些不常用的部分功能，与此同时通过规模生产，大幅度降低产品的成本，从而提高产品的价值。

价值工程分析的对象。价值工程的分析对象应以下述内容为重点：

①数量大，应用面广的构配件；

②成本高的工程和构配件；

③结构复杂的工程和构配件；

④体积和重量大的工程和构配件；

⑤对产品功能提高有关键作用的构配件；

⑥使用中运行费和维修费高的工程和构配件；

⑦选择畅销产品，以保持优势和提高竞争力；

⑧施工中容易保证工程质量的工程和构配件；

⑨施工难度大，耗材耗时多的工程和构配件；

⑩可利用新材料、新设备、新工艺、新结构及在科研上有先进成果的工程和构配件。

（2）量本利分析法。量本利分析法就是从产量、成本和利润三者之间的关系中，寻求盈亏平衡点，利用盈亏平衡点判断利润的大小和寻求降低成本，提高利润的途径。这是比较简单而且适用的管理技术，用于施工项目成本管理中可以分析项目的合同价格、工程量、单位成本和总成本之间的相互关系，为工程决策提供依据。

量本利分析方法的数学模型。设 TR 表示总收入，TC 表示总成本，F 表示固定成本，C_V 表示库单位变动成本，P 表示销售单价，Q 表示产销售量，则

$$总收入\ TR = PQ \tag{8-2}$$

$$总成本\ TC = F + C_V Q \tag{8-3}$$

$$利润 = 总收入 - 总成本 = TR - TC = PQ - (F + C_V Q) \tag{8-4}$$

保本销售量：保本销售量就是不盈不亏时所应完成的销售量，用 Q_0 表示（见图 8-6），按盈亏平衡的原则，则有

$$TR = TC \to P \times Q_0$$
$$= F + C_V \times Q_0 \to Q_0 \tag{8-5}$$
$$= \frac{F}{P - C_V}$$

式中　Q_0——保本销售量。

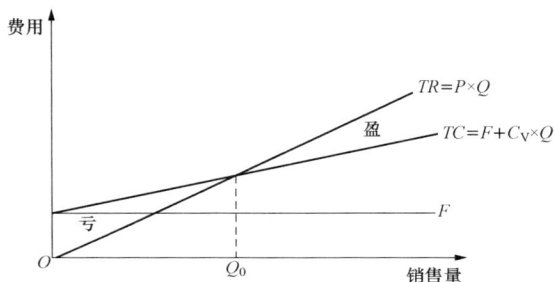

图 8-6　盈亏分析图

按此图分析，项目的规模必须在 Q_0 以上，才能保证有盈利。

【例 8-1】　某建筑企业年固定成本为 500 万元，所承担工程的单方造价平均为 800 元/m²，单方变动成本平均为 640 元/m²。问一年内应完成多少建筑面积的工作任务，该企业才能保本。

解：将其中的有关数据带入公式得

$$Q_0 = \frac{F}{P - C_V} = \frac{5000000}{800 - 640} = 31250 \text{m}^2$$

该公司每年必须完成 31250m² 建筑面积的工程任务才能保本。

【例 8-2】　某框架结构工程，合同价格为 1520 元/m²，固定成本为 83 万元，单位变动成本为 1150 元/m²，该工程的建筑面积为 2612m²，试分析该工程的盈亏状况。

解

该工程的保本规模为 $Q_0 = \dfrac{F}{P - C_V} = \dfrac{830000}{1520 - 1150} = 2243.2 \text{m}^2 < 2612 \text{m}^2$

所以，承包该工程可以盈利，且盈利额 $= 1520 \times 2612 - (830000 + 1150 \times 2612) = 136440$ 元。

（3）挣值法。挣值法是通过"三个费用""两个偏差""两个绩效"对比对成本实施控制的一种方法。

三个费用。费用包括计划完成工作的预算成本、已完成工作的实际成本、已完工作的预算成本三项。

计划完成工作的预算成本：计划完成工作的预算成本用 BCWS 表示，它是指根据进度计划，在某一时刻应当完成的工作，按照预算单价计算得到的资金总额。一般来说，除非有

变更，否则 $BCWS$ 在工作实施过程中应保持不变。其计算公式为

$$BCWS = 计划完成工程量 \times 预算单价 \qquad (8-6)$$

已完成工作的实际成本：已完成工作的实际成本用 $ACWP$ 表示，即到某一时刻为止，对已完成的工作实际支出的成本。其计算公式为

$$ACWP = 实际完成工程量 \times 实际单价 \qquad (8-7)$$

已完工作的预算成本：已完工作的预算成本用 $BCWP$ 表示，它是指在某一时间已经完成的工作根据预算单价计算得到的资金总额，就是挣值（EV）

$$BCWP = 实际完成工程量 \times 预算单价 \qquad (8-8)$$

两个偏差：

偏差包括费用偏差和进度偏差。

费用偏差（C_V）为

$$C_V = BCWP - ACWP \qquad (8-9)$$

判别标准：当 C_V 为正值时表示费用节支，当 C_V 为负值时表示费用超支。

进度差异 S_V 为

$$S_V = BCWP - BCWS \qquad (8-10)$$

判别标准：当 S_V 为正值时表示进度提前，当 S_V 为负值时表示进度滞后。

两个绩效：

费用绩效指数 CPI

$$CPI = BCWP/ACWP \qquad (8-11)$$

判别标准：当 $CPI>1$ 时，表明费用节支；当 $CPI<1$ 时，表明费用超支。

进度绩效指数（SPI）

$$SPI = BCWP/BCWS \qquad (8-12)$$

判断标准：当 $SPI>1$ 表示进度提前，当 $SPI<1$ 时表示进度滞后。

【例 8-3】 已知某分项工程的拟完成工程量为 45000m^2，计划单价为 22 元$/\text{m}^2$；完工后发现该分项工程实际完成了 58000m^2，实际单价为 20 元$/\text{m}^2$；试计算该分项工程的成本偏差和进度偏差。

解

$BCWS = 45000 \times 22 = 990000$ 元；

$BCWP = 58000 \times 22 = 1276000$ 元；

$ACWP = 58000 \times 20 = 1160000$ 元。

则：

成本偏差 $CV = BCWP - ACWP = 1276000 - 1160000 = 116000$ 元

$C_V > 0$，该分项工程节支。

进度偏差 $SV = BCWP - BCWS = 1276000 - 990000 = 286000$ 元

$S_V > 0$，该分项工程进度提前。

在实际分析过程中成本偏差又可进一步区分为局部偏差和累计偏差。所谓局部偏差有两层含义：一是相对于总体建设工程项目而言，是指各单项工程、单位工程和分部分项工程的变差；二是相对于项目实施的事件而言，是指每一控制周期所发生的偏差。累计偏差则是在项目已经实施的时间内累计发生的偏差，也就是已完成工程，在某一时间点上实际总成本与

计划总成本的差异。

通过本节学习了解工程成本控制的概念、依据和原则以及相关方法的等内容。目的是通过一系列具体的管理措施，把成本控制在计划范围内，并进一步寻求最大限度的成本节约。

8.4　施工成本核算

施工项目成本核算就是定期的确认、记录施工过程中发生的费用支出。对施工项目生产经营过程中的资金占用、生产消耗和生产成果进行记录、计算、分析和比较，以反映工程项目发生的实际成本，促使施工项目用最少的消耗取得最大的经济效果的一种方法。其目的是使企业厉行节约，以收入抵偿支出后取得盈利。

建立项目成本核算制，明确项目成本核算的原则、范围、程序、方法、内容、责任及要求，可以反映监督项目成本计划的完成情况，促进工程项目改善管理、降低成本、提高经济效益。

8.4.1　施工项目成本核算的对象、任务和要求

项目成本核算是通过一定的方式方法对项目施工过程中发生的各种费用成本进行逐一统计考核的一种科学管理活动。

（1）施工成本核算的对象。施工项目成本一般以每一独立编制施工图预算的单位工程为成本核算对象，但也可以按照承包工程项目的规模、工期、结构类型、施工组织和施工现场等情况，结合成本控制的要求，灵活划分成本核算的对象。一般说来有以下几种划分的方法。

一个单位工程有几个施工单位共同施工时，各施工单位都应以同一单位工程为成本核算对象，各自核算自行完成的部分。

规模大、工期长的单位工程，可以将工程划分为若干部位，以分部位的工程作为成本核算对象。

同一建设项目由同一施工单位施工，并在同一施工地点，属于同一建设项目的各个单位工程合并作为一个成本核算对象。

改建、扩建的零星工程，可根据实际情况和管理需要，以一个单项工程为成本核算对象，或将同一施工地点的若干个工程量较少的单项工程合并作为一个成本核算对象。

（2）施工项目成本核算的基本任务。通过项目成本核算，将各项生产费用按照它的用途和一定程序，直接计入或分配计入各项工程，正确算出各项工程的实际成本，将它与预算成本进行比较，可以检查预算成本的执行情况。

执行国家有关成本的开支范围、费用开支标准、工程预算定额和企业施工预算、成本计划的有关规定，控制费用、促使项目合理、节约地使用人力、物力和财力。这是施工项目成本核算的先决前提和首要任务。

正确及时地核算施工过程中发生的各项费用，计算施工项目的实际成本，是施工项目成本核算的主体和中心任务。

反映和监督施工项目成本计划的完成情况，为项目成本预测，为参加项目施工生产、技术和经营决策提供可靠的成本报告和有关资料，促使项目改善经营管理，降低成本，提高经济效益。这是施工项目成本核算的根本目的。

（3）施工项目的成本核算遵守的基本要求。通过项目成本核算，可以为各种不同类型的工程积累经济技术资料，为修订预算定额、施工定额提供依据。

划清成本、费用支出和非成本费用支出的界限，这是指划清不同性质的支出，即划清资本性支出和收益性支出与其他支出，经营支出与营业外支出的界限。这个界限也就是成本开支范围的界限。

正确划分各种成本费用的界限。这是指对允许列入成本、费用开支范围的费用支出，在核算上应划清的几个界限：施工项目工程成本和期间费用的界限，本期工程成本与下期工程成本的界限，不同成本核算对象之间的成本界限，未完工程成本与已完工程成本的界限。

8.4.2　施工成本核算的方法

施工成本核算的主要方法有：

（1）会计核算。它以原始会计凭证为基础，借助一定的会计科目，运用货币形式、连续、系统、全面地反映和监督工程项目成本的形成过程及结果。

（2）业务核算。它是通过简单迅速地提供某种业务活动所需要的各种资料，以反映该项目业务活动水平的一种方法。例如，某个作业班组的工日、材料、能源的消耗情况等。

（3）统计核算。它是根据大量的调查资料，通过统计、分析和整理，反映和监督工程项目成本的方法。统计核算中的数据资料可以用货币计量，也可以用实物量、劳动量等计量。

8.4.3　施工项目成本核算的范围

成本的核算过程，实际上也是各项成本项目的归集和分配过程。成本的归集，是指通过一定的会计制度，以有序的方式进行成本数据的收集和汇总，而成本的分配是指将归集的间接成本分配给成本对象的过程，也称间接成本的分摊或分派。

（1）人工费核算。人工费包括两种情况，即内包人工费和外包人工费。内包是指企业所属的劳务公司与项目经理部签订劳动合同。内包人工费按月估算计入项目单位工程成本。外包是指项目经理部与外面的劳务公司签订的包清工合同。外包人工费以当月验收完成的实物工作量，计算出定额工日数，乘以合同人工单价确定，有时也按计件工资计算。

（2）材料费核算。工程耗用的材料，根据限额领料单、退料单、报损报耗单、大堆材料耗用计算单等。由项目料具员按单位工程编制"材料耗用汇总表"，据以计入项目成本。

钢材、水泥、木材价差核算。价差核算包括标内代办、标外代办。

标内代办。它是指"三材"差价列入工程预算账单内作为造价的组成部分。由项目成员按价差发生额，一次或分次提供给项目负责统计的统计员报出产值，以便回收资金。单位工程竣工结算，按实际消耗来调整实际成本。

标外代办。它是指由建设单位直接委托材料分公司代办三材，其发生的"三材"价差，由材料分公司与建设单位按代办合同口径结算。项目经理部只核算实际耗用超过设计预算用量的那部分量差及应负担市场部高进高出的价差，并计入相应的单位工程成本。

一般价差核算。施工项目的成本核算还需对一般价差进行核算，以提高项目材料核算的透明度，简化核算，做到明码标价。钢材、水泥、木材、玻璃、沥青按实际价格核算，高于预算费用的价差，高进高出，谁用谁负担。装饰材料按实际采购价作为计划价核算，计入该项目成本。项目对外自行采购或按定额承包供应材料，如砖、瓦、砂石、小五金等，应按实际采购价或按议价供应价格结算，由此产生的材料成本差异，相应增减成本。

（3）周转材料费核算。根据工程项目实际周转情况进行核算。

周转材料实行内部租赁制，以租费的形式反映消耗情况，按"谁租用谁负责"的原则核算其项目成本。

按周转材料租赁办法和租赁合同，由出租方与项目经理部按月结算租赁费。租赁费按租用的数量、时间和内部租赁单价计入项目成本。

周转材料在调入移出时，项目经理部都必须加强计量验收制度，如有短缺、损坏一律按原价赔偿，计入项目成本（短损数＝进场数－退场数）

租用中转材料的进退场运费，按其实际发生数，由调入项目组负担。

对 U 形卡、脚手扣件等零件除执行租赁之外，考虑到其比较容易散失的原因，故按规定实行定额预提摊耗，摊耗数计入项目成本，相应减少次数月租赁基数及租费。单位工程竣工必须进行盘点，盘点后的实物数与前期逐月按控制订额摊耗后的数量差，按实调整清算计入成本。

实行租赁制的周转材料一般不再分配负担周转材料差价。

（4）结构件费核算。按照工程施工情况对结构构件核算。

项目结构件的使用必须要有领发手续，并根据这些手续，按照单位工程使用对象编制结构件后用月报表。

项目结构件的单价以项目经理部与外加工单位签订的合同为准，计算耗用金额计入成本。

根据实际施工形象进度、已完施工产值的统计、各类实际成本报耗三者在月度时点的三同步原（配比原则的引申与应用）。结构件耗用的品种和数量应与施工产值相对应。结构件数量金额上的结存数，应与项目成本员的账面余额相符。

结构件的高进高出价差核算同材料费高进高出价差核算一致。

如发生结构件的一般差价，可计入当月项目成本。

部位分项分包如铝合金门窗、卷帘门、轻钢龙骨、石膏板、平顶、屋面防水等，按照企业通常采用的类似结构件管理和核算方法，项目经济员必须做好月度已完工程部分验收记录，正确计报部位分项分包产值，并书面通知项目成本员及时、正确、足额计入成本。

在结构件外加工和部位分包施工过程中，项目经理部通过自身努力获取经营利益或转嫁压价让利风险所产生的利益，均应受益于施工项目。

（5）机械使用费核算。根据机械设备使用情况进行核算。

机械设备实行内部租赁制，以租赁费形式反映其消耗情况，按"谁租用谁负担"的原则核算其项目成本。

按机械设备、租赁办法和租赁合同，由企业内部机械设备租赁市场与项目经理部按月结算租赁费。租赁费根据机械使用台班，停置台班和内部租赁单价计算，计入项目成本。

机械进出场费，按规定由承租项目负担。

项目经理部租赁的各类中小型机械，其租赁费全额计入项目机械费成本。

根据内部机械设备租赁运行规则要求，结算原始凭证由项目指定专人签证开班和停班数，据以结算费用。现场机、电、修等操作工奖金由项目考核支付，计入项目机械成本并分配到有关单位工程。

向外单位租赁机械，按当月租赁费用全额计入项目机械费成本。

（6）其他直接费核算。项目施工生产过程中实际发生的其他直接费，有时并不"直接"，凡能分清受益对象的，应直接计入受益成本核算对象的工程施工—"其他直接费"，如与若干个成本核算对象有关的，可先归集到项目经理部的—"其他直接费"总账科目（自行增设），再按规定的方法分配，计入有关成本核算对象的工程施工—"其他直接费"成本项目内。分配方法可参照费用计算基数，以实际成本中的直接成本（不含其他直接费）扣除"三材"差价为分配依据。即人工费、材料费、周转材料费、机械使用费之和扣除高进高出价差。

施工过程中的材料二次搬运费，按项目经理部向劳务分公司汽车队托运包天或包月租赁结算，或以汽车公司的汽车运费结算。

临时设施摊销费按项目经理部搭建的临时设施总价（包括活动房）除以项目合同工期求出每月应摊销额，临时设施使用一个月摊销一个月，摊完为止。项目竣工搭拆差额（盈亏）按实调整实际成本。

生产工具用具使用费。大型机动工具、用具可以套用类似内部机械租赁办法以租费形式计入成本，也可按购置费用一次摊销法计入项目成本，并做好在用工具实物借用记录，便反复利用。工具用具的修理费按实际发生数计入成本。

除上述以外的其他直接费内容，均应按实际发生的有效结算凭证计入项目成本。

（7）企业管理费和规费核算。为了明确项目经理部的经济责任，正确合理反映项目管理的经济利益，对企业管理费和规费实行项目与项目之间"谁受益，谁负担；多收益，多负担；少收益，少负担；不收益，不负担"的原则核算。公司的管理费用、财务费用不再构成项目成本，公司与项目的费用上分开核算。凡属于项目发生的可控费用均下沉到项目上去核算。除此之外，还应注意以下几点问题：

要求以项目经理部为单位编制工资单和奖金单列支工作人员薪水。项目经理部工资总额每月必须正确核算，以此计提职工福利费、工会经费、教育经费、劳保统筹费等。

劳务分公司所提供的炊事人员代办食堂承包、服务、警卫人员提供区域网点承包服务以及其他代理服务费用计入施工间接费。

内部银行的存贷款利息，计入"内部利息"（新增明细子目）。

（8）分包工程成本核算。分包工程根据分包情况不同进行成本核算。

包清工程，如前所述纳入人工费、外包人工费内核算。

分项分包工程，如前所述纳入结构件费内核算。

双包工程，是指将整幢建筑物以包工包料的形式包给外单位施工的工程。可根据承包合同、取费情况和发包（双包）合同支付情况，即上下合同差，测定目标盈利率。月度结算时，以双包工程已完工程价款作收入，应付双包单位工程款做支出，适当负担施工间接费预结降低额。为稳妥起见，拟控制在目标盈利率在50%以内，也可月结成本时做收支持平，竣工结算时，再如实调整实际成本反映利润。

机械作业分包工程，是指利用分包单位专业化的施工优势，将打桩、吊装、大型土方深基础等施工项目分包给专业单位施工的形式。对机械作业分包产值的统计范围是，只统计分包费用，而不包括物耗价值。机械作业分包实际成本与此对应包括分包结账单内除工期费之外的全部工程费。总体反映其全貌成本。

同双包工程一样，总分包企业合同差，包括总包单位管理费，分包单位让利收益等在月结成本时，可先预结一部分，或月结时作收支持平处理，到竣工结算时再做项目效益反应。

上述双包工程和机械作业分包工程由于收入和支出比较容易辨认（计算），所以项目经理部也可以对这两项分包工程，采用竣工点交办法，即月度不结盈亏。

项目经理部应增设"分建成本"成本项目。核算反映双包工程机械作业，分包工程的成本状况。

各类分包形式（特别是双包），对分包单位的领用、租用、借用本企业物资、工具、设备、人工等费用，必须根据经管人员开具的，且经分包单位指定专人签字认可的专用结算单据，如"分包单位领用物资结算单"及"分包单位租用工具设备结算单"等结算依据入账，抵做已付分包工程款。同时，要注意对分包资金的控制，分包付款、供料控制，主要应依据合同及要料计划实施制约，单据应及时流转结算，账上支付款（包括抵作额）不得突破合同价款。注意阶段控制，防止资金失控，引起成本亏损。

通过本节学习，了解施工成本核算是工程项目管理施工管理的主要内容之一，需根据工程项目相关部门提供的手续完备的凭证资料，通过"工程施工"科目进行汇总，然后再直接计入或分配计入有关的成本核算对象，计算出各工程的实际成本，计算出各工程的实际成本。

8.5　施工成本分析

施工成本分析是根据施工成本提供的各项资料进行成本分析。

8.5.1　成本分析的内容和分类

施工成本分析，就是根据会计核算、业务核算和统计核算等提供资料，一方面，对施工成本的形成过程和影响成本上升或下降的因素进行分析，寻求进一步降低成本的途径，或有利偏差的挖掘和不利偏差的纠正；另一方面，通过成本分析，可以从账簿报表反映的成本现象看清成本的本质，从而增加项目成本的透明度和可控性，为加强成本控制，实现项目成本目标创造条件。

（1）施工成本分析的内容。施工成本分析的内容就是对施工项目成本变动因素的分析，影响施工项目成本变动的因素有两个方面，一是外部的属于市场经济的因素，二是内部的属于企业经营的因素。影响施工项目成本变动的市场因素主要包括施工企业的规模和技术装备水平，施工企业专家协作的水平以及企业员工的技术水平及操作熟练程度等几个方面，这些因素不是在短期内所能改变的。重点是影响施工项目成本升降的内部因素，包括：材料、能源利用效率，机械设备的利用效率。施工质量水平的高低，人工费用水平的合理性和其他影响施工项目成本变动的因素（其他直接费用以及为施工准备、组织施工和管理所需的费用）。

（2）施工成本分析的分类。施工项目可根据项目的进展、成本项目构成、专题等进行分析。

随项目施工的进展进行的成本分析，分为分部分项工程成本分析；月（季）度成本分析；年度成本分析；竣工成本分析。

按成本项目构成进行的成本分析，分为人工费分析；材料费分析；机械使用费分析；其他直接费分析；间接成本分析。

专题分析及影响因素分析，分为成本盈亏，异常分析，工期成本分析，资金成本分析，组织措施节约效果分析，其他因素对成本影响分析。

8.5.2　成本分析方法

成本分析常见的有比较法和因素分析法。

（1）比较法（又称指标对比分析法）。指标对比分析法就是通过技术经济指标的对比，检查目标的完成情况，分析产生差异的原因，进而发掘内部潜力的方法。

将实际指标与目标指标对比。以此检查目标的完成情况，分析完成任务的积极因素和影响目标完成的原因，以便及时采取措施，保证成本目标的实现。

本期实际指标和上期实际指标对比。通过这种对比，可以看出各项技术经济指标的动态情况，反映施工项目管理水平的提高程度。

与本行业平均水平、先进水平对比。通过这种对比，可以反映项目的技术管理和经济管理与其他项目的平均水平和先进水平的差距，进而采取措施赶超先进水平。

【例 8 - 4】　某项目本年度"三材"的目标为 100000 元。实际节约 120000 元，上年度节约 95000 元，本企业先进水平节约 130000 元，根据上述资料编制分析表，见表 8 - 1。

表 8 - 1　　　　　　　实际指标与目标指标、上期指标、先进水平对比表　　　　　　单位：元

指标	本年目标数	上年实际数	企业先进水平	本年实际数	差异数		
					与目标比	与上年比	与先进比
"三材"节约额	100000	95000	130000	120000	+20000	+25000	-10000

（2）因素分析法（又称联锁置换法或连环替换法）。这种方法可以采用分析各种因素对成本形成的影响程度。进行分析时，首先要假定众多因素中的一个因素发生的变化，因其他因素不变，然后逐个替换，并分别比较其计算结果，以确定各个因素的变化对成本的影响程度。

因素分析法的计算步骤如下：

1）确定分析对象，并计算出实际与计划数的差异；

2）确定该指标是由哪几个因素组成的，并按其相互关系（先工程量，后价值量；先绝对数，后相对数），进行排序；

3）以计划数目为基础，将各因素的计划数相乘，作为分析替代的基数；

4）将各个因素的实际数按照上面的排列顺序进行替换计算，并将替换后的实际数保留下来；

5）将每次替换计算所得到的结果与前一次的计算结果相比较，两者的差异既对该因素对成本的影响程度；

各个因素的影响程度之和应与分析对象的总差异相等。

【例 8 - 5】　某工程浇筑一层结构商品混凝土，目标成本为 364000 元，实际成本为 383760 元，比目标成本增加 19760 元。根据表 8 - 2 的资料，用"因素分析法"分析其成本增加原因。

表 8 - 2　　　　　　　　　商品混凝土目标成本与实际成本对比表

项目	单位	计划	实际	差额
产量	m³	500	520	+20
单价	元	700	720	+20
损耗率	%	4	2.5	-1.5
成本	元	364000	383760	+19760

解： 分析对象是浇筑一层结构商品混凝土的成本，实际成本与目标成本的差额为19760元。

该指标是由产量、单价、损耗率三个因素组成，其排序见表8-3。

以计划数364000元［=500×700×（1+4%）］为分析替代的基础。

第一次替代：产量因素，以520替代500，得378560元，即520×700×（1+4%）=378560（元）。

第二次替代单价因素，以720替代700，并保留上次替代后的值，得389376元，即520×720×（1+4%）=389376（元）。

第三次替代：损耗率因素，以1.025替代1.04，并保留上两次替代后的值，得38760元，即520×720×（1+2.5%）=383760（元）。

计算差额：第一次替代与目标数的差额=378560-364000=14560（元）。

第二次替代与第一次替代的差额=389376-378560=10816（元）。

第三次替代与第二次替代的差额=383760-389376=-5616（元）。

产量增加使成本增加了14560元，单价提高使成本增加了10816元，而损耗率下降使成本减少了5616元。

各因素的影响程度之和等于14560+10816-5616等于19760元，与实际成本与计划成本的总差额相等。

为了使用方便，企业也可以通过运用因素分析表来求出各因素的变动，对实际成本的影响程度，其具体形式见表8-3。

表8-3　　　　　　　　　　　商品混凝土目标成本变动因素分析表

顺序	连环替代计算	差异（元）	因素分析
计划数	500×700×1.04		
第一次替代	520×700×1.04	14560	由于产量增加20，成本增加14560元
第二次替代	520×720×1.04	10816	由于单价提高20元，成本增加10816元
第三次替代	520×720×1.025	-5616	由于损耗率下降1.5%，成本减少5616元
合计	14560+10816-5616=19760	19760	

必须说明，在应用"因素分析法"时，各因素的排列顺序应该固定不变。否则，就会得出不同的计算结果，也会产生不同的结论。

（3）差额计算法。差额计算法是因素分析法的一种简化形式，它是利用各个因素的目标与实际的差额来计算其对成本的影响程度。

（4）比率法。比例法是指用两个以上的指标的比例进行分析的方法。它的基本特点是：先把对比分析的数值变成相对数，再观察其相互之间的关系。常用的比例法有：相关比率法、构成比例法和动态比例法。

（5）综合成本的分析方法。进行成本分析时需要计算计划成本及执行成本，找出差异及差异原因，对成本计划的执行情况进行评价等。

分部分项工程成本分析。分部分项工程成本分析是施工项目成本分析的基础，分析对象是已完成分部分项工程。分析方法：进行预算成本、目标成本和实际成本的"三算"对比，分别计算实际偏差和目标偏差，分析偏差产生的原因，今后的分部分项工程成本寻找节约途径。

月季度成本分析。月季度成本分析是施工项目定期的、经常性的中间成本分析。月（季）度的成本分析的依据是月（季）度的成本报表。分析的方法通常有以下几个方面。

通过实际成本与预算成本的对比，分析当月（季）度的成本降低水平；通过累计实际成本与累计预算成本的对比，分析累计的成本降低水平，预测出实际项目成本的前景。

通过实际成本与目标成本的对比，分析目标成本的落实情况，以及目标管理中的问题和不足，进而采取措施加强成本控制，保证成本目标的落实。

年度成本分析。年度成本分析是为了满足会计准则的要求。因为建筑企业的成本要求每年结算一次，并且不得将本年度的成本转入下一年，所以产生的年度成本分析。

年度成本分析的依据是年度成本报表，其分析内容除了月（季）度成本分析的内容以外，重点是针对下一年度的施工进展情况，制订出切实可行的成本管理措施，保证项目成本目标的实现。

单位工程竣工成本分析。单位工程竣工成本分析主要包括以下三个方面的内容：一是竣工成本分析；二是主要资本节超对比分析；三是主要节约措施及经济效果分析。

8.5.3　降低施工成本的措施

降低施工项目成本的途径，应该是既开源又节流，或者说既增收又节支。降低施工项目成本的主要途径有以下几个方面。

（1）认真审查图纸。在施工过程中，施工单位必须按图施工，但是图纸一般是由设计单位按照用户的要求和项目所在地的自然地理条件设计的，往往很少考虑为施工单位提供方便，有时甚至还给施工单位出些难题。因此，施工单位应该在满足用户要求和保证质量的条件下，对施工图纸认真会审，并提出积极的修改意见，取得用户和设计单位的同意后，修改设计图纸，同时办理有关手续。

（2）加强合同预算管理，增加工程预算收入。正确编制施工图预算：在编制施工图预算时，要充分考虑可能发生的成本费用，包括合同规定的属于包干（闭口）性质的各项费用，并将这些费用全部列入施工图预算中，然后通过工程结算向建设单位取得补偿。应坚持一个原则，即凡是政策允许的，要做到该收的点滴不漏，保证项目的预算收入，但不能将项目管理不善造成的损失也列入施工图预算，更不能违反政策。

把合同规定的"开口"项目作为增加预算收入的重要方面。

一般来说，按照设计图纸和预算定额编制的施工图预算，必须受预算定额的制约，很少有灵活的余地。而"开口"项目的取费则是项目创收的来源。例如：预算定额缺失的项目，可由乙方参照相近定额进行估算。又比如：根据工程变更资料，及时办理增减手续等。

（3）合理组织施工，正确选择施工方案，提高管理水平。施工项目的施工，是形成最终建筑产品全过程的主要环节。每一个施工项目都必须对施工过程进行科学的计划、组织、控制，充分利用人力和物力，以保证全面的、均衡的、优质的、低消耗地完成施工任务。

施工项目为了全面完成施工任务，在施工前，首先要做好施工准备阶段的管理工作，诸如编制施工组织设计、编制施工图预算、落实施工任务和组织材料采购工作等。从降低工程成本角度来说，不仅在施工过程中要大力节约施工费用，而且，在施工准备阶段也要十分注意经济效益。具体地说，搞好施工组织设计，正确选择施工方案是降低工程成本的重要途径之一，施工组织设计是对建设项目的全部过程作出合理的规划和部署，制订先进合理的施工方案。

（4）落实技术组织措施。建筑施工企业为了保证完成和超额完成工程成本降低任务，当编制降低施工成本的技术组织措施计划。

为了保证技术组织措施计划的落实，并取得预期的效果，各个施工项目都应该在项目经理的领导下，充分发挥群众进行讨论，提出更多的措施，最后由项目经理召开有关负责人参加的会议进行讨论，做出决定，成为正式的计划。

（5）提高劳动生产率。劳动生产率是由多种情况决定的，其中包括：工人的平均熟练程度，科学的发展水平和它在施工工艺上应用的程度，生产过程的社会结合，生产资料的规模和效能，以及自然条件等。建筑企业为了不断提高劳动生产率，必须做到以下几个方面。

提高职工的科学技术水平和劳动熟练程度。在一切物质生产过程中，人的劳动是最根本、最积极的要素。努力提高企业领导人员、工程技术人员、管理人员和生产工人的科学水平，业务能力和劳动熟练程度，是降低工程成本、提高经济效益的关键；因此，企业应当加强职工的政治思想工作，开展劳动竞赛，实行合理的工资奖励制度，以调动广大职工的积极性；同时要十分注意人才的培养，有效地提高职工的科学技术水平和劳动熟练程度，并注意不断改善生产劳动组织，以适应现代化施工的需要。

（6）提高施工机械设备效能。提高设备利用率就是充分利用施工机械设备，发挥现有施工机械设备的效能，加快施工进度，缩短工期，降低成本，提高经济效益。

（7）降低材料消耗。在工程成本中，材料费占有很大的比重。一般土建工程的材料费约占整个工程成本的 $60\%\sim70\%$。随着机械化程度的提高和技术的进步，以及劳动生产率的不断提高，材料费在工程成本所占的比重还会不断加大。所以在施工过程中大力降低材料的消耗是降低工程成本的主要途径。

为了降低材料的消耗施工，项目应该在保证工程质量的前提下，采取各种有效措施。

改善操作方法。例如：利用水泥活性，采用经验配合比，可以节约大量的水。

推广节约材料和能源的先进经验。如：用冷拔钢筋、冷轧带肋钢筋替代普通钢筋，钢筋采用集中加工配料方式等。

采用代用材料。如承台梁模板采用土模代替木模，用组合钢模板代替木模板等。

制订材料消耗量定额和加强材料管理制度。企业应该科学合理地制订材料消耗定额，并加强材料的采购、运输、验收、保管、发放、退库等各环节的管理工作，保证材料消耗定额的执行。由于施工现场仓库的条件比较差，比较杂乱，特别要注意保证材料的安全完整，并严格办理领料、退料及现场清底制度，防止材料的丢失、浪费，以减少材料的消耗量。

实行材料节约奖励制度。

（8）节约管理费用。管理费用的项目很多，涉及面广，关系复杂，如果不加强管理就容易造成浪费。因此，节约管理费用也是降低成本的主要途径之一。施工单位应该本着艰苦奋斗、勤俭办企业的方针，量入为出，精打细算，节约开支，反对铺张浪费，提高工作效率，减少非生产人员，避免人浮于事的现象。

（9）保证工程质量，减少返工损失。"百年大计，质量第一"。这是人人皆知的对工程质量的要求。建筑产品因为使用时间长、造价高，又是国民经济中固定资产的重要组成部分，因而，其质量的好坏对国家的发展和人民生活的改善有着重大影响。在施工过程中，如果能够高度重视工程质量，不仅能够减少返工损失，降低工程成本，而且工程竣工交付使用后，能够延长建筑产品的使用寿命，方便用户和保障人民的安全。如果在施工过程中经常发生工程质量事故，就会造成人力、物力、财力的浪费，增加工程成本，甚至还可能给国家和人民的生命财产造成重大损失。

工程案例

某施工项目进行到 17 周时，对前 16 周的工作进行了统计检查，有关情况见表 8 - 4。

表 8 - 4　　　　　　　某施工项目施工成本统计检查表

工作代号	计划完成工作预算费用（万元）	已完成工作量（%）	实际发生费用（万元）
A	300	100	310
B	280	100	290
C	260	100	250
D	560	100	560
E	720	50	320
F	450	100	430
G	600	40	270
H	360	0	0
I	350	80	300
J	290	100	260
K	150	0	0
L	180	100	180

问题：

1）简述挣值法中三个参数（费用值）的代号及含义。

2）求出前 16 周的 E_V 及 16 周末的 E_V。

3）求出 16 周的 C_V 和 S_V。

4）求出 16 周的 CPI、SPI，并分析成本和进度情况。

答：

1）计划完成工作的预算成本 BCWS（Budget Cost of Work Schedule）；

已完成工作的实际成本 ACWP（Actual Cost of Work Performed）；

已完工作的预算成本 BCWP（Budget Cost of Work Performed）。

2）某施工项目各项工作 BCWS、ACWP、BCWP 计算结果详见表 8 - 5。

表 8 - 5　　　　　　　某施工项目成本挣值法计算表

工作代号	计划完成工作预算费用（万元）BCWS	已完成工作量（%）ACWP	实际发生费用（万元）BCWP	挣得值
A	300	100	310	300
B	280	100	290	280
C	260	100	250	260
D	560	100	560	560
E	720	50	320	360
F	450	100	430	450
G	600	40	270	240

续表

工作代号	计划完成工作预算费用（万元）BCWS	已完成工作量（%）ACWP	实际发生费用（万元）BCWP	挣得值
H	360	0	0	0
I	350	80	300	280
J	290	100	260	290
K	150	0	0	0
L	180	100	180	180
合计	4500		3170	3200

3）16 周末的 ACWP 为 3170 万元 BCWS 为 4500 万元，BCWP 为 3200 万元。

费用偏差 C_V＝BCWP－ACEP，等于 3200－3170＝30 万元，由于 C_V 为正，说明费用节支。

进度偏差 S_V＝BCWP－BCWS＝3200－4500＝－1300 万元，由于 S_V 为负，说明进度延误。

4）费用绩效指数 CPI＝BCWP/ACWP＝1.009，由于 CPI 大于 1，故费用节支。

进度绩效指数 SPI＝BCWP/BCWS＝0.716，由于 SPI 小于 1，表示进度延误。

本节学习了施工成本分析。施工成本分析贯穿于施工成本管理的全过程，是在成本的形成过程中，了解成本的变动情况，同时也要分析主要技术经济指标对成本的影响，才能对工程施工成本做到准确的分析。

本章主要学习力施工成本管理的概念、施工项目成本计划编制的步骤和方法、施工成本控制的步骤和方法。施工成本核算的方法和范畴以及工程施工的成本分析。

施工成本的有效控制，基于企业的高效管理，与合理的组织架构搭配。施工的成本管理从工程投标报价开始，直至项目竣工结算完成为止，贯穿于项目实施的全过程。在施工中通过对人工费、材料费和施工机械使用费，以及工程分包费用进行控制。施工成本控制就是要在保证工期和质量的满足要求的前提下，采取相应管理措施，包括组织措施、经济措施、技术措施、合同措施把成本控制在计划范围内，并进一步寻求最大限度的成本节约。

8.6　课程思政教学案例

本节从工程项目成本控制专业思想的视角出发，植入的课程思政教学案例（元素）为：伟大复兴 壮丽航程——新时代中国经济取得举世瞩目成就。

8.6.1　专业知识点

工程项目的成本控制是工程造价管理的重要组成部分，它是以建设工程技术为基础，综合运用管理学、经济学和相关的法律法规，为建设项目的工程造价确定、建设方案的比选优化、投资控制与管理提供经济依据。工程造价管理的任务是依据国家有关法律法规和建设行政主管部门的有关规定，对建设工程实施以工程造价管理为核心的全面项目管理，重点做好工程造价的确定与控制、建设方案的优化、投资风险的控制，进而缩小投资偏差，以满足建设项目投资期望的实现。工程造价管理应以工程造价的相关合同为前提，以事前控制为重点，以准确工程计量与计价为基础，并通过优化设计、风险控制和现代信息技术等手段，通过实现工程项目的成本控制从而实现工程造价的整体目标。选择成本核算的方法；应用赢得值法进行实际工程的成本控制。

8.6.2　思政育人目标

工程造价管理是工程项目管理的基础，工程论证立项阶段的投资估算，为投资开发建设决策者提供了决策的经济依据。初步设计的工程项目设计概算是项目实施的控制价。施工图设计的施工图预算是招标人最高限价和投标人报价的计算基础。承包施工的施工预算又是承包施工企业对项目的经营成本核算。

工程项目从投资决策至项目竣工决算，都需要编制各类工程计价文件，对造价阶段控制，进而实现工程项目全生命期造价管理。而造价管理与造价文件编制既要明确全国经济形势大局，又要熟知计价的法律、规则、定额及材料信息价。

工程量清单计价是社会主义市场经济下造价的创新模式，市场经济的产物。改革开放实现了高度集中的计划经济到充满活力的社会主义市场经济的历史转变。而市场经济是社会主义的前无古人的伟大创举。工程量清单计价模式是国家（政府）定规则、政策、法令，建设方给工程数量，市场竞争定价。造价编制文件中的规费体现了和谐社会、以人为本的精神，措施费保证了"双碳"目标的实现。

8.6.3　思政案例

伟大复兴　壮丽航程
——新时代中国经济取得举世瞩目成就

114.4万亿元，这是中国2021年的国内生产总值，扣除价格变动因素，相当于2012年的1.8倍。53.3%，这是2021年第三产业增加值在GDP中所占的比重，比2012年提高了

图8-7　国内生产总值

7.8个百分点，制造业、服务业结构更趋协调。38.6%，这是2013年到2021年我国对世界经济增长的平均贡献率。中国经济成为推动世界经济增长的第一动力。我国2021年国内生产总值见图8-7。

2012年之后，国际金融危机影响尚在，中国经济进入增速换挡期，长期积累的结构性矛盾逐步显现。以供给侧结构性改革为主线，提升供给效率和供给质量，农业良种率显著提

高，水稻、玉米、小麦平均机械化率达到90%以上，工业产能利用率从73%提高到77.5%，关键产业链供应链更加自主可控，安全可靠，以新产业、新业态、新商业模式为代表的"三新"经济规模增长至近20万亿元。中国经济在量的有效增长中实现质的大幅提升。

理念是行动的先导，进入新时代，中国经济迈上高质量发展之路。

创新发展，引领动力之变。科技自立自强，大踏步赶上全球科技与产业变革的潮流。十年之间，科技进步对经济增长的贡献率从2012年的52.2%提高到60%以上，中国成功迈入

创新型国家行列。

协调发展，激发结构之变。十年之间，重大区域战略扎实推进，中西部经济增速快于东部，城镇化率由 53.1% 上升到 64.7%，城乡居民人均收入差距逐步缩小，协调发展铺开新画卷。

绿色发展，撬动效能之变。十年来，我国以年均 3% 的能源消费增速支撑了年均 6.5% 的经济增速，能耗强度累计下降 26.2%，清洁能源在能源消费总量中的占比超过四分之一。

开放发展，助推格局之变。十年之间，我国贸易总额从 2012 年的 4.4 万亿美元增长到 2021 年的 6.9 万亿美元，中国商品出口占国际市场的份额从 11% 上升到 15%，"一带一路"共建国家已由亚欧延伸至非洲、拉美等区域，形成了全方位、高水平对外开放的新格局。

共享发展，加速福祉之变。历史性地解决了困扰中华民族几千年的绝对贫困问题，中等收入群体稳步扩大，公共服务均等化助力城乡打造高品质生活，人民生活质量取得历史性进步、全方位跃升。

面对世纪疫情和百年变局交织叠加，扩大内需，打通堵点，加快建设全国统一大市场，推动形成宏大顺畅的国内经济循环。目前，消费对经济增长贡献率稳定保持在 50% 以上，已经成为经济增长的主要驱动力，内需战略基点持续巩固。新发展格局正为高质量发展注入新的强大动力。察势者智，驭势者赢。

8.6.4　思政育人效果

在国际形势复杂多变的情况下，关键还是要做好自己的事情。因此，中央提出构建以国内大循环为主体、国内国际相互促进的双循环新格局。《中共中央、国务院关于加快建设全国统一大市场的意见》，就是对构建国内大循环为主体新格局的落实。改革开放中国的市场化有了根本性推进，这次是要在数字化、智能化、物联网等新的基础上，高质量整合规范提升全国统一大市场。对外有了"一带一路"，对内有了全国统一大市场，国内国际双循环互相促进的新格局就会形成，就能推动中华民族的伟大复兴。

全面建设社会主义现代化国家新征程上，各种困难挑战仍然不减，一个个难关大考亟待攻克，但时与势始终在高质量发展的中国一边。"中国号"巨轮必定能够闯激流、过险滩，驶向更加壮阔的前程！

思考练习题

1. 施工项目的成本可以分为哪些？
2. 我国建筑安装工程费用的构成中哪些将成为施工成本？
3. 施工成本管理的任务包括哪些环节？
4. 哪些因素会导致施工成本的升降？
5. 施工成本计划的编制方法有哪些？
6. 某企业某种产品的销售额为 800 万元时，亏损 100 万元，当销售额达到 1200 万元时盈利 100 万元，试计算该产品盈亏平衡时的销售额。
7. 某预制构件生产企业年销售量为 10 万件，固定费用 120 万元，单价为 120 万元，单位变动成本 100 万元，试判断企业的经营安全状态。

8. 施工成本的核算方法有哪些？人工费、材料费、周转材料费、机械费、间接费如何核算？

9. 施工成本分析有哪些类型？

10. 计划安装 30000m² 模板，预计劳动生产率为 0.8h/m²，工时单价为 20 元/h，而实际工程量为 32000m²，劳动效率为 0.7h/m²，工时单价为 25 元/h，分析各因素对成本的影响及成本总差异。

11. 施工企业可以通过哪些途径设法降低施工成本？

第9章 工程项目质量控制

本章介绍了建设工程项目施工质量管理的基本概念，我国质量管理制度和项目建设施工方的质量责任及义务，明确了施工过程中质量控制的影响因素、主要内容和质量事故的处理程序。

9.1 质量管理概述

工程质量管理，是项目管理人员日常管理的主要内容，也是项目管理的主要目标，质量第一长期以来一直是企业及项目管理人员的管理目标并落实于日常管理工作之中。

9.1.1 质量管理的概念

质量管理的概念是建立在质量的基础上，所以有必要厘清质量与工程项目质量、质量管理与工程项目质量管理之间的关系。

（1）质量和工程项目质量。我国标准《质量管理体系基础和术语》（GB/T 19000—2016/ISO 9000：2015）关于"质量"的定义是：客体的一组固有特性满足要求的程度。该定义可以理解为：质量不仅仅指产品的质量，也包括生产活动或过程的工作质量，还包括质量管理体系运行的质量。

建设工程项目工程质量是指通过项目实施形成的工程实体的质量，是反映建筑工程满足相关标准规定或合同约定的要求，包括其安全、使用功能及耐久性能、环境保护等方面所有明显和隐含能力的特性综合。其质量特性主要体现在适用性、安全性、耐久性、可靠性及环境的协调性六个方面。

（2）质量管理和工程项目质量管理。我国标准《质量管理体系基础和术语》（GB/T 19000—2016/ISO 9000：2015）关于"质量管理"的定义是：在质量方面指挥和控制组织的协调活动。与质量有关的活动，通常包括质量方针和质量目标的建立、质量策划、质量控制、质量保证和质量改进等。所以质量管理就是建立和确定质量方针、质量目标及职责，并在质量管理体系中通过质量策划、质量控制、质量保证和质量改进等手段来实施和实现全部质量管理职能的所有活动。

工程项目质量管理是指在工程项目实施过程中，而开展的策划、组织、计划、实施、检查、监督和审核等所有管理活动的综合。它是工程项目的建设、勘察、设计、施工、监理等单位的共同职责，项目参与各方的项目经理必须调动与项目质量有关的所有人的积极性，共同做好本职工作，才能完成项目管理的基本工作。

9.1.2 质量管理的特点

工程项目质量的特点是工程分项多、工程庞大、条件多变、原材料有多样性以及生产周期长，其实施过程具有程序繁多、涉及面广和协作关系复杂等技术经济特征，故工程项目质量具有以下特点：①工程项目质量形成过程复杂。项目建设过程就是项目质量的形成过程，因而项目决策、设计、施工和竣工验收，对工程项目质量形成都起着重要作用和影响。②影响工程项目质量的因素多。由于工程项目建设周期长，必然要受到多种因素影响，如地质条件、设计、材料、设备、施工方法、管理、工人技术水平诸项因素，均会造成工程项目质量变异或事故。③工程项目质量水平波动性大。由于条件多变及施工材料的特性，使其生产过程不易控制，生产活动受到各种不利因素影响，故工程项目质量水平很容易产生波动。影响工程项目质量隐患多。在工程项目施工过程中，由于工序交接多，中间产品多和隐蔽工程多，只有严格控制每个工序和中间产品质量，才能保证其最终产品质量。④工程项目质量评定难度大。工程项目建成以后，不能像某些工业产品那样可以拆卸开来检查其内在质量，如若在项目完工后再来检查，又只能看其表面，这样很难正确判断其质量好坏。因此，项目质量评定和检查，必须贯穿于工程项目施工全过程，否则就会产生项目质量隐患。

9.1.3　质量管理的原则

坚持质量第一，用户至上，满足顾客要求是企业生存的基础，施工企业进行质量管理的原则主要有以下几点：

（1）以人为控制核心。人是工程建设的决策者、组织者、管理者和操作者。在工程质量控制中，要以人为核心，重点控制人的素质和人的行为，充分发挥人的积极性和创造性，以人的工作质量保证工程质量。

（2）预防为主。将质量管理的重点从管理"结果"向管理"因素"转移，不是等出现不合格才去采取措施，而是恰当地使用来自各方面的信息，分析潜在的不合格因素，将不合格消灭在形成过程中，做到防患于未然，强化预防措施，可以有效地降低工作失误的风险及其所带来的损失。

（3）坚持质量标准、严格检查、一切用数字说话。质量标准是评价产品的质量的尺度，数据是质量控制的基础与依据，产品质量是否符合质量标准，必须通过严格的检查，用数据说话。

（4）恪守质量道德，严格质量责任。施工质量检测人员职业道德是工程质量的保证。施工人员必须使施工过程中的每项施工工序的质量责任到人。

在实际工程中，工程质量管理人员要根据质量管理的特点，认识质量管理的重要性，准确把握质量的原则，积极开展质量管理工作。

9.2　施工单位的质量责任和义务

施工单位作为工程项目质量管理的实施者，对工程项目质量负有直接责任，同时质量管理也是施工单位在建筑生产领域的立身之本，只有抓好、抓实工程质量管理，施工单位才能在建筑生产市场得以生存和发展。

9.2.1　质量管理的主要环节

施工单位进行质量管理的主要环节有以下几个方面：

（1）遵守技术规范。发包文件中均包括有技术规范，每项工程开工前，都应组织有关人员学习技术规范的有关部分，熟知、理解其内容并在施工中贯彻执行。

（2）图纸会审。在实际工作中，设计图纸可能存在一些问题，如设计图纸与实地情况不符，如地基变化；设计图纸本身有误；设计图纸与说明书不一致；施工图与通用图不一致等，这些问题都必须在图纸会审中加以解决。

（3）技术交底。工程开工前，必须由设计单位进行技术交底，使参加施工人员深入、透彻理解设计图纸，以保证施工能完全按照图纸进行。

（4）加强工序监督。工程质量是由各工序的质量构成的。各工序的质量是在施工过程中形成的。对施工过程的监督是保证质量的关键。监督与检查不同，监督是在施工过程中，能保证每步施工均能遵守技术规范、按图施工。检查是必不可少的环节，能对施工质量作出评价，但检查是在事后，不能防患于未然。

（5）严格质量检查。对质量起决定性的环节称质量控制点，严把质量关就是严把质量控制点。每种材料的质量、混凝土的坍落度、填筑土料的含水量、每道工序的质量等都是质量控制点。每道工序完成后，应经监理工程师检查合格签认后，才能进行下一道工序。如果检查不合格，则应返工重做，直到合格，不留质量隐患。

（6）分析质量事故。如果发生了质量事故，不应只返工了事，还应分析，找出原因，制订规章制度，保证以后不再重犯。

（7）质量评比。每月进行一次质量评比，对质量优良的工程进行奖励，对发生质量事故者进行批评，通报，甚至罚款。以不断提高质量意识，总结质量经验，表彰先进、鞭策后进。

一般工作流程如图9-1所示。

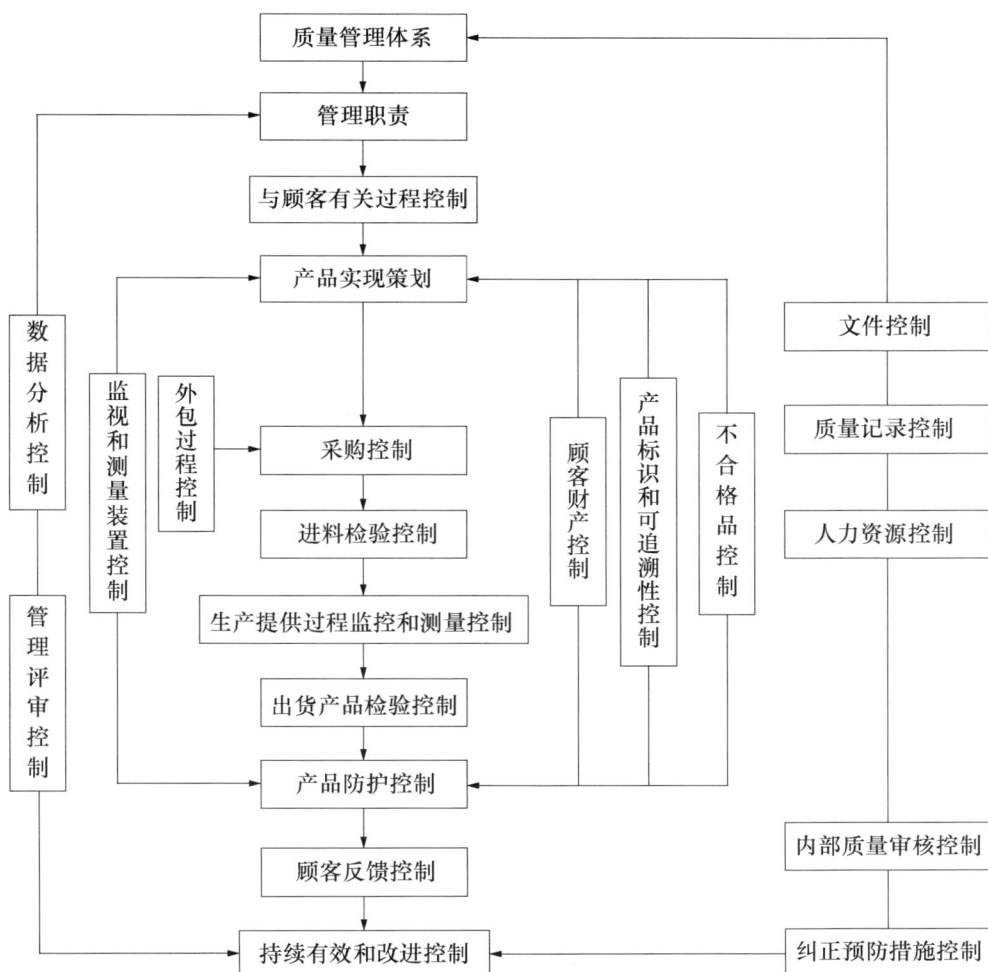

图9-1　质量管理工作流程图

9.2.2　质量管理的主要内容

一般来说，施工单位围绕质量管理七个环节展开质量管理，其具体的质量管理内容有下列九个方面：

（1）施工单位应当依法取得相应的等级的资质证书，在其资质等级许可的范围内承揽工程，并不得转包或者违法分包工程。

（2）施工单位对建设工程的施工质量负责。施工单位应当建立质量责任制，确定工程项目的项目经理、技术负责人和施工管理负责人。建设工程实行总承包的，总承包单位应当对全部建设工程质量负责；建设工程勘察、设计、施工、设备采购等一项或者多项实施总承包，总承包单位应当对其承包的建设工程或者采购的设备质量负责。

（3）总承包单位依法将建设工程分包给其他单位的，分包单位应当按照分包合同的约定对其分包工程的质量向总承包单位负责，总承包单位与分包单位对分包工程的质量承担连带责任。

（4）施工单位必须按照工程设计要求、施工技术标准和合同规定，对建筑材料、建筑构配件、设备和商品混凝土进行检验，检验应当有书面记录和专人签字；未经检验或者检验不合格的，不得使用。

（5）施工单位必须按照工程设计图纸和施工技术标准施工，不得擅自修改工程设计，不得偷工减料。施工单位在施工过程中发现设计文件和图纸有差错的，应当及时提出意见和建议。

（6）施工单位必须建立、健全施工质量的检验制度，严格工序管理，做好隐蔽工程的质量检查和记录。隐蔽工程在隐蔽前，施工单位应当通知建设单位和建设工程质量监督机构。

（7）施工人员对涉及结构安全的试块、试件及有关资料，应当在建设单位或者工程监理单位监督下现场取样，并送具有相应资质等级的质量检测单位进行检测。

（8）施工单位对施工中出现质量问题的建设工程或者竣工验收不合格的建设工程，应当负责返修。

（9）施工单位应当建立、健全教育培训制度，加强对职工的教育培训；未经教育培训或者考核不合格人员，不得上岗作业。

施工单位应该在质量管理中，牢固树立质量第一的工程项目管理目标和理念，不断总结管理经验、吸收先进的管理方法，持续改进施工质量管理方式和手段。

9.3　施工过程的质量控制

质量控制是工程项目管理的主要控制内容之一，质量控制贯穿于工程项目的整个施工过程之中并受到各种因素的影响。

9.3.1　影响因素

工程质量控制内容为从投入原材料的质量控制开始，直到完成工程的质量检验为全过程的系统控制，其中对影响工程质量的五大因素（人、机械、材料、施工方法、环境）的控制尤为重要。

（1）人的控制。项目建设中的人员包括直接参与工程建设的决策者、组织者、指挥者和操作者。人作为控制的对象，是避免产生失误；作为控制的动力，是充分调动人的积极性，发挥"以人为本"的主导作用。

在工程建设中人的素质，人的理论技术水平，人的生理状况，人的心理行为，人的错误行为和人的违纪违章等都是属于人对工程质量的影响因素。为了避免人的失误，调动人的主观能动性，增强人的责任感和质量观，达到以工作质量保证工序质量的目的。除了加强政治思想教育、劳动纪律教育、职业道德教育、专业技术知识培训、健全岗位责任制改善劳动条件、公平合理的激励外；还须根据建设工程项目的特点，从确保质量出发，本着适才适用、扬长避短的原则来控制人的使用。

（2）施工机械设备控制。施工机械设备是工程建设不可缺少的设施，对施工项目的施工质量有直接影响。在施工阶段，必须综合考虑施工现场条件、建筑结构形式、机具设备性能、施工工艺和方法、施工组织与管理、建筑技术经济等各种因素制订机械施工方案和评审，使之装配合理、配套使用、有机联系，以充分发挥建筑机具的效能，力求获得较好的综合经济效益。从保证项目施工质量角度出发，应着重对施工机具的性能、造型和使用操作等方面进行控制。

在工程建设中，应根据机械施工方案择优选择机械设备，主管人员要严格把关，对不符合要求和带有安全隐患的机械，不准进入施工现场。合理使用机械设备，正确地进行操作，是保证项目施工质量的重要环节。应贯彻"人机固定"的原则，实行定机、定人、定岗位责任的三定制度。操作人员必须认真执行各种规章制度，严格遵守操作规程，防止出现安全质量事故。例如：起重设备应保证安全装备（行程、高度、变幅、超负荷限位装置、其他保险装置等）齐全可靠，并要经常检查、保养、维修，使其运转灵活；操作时，不准机械带病工作，不准超载运行，不准带负荷行驶，也不准猛旋转、开快车，不准斜牵重物等。而对吊装的结构和构件，还应事先进行吊装演算，并合理地选择吊点，使构件在吊装过程中保持平衡，不致因吊装受力过大而使结点遭到损害。

（3）材料、构配件的控制。材料、构配件的质量是工程项目质量的基础，是控制工程项目质量的关键，不合格的材料、构配件就能使工程项目质量不合格。所以一定把好材料、构配件关，打牢质量根基。

工程进行阶段必须严格审查进场主要原材料的出厂合格证和材质检验报告，如果没有，应做补检；还应检查是否按国家有关规范和标准进行复试检验。对不符合基本要求或不合格材料拒绝进场使用。对于进口的材料和设备或重要工程、关键施工部位所用的材料则应进行全部检验。许多材料只有制造单位的有关材料还不能确定是否适用，还必须进行试验。在现场配制的材料，如混凝土、砂浆的配合比应先试配，经试配合格后方可使用。对有些材料，如钢筋、水泥等，应按频率进行复试合格后方可使用。

（4）施工方法控制。对施工方法的控制主要是指对施工方案的控制，对一个工程项目而言，施工方法恰当与否，直接关系到整个工程项目的建设是否能顺利进行，关系到工程项目质量，而且关系到工程项目成败的问题，所以应重视对方法的控制。施工方法的控制在工程施工的不同阶段，其侧重点也不同，但都要确保工程项目的质量。

工程施工前应做好施工组织设计的编写审批，结合项目具体情况，编制关键、特殊工序及分部分项工程施工方案。针对当前工程的质量通病，制订相应的技术措施和为保证工程质量而制订的质量预控措施。

（5）环境因素控制。影响工程项目质量的环境因素较多，有工程技术环境，如地质、水文、气象等；工程管理环境，如质量保证体系、质量管理制度等；劳动环境，如劳动组合、劳动工具、工作面等。环境因素对工程质量的影响具有复杂而多变的特点，如气象条件就千变万化，温度、湿度大风、暴雨、酷热、严寒都直接影响工程质量，往往前一道工序就是后一道工序的环境；前一分部分项工程也就是后一分部分项工程的环境。因此，根据工程特点和具体条件，应对影响质量的环境因素采取有效的措施，加以控制。

对环境因素的控制与施工方案和技术措施紧密相关，如在寒冬、雨季、风季、炎热季节施工中，应针对工程特点，尤其是对混凝土工程、土方工程、深基础工程、水下工程及高空作业等，必须拟订季节性施工保证质量和安全的有效措施，以免工程实体受到冻害、干裂、冲刷、塌陷的危害。同时要不断改善施工现场的环境和作业环境，要尽可能减少施工所产生的危害对环境的污染；要健全施工现场管理制度，合理布置，使施工现场秩序化、标准化、规范化。

9.3.2　质量控制的主要内容

施工过程的质量控制，是在工程项目质量实际形成过程中的事中质量控制。

建设工程项目施工是由一系列相互关联、相互制约的作业过程（工序）构成，因此施工质量控制，必须对全部作业过程，即各道工序的作业质量持续进行控制。从项目管理的立场看，工序作业质量的控制，首先是质量生产者的自控，在施工生产要素合格的条件下，作业者能力及其发挥的状况是决定作业质量的关键。其次，是来自作业者外部的各种作业质量检查、验收和对质量行为的监督，也是不可缺少的设防和把关的管理措施。

（1）工序施工质量控制。工序是人、材料、机械设备、施工方法和环境因素对工程质量综合起作用的过程，所以对施工过程的质量控制，必须以工序作业质量控制为基础和核心。因此，工序的质量控制是施工阶段质量控制的重点。只有严格控制工序质量，才能确保施工项目的实体质量。工序施工质量控制主要包括工序施工条件质量控制和工序效果质量控制。

（2）施工作业质量自控。施工作业质量的自控，从经营层面上说，强调的是作为建筑产品生产者和经营者的施工企业，应全面履行企业的质量责任，向顾客提供质量合格的工程产品，从生产的过程来说，强调的是施工作业者岗位质量责任，向后道工序提供合格的作业成果（中间产品）。通常包括施工作业技术的交底、施工作业活动的实施和施工作业质量的检查。

（3）施工作业的监控。现场质量检查的主要内容有如下几点：开工前的检查；工序交接检查；严格执行自检、互检、专检三检制度；隐蔽工程的检查；停工后复工的检查；分项、分部工程完工后的检查；产品保护的检查。

9.3.3　工程质量验收

工程质量控制的最终目的是建造质量合格的建筑产品，并通过工程质量验收。验收是指建筑工程质量在施工单位自行检查合格的基础上，由工程质量验收责任方组织，工程建设相关管单位参加，对检验批、分项、分部、单位工程及其隐蔽工程的质量进行抽样检验，对技术文件进行审核，并根据设计文件和相关标准以书面形式对工程质量是否达到合格作出确认。正确进行工程项目质量验收，是施工质量控制的重要手段。

（1）质量验收条件。根据《建设工程质量管理条例》，建设工程竣工验收应当具备以下条件：完成建设工程设计和合同约定的内容；有完整的技术档案和施工管理资料；有工程使用的主要建筑材料、建筑构配件和设备的进场试验报告；有勘察、设计、施工、工程监理等单位分别签署的质量合格文件；有施工单位签署的工程保修书。

（2）质量验收要求。根据《建筑工程施工质量验收统一标准》（GB 50300）的规定，施工质量按以下要求进行验收：工程质量的验收均应在施工单位自检合格的基础上进行；参加工程施工质量验收的各方人员应具备相应的资格；检验批的质量应按主控项目和一般项目验收；对设计结构安全、节能、环境保护和主要使用功能的试块、试件及材料，应在进场时或施工中按规定进行见证检验；隐蔽工程在隐蔽前应由施工单位通知监理单位进行验收，并应形成验收文件，验收合格后方可继续施工；对涉及结构安全、节能、环境保护和主要使用功能的重要分部工程，应在验收前按规定进行抽样检验；工程的观感质量应由验收人员现场检查，并应共同确认。

（3）工程质量检查验收流程。工程质量检查验收流程图如图 9-2 所示。

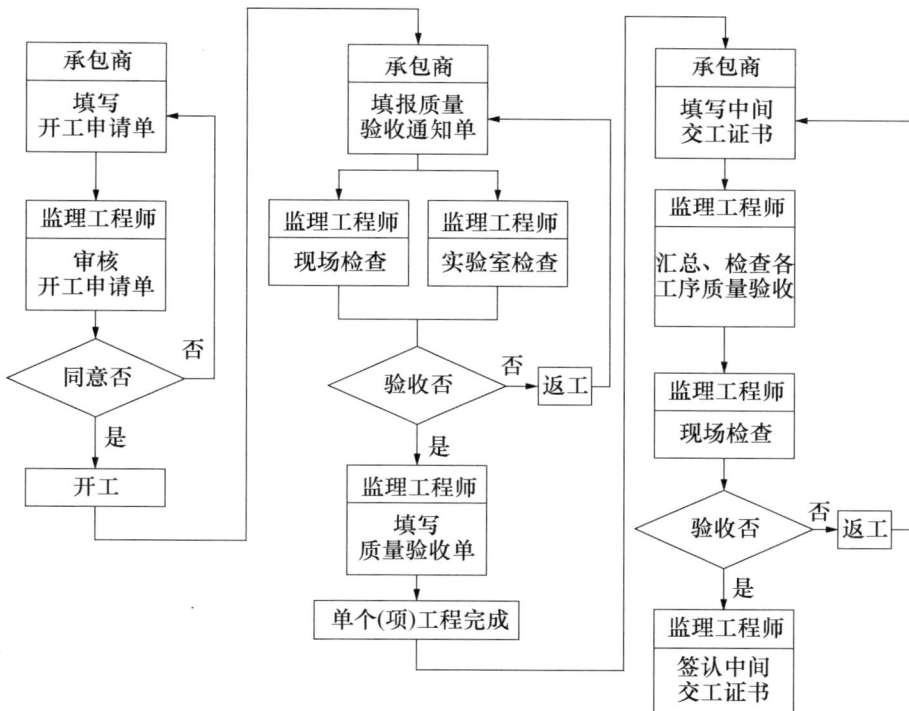

图 9-2　工程质量检查验收流程图

9.3.4　质量事故处理

工程项目质量管理中应当避免发生质量事故，一旦发生施工质量事故，其处理的一般程序如下。

（1）事故报告。工程质量事故发生后，施工项目负责人应按法定的时间和程序及时向工程建设单位负责人、施工企业报告事故的状况，同时根据事故的具体情况，组织在场人员果断采取应急措施保护现场，救护人员，防止事故扩大；同时做好现场记录、标识、拍照等，为后续事故调查保留客观真实场景。

工程建设单位负责人接到报告后，应于 1 小时内向事故发生地县级以上人民政府住房和城乡建设主管部门及有关部门报告；同时应按照应急预案采取相应措施。情况紧急时，事故现场有关人员可直接向事故发生地县级以上人民政府住房和城乡建设主管部门报告。

事故报告应包括下列内容：事故发生的时间、地点、工程项目名称、工程各参建单位名称；事故发生的简要经过、伤亡人数和初步估计的直接经济损失；事故原因的初步判断；事故发生后采取的措施及事故控制情况；事故报告单位、联系人及联系方式；其他应当报告的情况。

（2）事故调查。事故调查要按规定区分事故的大小，分别由相应级别的人民政府直接或授权委托有关部门组织事故调查组进行调查。未造成人员伤亡的一般事故，县级人民政府也可以委托事故发生单位组织事故调查组进行调查。事故调查应力求及时、客观、全面，以便为事故的分析与处理提供正确的依据。调查结果要整理撰写成事故调查报告，其主要内容应包括：事故项目及各参建单位概况；事故发生经过和事故救援情况；事故造成的人员伤亡和直接经济损失；事故项目有关质量检测报告和技术分析报告；事故发生的原因和事故性质；事故责任的认定和事故责任者的处理建议；事故防范和整改措施。

（3）事故的原因分析。事故的原因分析要建立在事故情况调查的基础上，避免情况不明就主观推断事故的原因。特别是对涉及勘察、设计、施工、材料和管理等方面的质量事故，事故的原因往往错综复杂，因此，必须对调查所得到的数据、资料进行仔细的分析，依据国家有关法律法规和工程建设标准分析事故的直接原因和间接原因，必要时组织对事故项目进行检测鉴定和专家技术论证，去伪存真，找出造成事故的主要原因。

（4）制订事故处理的技术方案。事故的处理要建立在原因分析的基础上，要广泛地听取专家及有关方面的意见，经科学论证，决定事故是否要进行技术处理和怎样处理。在制订事故处理的技术方案时，应做到安全可靠、技术可行、不留隐患、经济合理、具有可操作性、满足项目的安全和使用功能要求。

（5）事故处理。事故处理的内容包括：事故的技术处理，按经过论证的技术方案进行处理，解决事故造成的质量缺陷问题；事故的责任处罚，依据有关人民政府对事故调查报告的批复和有关法律法规的规定，对事故相关责任者实施行政处罚，负有事故责任的人员涉嫌犯罪的，依法追究刑事责任。

（6）事故处理的鉴定验收。质量事故的技术处理是否达到预期的目的，是否依然存在隐患，应当通过检查鉴定和验收作出确认。事故处理的质量检查鉴定，应严格按施工验收规范和相关质量标准的规定进行，必要时还应通过实际量测、试验和仪器检测等方法获取必要的数据，以便准确地对事故处理的结果作出鉴定，形成鉴定结论。

（7）提交事故处理报告。事故处理后，必须尽快提交完整的事故处理报告，其内容包括：事故调查的原始资料、测试的数据；事故原因分析和论证结果；事故处理的依据；事故处理的技术方案及措施；实施技术处理过程中有关的数据、记录、资料；检查验收记录；对事故相关责任者的处罚情况和事故处理的结论等。

施工质量的控制应该涵盖整个施工过程，包括施工准备阶段、施工阶段、施工收尾及质量保证阶段，只有严格要求按照国家及行业标准进行施工，才能从根本上保证施工质量。

工程质量控制，是贯穿于整个工程项目的核心控制，从事工程项目的各个参与单位，应该严格把控，从立项开始就牢固树立质量第一的建设理念，建造百年工程。

9.4 课程思政教学案例

本节从工程项目质量控制专业思想的视角出发，植入的课程思政教育案例（元素）为：工程伦理为根基的工程项目质量控制——千年大计、质量第一。

9.4.1 专业知识点

建设工程质量是指通过项目实施形成的工程实体的质量，是反映建筑工程满足相关标准规定或合同约定的要求，包括其安全、使用功能及耐久性能、环境保护等方面所有明显和隐含能力的特性综合。其质量特性主要体现在适用性、安全性、耐久性、可靠性及环境的协调性等方面。

工程质量管理是项目管理人员日常管理的主要内容，也是项目管理的主要目标，质量第一长期以来一直是企业及项目管理人员的管理目标并落实于日常管理工作之中。

工程项目质量管理是在质量方面指挥和控制组织的协调活动。与质量有关的活动，通常包括质量方针和质量目标的建立、质量策划、质量控制、质量保证和质量改进等。所以质量管理就是建立和确定质量方针、质量目标及职责，并在质量管理体系中通过质量策划、质量控制、质量保证和质量改进等手段来实施和实现全部质量管理职能的所有活动。

9.4.2 思政育人目标

建设工程项目施工质量是以工程伦理为根基，是工程项目建设方、监理方、施工方、参建各单位以及工程师需承担的责任与义务。

工程项目质量控制应该始终把可靠性作为工程思维的基本要求，并对可错性保持时刻清醒的认识。警示：允许科学家在学科实验中多次失败，不允许工程技术人员在工程设计建设中失败一次。工程伦理是对工程活动中的道德问题进行伦理审视，科技伦理就是科技活动中的问题进行伦理审视。

9.4.3 思政案例

工程伦理为根基的工程项目质量控制

——千年大计、质量第一

工程项目质量控制是以工程伦理为根基的，而工程伦理是工程质量的底层逻辑。思政育人的目的是在掌握工程项目质量控制专业知识的同时，对项目管理者的善恶、义务、道德原则、道德评价和道德行为进行工程伦理的审视培养，达到思政育人的目的。工程伦理是面对工程决策，工程设计、工程项目管理的工程师建立起明确的社会责任意识、社会价值眼光和对工程综合效应的道德敏感，而对各种利益和价值矛盾做出符合人类共同利益，可持续发展的抉择和判断。

工程师永远把可靠性作为工程思维的基本要求，并对可靠性保持高度清醒的认识警觉。

项目的质量可靠性、品质合格是底线思维——千年大计、质量第一；工程师的好人品德、基本素质也是做人的底线和基本原则。工程建设的管理人员、技术人员对工程质量负有终身不可推卸的责任。

伦理学是有关善恶、义务、道德原则、道德评价和道德行为的科学原则；

工程伦理是以工程活动中的社会伦理关系和工程总体行为规范为对象，是理论和人文两大领域交叉融合而成的学科。

讨论问题：工程决策和决议实施过程中关于工程与社会，工程与人，工程与环境的一系列社会伦理价值的思考和工程文明；

工程思维："执意"坚持不懈地企图找出一条尽可能处理可错性与安全性矛盾的方法。工程中的技术运用不可能达到绝对可靠，但工程中应该永远把可靠性作为工程思维的一个基本要求，并对可错性保持时刻清醒的认识。

9.4.4　思政育人效果

质量是工程项目的灵魂，可靠是工程项目的内核。工程界要牢记"一张蓝图干到底，一茬接着一茬干"。工程师诚实、忠诚、责任、担当是职责所在，规避风险是职业责任。可靠性是工程思维根本，工程师对可错性应永远保持清醒警觉！

工程质量的控制贯穿工程项目建设全生命期，而对于未来的工程师就是要筑牢质量第一的建设理念，立下建造百年工程的宏大志向。

思考练习题

1. 简述质量和工程项目质量、质量管理和工程项目质量管理的内涵。
2. 工程项目质量的特点有哪些？原则是什么？
3. 简述质量管理的主要环节和主要内容。
4. 施工过程中影响工程质量的因素有哪些？简述质量控制的主要内容。
5. 简述施工质量事故调查处理程序。

第 10 章　工程项目安全与环境管理

在全世界范围内，建筑业都是属于最危险的行业之一。建设项目安全管理的目的就是要提高建筑业的安全，保障从业人员的生命财产安全。本章主要阐述了安全管理组织、安全管理计划、建设工程安全管理、建设工程环境管理等方面的内容。

10.1　安全管理组织与安全管理计划

安全管理是企业管理的重要组成部分，是为保证生产顺利进行，防止伤亡事故发生，确保安全生产而采取的各种对策、方针和行动的总称。安全管理是一门综合性的系统科学，包括安全法规、安全技术、工业卫生三个相互联系又相互独立的内容。

10.1.1　安全管理组织

在工程项目建设中，项目部要根据《中华人民共和国安全生产法》，并结合各类工程施工安全防护设施技术规范的要求，建立安全管理组织机构。项目经理是本单位安全生产第一责任者，是代表公司向业主实现承诺的代言人，对工程安全负全面领导责任。安全生产领导小组负责制订工程及项目安全管理目标，负责组织编制和审批项目安全、文明施工管理办法及规定，及时组织对重伤、轻伤、未遂事故进行调查、处理，配合上级对重大事故进行调查，必要时召开现场会，制订出防止事故重复发生的措施。图 10-1 为某项目的安全管理组织结构图。

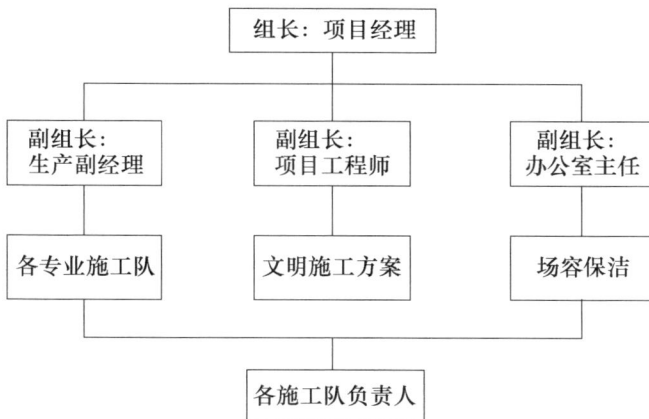

图 10-1　安全管理组织结构图

10.1.2　安全管理计划

在工程项目建设中，为进一步做好安全生产的管理工作，有效防范各种安全事故的发生，认真贯彻落实《中华人民共和国安全生产法》《中华人民共和国建筑法》《国务院关于特大安全事故行政责任追究的规定》《建设工程安全生产管理条例》《安全生产许可证条例》等各项安全生产法规、规范的实施，全面落实安全目标管理责任制考核，控制各类事故的发生，确保业主、监理及公司各项安全工作目标任务的圆满完成。而编制安全技术措施计划是制订安全管理计划的重点。应结合项目的工作实际情况和以前存在的问题，制订安全管理计划。

（1）编制安全技术措施计划的原则。安全技术措施计划（劳动保护措施计划）是企业为了保护职工在生产过程中的安全和健康，在本年度或一定时期内根据需要而确定的改善劳动条件的项目和措施，是从全局出发的年度或数年间在安全技术工作上的规划。企业综合计划即生产、经营、财务计划的组成部分。

安全技术措施计划应纳入企业生产经营财务计划中。

要从实际出发，讲求实效。安全技术措施计划的内容既要使企业劳动条件符合国家法规和标准的要求，将确实需要改善的项目列入计划，又要结合企业生产、技术设备状况及人力、财力、物力的实际情况。区别轻重缓急，突出治理重点。对危害严重、危害区域大、涉及人员多的问题，要优先解决；对一时解决不了的，要制订规划分阶段治理。

要与技术改造、革新和工艺改造相结合。应抓住工艺改革、设备改造和技术革新的良好时机，达到事半功倍的效果。

要尽可能应用现代化技术和方法。要大力推广以无毒代有毒、以低毒代高毒的生产工艺和方法；尽可能采用机械化、自动化控制和操作，减轻工人劳动强度。

（2）编制安全技术措施计划的依据和内容。编制安全措施计划的依据是：党中央、国务院发布的有关安全生产的方针政策、法律法规等；国务院所属各部委与地方人民政府发布的行政法规和技术标准；在安全卫生检查中发现尚未解决的问题；因生产发展需要所应采取的安全技术与劳动卫生技术措施；安全技术革新的项目和职工提出的合理化建议。

编制安全技术措施需依据相关的政策、法规，并包含相应的内容：措施名称及所在工程队；目前安全生产状况及拟定采取的措施；所需资金、设备、材料及来源；项目完成后的预期效果；设计施工单位或负责人；开工及竣工日期。

工程项目建设中安全必须放在首位。安全是企业生产的保证。而安全管理要由安全管理组织落实实施。安全管理实施中首先要制订安全管理计划，这是安全管理实施的指导纲领。安全管理计划的重点是制订切实可行的安全技术措施。

10.2　建设工程安全管理

建设工程安全管理是项目管理中的一项重要内容，其主要包含对人、物、不安全因素的管理。主要包含安全隐患的消除，安全制度的建立，安全教育与培训及安全事故的分类和处理。

10.2.1　安全隐患

建设工程安全隐患包括三个部分的不安全因素：人的不安全因素、物的不安全状态和组织管理上的不安全因素。

（1）人的不安全因素。人的不安全因素，会导致系统发生故障或发生性能不良的事件的个人的不安全因素和违背安全要求的错误行为。

不安全因素包括人员的心理、生理、能力中所具有不能适应工作、作业岗位要求的影响安全的因素。

心理上的不安全因素有影响安全的性格、气质和情绪（如急躁、懒散、粗心等）。

生理上的不安全因素大致有 5 个方面：①视觉、听觉等感觉器官不能适应作业岗位要求的因素；②体能不能适应作业岗位要求的因素；③年龄不能适应作业岗位要求的因素；④有不适合作业岗位要求的疾病；⑤疲劳和酒醉或感觉朦胧。

能力上的不安全因素包括知识技能、应变能力、资格等不能适应工作和作业岗位要求的影响因素。

不安全行为。人的不安全行为是指造成事故的人为错误，是人为地使系统发生故障或发生性能不良事件，是违背设计和操作规程的错误行为。

不安全行为的类型有：①操作失误，忽视安全、忽视警告；②造成安全装置失效；③使用不安全设备；④手代替工具操作；⑤物体存放不当；⑥冒险进入危险场所；⑦攀坐不安全位置；⑧在起吊物下作业、停留；⑨在机器运转时进行检查、维修、保养；⑩有分散注意力的行为；⑪未正确使用个人防护用品、用具；⑫不安全装束；⑬对易燃易爆等危险物品处理错误。

（2）物的不安全状态。物的不安全状态是指能导致事故发生的物质条件，包括机械设备或环境所在的不安全因素。

不安全状态的内容：物本身存在的缺陷；防护保险方面的缺陷；物的放置方法的缺陷；作业环境场所的缺陷；外部的和自然界的不安全状态；作业方法导致的物的不安全状态；保护器具信号、标志和个体防护用品的缺陷。

不安全状态的类型：防护等装置缺陷；设备、设施等缺陷；个人防护用品缺陷；生产场地环境的缺陷。

（3）组织管理上的不安全因素。组织管理上的缺陷，也是事故潜在的不安全因素，作为间接的原因共有以下方面：技术上的缺陷；教育上的缺陷；生理上的缺陷；心理上的缺陷；管理工作上的缺陷；学校教育和社会、历史上的原因造成的缺陷。

10.2.2　安全制度

由于建设工程规模大、周期长、参与人数多、环境复杂多变，导致安全生产的难度很大。2017 年 2 月颁布的《中共中央国务院关于进一步加强城市规划建设管理工作的若干意见》和《国务院办公厅关于促进建筑业持续健康发展的意见》（国办发〔2017〕19 号）中强调，建设工程应完善工程质量安全管理制度，落实工程质量安全主体责任，强化工程质量安全监管，提高工程项目质量安全管理水平。因此，依据现行的法律法规，通过建立各项安全生产管理制度体系规范建设工程参与各方的安全生产行为，重大工程项目中进行风险评估或论证，在项目中将信息技术与安全生产深度融合，提高建设工程安全生产管理水平，防止和避免安全事故的发生是非常重要的。现阶段正在执行的主要安全生产管理制度包括：安全生产责任制度；安全生产许可证制度；政府安全生产监督检查制度；安全生产教育培训制度；安全措施计划制度；特种作业人员持证上岗制度；专项施工方案专家论证制度；危及施工安全工艺、设备、材料淘汰制度；施工起重机械使用登记制度；安全检查制度；生产安全事故报告和调查处理制度；"三同时"制度；安全预评价制度；意外伤害保险制度等。

（1）安全生产责任制度。安全生产责任制是最基本的安全管理制度，是所有安全生产管理制度的核心。安全生产责任制是按照安全生产管理方针和"管生产的同时必须管安全"的原则，将各级负责人、各职能部门及其工作人员和各岗位生产工人在安全生产方面应做的事情及应负的责任加以明确规定的一种制度。具体来说，就是将安全生产责任分解到相关单位的主要负责人、项目负责人、班组长以及每个岗位的作业人员身上。

根据《建设工程安全生产管理条例》和《建筑施工安全检查标准》（JGJ 59—2011）的相关规定，安全生产责任制度的主要内容如下：

安全生产责任制度主要包括企业主要负责人的安全责任，负责人或其他副职的安全责任，项目负责人（项目经理）的安全责任，生产、技术、材料等各职能管理负责人及其工作人员的安全责任，技术负责人（工程师）的安全责任、专职安全生产管理人员的安全责任，施工员的安全责任，班组长的安全责任和岗位人员的安全责任等。

项目应对各级、各部门安全生产责任制规定检查和考核办法，并按规定期限进行考核，对考核结果及兑现情况应有记录。

项目独立承包的工程在签订承包合同中必须有安全生产工作的具体指标和要求。工程由多单位施工时，总分包单位在签订分包合同的同时要签订安全生产合同（协议），签订合同前要检查分包单位的营业执照、企业资质证、安全资格证等。分包队伍的资质应与工程要求相符，在安全合同中应明确总分包单位各自的安全职责，原则上，实行总承包的由总承包单位负责，分包单位向总包单位负责，服从总包单位对施工现场的安全管理，分包单位在其分包范围内建立施工现场安全生产管理制度，并组织实施。

项目的主要工种应有相应的安全技术操作规程，砌筑、抹灰、混凝土、木工、电工、钢筋、机械、起重机驾驶人、信号指挥、脚手架、水暖、油漆、塔吊、电梯、电气焊等工种，特殊作业应另行补充。应将安全技术操作规程列为日常安全活动和安全教育的主要内容，并应悬挂在操作岗位前。

工程项目部专职安全人员的配备应按住房和城乡建设部规定，1 万 m^2 以下工程 1 人；1 万～5 万 m^2 的工程不少于 2 人；5 万 m^2 以上的工程不少于 3 人。

总之，企业实行安全生产责任制必须做到在计划、布置、检查、总结、评比生产的时候，同时计划布置、检查、总结、评比安全工作。其内容大体分为两个方面：纵向方面是各级人员的安全生产责任制，即从最高管理者、管理者代表到项目负责人（项目经理）、技术负责人（工程师）、专职安全生产管理人员、施工员、班组长和岗位人员等各级人员的安全生产责任制；横向方面是各个部门的安全生产责任制，即各职能部门（如安全环保、设备、技术、生产、财务等部门）的安全生产责任制。只有这样，才能建立健全安全生产责任制，做到群防群治。

（2）安全生产许可证制度。《安全生产许可证条例》规定国家对建筑施工企业实施安全生产许可证制度。其目的是严格规范安全生产条件，进一步加强安全生产监督管理，防止和减少生产安全事故。

国务院建设主管部门负责中央管理的建筑施工企业安全生产许可证的颁发和管理，其他企业由省、自治区，直辖市人民政府建设主管部门进行颁发和管理，并接受国务院建设主管部门的指导和监督。

企业取得安全生产许可证，应当具备下列安全生产条件：

建立、健全安全生产责任制，制订完备的安全生产规章制度和操作规程。

安全投入符合安全生产要求。

设置安全生产管理机构，配备专职安全生产管理人员。

主要负责人和安全生产管理人员经考核合格。

特种作业人员经有关业务主管部门考核合格，取得特种作业操作资格证书。

从业人员经安全生产教育和培训合格。

依法参加工伤保险，为从业人员缴纳保险费。

厂房、作业场所和安全设施、设备、工艺符合有关安全生产法律、法规、标准和规程的要求。

有职业危害防治措施，并为从业人员配备符合国家标准或者行业标准的劳动防护用品。

依法进行安全评价。

有重大危险源检测、评估、监控措施和应急预案。

有生产安全事故应急救援预案、应急救援组织或者应急救援人员，配备必要的应急救援器材、设备。

法律、法规规定的其他条件。

企业进行生产前，应当依照该条例的规定向安全生产许可证颁发管理机关申请领取安全生产许可证，并提供该条例第六条规定的相关文件、资料。安全生产许可证颁发管理机关应当自收到申请之日起 45 日内审查完毕，经审查符合该条例规定的安全生产条件的，颁发安全生产许可证；不符合该条例规定的安全生产条件的，不予颁发安全生产许可证，书面通知企业并说明理由。

安全生产许可证的有效期为 3 年。安全生产许可证有效期满需要延期的，企业应当于期满前 3 个月向原安全生产许可证颁发管理机关办理延期手续。

企业在安全生产许可证有效期内，严格遵守有关安全生产的法律法规，未发生死亡事故的，安全生产许可证有效期届满时，经原安全生产许可证颁发管理机关同意，不再审查。安全生产许可证有效期延期 3 年。

企业不得转让、冒用安全生产许可证或者使用伪造的安全生产许可证。

（3）特种作业人员持证上岗制度。《建设工程安全生产管理条例》第二十五条规定："垂直运输机械作业人员、起重机械安装拆卸工、爆破作业人员、起重信号工、登高架设作业人员等特种作业人员，必须按照国家有关规定经过专门的安全作业培训，并取得特种作业操作资格证书后，方可上岗作业。"

专门的安全作业培训，是指由有关主管部门组织的专门针对特种作业人员的培训，也就是特种作业人员在独立上岗作业前，必须进行与本工种相适应的、专门的安全技术理论学习和实际操作训练。经培训考核合格，取得特种作业操作证后，才能上岗作业。特种作业操作证在全国范围内有效，离开特种作业岗位 6 个月以上的特种作业人员，应当重新进行实际操作考试，经确认合格后方可上岗作业。对于未经培训考核，即从事特种作业的。条例第六十二条规定了行政处罚；造成重大安全事故，构成犯罪的，对直接责任人员，依照刑法的有关规定追究刑事责任。

（4）专项施工方案论证制度。依据《建设工程安全生产管理条例》第二十六条的规定：施工单位应当在施工组织设计中编制安全技术措施和施工现场临时用电方案，对下列达到一定规模的危险性较大的分部分项工程编制专项施工方案，并附具安全验算结果，经施工单位技术负责人、总监理工程师签字后实施，由专职安全生产管理人员进行现场监督，包括基坑支护与降水工程；土方开挖工程；模板工程；起重吊装工程；脚手架工程；拆除、爆破工程；国务院建设行政主管部门或者其他有关部门规定的其他危险性较大的工程。

对上述所列工程中涉及深基坑、地下暗挖工程、高大模板工程的专项施工方案，施工单位还应当组织专家进行论证、审查。

（5）"三同时"制度。"三同时"制度是指凡是我国境内新建、改建、扩建的基本建设项目（工程），技术改建项目（工程）和引进的建设项目，其安全生产设施必须符合国家规定的标准，必须与主体工程同时设计、同时施工、同时投入生产和使用。安全生产设施主要是指安全技术方面的设施、职业卫生方面的设施、生产辅助性设施。

《中华人民共和国劳动法》第五十三条规定："新建、改建、扩建工程的劳动安全卫生设施必须与主体工程同时设计、同时施工、同时投入生产和使用"。

《中华人民共和国安全生产法》第二十八条规定："生产经营单位新建、改建、扩建工程项目的安全设施，必须与主体工程同时设计、同时施工、同时投入生产和使用。安全设施投资应当纳入建设项目概算。"

新建、改建、扩建工程的初步设计要经过行业主管部门、安全生产管理部门、卫生部门和工会的审批，同意后方可进行施工；工程项目完成后，必须经过主管部门、安全生产管理行政部门、卫生部门和工会的竣工验收；建设工程项目投产后，不得将安全设施闲置不用，生产设施必须和安全设施同时使用。

10.2.3　安全教育与培训

企业安全生产教育培训一般包括对管理人员、特种作业人员和企业员工的安全教育。

（1）管理人员安全教育与培训。

1）企业领导的安全教育。企业法定代表人安全教育的主要内容包括：国家有关安全生产的方针、政策、法律、法规及有关规章制度；安全生产管理职责、企业安全生产管理知识及安全文化；有关事故案例及事故应急处理措施等。

2）项目经理、技术负责人和技术干部的安全教育主要内容包括：安全生产方针、政策和法律；项目经理部安全生产责任；典型事故案例的分析；本系统安全及其相应的安全技术知识。

3）行政管理干部的安全教育主要内容包括：安全生产方针、政策和法律、法规；基本的安全技术知识；本职的安全生产责任。

4）企业安全管理人员的安全教育内容应包括：国家有关安全生产的方针，政策、法律、法规和安全生产标准；企业安全生产管理，安全技术、职业病知识、安全文件；员工伤亡事故和职业病统计报告及调查处理程序；有关事故案例及事故应急处理措施。

5）班组长和安全员的安全教育内容包括：安全生产法律、法规、安全技术及技能、职业病和安全文化的知识；本企业、本班组和工作岗位的危险因素、安全注意事项；本岗位安全生产职责；典型事故案例；事故抢救与应急处理措施。

（2）特种作业人员的安全教育。特种作业人员必须经专门的安全技术培训并考核合格，取得《中华人民共和国特种作业操作证》后，方可上岗作业。

特种作业人员应当接受与其所从事的特种作业相应的安全技术理论培训和实际操作培训。已经取得职业高中、技工学校及中专以上学历的毕业生从事与其所学专业相应的特种作业，持学历证明经考核发证机关同意，可以免于相关专业的培训。

跨省、自治区、直辖市从业的特种作业人员，可以在户籍所在地或者从业所在地参加培训。

（3）企业员工的安全教育。企业员工的安全教育主要有新员工上岗前的三级安全教育、改变工艺和变换岗位安全教育、经常性安全教育三种形式。

新员工上岗前的三级安全教育。三级安全教育通常是指进厂、进车间、进班组三级，对建设工程来说，具体指企业（公司）、项目（或工区、工程处、施工队）、班组三级。

企业新员工上岗前必须进行三级安全教育，企业新员工须按规定通过三级安全教育和实际操作训练，并经考核合格后方可上岗。

企业（公司）级安全教育由企业主管领导负责，企业职业健康安全管理部门会同有关部门组织实施，内容应包括安全生产法律、法规，通用安全技术、职业卫生和安全文化的基本知识，本企业安全生产规章制度及状况、劳动纪律和有关事故案例等内容。

项目（或工区、工程处、施工队）级安全教育由项目级负责人组织实施，专职或兼职安全员协助，内容包括工程项目的概况，安全生产状况和规章制度，主要危险因素及安全事项，预防工伤事故和职业病的主要措施，典型事故案例及事故应急处理措施等。

班组级安全教育由班组长组织实施，内容包括遵章守纪，岗位安全操作规程。岗位间工作衔接配合的安全生产事项，典型事故及发生事故后应采取的紧急措施，劳动防护用品（用具）的性能及正确使用方法等内容。

改变工艺和变换岗位时的安全教育。在企业改变生产工艺或者人员调整岗位时，通常涉及不同的安全要求，必须加以重视。

企业（或工程项目）在实施新工艺、新技术或使用新设备、新材料时，必须对有关人员进行相应级别的安全教育，要按新的安全操作规程教育和培训参加操作的岗位员工和有关人员，使其了解新工艺、新设备、新产品的安全性能及安全技术，以适应新的岗位作业的安全要求。

当组织内部员工发生从一个岗位调到另外一个岗位，或从某工种改变为另一工种，或因放长假离岗一年以上重新上岗的情况，企业必须进行相应的安全技术培训和教育，以使其掌握现岗位安全生产特点和要求。

经常性安全教育。无论何种教育都不可能是一劳永逸的，安全教育同样如此，必须坚持不懈、经常不断地进行，这就是经常性安全教育。在经常性安全教育中，安全思想、安全态度教育最重要。进行安全思想、安全态度教育，要通过采取多种多样形式的安全教育活动，激发员工搞好安全生产的热情，促使员工重视和真正实现安全生产。经常性安全教育的形式有：每天的班前班后会上说明安全注意事项；安全活动日；安全生产会议；事故现场会；张贴安全生产招贴画、宣传标语及标志等。

10.2.4　安全事故分类和处理

安全事故是指生产经营单位在生产经营活动（包括与生产经营有关的活动）中突然发生的，伤害人身安全和健康，或者损坏设备设施，或者造成经济损失的，导致原生产经营活动（包括与生产经营活动有关的活动）暂时中止或永远终止的意外事件。

（1）职业伤害事故的分类。职业伤害事故，又称工伤事故。

按照事故发生的原因分类。按照我国《企业职工伤亡事故分类》（GB 6441—1986）规定，职业伤害事故分为 20 类，其中与建筑业有关的有以下 12 类：物体打击、车辆伤害、机械伤害、起重伤害、触电、灼烫、火灾、高处坠落、坍塌、火药爆炸、中毒和窒息、其他伤害等。

以上 12 类职业伤害事故中，在建设工程领域中最常见的是高处坠落、物体打击、机械伤害、触电、坍塌、中毒、火灾 7 类。

按事故严重程度分类。我国《企业职工伤亡事故分类》（GB 6441—1986）规定，按事故严重程度分类，事故分为：

轻伤事故，是指造成职工肢体或某些器官功能性或器质性轻度损伤，能引起劳动能力轻度或暂时丧失的伤害的事故，一般每个受伤人员休息 1 个工作日以上（含 1 个工作日），105 个工作日以下。

重伤事故，一般指受伤人员肢体残缺或视觉、听觉等器官受到严重损伤，能引起人体长期存在功能障碍或劳动能力有重大损失的伤害，或者造成每个受伤人损失 105 工作日以上（含 105 个工作日）的失能伤害的事故。

死亡事故，其中，重大伤亡事故指一次事故中死亡 1～2 人的事故；特大伤亡事故指一次事故死亡 3 人以上（含 3 人）的事故。

按事故造成的人员伤亡或者直接经济损失分类。依据 2007 年 6 月 1 日起实施的《生产安全事故报告和调查处理条例》规定，按生产安全事故（简称事故）造成的人员伤亡或者直接经济损失，事故分为：

特别重大事故，是指造成 30 人以上死亡，或者 100 人以上重伤（包括急性工业中毒，下间），或者 1 亿元以上直接经济损失的事故。

重大事故，是指造成 10 人以上 30 人以下死亡，或者 50 人以上 100 人以下重伤，或者 5000 万元以上 1 亿元以下直接经济损失的事故。

较大事故，是指造成 3 人以上 10 人以下死亡，或者 10 人以上 50 人以下重伤。或者 1000 万元以上 5000 万元以下直接经济损失的事故。

一般事故，是指造成 3 人或 3 人以下死亡，或者 10 人或 10 人以下重伤，或者 1000 万元以下直接经济损失的事故。

目前，在建设工程领域中，判别事故等级较多采用的是《生产安全事故报告和调查处理条例》。

（2）建设工程安全事故的处理原则。一旦事故发生，通过应急预案的实施，尽可能防止事态的扩大和减少事故的损失。通过事故处理程序，查明原因，制订相应的纠正和预防措施，避免类似事故的再次发生。

事故处理的原则（"四不放过"原则），国家对发生事故后的"四不放过"处理原则，其具体内容如下：

事故原因未查清不放过，要求在调查处理伤亡事故时，首先要把事故原因分析清楚，找出导致事故发生的真正原因，未找到真正原因决不轻易放过。直到找到真正原因并搞清各因素之间的因果关系才算达到事故原因分析的目的。

事故责任人未受到处理不放过，这是安全事故责任追究制的具体体现，对事故责任者要严格按照安全事故责任追究的法律法规的规定进行严肃处理。不仅要追究事故直接责任人的责任，同时要追究有关负责人的领导责任。当然，处理事故责任者必须谨慎，避免事故责任追究的扩大化。

事故责任人和周围群众没有受到教育不放过，使事故责任者和广大群众了解事故发生的原因及所造成的危害，并深刻认识到搞好安全生产的重要性，从事故中吸取教训，提高安全意识，改进安全管理工作。

事故没有制订切实可行的整改措施不放过，必须针对事故发生的原因，提出防止相同或类似事故发生的切实可行的预防措施，并督促事故发生单位加以实施。只有这样，才算达到了事故调查和处理的最终目的。

（3）建设工程安全事故的处理程序。建设工程安全事故处理措施，发生事故，相关部门应该按照事故预案妥善处理。

按规定向有关部门报告事故情况：事故发生后，事故现场有关人员应当立向本单位负责人报告；单位负责人接到报告后，应当于 1h 内向事故发生地县级以上人民政府安全生产监督管理部门和负有安全生产监督管理职责的有关部门报告，并有组织、有指挥地抢救伤员、排除险情；应当防止人为或自然因素的破坏，便于事故原因的调查。

各个行业的建设施工中出现了安全事故，都应当向建设行政主管部门报告。专业工程出现安全事故，还需要向有关行业主管部门报告。情况紧急时，事故现场有关人员可以直接向事故发生地县级以上人民政府安全生产监督管理部门和负有安全生产监督管理职责的有关部门报告。安全生产监督管理部门和负有安全生产监督管理职责的有关部门接到事故报告后，应当依照下列规定上报事故情况，并通知公安机关、劳动保障行政部门、工会和人民检察院。

特别重大事故、重大事故逐级上报至国务院安全生产监督管理部门和负有安全生产监督管理职责的有关部门。较大事故逐级上报至省、自治区、直辖市人民政府安全生产监督管理部门和负有安全生产监督管理职责的有关部门。一般事故上报至设区的市级人民政府安全生产监督管理部门和负有安全生产监督管理职责的有关部门。

安全生产监督管理部门和负有安全生产监督管理职责的有关部门依照前款规定上报事故情况，应当同时报告本级人民政府。国务院安全生产监督管理部门和负有安全生产监督管理职责的有关部门以及省级人民政府接到发生特别重大事故、重大事故的报告后，应当立即报告国务院。必要时，安全生产监督管理部门和负有安全生产监督管理职责的有关部门可以越级上报事故情况。安全生产监督管理部门和负有安全生产监督管理职责的有关部门逐级上报事故情况，每级上报的时间不得超过 2h。事故报告后出现新情况的，应当及时补报。

组织调查组，开展事故调查：特别重大事故由国务院或者国务院授权有关部门组织事故调查组进行调查。重大事故、较大事故、一般事故分别由事故发生地省级人民政府、设区的市级人民政府、县级人民政府负责调查。省级人民政府、设区的市级人民政府、县级人民政府可以直接组织事故调查组进行调查也可以授权或者委托有关部门组织事故调查组进行调查。未造成人员伤亡的一般事故，县级人民政府也可以委托事故发生单位组织事故调查组进行调查。

事故调查组有权向有关单位和个人了解与事故有关的情况，并要求其提供相关文件、资料，有关单位和个人不得拒绝。事故发生单位的负责人和有关人员在事故调查期间不得擅离职守，并应当随时接受事故调查组的询问，如实提供有关情况。事故调查中发现涉嫌犯罪的，事故调查组应当及时将有关材料或者其复印件移交司法机关处理。

现场勘查：事故发生后，调查组应迅速到现场进行及时、全面、准确和客观的勘查，包括现场笔录、现场拍照和现场绘图。

分析事故原因：通过调查分析，查明事故经过，按受伤部位、受伤性质、起因物、致害物、伤害方法、不安全状态、不安全行为等，查清事故原因，包括人、物、生产管理和技术管理等方面的原因。通过直接和间接的分析，确定事故的直接责任者、间接责任者和主要责任者。

制订预防措施：根据事故原因分析，制订防止类似事故再次发生的预防措施。根据事故后果和事故责者应负的责任提出处理意见。

提交事故调查报告：事故调查组应当自事故发生之日起 60d 内提交事故调查报告；特殊情况下，经负责事故调查的人民政府批准，提交事故调查报告的期限可以适当延长，但延长的期限最长不超过 60d。事故调查报告应当包括下列内容：事故发生单位概况；事故发生经过和事故救援情况；事故造成的人员伤亡和直接经济损失；事故发生的原因和事故性质；事故责任的认定以及对事故责任者的处理建议；事故防范和整改措施；事故的审理和结案。重大事故、较大事故、一般事故，负责事故调查的人民政府应当自收到事故调查报告之日起 15d 内作出批复；特别重大事故，30d 内作出批复，特殊情况下，批复时间可以适当延长，但延长的时间最长不超过 30d。

有关机关应当按照人民政府的批复，依照法律、行政法规规定的权限和程序，对事故发生单位和有关人员进行行政处罚，对负有事故责任的国家工作人员进行处分。事故发生单位应当按照负责事故调查的人民政府的批复，对本单位负有事故责任的人员进行处理。负有事故责任的人员涉嫌犯罪的，依法追究刑事责任。

事故处理的情况由负责事故调查的人民政府或者其授权的有关部门、机构向社会公布，依法应当保密的除外。事故调查处理的文件记录应长期完整地保存。

建设工程安全隐患包括人的不安全因素、物的不安全状态、组织管理上的不安全因素。安全生产责任制是所有安全生产管理制度的核心。企业的安全教育包含各层次的安全教育。安全事故的处理应该按照四不放过的原则。

10.3　建设工程环境管理

环境保护是我国的一项基本国策。环境管理的目的是保护生态环境，使社会的经济发展与人类的生存环境相协调。对于建设工程项目，环境保护主要是指保护和改善施工现场的环境。企业应当遵照国家和地方的相关法律法规以及行业和企业自身的要求，采取措施控制施工现场的各种粉尘、废水、废气、固体废弃物以及噪声、振动对环境的污染和危害，并且要注意节约资源和避免资源的浪费。

10.3.1　文明施工

文明施工是指保持施工现场良好的作业环境、卫生环境和工作秩序。因此，文明施工也是保护环境的一项重要措施。文明施工主要包括：规范施工现场的场容，保持作业环境的整洁卫生；科学组织施工，使生产有序进行；减少施工对周围居民和环境的影响；遵守施工现场文明施工的规定和要求，保证职工的安全和身体健康。

文明施工可以适应现代化施工的客观要求，有利于员工的身心健康，有利于培养和提高施工队伍的整体素质，促进企业综合管理水平的提高，提高企业的知名度和市场竞争力。

依据我国相关标准，文明施工的要求主要包括现场围挡、封闭管理、施工场地、材料堆放、现场住宿、现场防火、治安综合治理、施工现场标牌、生活设施、保健急救、社区服务11 项内容。总体上应符合以下要求：

有整套的施工组织设计或施工方案，施工总平面布置紧凑，施工场地规划合理，符合环保、市容、卫生的要求。

有健全的施工组织管理机构和指挥系统，岗位分工明确；工序交叉合理，交接责任明确。

有严格的成品保护措施和制度，大小临时设施和各种材料构件、半成品按平面布置堆放整齐。

施工场地平整，道路畅通，排水设施得当，水电线路整齐，机具设备状况良好，使用合理，施工作业符合消防和安全要求。

做好环境卫生管理，包括施工区、生活区环境卫生和食堂卫生管理。

文明施工应贯穿施工结束后的清场。

实现文明施工，不仅要抓好现场的场容管理，而且还要做好现场材料、机械、安全、技术、保卫、消防和生活卫生等方面的工作。

项目文明施工是指保持施工场地整洁、卫生，施工组织科学，施工程序合理的一种施工活动。实现文明施工，不仅要着重做好现场的场容管理工作，而且还要相应做好现场材料、设备、安全、技术、保卫、消防和生活卫生等方面的管理工作。

（1）建立文明施工的管理组织，应确立项目经理为现场文明施工的第一责任人，以各专业工程师、施工质量、安全、材料、保卫等现场项目经理部人员为成员的施工现场文明管理组织，共同负责本工程现场文明施工工作。

（2）健全文明施工的管理制度，包括建立各级文明施工岗位责任制，将文明施工工作考核列入经济责任制，建立定期的检查制度，实行自检、互检、交接检制度，建立奖惩制度，开展文明施工立功竞赛，加强文明施工教育培训等。

10.3.2　文明施工措施

针对现场文明施工的各项要求，落实相应的各项管理措施。

（1）施工平面布置。施工总平面图是现场管理、实现文明施工的依据。施工总平面图应对施工机械设备、材料和构配件的堆场、现场加工场地，以及现场临时运输道路、临时供水供电线路和其他临时设施进行合理布置，并随工程实施的不同阶段进行场地布置和调整。

（2）现场围挡、标牌。现场围挡、标牌应设置科学、合理。

施工现场必须实行封闭管理，设置进出口大门，制订门卫制度，严格执行外来人员进场登记制度。沿工地四周连续设置围挡，市区主要路段和其他涉及市容景观路段的工地设置围挡的高度不低于 2.5m，其他工地的围挡高度不低于 1.8m，围挡材料要求坚固、稳定、统一整齐、美观。

施工现场必须设有"五牌一图"，即工程概况牌、管理人员名单及监督电话牌、消防保卫（防火责任）牌、安全生产牌、文明施工牌和施工现场总平面图。

施工现场应合理悬挂安全生产宣传和警示牌，标牌悬挂牢固可靠，特别是主要施工部位、作业点和危险区域以及主要通道口都必须有针对性地悬挂醒目的安全警示牌。

（3）施工场地环境。施工场地的布置本着快速、安全、实用的原则；同时兼具环保的要求。

施工现场应积极推行硬地坪施工，作业区、生活区主干道地面必须用一定厚度的混凝土硬化，场内其他道路地面也应做硬化处理。

施工现场道路畅通、平坦、整洁、无散落物。

施工现场设置排水系统，排水畅通，不积水。

严禁泥浆、污水、废水外流或未经允许排入河道，严禁堵塞下水道和排水河道。

施工现场适当地方设置吸烟处，作业区内禁止随意吸烟。

积极美化施工现场环境，根据季节变化，适当进行绿化布置。

（4）材料堆放、周转设备管理。材料堆放根据施工布置及施工进度动态布置。

建筑材料、构配件、料具必须按施工现场总平面布置图堆放，布置合理。

建筑材料、构配件及其他料具等必须做到安全、整齐堆放（存放），不得超高。堆料分门别类，悬挂标牌，标牌应统一制作，标明名称、品种、规格数量等。

建立材料收发管理制度，仓库、工具间材料堆放整齐，易燃易爆物品分类堆放，专人负责，确保安全。

施工现场建立清扫制度，落实到人，做到工完料尽场地清，车辆进出场应有防泥带出措施。建筑垃圾及时清运，临时存放现场的也应集中堆放整齐、悬挂标牌。不用的施工机具和设备应及时出场。

施工设施、大模板、砖夹等，集中堆放整齐；大模板成对放稳，角度正确，钢模及零配件、脚手扣件分类分规格，集中存放。竹木杂料，分类堆放、规则成方、不散不乱、不作他用。

（5）现场生活设施。生活设施一般应与施工区域分开；同时满足安全、环保的要求。

施工现场作业区与办公、生活区必须明显划分，确因场地狭窄不能划分的，要有可靠的隔离栏防护措施。

宿舍内应确保主体结构安全，设施完好。宿舍周围环境应保持整洁、安全。

宿舍内应有保暖、消暑、防煤气中毒、防蚊虫叮咬等措施。严禁使用煤气灶、煤油炉、电饭煲、热得快、电炒锅、电炉等器具。

食堂应有良好的通风和洁卫措施，保持卫生整洁，炊事员持健康证上岗。

建立现场卫生责任制，设卫生保洁员。

施工现场应设固定的男、女简易淋浴室和厕所，并要保证结构稳定、牢固和防风雨。并实行专人管理、及时清扫，保持整洁，要有防止蚊蝇滋生措施。

（6）现场消防、防火措施。消防管理是安全管理的重要组成部分。

现场建立消防管理制度，建立消防领导小组，落实消防责任制和责任人员，做到思想重视、措施跟上、管理到位。

定期对有关人员进行消防教育，落实消防措施。

现场必须有消防平面布置图，临时设施按消防条例有关规定搭设，做到标准规范。

易燃易爆物品堆放间、油漆间、木工间、总配电室等消防防火重点部位要按规定设置灭火机和消防沙箱，并有专人负责，对违反消防条例的有关人员进行严肃处理。

施工现场用明火做到严格按动用明火规定执行，审批手续齐全。

（7）医疗急救。展开卫生防病教育，准备必要的医疗设施，配备经过培训的急救人员，有急救措施、急救器材和保健医药箱。在现场办公室的显著位置张贴急救车和有关医院的电话号码等。

（8）治安管理。治安是维护工地高效、有序运转的重要部分。

建立现场治安保卫领导小组，有专人管理。

新入场的人员做到及时登记，做到合法用工。

按照治安管理条例和施工现场的治安管理规定搞好各项管理工作。

建立门卫值班管理制度，严禁无证人员和其他闲杂人员进入施工现场，避免安全事故和失盗事件的发生。

（9）建立检查考核制度。对于建设工程文明施工，国家和各地大多制订了标准或规定，也有比较成熟的经验。在实际工作中，项目应结合相关标准和规定建立文明施工考核制度，推进各项文明施工措施的落实。

建立宣传教育制度。现场宣传安全生产、文明施工、国家大事、社会形势、企业精神、优秀事迹等。

坚持以人为本，加强管理人员和班组文明建设。教育职工遵纪守法，提高企业体管理水平和文明素质。

主动与有关单位配合，积极开展共建文明活动，树立企业良好的社会形象。

（10）建设工程施工现场环境保护的措施。工程建设过程中的污染主要包括对施工场界内的污染和对周围环境的污染。对施工场界内的污染防治属于职业健康安全问题，而对周围环境的污染防治是环境保护的问题。

建设工程环境保护措施主要包括大气污染的防治、水污染的防治：噪声污染的防治、固体废弃物的处理以及文明施工措施等。

10.3.3　现场环境保护的要求

建设工程项目必须满足有关环境保护法律法规的要求，在施工过程中注意环境保护，企业发展，员工健康和社会文明有重要意义。

环境保护是按照法律法规、各级主管部门和企业的要求，保护和改善作业现场的环境，控制现场的各种粉尘、废水、废气、固体废弃物、噪声、振动等对环境的污染和危害。环境保护也是文明施工的重要内容之一。

（1）建设工程施工现场环境保护。根据《中华人民共和国环境保护法》和《中华人民共和国环境影响评价法》的有关规定，建设工程项目对环境保护的基本要求如下：

涉及依法划定的自然保护区、风景名胜区、生活饮用水水源保护区及其他需要特别保护的区域时，应当符合国家有关法律法规及该区域内建设工程项目环境管理的规定，不得建设污染环境的工业生产设施；建设的工程项目设施的污染物排放不得超过规定的排放标准。已经建成的设施，其污染物排放超过排放标准的，限期整改。

开发利用自然资源的项目，必须采取措施保护生态环境。

建设工程项目选址、选线、布局应当符合区域、流域规划和城市总体规划。

应满足项目所在区域环境质量、相应环境功能区划和生态功能区划标准或要求。

拟采取的污染防治措施应确保污染物排放达到国家和地方规定的排放标准，满足污染物总量控制要求；涉及可能产生放射性污染的，应采取有效预防和控制放射性污染措施。

建设工程应当采用节能、节水等有利于环境与资源保护的建筑设计方案、建筑材料、装修材料、建筑构配件及设备。建筑材料和装修材料必须符合国家标准。禁止生产、销售和使用有毒、有害物质超过国家标准的建筑材料和装修材料。

尽量减少建设工程施工中所产生的干扰周围生活环境的噪声。

应采取生态保护措施，有效预防和控制生态破坏

对环境可能造成重大影响，应当编制环境影响报告书的建设工程项目，可能严重影响项目所在地居民生活环境质量的建设工程项目，以及存在重大意见分歧的建设工程项目，环保部门可以举行听证会，听取有关单位、专家和公众的意见，并公开听证结果，说明对有关意见采纳或不采纳的理由。

建设工程项目防治污染的设施，必须与主体工程同时设计、同时施工、同时投产使用。防治污染的设施必须经原审批环境影响报告书的环境保护行政主管部门验收合格后，该建设工程项目方可投入生产或者使用。防治污染的设施不得擅自拆除或者闲置，确有必要拆除或者闲置的，必须征得所在地的环境保护行政主管部门同意。

新建工业企业和现有工业企业的技术改造，应当采取资源利用率高、污染物排放量少的设备和工艺，采用经济合理的废弃物综合利用技术和污染物处理技术。

排放污染物的单位，必须依照国务院环境保护行政主管部门的规定申报登记。

禁止引进不符合我国环境保护规定要求的技术和设备。

任何单位不得将产生严重污染的生产设备转移给没有污染防治能力的单位使用。

《中华人民共和国海洋环境保护法》规定：在进行海岸工程建设和海洋石油勘探开发时，必须依照法律的规定，防止对海洋环境的污染损害。

（2）大气污染的防治。大气污染是指大气中污染物质的浓度达到有害程度，以至破坏生态系统和人类正常生存和发展的条件，对人和物造成危害的现象。

大气污染物的分类，大气污染物的种类有数千种，已发现有危害作用的有100多种，其中大部分是有机物。大气污染物通常以气体状态和粒子状态存在于空气中。

大气污染是环境保护中重要的一环，施工企业要对其重视起来，以下的措施可以起到一定防治作用。

施工现场垃圾渣土要及时清理出现场。

高大建筑物清理施工垃圾时，要使用封闭式的容器或者采取其他措施处理高空废弃物，严禁凌空随意抛撒。

施工现场道路应指定专人定期洒水清扫，形成制度，防止道路扬尘。

对于细颗粒散体材料（水泥、粉煤灰、白灰等）的运输、储存要注意遮盖密封，防止和减少飞扬。

车辆开出工地要做到不带泥沙，基本做到不撒土、不扬尘，减少对周围环境污染。

除设有符合规定的装置外，禁止在施工现场焚烧油毡、橡胶、塑料、皮革、树叶、枯草、各种包装物等废弃物品以及其他会产生有毒、有害烟尘和恶臭气体的物质。

机动车都要安装减少尾气排放的装置，确保符合国家标准。

工地茶炉应尽量采用电热水器。若只能使用烧煤茶炉和锅炉时，应选用消烟除尘型茶炉和锅炉，大灶应选用消烟节能回风炉灶，使烟尘降至允许排放范围。

大城市市区的建设工程已不容许搅拌混凝土。在容许设置搅拌站的工地，应将搅拌站封闭严实，并在进料仓上方安装除尘装置，采用可靠措施控制工地粉尘污染。

拆除既有建筑物时，应当洒水，防止扬尘。

（3）水污染的防治。根据《水污染防治法》，施工现场水污染的防治也是环境保护的重要组成部分。

水污染的主要来源如下。

工业污染源：各种工业废水向自然水体的排放。

生活污染源：主要有食物废渣、食油、粪便、合成洗涤剂、杀虫剂、病原微生物等。

农业污染源：主要有化肥、农药等。

施工现场废水和固体废物随水流流入水体部分，包括泥浆、水泥、油漆、各种油类、混凝土添加剂、重金属、酸碱盐、非金属无机毒物等。

施工过程水污染的防治措施有：

禁止将有毒有害废弃物作土方回填。

施工现场搅拌站废水，现制水磨石的污水，电石（碳化钙）的污水必须经沉淀池沉淀合格后再排放，最好将沉淀水用于工地洒水降尘或采取措施回收利用。

现场存放油料，必须对库房地面进行防渗处理，如采用防渗混凝土地面、铺油毡等措施。使用时，要采取防止油料跑、冒、滴、漏的措施，以免污染水体。

施工现场 100 人以上的临时食堂，污水排放时可设置简易有效的隔油池，定期清理，防止污染。

工地临时厕所、化粪池应采取防渗漏措施。中心城市施工现场的临时厕所可采用水冲式厕所，并有防蝇灭蛆措施，防止污染水体和环境。

化学用品、外加剂等要妥善保管，库内存放，防止污染环境。

（4）噪声污染的防治。建筑施工噪声：指在建筑施工过程中产生的干扰周围生活环境的声音。

噪声的分类，按噪声来源可分为交通噪声（如汽车、火车、飞机等）、工业噪声（如鼓风机、汽轮机、冲压设备等）、建筑施工的噪声（如打桩机、推土机、混凝土搅拌机等发出的声音）、社会生活噪声（如高音喇叭、收音机等）。噪声妨碍人们正常休息、学习和工作，为防止噪声扰民，应控制人为强噪声。

根据国家标准《建筑施工场　环境噪声排放标准》（GB 12523—2011）的要求，对建筑施工过程中场界环境噪声排放限值见表 10-1。

表 10-1　　　　　　　　建筑施工场界噪声排放限值表　　　　　　单位：dB（A）

昼间	夜间
70	55

施工现场噪声的控制措施，噪声控制技术可从声源、传播途径、接收者防护等方面来考虑。

声源控制：声源上降低噪声，这是防止噪声污染的最根本的措施。尽量采用低噪声设备和加工工艺代替高噪声设备与加工工艺，如低噪声振捣器风机、电动空气压缩机、电锯等。在声源处安装消声器消声，即在通风机、鼓风机、压缩机、燃气机、内燃机及各类排气放空装置等进出风管的适当位置设置消声器。

传播途径的控制。吸声：利用吸声材料（大多由多孔材料制成）或由吸声结构形成的共振结构（金属或木质薄板钻孔制成的空腔体）吸收声能，降低噪声。隔声：应用隔声结构，阻碍噪声向空间传播，将接收者与噪声声源分隔。隔声结构包括隔声室、隔声罩、隔声屏障、隔声墙等。消声：利用消声器阻止传播。允许气流通过的消声降噪是防治空气动力性噪声的主要装置。如对空气压缩机、内燃机产生的噪声等。

减振降噪：对来自振动引起的噪声，通过降低机械振动减小噪声，如将阻尼材料涂在振动源上，或改变振动源与其他刚性结构的连接方式等。

接收者的防护：让处于噪声环境下的人员使用耳塞、耳罩等防护用品，减少相关人员在噪声环境中的暴露时间，以减轻噪声对人体的危害。

严格控制人为噪声：进入施工现场不得高声喊叫、无故甩打模板、乱吹哨，限制高音喇叭的使用，最大限度地减少噪声扰民。凡在人口稠密区进行强噪声作业时，须严格控制作业时间，一般晚10点到次日早6点之间停止强噪声作业。确系特殊情况必须昼夜施工时，尽量采取降低噪声措施，并会同建设单位找当地居委会、村委会或当地居民协调，出安民告示，求得群众谅解。

（5）固体废物的处理。建设工程施工工地上常见的固体废物。

建筑渣土：包括砖瓦、碎石、渣土、混凝土碎块、废钢铁、碎玻璃、废屑、废弃装饰材料等。

废弃的散装大宗建筑材料：包括水泥、石灰等。

生活垃圾：包括炊厨废物、丢弃食品、废纸、生活用具、废电池、废日用品玻璃、陶瓷碎片、废塑料制品、煤灰液、废交通工具等。

设备、材料等的包装材料。

粪便。

固体废物的处理和处置。固体废物处理的基本思想是：采取资源化、减量化和无害化的处理，对固体废物产生的全过程进行控制。固体废物的主要处理方法如下。

回收利用：回收利用是对固体废物进行资源化的重要手段之一。粉煤灰在建设工程领域的广泛应用就是对固体废弃物进行资源化利用的典型范例。又如发达国家炼钢原料中有70%是利用回收的废钢铁，所以，钢材可以看成是可再生利用的建筑材料。

减量化处理：减量化是对已经产生的固体废物进行分选、破碎，压实浓缩，脱水等减少其最终处置量，减低处理成本，减少对环境的污染，在减量化处理的过程中，也包括和其他处理技术相关的工艺方法，如焚烧、热解、堆肥等。

焚烧：焚烧用于不适合再利用且不宜直接予以填埋处置的废物，除有符合规定的装置外，不得在施工现场熔化沥青和焚烧油毡、油漆，亦不得焚烧其他可产生有毒有害和恶臭气体的废弃物。垃圾焚烧处理应使用符合环境要求的处理装置，避免对大气的二次污染。

稳定和固化：稳定和固化处理是利用水泥、沥青等胶结材料，将松散的废物胶结包裹起来，减少有害物质从废物中向外迁移、扩散，使得废物对环境的污染减少。

填埋：填埋是固体废物经过无害化、减量化处理的废物残渣集中到填埋场进行处置。禁止将有毒有害废弃物现场填埋，填埋场应利用天然或人工屏障。尽量使需处置的废物与环境隔离，并注意废物的稳定性和长期安全性。

文明施工是保护环境的一项重要措施。在施工过程中注意环境保护，保护和改善作业现场的环境，企业发展、员工健康和社会文明才有意义。

10.4　案　　　例

安全管理是项目管理的重要内容，也是企业长期发展的重要支撑。

【案例 1】　湘湖站为杭州地铁一号线的起始站，车站为南北向，总长 934.5m，标准宽 20.5m，为 12m 宽岛式站台车站。车站全长分为 8 个基坑，发生事故的为南北走向的 2 号基坑，该基坑长 107.8m，宽 21.05m，基坑深度 15.7～16.3m。

2008 年 11 月 15 日 15：15 左右，北 2 基坑西侧风情大道发生大面积地面塌陷事故。塌陷面积长 75m，宽约 20m，深 15m，11 辆以上行进中的汽车坠入塌陷处，坍塌口至少埋压 50 余人，造成 21 人死亡、重伤 1 人、轻伤 3 人，直接经济损失 4962 万余元。这是中国地铁建设史上伤亡最严重的一次事故。

由事故现场图片可以分析得知，施工基坑采用明挖法，挡土结构为地下连续墙，支护结构采用钢支撑，基坑坍塌导致几乎所有支撑都发生破坏，从而导致了严重的事故。

事故暴露的五个方面的问题：一是企业安全生产责任不落实，管理不到位；二是对发现的事故隐患治理不坚决不及时、不彻底；三是对施工人员的安全技术培训流于形式，甚至不培训就上岗；四是劳务用工管理不规范，现场管理混乱；五是地方政府有关部门监管不力。

小结：落实企业安全生产责任制对于企业来说不但重要，而且对于企业长期发展来说是非常有必要的。

【案例 2】　2012 年 9 月 13 日 13 时 10 分许，武汉市东湖生态旅游风景区东湖景园在建楼（简称东湖景园）C 区 7-1 号楼建筑工地，发生一起施工升降机坠落造成 19 人死亡的重大建筑施工事故，直接经济损失约 1800 万元，东湖景园项目位于东湖风景区东湖村，分为 A、B、C 三个区，2011 年 5 月 18 日开工建设，总建筑面积约 80 万 m²。C 区地块（60 亩为东湖村集体土地），至事故发生时尚未办理完成建设用地转用和供地手续。

湖北祥和建设集团有限公司作为东湖景园 C 区施工总承包单位，管理混乱，将施工总承包一级资质出借给其他单位和个人承接工程；使用非公司人员吴某某的资格证书，并在投标时将吴某某作为东湖景园项目经理，但未安排吴某某实际参与项目投标和施工管理活动，未落实企业安全生产主体责任，未建立安全隐患排查整治制度，未落实教育培训制度，未认真贯彻落实相关监管部门有关建设工程安全生产专项检查和隐患排查文件精神，对东湖景园施工和施工升降机安装使用的安全生产检查和隐患排查流于形式，未能及时发现和整改事故施工升降机存在的重大安全隐患，造成严重后果。

小结：落实安全生产责任制，对于企业安全生产非常重要。日常的培训及其检查也必须坚持。很多事故的发生都是平常疏于管理，存在侥幸心理。

【案例 3】　某安装工程锅炉间 3 号栈桥处，一块方木从 8m 层坠落，打中正在施工的员工唐某的头部，令其当场昏迷，3min 后才醒来。唐某当时正确佩戴有安全帽。事故的直接原因是土建单位拆除模板时无警戒线、无人监护、未发通知。

下午 4：20 项目部刘某从主厂房检查工作后走出来时，一块轻质水泥砖从 16m 高度坠落，直接打在刘某的右肩和右后背之间，安全帽剐破，刘某当即昏倒。后经市人民医院进行全面检查确诊，刘某双肺清晰、心肺正常，但右侧第 4、5 节肋骨骨折。事故的原因目前正在业主、监理的参与下进行调查。此地段下午 4：30 以前是甲单位施工，4：30 以后为乙单位筑炉队施工，砖头只有这两个单位使用。

上述两起事故同一天发生，虽然直接原因不同，但从其中可以看到安全管理工作仍有许多不足和欠缺。

小结：现场安全管理应做到四不：不伤害自己、不伤害他人、不被他人伤害、保护他人不受伤害。

工程项目建设中安全必须放在首位，安全管理要由安全管理组织落实实施。安全管理实施中首先要制订安全管理计划。安全管理计划的重点是制订切实可行的安全技术措施。安全生产责任制是所有安全生产管理制度的核心。企业的安全教育包含各层次的安全教育。安全事故的处理应该按照四不放过的原则。文明施工是保护环境的一项重要措施。在施工过程中注意环境保护，企业发展、员工健康和社会文明才有意义。

10.5 课程思政教学案例

本节从工程项目安全与环境管理专业思想的视角出发，植入的课程思政教学案例（元素）为：警钟长鸣防患未然——工程项目安全管理；"秦岭生态护汉渭"的大关中格局——工程项目 HSE 管理。

10.5.1 专业知识点

安全管理是企业管理的重要组成部分，是为保证生产顺利进行，防止伤亡事故发生，确保安全生产而采取的各种对策、方针和行动的总称。安全管理是一门综合性的系统科学，包括安全法规、安全技术、工业卫生等三个相互联系又相互独立的内容。

工程项目建设中必须把安全放在首位，安全管理要由安全管理组织落实实施，必须建立安全管理组织机构。安全生产领导小组负责制定工程项目安全管理目标及措施，负责组织编制和审批项目施工安全管理办法及规定，项目经理是本单位安全生产第一责任者，是代表公司向业主实现承诺的代言人，对工程安全负全面领导责任。安全管理实施中，首先要制订安全管理计划。重点是制订切实可行的安全技术措施。安全生产责任制是所有安全生产管理制度的核心。

任何工程都是在一定的自然环境中进行的，都是改造顺应自然，使它服务于人类的需要。环境保护是我国的一项基本国策，环境管理是建设工程项目管理的重要组成部分。环境管理的目的是保护生态环境，使社会的经济发展与人类的生存环境相协调。对于建设工程项目，环境保护主要是指保护和改善施工现场的环境。企业应当遵照国家和地方的相关法律法规以及行业和企业自身的要求，采取措施控制施工现场的各种粉尘、废水、废气、固体废弃物以及噪声、振动对环境的污染和危害，并且要注意节约资源和避免资源的浪费。

10.5.2 思政育人目标

安全第一、重心是防范、重点是预案、防患于未然，既要预防"黑天鹅"事件，又要预防"灰犀牛"事件。永远是预防为先。

文明施工是适应现代化施工的客观要求，有利于员工的身心健康，有利于培养和提高施工队伍的整体素质，促进企业综合管理水平的提高，提高企业的知名度和市场竞争力。文明施工是指保持施工现场良好的作业环境、卫生环境和工作秩序。因此，文明施工也是保护环境的一项重要措施。文明施工主要包括：规范施工现场的场容，保持作业环境的整洁卫生；

科学组织施工，使生产有序进行；减少施工对周围居民和环境的影响；遵守施工现场文明施工的规定和要求，保证职工的安全和身体健康是和谐社会、以人为本的宗旨。

10.5.3　思政案例

警钟长鸣　防患未然
——工程项目安全管理

建设项目安全管理的目的是提高建筑业的安全，保障从业人员的生命财产安全。在全世界范围内，建筑业都是属于最危险的行业之一。工程项目安全管理包含安全管理组织、安全管理计划等方面的内容。

发展和安全是中国特色社会主义的一体之两翼，驱动之双轮。国家总体安全观：以人民安全为宗旨，以政治安全为根本，以经济安全为基础，以军事、文化、社会安全为保障，以促进国际安全为依托。

"黑天鹅"事件——很不寻常的事件、极难以预测的小概率事件；超标准洪水、台风海啸、地震引发的垮坝、泥石流、建筑物倒塌等工程事故；

"灰犀牛"事件——太过于常见以至于人们习以为常、司空见惯的、偶然中有必然性的大概率事件。抽烟饮酒、烤火取暖、生活陋习引发的车祸、火灾、触电等工程事故。

工程项目安全管理包含：安全管理体系、安全预案、安全措施、安全经费；在工程项目建设中，项目部要根据《中华人民共和国安全生产法》，结合各类工程施工安全防护设施技术规范的要求，建立安全管理组织机构。项目经理是安全第一责任人，代表公司向业主实现承诺的代言人，对工程安全负全面领导责任。

安全第一，安全是企业生产的保证。而安全管理要由安全管理组织实施，安全管理实施中首先要制定安全管理计划，这是安全管理的实施指导纲领。安全管理重点是制定切实可行的安全技术措施。

相关证书：企业安全生产许可证，企业法人需持有安全员 A 证，项目经理需持有安全员 B 证、专职安全员需持有 C 证。安全员经过专业培训，参加安全员国家（或省级）考试获取、持证上岗。

"秦岭生态护汉渭"的大关中格局
——工程项目 HSE 管理

秦岭是中国的南北分界线，是中国的脊梁和中央水塔，秦岭北麓孕育了黄河最大的支流渭河，秦岭南麓孕育了长江最大的支流汉江，是中国真正的父亲山。渭河平原是关中，汉江谷地在陕南。

关中是陕西经济的核心，主要是制造业，陕南生态环境好，主要是绿色产业。过去由于秦岭阻隔，关中和陕南是两重天。现在高速公路拉近了陕南与关中的距离，特别是高铁的修建突破了秦岭屏障，使陕南与关中融为一体。在公路时代城市群都在平原上，但在高铁面前已经没有高山平原界限了。继西成高铁之后，西渝高铁、西十高铁已经开建，届时陕南的汉中、安康、商洛都会进入高铁时代。因此在高铁时代，应当将关中平原城市群推进到大关中城市群。

陕西地处内陆中心，亚欧大陆桥穿省而过，对陕西来说最大的机遇是"一带一路"。为支撑"一带一路"核心区和亚欧合作交流的国际化大都市，需要构建大西安为中心的大关中城市群。现在西咸新区虽然交西安代管，但西咸一体化还没有实现，大西安还没有组建起来。《关中平原城市群发展规划》实际还停留在公路时代，并没有将以西安为中心，一小时高铁可达的城市全纳进来。构建大关中城市群，首先应当把省内一小时高铁的陕南与关中整合起来，这是大关中的核心。其次再把周边的陇南、天水、平凉、庆阳、延安、临汾、运城、三门峡、十堰纳进来。

这样构建的大关中城市群跨越五个省，可与亚欧大陆桥郑州为中心的中原城市群相抗衡，担负起"一带一路"核心区和亚欧合作交流的国际化大都市的重任。过去成都受龙泉山阻隔，发展空间狭窄，现在成都跨过龙泉山，大手笔东进开拓发展，形成了"一山连两翼"城市大格局，使龙泉山从"东部屏障"变成"城市绿心"。陕西可以借鉴成都的经验，让关中向南突破秦岭屏障，站在秦岭之巅统筹关中陕南发展，构建"秦岭生态护汉渭"的大关中格局，让秦岭从关中屏障变为大关中的中央公园。陕西还应争取国家修建阳平关至姚渡65公里的连接线，从而贯通上海—南京—合肥—武汉—十堰—安康—汉中—陇南—兰州—乌鲁木齐的铁路，使其成为第二亚欧大陆桥。同时争取修建宝鸡至汉巴南的高铁，进一步加强关中与陕南的联系。大关中有了两条亚欧大陆桥，就能抓住"一带一路"的历史机遇，追赶超越，重振汉唐雄风。

10.5.4　思政育人效果

统筹国内国际两个大局。统筹发展安全两件大事。增强安全意识，提高安全素质，掌握安全技能。安全生产与职工幸福生活、企业利润息息相关，也关系着国家安全，社会稳定。化解防范重大风险，筑牢国家安全屏障，工程项目安全是基石之一。

工程项目建设中，坚持人与自然和谐相处、协同推进人民富裕、国家强盛、祖国美丽，为建设富强、民主、文明、和谐、美丽的现代化强国贡献力量。

安全文明施工是为社会提供福祉，人民生命至上，保护环境的重要措施。在施工过程中要像保护眼睛一样保护自然、修复生态、文明施工。

《中庸》中古人对环境的哲学思想："万物并育而不相害，道并行而不相悖"，揭示了各种行为准则同时进行而不矛盾，万物一同发育而不危害的自然规律。概括宇宙和大自然法则中包容精神与和合之道，促进人与自然和谐共生，正是工程项目管理文明施工的思想精髓和行为准则。把持续打好蓝天、碧水、净土保卫战作为工程项目实施管理中的长期任务。

思考练习题

1. 编制安全技术措施计划的原则是什么？以何为依据？应包括哪些内容？
2. 如何体现"安全第一，预防为主"方针？
3. 施工安全控制应从哪些方面着手？安全管理有哪些行之有效的方法？
4. 《中华人民共和国劳动法》《职业病防治法》和《安全生产法》对安全管理有哪些规定？
5. 如何预防他人伤害？分析原因及判断责任。
6. 某施工工地一年内发生一次工伤事故，死亡1人，伤2人，身体障碍等级为8级，在册人数为1000人，总劳动工时为$176×10$h，求年千人率和强度率。

第 11 章 工 程 项 目 资 源 管 理

资源是对项目中使用的人力资源、材料、机械设备、技术、资金和基础设施的总称。

资源管理是对项目所需人力、材料、机械设备、技术、资金和基础设施所进行的计划、组织、指挥、协调和控制等活动。

11.1 施 工 项 目 资 源 管 理

资源管理应以实现资源优化配置、动态控制和成本节约为目的。优化配置就是按照优化的原则安排各资源在时间和空间上的位置，满足生产经营活动的需要，在数量、比例上合理，实现最佳的经济效益。另外，还要不断调整各种资源的配置和组合，最大限度地使用好项目部有限的人、财、物去完成施工任务，始终保持各种资源的最优组合，努力节约成本，追求最佳经济效益。

11.1.1 施工项目资源管理的内容

施工项目资源管理包括人力资源管理、材料管理、机械设备管理、技术管理、资金管理。

（1）人力资源管理。人力资源是能够推动经济和社会发展的体力和脑力劳动者，在施工项目中包括不同层次的管理人员和各种工人。

施工项目人力资源管理是指项目组织对该项目的人力资源所进行的科学的计划、适当的培训、合理的配置、准确的评估和有效的激励等方面的一系列管理工作。

施工企业或项目经理部的劳动成员构成包括固定工、临时工、合同工等。项目经理部应根据施工进度计划和作业特点配置劳动力需求计划，报主管部门协助配置。

人力资源的特征：人力资源是一种特殊而又重要的资源，是各种生产力要素中最具有活力和弹性的部分，它具有以下的基本特征。

生物性。与其他任何资源不同，人力资源属于人类自身所有，存在于人体之中是一种"活"的资源，与人的生理特征、基因遗传等密切相关，具有生物性。

时代性。人力资源的数量、质量以及人力资源素质的提高，即人力资源的形成受时代条件的制约，具有时代性。

能动性。人力资源的能动性是指人力资源是体力与智力的结合，具有主观能动性，具有不断开发的潜力。

两重性。两重性（双重性）是指人力资源既具有生产性，又有消费性。

时效性。人力资源的时效性是指人力资源如果长期不用，就会荒废和退化。

连续性。人力资源开发的连续性（持续性）是指，人力资源是可以不断开发的资源，不仅人力资源的使用过程是开发的过程，培训、积累、创造过程也是开发的过程。

再生性。人力资源是可再生资源，通过人口总体内各个个体的不断替换更新和劳动力的"消耗——生产——再消耗——再生产"的过程实现其再生。人力资源的再生性除受生物规律支配外，还受到人类自身意识、意志的支配，人类文明发展活动的影响，新技术革命的制约。

项目经理部应对进入现场的劳动力下达施工任务书，并可对劳动力进行补充和减员。加强培训工作，进行适当激励，以提高劳动效率，保证作业质量，是项目经理部进行劳动力管理的重要任务之一。

（2）材料管理。材料管理是项目经理部为顺利完成工程施工任务，合理使用和节约材料，努力降低材料成本所进行的材料计划、订货采购、运输、库存保管、供应加工、使用、回收等一系列的组织和管理工作。

（3）机械设备管理。机械设备管理是指项目经理部根据所承担施工项目的具体情况，科学优化选择和配备施工机械，并在生产过程中合理使用、维修保养等各项管理工作。

机械设备管理的中心环节是尽量提高施工机械设备的使用效率和完好率，严格实行责任制，依操作规程加强机械设备的使用、保养和维修。

（4）技术管理。技术管理是项目经理部在项目施工的过程中，对各项技术活动过程和技术工作的各种资源进行科学管理的总称。

主要包括：技术管理基础性工作，项目实施过程中的技术管理工作，技术开发管理工作，技术经济分析与评价。技术活动过程是指技术计划、技术运用、技术评价等。技术工作资源是指技术人才、技术装备、技术规程等。技术作用的发挥，除决定于技术本身的水平外，很大程度上还依赖于技术管理水平。没有完善的技术管理，先进的技术是难以发挥作用的。

（5）资金管理。资金管理是指施工项目经理部根据工程项目施工过程中资金运动的规律，进行资金预测、编制资金计划、筹集投入资金、资金核算与分析等一系列资金管理工作。项目的资金管理要以保证收入、节约支出、防范风险和提高经济效益为目的。通过对资金的预测和对比及资金计划等方法，不断进行分析对比，调整与考核，以达到降低成本，提高效益的目的。

11.1.2　施工项目资源管理的全过程及程序

全过程包括项目资源的计划、配置、控制和处置四个环节。

编制资源管理计划。计划是优化配置和组合的手段，目的是对资源投入量、投入时间、投入步骤作出合理安排，以满足项目实施的需要。

资源优化配置。配置是按照编制的计划保证项目的需要。优化是资源管理目标的计划预控，通过项目管理实施规划和施工组织予以实现，包括市场资源和内部资源的合理选择、供应、使用。

资源控制。控制是根据每种资源的特性，设计合理的措施，进行动态配置和组合，协调投入，合理使用，不断纠正偏差，以尽可能少的资源满足项目要求，达到节约资源的目的。动态控制是资源管理目标的过程控制，包括对资源利用率和使用效率的监督、闲置资源的清退、资源随项目实施任务的增减变化及时调度等，通过管理活动予以实现。

资源处置。处置是在各种资源投入、使用和产生核算的基础上，进行使用效果分析，一方面是对管理效果的总结，找出经验和问题，评价管理活动；另一方面又为管理提供反馈信息，指导下一阶段的管理工作，并持续改进。

施工项目资源管理程序：

按合同要求，编制施工项目资源配置计划，确定投入资源的数量和时间。

根据项目资源配置计划，做好各种资源的供应工作。

根据各种资源的特性，采取科学的措施，进行有效组合，合理投入，动态控制。

对资源投入和使用情况定期分析，找出问题，总结经验并持续改进。

小结：施工项目资源管理应从人、材、机，技术，资金等方面按照计划、配置、控制、处置程序进行全过程管理，从而实现有限资源的最大化。

11.2　施工项目人力资源管理

在现代工程项目的管理中，完成项目目标所需的各种资源中，最重要的是人力资源。因此，对人力资源的管理已成为工程项目管理的一个重要组成部分，人力资源管理也越来越受到企业的重视。

人力资源管理计划是从施工项目目标出发、根据内外部环境的变化，通过对项目未来人力资源需求的预测，确定完成项目所需人力资源的数量和质量、各自的工作任务，以及相互关系的过程。

（1）人力资源需求计划。为了实现目标而对所需人力资源进行预测，并为满足这些需要而预先进行系统安排的过程。

项目管理人员需求的确定应根据岗位编制计划，使用合理的预测方法，来进行人员需求预测。最终要形成一个有员工数量、招聘成本、技能要求、工作类别、管理人员数量和层次的分列表。

综合劳动力和主要工种劳动力需求的确定：劳动力综合需要量计划是确定暂设工程规模和组织劳动力进场的依据。

劳动力需要量计划是根据施工方案、施工进度和预算，依次确定的专业工种、进场时间、劳动量和工人数，汇集成表格，作为现场劳动力调配的依据。

对于劳务人员的优化配置，应根据承包项目的施工进度计划和工种需要数量进行。

（2）人力资源配置计划。根据组织发展计划和组织工作方案，结合人力资源核查报告，来制订人员配置计划。人员配置计划阐述了单位每个职位的人员数量、人员的职务变动、职务空缺数量的补充办法。

人力资源配备计划：阐述人力资源在何时，以何种方式加入和离开项目小组。人员计划可能是正式的，也可能是非正式的，可能详细，也可能是框架概括型的，依项目需要而定。

资源库说明：可供项目使用的人力资源情况。

制约因素：外部获取时的招聘惯例、原则和程序。

（3）人力资源培训计划。人力资源培训计划包括新员工的上岗培训、老员工的继续教育以及各种专业培训等。培训计划涉及培训政策、培训需求分析、培训目标的建立、培训内容、培训方式。

培训内容包括规章制度、安全施工、操作技术和文明教育四个方面。具体有：人员的应知应会知识、法律法规及相关要求，操作和管理的沟通配合须知、施工合规（符合规定）的意识、人体工效要求等。

11.3　施工项目材料管理

施工项目的材料管理是对施工生产过程中所需要的各种材料的计划、供应、保管、使用所进行的一系列组织和管理工作的总称。施工项目材料管理的目的是贯彻节约原则，节约材料费用，降低工程成本。由于材料费在流动资金和工程成本中所占的比重最大，故搞好材料管理，具有十分重要的意义。

11.3.1　施工项目材料管理计划

材料管理计划包括了材料的需求计划和材料的使用计划。

（1）材料需求计划。项目经理部所需要的主要材料、大宗材料应编制材料需求计划，由组织物资部门负责采购。根据各工程量汇总表所列各建筑物和构筑物的工程量，查定额或概算指标便可得出各施工项目所需的材料需要量。

概算指标是在概算定额的基础上进一步综合扩大，以 100m² 建筑面积为单位，构筑物以座为单位，规定所需人工、材料及机械台班消耗数量及资金的定额指标。

材料计划必须准确，对材料"两算"存在的问题有明确的说明或"两算"的补充说明。材料供应必须满足施工项目进度的要求。

（2）材料使用计划。根据施工项目总进度计划表，大致估计出某些建筑材料在某季度的需要量，从而按照时间、地点要求编制出建筑材料需要量计划。它是材料和构件等落实组织货源、签订供应合同、确定运输方式、编制运输计划、组织进场、确定暂设工程规模的依据。

（3）施工项目材料控制。施工项目材料供应方式包括包工不包料和包工包料。包工不包料是指材料由业主负责供应，施工企业只承包工程的用工。包工包料是指施工企业不仅承包工程的用工，而且承包全部材料的申请、订货、运输和供应。

材料供应权应主要集中在法人层次上。为便于各项目材料供应的管理协调，达到节约材料费用，降低成本的目的，必须建立统一的企业内部材料供应机构，使企业法人的材料供应地位不被社会材料市场和项目经理代替。

企业取得采购权以后，供料机构对工程项目所需的主要材料、大宗材料实行统一计划、统一采购、统一供应、统一调度和统一核算，承担"一个漏斗，两个对接"的功能，即一个企业绝大部分材料主要通过企业层次的材料机构进入企业，形成漏斗；企业的材料机构既要与社会建材市场对接，又要与本企业的项目管理层对接。

企业应建立内部材料市场。为便于材料供应权主要集中在法人层次上，并与社会市场对接，建立新型生产方式，适应市场经济发展和项目施工，企业必须以经济效益为中心，在专业分工的基础上，把商品市场的契约关系、交换方式等引入企业，建立企业材料市场。

材料的企业市场，企业材料部门是卖方，项目管理层是买方，各自的权限和利益由双方签订买卖合同加以明确。除了主要材料由内部材料市场供应外，周转材料、大型工具均采用租赁方式，小型及随手工具采取支付费用方式，由班组在内部市场自行采购。

项目经理部有部分的材料采购供应权。企业内部材料市场建立后，作为买方的项目经理部的材料管理主要任务是提出材料需要量计划，与企业材料部门签订供料合同，控制材料使用，加强现场管理，设计材料节约措施，完工后组织材料结算与回收等。

11.3.2　现场材料管理

项目经理是现场材料管理全面领导责任者；项目经理部主管材料人员是施工现场材料管理直接责任人；班组料具员在主管材料员业务指导下，协助班组长组织并监督本班组合理领、用、退料。

（1）管理的内容。材料进场验收。为把住质量和数量关，在材料进场时根据进料计划、送料凭证、质量保证书或产品合格证，进行验收；验收按质量验收规范和计量检测规定进行；验收内容包括品种、规格、型号等；验收要做好记录、办理验收手续；对不符合要求的材料应拒绝验收。

材料的储存与保管。材料入库，应建立台账；现场的材料必须防火、防盗、防雨、防变质、损坏；施工现场材料放置要合理，保管得当；要日清、月结、定期盘点、账物相符。

材料领发。凡工程用料，凭限额领料单领发材料；超限额的用料，用料前办理手续，填写超限额领料单，注明消耗原因，经签发批准后实施；建立领发料台账，记录领发状况和节超状况。

（2）材料使用监督。现场材料管理责任者应对现场材料的使用进行分工监督。监督内容包括：是否按材料计划合理用料，是否严格执行配合比，是否认真执行领发料手续，是否做到谁用谁清、随领随用、是否按规定进行用料交底和作业交接，是否按要求保护材料等。检查是监督的手段，检查要做到情况有记录、原因有分析、责任有明确、处理有结果。

（3）材料回收。班组余料必须收回，及时办理退料手续，并在限额领料单中登记扣除，设施用料、包装物及容器在使用周期结束后组织回收，建立回收台账，处理好经济关系。

（4）周转材料的现场管理。

11.3.3　机械设备管理计划

施工项目机械设备管理是对施工机械设备运动全过程的管理。从对施工机械设备的选择开始，投入生产领域使用、磨损、修理、改造、更新，直到报废退出生产领域为止的全过程进行管理。

（1）需求计划。对于主要施工机械的需要量，根据施工进度计划，主要建筑物施工方案和工程量，并套用机械产量定额求得。施工项目所需的机械设备有四种方式提供：从本企业专业租赁公司租赁、从社会上的机械设备租赁市场上租用设备、分包队伍自有设备、企业购买设备。

（2）机械设备使用计划。机械设备使用计划的编制依据是施工项目施工组织设计。编制施工组织设计，应在考虑合理的施工方法、工艺、技术安全措施时，考虑用什么样的设备去组织生产，才能最合理、最有效的保证工期和质量，降低生产成本。

（3）机械设备保养与维修计划。设备进入现场经验收合格后，在使用的过程中其保护装置、机械质量，可靠性等都有可能发生质的变化，对使用过程的保养与维修是确保其安全、正常使用必不可少的手段。

机械设备保养的目的是保持机械设备的良好技术状态，提高设备运转的可靠性和安全性，减少零件的磨损，延长使用寿命，降低消耗，提高经济效益。

11.3.4　机械设备管理方法

机械设备管理方法包括综合评分法、经济分析法、折算费用法。

（1）综合评分法。机械的综合特性包括工作效率、工作质量、使用费和维修费，能源消耗量，占用的操作人员和辅助人员，安全性等。由于因素较多，在综合考虑时如果优劣倾向不明显，则可用定量计算法求出综合指标再加以比较。方法有简单评分法和加权评分法等。

（2）经济分析法。单位工程量成本比较法。机械设备使用时，要发生一定的费用，一类是随着机械的工作时间而变化的费用，称为可变费用；另一类是按一定施工期限分摊的费用，称为固定费用。一般以单位工程量成本低的机械设备作为选择对象。

（3）折算费用法（等值成本法）。如果要选择的机械设备较长时间地服务于一项工程，在选择时必须涉及机械设备的原始投资并且考虑成本的时间价值，这时，可采用折算费用法进行计算选择，低者为优。折算费用法就是在预计的机械设备服务寿命期内，按年或月摊入成本的机械设备费用。

11.3.5　机械设备的保养与修理

保养是为了保持机械设备的良好技术状态，提高设备运转的可靠性和安全性，减少零件的磨损，延长使用寿命，降低消耗，提高机械施工的经济效益。保养分为例行保养和强制保养。

例行保养是指根据制度规定按一定周期和内容分级进行保养。它不占用机械设备的运转时间，由操作人员在机械运行间隙进行。

强制保养是隔一定周期，需要占用机械设备运转时间而停工进行的保养。这种制度贯彻了以预防为主的精神，有利于设备处于良好的技术状态。保养周期根据各类机械设备的磨损规律、作业条件、维护水平及经济性四个主要因素决定。

修理是指对机械设备的自然损耗进行修复，排除机械运行故障，对损坏的零部件进行更换、修复。对机械设备的预检和修理，可以保证机械的使用效率，延长寿命。机械设备修理可分为大修、中修和零星小修。

大修是对机械设备进行全面的解体检查修理，保证各零部件质量和配合，尽可能使机械设备恢复原有精度、性能、效率，达到良好的技术状态。

中修是更换与修复设备的主要零部件和数量较多的其他磨损件，并校正机械设备的基准，恢复机械设备的精度、性能和效率，保证其能使用到下一次修理。

零星小修是临时安排的修理，目的是消除操作人员无力排除的突然故障，个别零件的损坏或一般性损坏等问题，一般是和保养相结合，不列入修理计划之中。

机械设备管理是项目管理的重要内容之一，影响和决定项目成本、进度、质量等目标。

11.4　施工项目技术管理

技术管理制度是技术管理基本规律和工作经验的总和。建立健全严格的管理制度，把施工项目的技术工作科学地组织起来，保证技术管理任务的完成。

技术管理工作是指设计文件的学习和图纸会审。图纸会审是指施工单位熟悉、审查设计图纸，了解工程特点、设计意图和关键部位的工程质量要求，是帮助设计单位减少差错的重要手段，避免技术事故和经济的浪费。会审图纸有三方代表：建设单位或其委托的监理单位、设计单位和施工单位。

技术交底应在单位工程和分部分项工程施工之前进行。它是一项技术性很强的工作，对保证工程质量至关重要。目的是参与施工的人员熟悉了解所担负的工程的特点、设计意图、技术要求、施工工艺和应注意的问题。建立技术交底责任制，加强施工质量检查、监督和管理，从而提高质量。

隐蔽工程检查与验收。隐蔽工程是指那些在施工过程中将被下一道工序掩盖的工程项目。所以在掩盖前应进行严密检查，作出记录，签署意见，办理验收手续，不得后补。有问题需复验的须办理复验手续，并由复验人作出结论，填写复验日期。

施工的预检是该工程项目或分部分项工程在未施工前所进行的预先检查。预检是保证工程质量、防止可能发生差错造成质量事故的重要措施。除施工单位自身进行预检外，监理单位应对预检工作进行监督并予以审核认证。预检时要作出记录。

技术措施计划是为了克服生产中薄弱环节，挖掘生产潜力，保证完成生产任务，获得良好的经济效果，在提高技术生活水平方面采取的各种手段和办法。它是在综合已有的先进经验或措施，如节约原材料、保证安全、降低成本等措施。

施工组织设计是以施工项目为对象编制的，用以指导施工过程各项活动的技术、经济、组织、协调和控制的综合性文件。基本任务是根据施工项目的具体要求和合同规定，确定经济合理的施工规划方案，对拟建项目在人力和物力、空间和时间、组织和技术上进行全面合理的安排，以保证按照规定，按质按量如期地完成施工任务。

11.5　施 工 项 目 资 金 管 理

资金是企业拥有、占有和支配的财产物质价值形态。它是企业进行生产经营活动的前提条件和物质基础。

企业应在其财务部门设立项目专用账号，由财务部门统一对外，所有资金的收支均按财务制度的要求由财务部门对外运作，资金进入财务部门后，按照承包人的资金使用制度分流到项目。项目经理部负责施工项目资金的使用管理。

11.5.1　施工项目资金管理计划

年度资金收支计划的编制，要根据施工合同工程款支付的条款和年度生产计划安排，预测年内可能达到的资金收入，安排好工、料、机费用等资金分阶段投入，做好收入与支出在时间上的平衡。

编制年度计划，主要是摸清工程款到位情况，测算筹集资金的额度，安排资金分期支付，平衡资金，确立年度资金管理工作总体安排。季度、月度资金收支计划的编制，是年度资金收支计划的落实和调整，要结合生产计划的变化，安排好季、月度资金收支。特别是月度资金收支计划，要以收定支，量入为出。

11.5.2　施工项目资金预测

项目资金是按项目合同价款收取的，在施工项目实施过程中，应从收取工程预付款开始，每月按进度收取工程进度款，到最终竣工结算。

应依据项目施工进度计划及施工项目合同按时间测算收入数额，做出项目收入预测表，绘出项目资金按月收入图及项目资金按月累加收入图。

（1）资金收入测算。由于资金测算是一项综合性工作，因此，要在项目经理主持下，由职能人员参加，共同分工负责完成。

加强施工管理，依据合同保质、保量、按期完成，以免由于质、量、工期的问题罚款造成经济损失。

严格按合同规定的结算办法测算每月实际应收的工程进度款数额，同时要注意收款滞后的时间因素。

（2）资金支出预测。项目资金支出预测的依据成本费用控制计划；施工组织设计；材料、物资储备计划。根据以上依据，测算出随着施工项目的实施，每月预计的人工费、材料费、机械使用费等各项支出，使整个项目费用的支出在时间上和数量上有个总体概念，以满足项目资金管理上的需要。

根据成本控制计划、施工组织设计、物资储备计划测算出每月支出款额，绘制项目费用支出图，最后绘制项目费用支出累加图。

（3）资金收入与支出对比。将施工项目资金收入预测累计结果和支出预测累计结果绘制在一个坐标图上，绘制出现金收入与支出对比示意图。

11.5.3　施工项目资金的来源与筹措

资金来源一般是在承包合同条件中作出规定，由发包方提供工程备料款和分期结算工程款。为了保证生产过程的正常进行，施工企业可垫支部分自有资金，但应有所控制，以免影响整个企业生产经营活动的正常进行。因此，施工项目资金来源渠道是预收工程备料款；已完施工价款结算；银行贷款；企业自有资金；其他项目资金的调剂占用。

资金筹措的原则充分利用自有资金必须在经过收支对比后，按差额筹措资金，以免造成浪费。尽量利用低利率的贷款。

11.5.4　施工项目资金的使用管理

建立健全施工项目资金管理责任制，明确项目资金的使用管理由项目经理负责，项目经理部财务人员负责协调组织日常工作，做到统一管理、归口负责，明确项目预算员、计划员、统计员、材料员、劳动定额员等有关职能人员的资金管理职责和权限。

（1）项目资金的使用原则。项目资金的使用管理应本着促进生产、节省投资、量入为出、适度负债的原则；

本着国家、企业、员工三者利益兼顾的原则，优先考虑上缴国家的税金和应上缴的各项管理费；

要依法办事，按照劳动法保证员工工资按时发放，按照劳务分包合同，保证外包工劳务费按合同规定结算和支付，按材料采购合同按期支付货款，按分包合同支付包款。

（2）项目资金的使用管理。项目资金的使用管理反映了项目施工管理的水平，从施工计划安排、施工组织设计、施工方案的选择上，用先进的施工技术提高效率、保证质量、降低消耗，努力做到以较少的资金投入，创造较大的经济价值。

项目经理部按组织下达的用款计划控制使用资金，以收定支，节约开支。应按会计制度规定设立财务台账记录资金支出情况，加强财务核算，及时盘点盈亏。

按用款计划控制资金使用，项目经理部各部门每次领用支票或现金，都要填写用款申请表，由项目经理部部门负责人具体控制该部门支出。额度不大时可在月度用款计划范围内由经办人申请，部门负责人审批。各项支出的有关发票和结算验收单据，由各用款部门领导签字，并经审批人签证后，方可向财务报账。

设立财务台账，记录资金支出。为预防债务问题，作会计账不便于对各工程繁多的债务债权逐一开设账户，作出记录。因此，为控制资金，项目经理部需设立财务台账，作为会计核算的补充记录，进行债权债务的明细核算。

加强财务核算，及时盘点盈亏。项目经理部要随着工程进展定期进行资产和债务的清查，由于单位工程只有到竣工决算，才能确定最终该工程的盈利准确数字，在施工中的财务结算只是相对准确。所以要根据工程完成部位，适时地进行财产清查。对项目经理部所有资产方和所有负债方及时盘点，通过资产和负债加上级拨付资金平衡关系比较看出盈亏趋向。

11.5.5　资金的风险管理

注意发包方资金到位情况，签好施工合同，明确工程款支付办法和发包方供料范围。在发包方资金不足的情况下，尽量要求发包方供应部分材料，要防止发包方把属于甲方供料、甲方分包的范围转给承包方支付。

关注发包方资金动态，在已经发生垫资施工的情况下，要适当掌握施工进度，以利于回收资金，如果出现工程垫资超出原计划控制幅度，要考虑调整施工方案，压缩规模，甚至暂缓施工，并积极与发包方协调，保证开发项目，以利于回收资金。

项目资金管理直接影响项目的投资和成本，对项目参与各方成本控制重要内容，故而项目各方都应做好自己的资金管理。

施工单位和现场管理部门的资源管理影响项目具体目标的实现如成本目标、工期目标、质量目标，故企业和项目经理部门应从人力资源管理、材料管理、机械设施管理、技术管理、资金管理等方面做好资源管理。

11.6　课程思政教学案例

本节从工程项目资源管理专业思想的视角出发，植入的课程思政教学案例（元素）为：粮食、能源、人才资源——"牢牢"掌握在自己手中。

11.6.1　专业知识点

资源是指工程项目中使用的人力资源、材料、机械设备、技术、资金和基础设施等。

资源管理是对工程项目所需人力、材料、机械设备、技术、资金和基础设施所进行的计划、组织、指挥、协调和控制等活动。

施工项目资源管理包括人力资源管理、材料管理、机械设备管理、技术管理、资金管理。工程项目资源全过程包括资源的计划、配置、控制和处置四个环节。

11.6.2　思政育人目标

袁隆平先生说：要保证粮食安全要靠良种、良田、良法、良人。人才是生产力中最活跃最积极的因素，工程项目资源管理的重心是人力资源管理，科学技术手段是根本。

工程项目投资先要集中（力量）有限资源办大事，大型工程项目在国家基础设施建设中起到重要的控制性的关键作用。

工程项目资源管理要着眼绿色资源、循环利用、化石能源开采与双碳目标几个大的维度上出发。优化资源管理应以实现资源优化配置、动态控制和成本节约为目的，调配项目资源。

11.6.3　思政案例

粮食、能源、人才资源
——"牢牢"掌握在自己手中

把饭碗牢牢地端在中国人自己手里：

碗中装的是中国粮——袁隆平的杂交水稻、李振声的杂交小麦、新疆的棉花与花生、东北的大豆高粱，中原的小麦，陕北的五谷杂粮。中国粮靠的是中国地，确保18亿亩基本农田耕地红线，建设高标准的基本农田。保证粮食安全要靠良种、良田、良法、良人。

把能源牢牢地掌握在中国人自己手里：

手中握的是新能源——清洁能源、可再生能源、抽水蓄能。新能源是绿色资源。新能源靠的是科学技术、创新创造、中国建造、国家强大的经济实力。"十四五"期间，我国将投资1.6万亿用于抽水蓄能电站。

把前途与命运牢牢地掌握在自己手里：

手中握的是未来——专业本领、专业知识、立德树人、学有所长、术有专攻。坐到前排来、把头抬起来、提出问题来。认认真真听好每一节课、扎扎实实做好每个实验、深刻理解掌握每门课程。课堂是学生学习的主战场、课堂时间是学习生涯的重要组成部分。让大学学习回归常识，扣好人生第一粒扣子，走好自己的长征路。

11.6.4　思政育人效果

工程项目资源管理在"协同创新"的理论引导下，我国产学研融合创新实践逐步深入，形成了技术创新上、中、下游的对接与耦合。但在产学研的耦合高度和上中下游之间的良性互动方面还有欠缺。协同创新的实现还大多是从上游到下游的"顺向"，或者是下游向上游的"倒逼"，没有形成生动、有生命力的互馈与流动。面向新时代数字化、智慧化升级的更高级需求，产学研之间的协同需要继续向深水区迈进，形成深度的真正意义上的融合。

思考练习题

1. 施工项目资源管理的程序体现了该教材的哪个重要观点？并加以解释。
2. 人力资源需求计划与人力资源配置计划是怎样的关系？
3. 应从哪些具体方面做好项目的人力资源控制？
4. 材料现场管理除了文中讲解的内容还可从哪些方面加以管理？
5. 现场设备机械管理有哪些具体方法？
6. 资金管理的程序有哪些？使用中如何做好资金管理？

第 12 章　工　程　项　目　合　同　管　理

项目合同管理应包括相关的分包合同、租赁合同、借款合同等管理。建设工程合同管理包括合同的订立、履行、变更、索赔、解除、终止、解决争议等过程和内容。

12.1　合　同　管　理

所谓合同也称为契约，一般是指平等主体的自然人、法人、组织之间设立、变更、终止民事权利义务关系的协议；广义上则是指当事人以确立权利和义务为内容的协议，包括经济合同、劳动合同、行政合同等等。合同属于民法范畴，它是为了适应市场商品经济的客观要求而出现，并随着商品生产和交换的发展而发展起来的。

我国的合同制度可以追溯到远古，但真正的全面建设和完善则是改革开放以后才逐步开始的。1981 年，全国人民代表大会通过了《中华人民共和国经济合同法》，随后又颁布了《中华人民共和国技术合同法》和《中华人民共和国民法通则》，各级政府又制订了相关的实施细则、管理条例等，国家工商行政管理机关和最高人民法院颁发了一系列规范性文件和司法解释，对保护合同当事人的合法利益、维护社会经济秩序产生深远影响。特别是 1999 年第九届全国人民代表大会二次会议通过的《中华人民共和国合同法》，更是我国合同法制建设史上的一个里程碑。

建设工程合同既有经济合同的一般特性，又有专业自身特点。具体表现在：

1）有严格的计划性；
2）以特定的工程项目实施为标志；
3）合同双方必须具有相应的权利能力和行为能力；
4）合同主体之间应该遵守严密的协作关系；
5）合同期长、涉及面广、影响因素多、风险大。

建设工程合同的法律依据很多，分法律、法规、规章、规范、标准等若干层次，主要有《中华人民共和国建筑法》《中华人民共和国经济合同法》《中华人民共和国建设工程招标投标法》《建设工程施工合同（示范文本）》（GF—2013 - 0201），以及与建设工程相关的合同条件示范文本，包括《建设工程委托监理合同（示范文本）》（GF—2012 - 0202）、《建设工程勘察合同（示范文本）》（GF—2000 - 0203）、《建设工程设计合同（示范文本）》（GF—2000 - 0209）、《建设工程造价咨询合同（示范文本）》（GF—2000 - 0212）、《建设工程施工专业分包合同（示范文本）》（GF—2003 - 0213）、《建设工程施工劳务分包合同（示范文本）》（GF—2003 - 0214）《建设工程招标代理合同（示范文本）》（GF—2005 - 0215）《标准施工招标文件（2007 年版）》等。

建设工程施工合同的主体是发包人和承包人，其法律行为应由法定代表人行使。项目经理应按照承包人订立的施工合、同认真履行所承接的任务，依照施工合同的约定，行使权利，履行义务。发包人和承包人应按《民法典》合同篇的规定，确定施工合同的各项履行规则。

现代工程合同管理要求建立合同管理系统，内容包括合同分析子系统、数据库档案子系统、网络子系统、监督子系统和索赔子系统等。

12.2　建设工程合同的订立

建设工程合同的签订原则：合法性、严肃性、严密性、强制性、协作性、等价有偿性。

虽然合同的订立有书面形式、口头形式和其他形式等多种形式，但作为项目工程施工合同、分包合同以及施工过程中因各种原因造成的洽商变更内容，必须采用书面形式签认。否则，由于合同标的价款或报酬金额较大，合同履行周期较长，合同内容较为复杂，洽商变更较多，加之合同执行过程中往往不能及时结清经济往来，故容易造成不必要的纠纷和麻烦。另外，书面形式合同也可以加强当事人的责任感，促使双方认真履行，便于政府机关对合同订立、履行的检查、监督和管理，便于索赔管理，便于处理解决合同纠纷。

为了了解合同内容，承包人在投标前应按质量管理体系文件的要求进行合同初步了解，在合同签订阶段则进行详细的合同评审工作，主要针对合同条件是否表达明确、发包人与合同条件不一致的要求是否已经解决、承包人内部对合同的要求是否已经理解并达成一致、是否有能力全面履行等问题进行评审。而建设工程施工合同标准示范文本可使此类评审问题相对容易解决一些。

（1）订立施工合同的原则。订立施工合同应符合一定的原则，即：

合同当事人的法律地位平等，一方不得将自己的意志强加给另一方；

当事人依法享有自愿订立合同的权利，任何单位和个人不得非法干预；

当事人确定各方的权利的义务应当遵守公平原则；

当事人行使权力、履行义务应当遵守公平原则；

当事人行使权力，任何单位和个人不得非法干预；

当事人应当遵守法律、行政法规和社会公德，不得扰乱社会经济秩序，不得损害社会公共利益。

订立施工合同的谈判，应根据招标文件的要求，结合合同实施中可能发生的各种情况进行周密、充分的准备，按照"缔约过失责任制原则"保护企业的合法权利。

（2）订立施工合同的程序。承包人与发包人订立建设工程施工合同还应符合规定的程序，一般情况下，首先接受中标通知书，组成包括项目经理的谈判小组，草拟合同专用条件，正式商谈细节条件；然后，参照发包人拟订的合同条件或施工合同示范文本与发包人订立施工合同；最后，合同双方在合同管理部门备案并缴纳印花税。在施工合同履行中，发包人有关工程洽商、变更等书面的协议或文件，应视为合同的组成部分。

施工合同由很多文件组成，因此，要求满足一定的优先顺序，尤其当出现合同纠纷，而且合同文件内容有不一致的地方时，其优先顺序显得更为重要。按照规定，合同文件的优先顺序是：协议书；中标通知书；投标书及其附件；专用条款；通用条款；标准、规范及有关技术文件；图纸；具有标价的工程量清单；工程报价单或施工图预算书。

（3）分包合同。承包人经发包人同意或按照合同约定，可将承包项目的部分非主体工程、非关键工作分包给具备相应资质条件的分包人完成，并与之订立分包合同。

分包合同也应符合有关要求。譬如，分包人应按照分包合同的各项规定，实施和完成分包工程，修补其中的缺陷，提供所需的全部工程监督、劳务、材料、工程设备和其他物品，提供履约担保、进度计划，不得将分包工程进行转让或再分包；承包人应提供总包合同（工程量清单或费率所列承包人的价格细节除外）供分包人查阅；分包人应当遵守分包合同规定的承包人的工作时间和规定的分包人的设备材料进出场的管理制度，承包人应为分包人提供施工现场及通道；分包人应允许承包人和监理工程师等在工作时间内合理进入分包工程的现场，并提供方便、做好协助工作等。

分包人应按照分包合同的约定，对分包工程进行设计（分包合同有约定时）、施工、竣工和保修。分包人在审阅分包合同和（或）总包合同时，或在分包合同的施工中，如发现分包工程的设计或工程建设标准、技术要求存在错误、遗漏、失误或其他缺陷，应立即通知承包人。分包人应在专用条款约定的时间内，向承包人提交一份详细施工组织设计，承包人应在专用条款约定的时间内批复，得到批准后分包人方可执行。另外，一般分包人仅从承包人处接受指示，并执行其指示，如果上述指示从总包合同来分析是监理工程师失误所致，则分包人有权要求承包人补偿由此而导致的费用。分包人应根据有关指示变更，增补或删除分包工程，监理工程师根据总包合同作出的指示应由承包人作为指示通知分包。

同样，分包人合同文件的组成及优先顺序也应符合有关要求，一般的顺序是分包人合同协议书、承包人发出的分包中标书、分包人的报价书、分包合同条件、标准规范图纸、列有标价的工程量清单、报价单或施工图预算书。

合同订立是合同管理的重要内容之一，施工合同订立影响后续合同的履行，故应重视做好施工前的合同订立。

12.3　建设工程合同文件的履行

合同履行的原则包括全面性、诚实信用、协作性、遵守法律和行政法规、尊重社会公德、不得扰乱社会经济秩序、不得损害社会公共利益。合同全面履行原则包含两个方面，即对标的（如进度、质量、成本等）的实际履行和对合同约定品种、数量、价款、报酬等的适当履行。诚实信用是指当事人在履行合同义务时，秉承诚实、守信、善意、不滥用权利、不规避义务等原则。同时，合同履行应明确与遵守一定的规则，如对约定不清楚的履行规则、当价格发生变化（超过一定幅度）时的履行规则、对合同履行的担保规则以及关于抗辩权、代位权和撤销权的规则。我国的法律法规体系尚在建设与完善之中，尤其是社会与个人的诚信关系尚有许多不尽如人意的地方，这都对经济合同的履行产生很大影响，需要我们有意识地去改进提高。

项目经理部必须履行施工合同，并应在施工合同履行前对合同内容、风险、重点或关键性问题做出特别说明和提示，向各职能部门人员交底，落实根据施工合同确定的目标，依据施工合同指导工程实施和项目管理工作。项目经理部在施工合同履行期间，应注意收集、记录对方当事人违约事实的证据，作为索赔的依据。

项目经理部履行施工合同应遵守《民法典》合同篇规定的各项合同履行原则，项目经理应负责组织施工合同履行，依据《民法典》合同篇规定进行合同的变更、索赔、转让和终止。如果发生不可抗力致使合同不能履行或不能完全履行时，应及时向企业报告，并在委托权限内依法及时进行处置。

履行分包合同时，承包人应就承包项目（其中包括分包项目）向发包人承担连带责任。企业与项目经理部应对施工合同实行动态管理，跟踪收集、整理、分析合同履行中的信息，合理及时地进行调整。对合同履行应进行预测，及早提出和解决影响合同履行的问题，以回避或减少风险。

12.4　合同的变更、终止与评价

项目经理应随时注意各种因素引起的合同变更，如工程量增减，质量及特性的变更，工程标高、基线、尺寸等变更，工程的删除，施工顺序的改变，永久工程的附加工作、设备、材料和服务的变更等。

合同各方提出的变更要求应由监理工程师进行审查，经监理工程师同意，由监理工程师向项目经理提出合同变更指令。项目经理可根据接受的权利和施工合同的约定，及时向监理工程师提出变更申请，监理工程师及时进行审查，并将审查结果通知承包人。

建设工程合同终止要求满足下列条件之一：已按约定履行完成；合同解除；承包人依法将标的物提存。

按照我国《民法典》合同篇的有关规定，承包人依法将标的物提存应满足下列相关条件之一：①债权人无正当理由拒绝受领；②债权人下落不明；③债权人死亡未确定继承人或者丧失民事行为能力未确定监护人；④法律规定的其他情形。

另外，标的物不适于提存或提存费用过高的，债务人依法可以用拍卖或变卖的方式，转换成所得价款。

合同终止后，承包人应进行有关评价，如合同订立过程情况评价、合同条款的评价、合同履行情况评价、合同管理工作评价等。

12.5　违约、索赔、争议

合同的执行总是希望顺利完美，但实际上常常会发生不尽如人意的情况，产生违约、索赔、争议。合同双方都可能违约，当事人一方不履行合同义务或履行合同义务不符合合同约定的，应当承担继续履行、采取补救措施或者赔偿损失等责任，而不论违约方是否有过错责任。当事人一方因不可抗力不能履行合同的，应依据法律规定，对不可抗力的影响部分（或者全部）免除责任。当事人延迟履行后发生不可抗力的，不能免除责任。不可抗力不是当然的免责条件。当事人一方因第三方的原因造成违约的，应要求对方承担违约责任。当事人一方违约后，对方应采取适当措施防止损失的扩大，否则不得就扩大的损失要求赔偿。

承包人应掌握索赔知识，依法进行索赔。索赔应当有正当的索赔理由和充足的证据，按施工合同文件中有关规定办理，认真、如实、合理、正确地计算索赔的时间和费用。

施工项目索赔的理由很多，常见的有发包人违反合同给承包人造成时间、费用的损失；因工程变更（含设计变更、发包人提出的工程变更、监理工程师提出的工程变更以及承包人提出并经监理工程师批准的变更）造成的时间或费用的增加；由于监理工程师对合同文件的歧义解释、技术资料不确切，或由于不可抗力导致施工条件的改变造成了时间费用的增加；

发包人提出提前完成项目或缩短工期而造成承包人的费用增加；发包人延误支付期限造成了承包人的损失；对合同规定以外的项目进行检验，且检验合格，或非承包人的原因导致项目缺陷的修复所发生的损失或费用；非承包人的原因导致工程暂时停工；物价上涨，法规变化等。

对于双方的争议，当事人应执行施工合同规定的争议解决办法。

12.6　FIDIC 合同条款

FIDIC 是国际咨询工程师联合会的法文简称。它于 1913 年在英国成立，是国际上具有权威性的咨询工程师组织，目前有 97 个会员国，总部在洛桑。中国工程咨询协会 1996 年代表中国参加了 FIDIC，成为 FIDIC 的正式成员国。

12.6.1　国际民法体系

要了解和掌握 FIDIC 合同条款，有必要先了解国际民法体系的简单情况。国际民法体系主要分为大陆法系和海洋法系两大类。

（1）大陆法系。大陆法系也称罗马法体系，成文法。其特点是：

起源于罗马帝国，现盛行于法国、德国、意大利、荷兰、葡萄牙等欧陆国家；

诉讼即审问性程序，法官主动，可当庭盘问原告、被告、证人；

相对而言，重书面证据，轻口头辩论；

法律的实体是成文法；

重成文法律而裁决，不太依赖旧案例。

我国属于大陆法系。

（2）海洋法系。海洋法系也称习惯法体系，判例法。其特点是：

起源于英国，现被美国、加拿大、澳大利亚等英联邦国家采用；

诉讼被认为是敌对性程序，法庭被动，主要通过双方律师辩论，递交证据和法律论点；

口头辩护对陪审团的裁决结果十分关键；

多以以前案例为基础，即"按例裁决"。

12.6.2　FIDIC 合同简介

FIDIC 合同是国际工程界公认的"惯例"，它主要借鉴英国土木工程合同条件而来，讲求高效透明，以市场经济为出发点，随行就市，树立服务观念，要求法规健全、运作机制合理、市场诚信度较高。目前，美国、欧洲、日本、中国香港等发达国家和地区的建设工程合同文本均参照 FIDIC 合同，FIDIC 合同也是世界银行、亚洲开发银行和非洲开发银行等资助项目的标准合同文本，它尤其适用于国际建设工程项目，目前我国的"建设工程施工合同"示范文本（GF—2013-0201）同样也是借鉴 FIDIC 合同而来。

FIDIC 于 1999 年出版的四种新版的合同条件，是在继承了以往合同条件优点的基础上，在内容、结构和措辞等方面进行了重大的调整。2002 年，中国工程咨询协会经 FIDIC 授权将新版合同条件译成中文本。

四种新版的 FIDIC 合同条件及其适用范围如下：

（1）《施工合同条件》（简称新红皮书）。该文件推荐用于由雇主或其代表——工程师设计的建筑或工程项目，主要用于单价合同。在这种合同形式下，通常由工程师负责监理，由承包商按照雇主提供的设计施工，但也可以包含由承包商设计的土木、机械、电气和构筑物的某些部分。

（2）《工程设备、设计和施工合同条件》（简称新黄皮书）。该文件推荐用于电气和（或）机械设备供货和建筑或工程的设计与施工，通常采用总价合同。由承包商按照雇主的要求，设计和提供生产设备和（或）其他工程，可以包括土木、机械、电气和建筑物的任何组合，进行工程总承包。但也可以对部分工程采用单价合同。

（3）《EPC交钥匙合同条件》（简称银皮书）。该文件可适用于以交钥匙方式提供工厂或类似设施的加工或动力设备、基础设施项目或其他类型的开发项目，采用总价合同。在这种合同条件下，项目的最终价格和要求的工期具有更大程度的确定性，由承包商承担项目实施的全部责任，雇主很少介入。即由承包商进行所有的设计、采购和施工，最后提供一个设施配备完整、可以投产运行的项目。

（4）《简明合同格式》（简称绿皮书）。该文件适用于投资金额较小的建筑或工程项目根据工程的类型和具体情况，这种合同格式也可用于投资金额较大的工程，特别是较简单的，或重复性的，或工期短的工程。在此合同格式下，一般都由承包商按照业主或其代表——工程师提供的设计实施工程，但对于部分或完全由承包商设计的土木、机械、电气和（或）构筑物的工程，此合同也同样适用。

由于前几册合同条件均以封面颜色明确区分，所以也被人戏称为"彩虹系列"。其中以《施工合同条件》与本专业关系最为密切。它包含两大部分：通用条件和专用条件。通用条件分为20条，共163款；专用条件的合同条款则是前面通用条件的对应补充。除此之外，《业主与咨询工程师标准服务模式协议书》（简称白皮书）、施工保险和法律、投标程序、关于土木工程合同文件的注释等也是FIDIC合同实施的辅助文件。

（5）FIDIC合同的特点。FIDIC合同有以下一些特点：

责任的约定以招标选择承包商为前提；

合同履行中建立以工程师为核心的管理模式；

以单价合同为基础。

（6）FIDIC合同的解释。FIDIC合同文件讲求解释中的先后关系，这在合同运行中遇到矛盾或含糊时特别重要。它规定的优先次序是：合同协议书；中标通知书；投标书；合同专用条款；合同通用条款；规范；图纸；资料表和构成合同组成部分的其他文件，如工程量价单。

为了便于解决合同中的纠纷，FIDIC合同的解释原则如下。

主导语言原则：当合同涉及两种或两种以上的语言时，必须明确一个主导语言，通常使用英语解释。

适用法律原则：可协商选择业主方国家、承包方国家或某第三方国家法律，并明确注明；若无明确选择，则一般以合同执行国家或合同签订国家的法律为准。

整体解释原则：除前述专用条件优先于通用条件等优先解释次序以外，还有具体规定优先于笼统规定，定量表达优先于定性表达，书写条文优先于打字条文，打字条文优先于印刷条文，单价优先于总价，价格的文字表达优先于数字表达等。

反义居先原则：又称为"逆编写者释义"原则，由于合同文件一般由业主方起草，故工程师应以承包商的合理理解优先。

诚信原则：了解要约，遵守承诺，知其所图、言其所想、明其所说、善意合作。

合理推论原则：主要针对合同中的隐含条款，推论引申公平合理、符合法律、与明文条款保持一致，以利于项目实施。

12.6.3　FIDIC 合同若干概念

FIDIC 合同中包含了合同工期、缺陷通知期、合同有效期若干名词概念，现分别给予讲述。

（1）合同工期。合同工期以日历天为单位计。起点为合同约定的开工令，开工令一般与中标通知书间隔 30～60d；终点则在合同竣工日期的基础上考虑合理索赔工期，合同工期通常包括两部分：合同内约定且承包商在投标书中承诺的工期；非承包商责任且经工程师认可的变更、索赔的工期。

施工期的起点一般与合同工期相同，但以工程移交证明上注明的实际竣工日期为终点。因此，施工期与合同工期的差值则反映了合同完成的时间状况，若施工期大于合同工期，说明工期延误；反之说明工期提前。这是日后执行工期惩罚或奖励的依据。

（2）缺陷通知期。这是新红皮书采用的一个术语，而没有继续采用"缺陷责任期"或"保修期"的说法。相比之下，"缺陷通知期"的提法不仅更为严密，涵盖的范围也更为广泛。"缺陷通知期"指根据投标函附录中的规定，从工程或区段按照第 12.1 款"工程或区段的接收"被证明完工的日期算起，到按照第 11.1 款"完成扫尾工作和修补缺陷"通知工程或该区段（视情况而定）中的缺陷的期限［包括按照第 11.3 款（缺陷通知期的延长）决定的任何延期］。

（3）合同有效期。合同有效期是指合同签字日至由承包商向业主提交"结清单"生效日之间的时间段，它反映合同在法律上被认可的有效期，合同签字便承诺了履行的责任，"结清单"生效则表明承包商对业主索赔权利的终止。

（4）工程接收证书。工程接收证书，1987 版中译本翻译为工程移交证书，新版本的翻译更突出了业主的合同主导地位。接收证书由工程师颁发。它的作用在于指明竣工日期，判定提前竣工奖励还是拖期赔偿。另外，颁发此证书之日，即工程照管责任由承包商转为业主。

工程竣工验收的对象既包括工程实体，也包括与竣工有关的资料档案，验收方法包括检查、复查和认可等，其操作一般分四个步骤。

第一步——工程预验收：主要是承包商自己完成，做到心中有底。

第二步——竣工初步验收：通常由承包商和工程师一起完成，确认成功的部分，及时解决存在的问题，保证正式验收顺利。

第三步——竣工正式验收：由承包商、工程师、业主和其他有关部门共同完成，正式认可已完成工程达到合同要求。

第四步——工程接收：一般由承包商、工程师、业主参与完成。

竣工验收后的工程，承包商应在规定期限内无条件清退，否则，业主和工程师可能收取租金。若造成损失，承包商应承担相应后果。

所谓工程"基本竣工"是指已通过竣工检验，能按预定目标交给业主占用，某些次要清尾或剩余的工作允许在缺陷通知期期满前或之后尽快完成，因而有利于项目尽早发挥工程效益。

工程师颁发的工程接收证书内容主要包括：确认工程已基本竣工，可以交付业主使用；说明根据合同工程或区段完工的日期，但某些不会实质影响工程或区段按其预定目的使用的扫尾工作以及缺陷除外（直到当该工程已完成且已修补缺陷）。

（5）解除缺陷责任证书。解除缺陷责任证书的时间期限应在合同中明确。清尾、整理、修复等工作视工程师的要求而定，通常不难达到要求。这样，工程运行合格期满 28d 以内，工程师应为承包商颁发解除缺陷责任证书，这也标志着承包商已按合同规定完成全部施工任务，以后的问题只限于财务结算。

（6）合同价格。合同价格一般不等同于结算款额，它是指中标通知书中写明的，按照合同规定为工程实施、完成及其任何缺陷修补所应付的金额总和。它包括变更、索赔后的调整，工程量的变化以及其他可调价因素的影响。换言之，合同价格包括合同规定的劳务、施工设备、材料、制造、运输、安装、试验、调试、测试、维护、保养、修补缺陷、管理、利润、税费以及合同包含的风险、责任、权利、义务等所应付的费用。

（7）误期损害赔偿。FIDIC 合同对工期管理很严格，一般在合同中约定工期拖后的赔偿。合同中对工期拖后的赔偿有最高赔偿限额和日拖期赔偿额（元/d）两个约定指标。出现误期问题时

$$实际日拖期赔偿额＝合同中约定的日拖期赔偿额×$$
$$拖期部分工程的合同额/合同工程总额$$
$$误期损害赔偿额＝实际日拖期赔偿额×延误天数$$

最后，实际发生的误期损害赔偿数额在上面计算的误期损害赔偿额和合同约定的最高赔偿限额中取较小值，这样，在一定程度上可以使承包商的经济赔偿损失不致过高。

（8）暂定金额。暂定金额又称"不可预见费"，实际上是业主方的一笔"备用金"，常用于招标文件中规定承包商必须完成且属于承包工作以外的事项，如额外施工、材料、设备、技术服务和意外处理等，暂定金额一般为合同总价的 3%～5%。它有两个特性：①包含于合同价格之内；②由工程师独立控制。

承包商可以争取暂定金额的支付以获得更多的经济利益，但即使承包商未能得到暂定金额，也并不影响他在合同中规定的利益。FIDIC 合同强调"价责对等"，即业主付多少钱，承包商就干多少活，如果承包商主动提出增加工作量，而增加的工作又没有在合同规定中明确，这种情况往往难以得到业主和工程师的暂定金额补偿。例如，某工程标书中业主明确规定对施工场地修一段篱笆围墙，承包商觉得不够坚固，防不了小偷，自行做主改建成砖围墙，造价当然高出一截，本以为能得到业主和工程师的赏识，并得到补偿，但当验工计价时，业主和工程师却坚持按合同规定办，轻轻一谢了之。另外，为了有利于承包商防范资金风险，FIDIC 合同规定，若是承包商带资承包，则业主应提供"支付保函"。

（9）分包商。FIDIC 合同中有两种分包商，即一般分包商和指定分包商。承包商所有分包事宜，包括一般分包行为都需经业主和工程师的同意，并且禁止将分包工程再次分包但承包商使用劳务、采购符合合同规定标准的材料等不必事先征得业主和工程师的同意。

原则上，一般分包商和指定分包商的合同地位相同，但具体在选择权、分包内容、支付款项、利益关系与责任等方面也存在一些差别。

指定分包商通常要求具备较高的专业技术能力，其工作相对于总承包商具有一定的质量和成本优势。指定分包商可以通过公开招标或议标选定，为了合同项目的顺利实施，必须首

先听取承包商意见并征得其同意，也必须保证承包商的合法利益不受损害。如果承包商有合法的理由拒绝业主和工程师选择的某指定分包商，则业主和工程师应当另选一个指定分包商，或修改分包合同条款，明确保障承包商的权益，或发布"变更指令"，由指定分包商改为一般分包商，受承包商控制与管理。

（10）风险责任。由于承包商不可能把所有风险都计入合同标价中，所以原则上项目的风险责任大多由业主承担，风险的管理一般通过保险来进行，具体由业主和承包商在合同中明确约定。

（11）质量控制。FDIC 合同对质量的控制包括常规检查和试验、特殊检查和试验。检查和试验的内容要求都比较具体，是合同、规范或标准中所明确规定的，若检查和试验合格，则无须支付费用，也无工期补偿；而特殊检查和试验则是合同中未指明或与原合同规定方法内容有差异的检查和试验，均由工程师视需要而定，此部分若检查和试验合格，则业主应向承包商支付一定费用，同时给予相应工期补偿。

对于与质量控制有关的工程师指令，除非违背法律或客观上无法实现，承包商均必须认真执行。若合同上未明确注明，且未出现质量问题（如额外地质钻探、修复道路、移电缆等），承包商可以通过索赔得到经济与工期方面的补偿。

当发现缺陷，进行原因调查时，费用则由缺陷责任方承担。

做好的工程如保管不善，也可能出现质量问题。FIDIC 合同规定，工程照管责任分为两阶段，第一阶段从开工令到工程完成移交，由承包商负责工程照管；第二阶段从工程移交证明到缺陷通知期满之前，业主负责已接收部分工程的照管，承包商负责收尾剩余部分工程的照管。

（12）进度控制。出于需要，工程师可能要求承包商赶进度或暂停施工，所有的工程师指令必须以书面形式下达。若赶进度的责任和风险已在合同中注明属于承包商，则不予补偿，而且承包商还将承担由此引起的额外监理费用（如夜班、公休日加班等），这通常在业主支付的进度款中扣除。若赶进度的责任和风险不属于承包商，则应补偿费用和工期。

对于因业主方面原因造成的暂停施工指令，承包商都可以要求费用和工期补偿。不予补偿的情况主要有以下几种：

合同中有规定的暂停施工；

因承包商违约或应由承包商承担风险事件而导致的必要停工；

现场气候不利引起的暂停施工；

为合理施工或安全必要而考虑的暂停施工。

FIDIC 合同规定，若整个合同工程暂停施工时间持续 84d 以上，且原因不在承包商一方，承包商可要求工程师同意继续施工。若在接到上述请求后 28d 内工程师未给予许可，则承包商可以通知工程师将把暂停影响到的工程视为合同规定的可删减工程，如果此类暂停影响到整个工程，承包商可根据第 16.2 款"承包商提出终止"发出通知，提出终止合同。

（13）支付与结算管理。支付与结算管理是 FIDIC 合同中最复杂的管理内容之一。它包括工程量的计算、工程中期付款的申请与发放、涉及工程变更的临时报价等。前两者相对容易管理，后者由于内容复杂，合同中一般难以明确规定，所以交涉困难也比较大。

工程量清单（BQ）中开列的工程量一般只是招标时的估算量，只能作为参考，实际工程量应以完成且经工程师审核认可的为准，因为这是支付与结算的基础，承包商应派合格的专业计量人员配合审核，否则，事后申诉、修改或补充则常被拒绝。除非合同另有规定，所有计量单位均为法定国际计量单位，而工程计量也应以净值为准。

支付与结算管理的款项主要有三种：月末进度款、竣工结算和最终决算。

（14）清关、清税。合同项目完成后，承包商应向税务部门上缴公司所得税和个人所得税。国际工程还要交纳海关税，这通常是由业主代办，包括永久进口申报和临时进口申报两部分。

关于清关、清税的问题，有一个原则：逃税违法，但合理避税则无可厚非，如合同执行中适当调整财务账目，将费用合理分配到不同时段，或尽量采用离岸上税，可以争取一定优惠或免税。具体做法需要结合项目特点和相关国家地区的税务规定而定。

除了 FIDIC 合同条件之外，国际上比较具代表性的合同条件还有英国土木工程师学会编制的 NEC 合同条件、英国联合合同仲裁庭编制的 JCT 合同条件、英国皇家建筑师学会编制的 RIBA 合同条件、美国建筑师学会编制的 AIA 合同条件等，这里就不一一介绍了。

目前我国涉外项目数量多，作为项目管理人员应掌握国际上 FIDIC 条款，避免因合同产生的纠纷和索赔。

12.7　合同纠纷与索赔

纠纷与索赔问题在合同管理中占有重要地位。《民法典》合同篇规定，承担违约责任按"严格责任原则"处理，即无论合同当事人主观上是否有过错，只要有违约事实，特别是有违约行为并造成损失的，就要承担违约责任。

12.7.1　合同纠纷产生的原因与解决方法

一般说来，建设工程项目投资大、工期长、工序复杂、不确定因素多，而各参与方，包括业主、工程师、承包商都要尽力维护自身的利益，因此，在合同履行过程中难免出现争端与纠纷，并常常付诸索赔。

（1）合同纠纷产生的原因。一般来说，产生合同纠纷有以下几种原因：合同缺陷；施工条件变化；工程变更；工程师指令；业主原因；承包商原因；其他第三方原因（如银行付款延误、邮路延误、港口压港等）。

（2）解决合同纠纷的方法。解决合同纠纷主要有以下四种方法。

协商：也称和解，一般不需要中间人，而是合同双方相互谅解，相互让步，达成协议（尽管此协议可能并无法律约束力）。这种方法简便易行，迅速及时，不伤和气，能避免进一步的损失，因而遇到一般小矛盾时应优先考虑采用这种方法，它也是解决纠纷的基本方法，事实上，绝大多数的合同纠纷确实是依靠协商解决的。

调解：这种方法适用于比较简单的、非重大矛盾的合同纠纷，但与协商方法明显的区别是，调解方法通常需要有中间人作桥梁，一般是双方共同推举专家、学者，或多名中间人组成调解委员会，在调解中间人的协调下，达成共识，形成协议。调解的原则是双方自愿、程序合法、调解公平。调解方法有当面调解、现场调解、分头调解、信函调解等，可以视情况由中间人选择。在 FIDIC 国际工程合同中，提出采用争端仲裁委员会解决纠纷，目的既是为了避免耗时费钱的国际仲裁和诉讼，又能公正合理地解决争议。签订合同时，业主与承包商通过协商组成裁决委员会（Dispute Adjudication Board，DAB），DAB 一般由三名成员组成，合同双方经由对方同意各提名一位成员，然后共同推举商定第三名成员，且第三人应作为主席。相对于老红皮书推荐采用争议评审委员会，DAB 的理念更先进，其决定具有准仲裁的性质。目前 DAB 模式在国内外大型工程建设中被广泛应用，取得了普遍认同。

仲裁：也称公断，经双方同意的某第三者来处理纠纷，进行审理，并给出裁决。仲裁小组通常由总数为单数的资深律师和行业专家组成，他们熟悉业务，相对能够保守商业秘密，处理问题中感情冲突较少，而且进程较快，费用也比司法诉讼便宜。国际著名的仲裁机构多带有半官方半民间的性质，如瑞士苏黎世商会仲裁院、日本国际商会仲裁协会、英国伦敦仲裁院、美国仲裁协会、中国国际商会仲裁委员会等。签订合同时，通常双方约定明确，限定适宜的仲裁机构解决今后可能产生的相关纠纷。一方面，相对于协商和调解，仲裁结果具有法律约束力，亦即最终法律效力，矛盾双方都应承认裁决的结果并严格执行裁决的内容，不得再就同一纠纷向法院起诉。另一方面，相对于司法诉讼，仲裁显得较为灵活、简便。除非某一方提出新的有力证据，才可以向法院申请撤销裁决，进入司法程序。一般说来，仲裁可以在施工中或竣工后进行，但不得改变业主、工程师和承包商各自在工程合同实施中的义务。若仲裁是在终止合同情况下进行，则对工程应采取保护措施，措施费用由败方承担。

司法诉讼：这是矛盾最为激化时的处理方法，即向法院起诉，然后一切按诉讼程序办理，一般没有多大的协调余地。一般问题应尽量用协商和调解的方法解决，迫不得已时才采用后两种方法，而且若进入仲裁或司法诉讼程序，大多处理时间较长，耗费精力多，并且谁主张，谁举证，所以平时的资料信息积累十分重要。

12.7.2　索赔

索赔是指当事人在合同实施过程中，根据法律、合同规定及惯例，对由对方责任（风险）造成并且实际发生的损失，向对方提出补偿（赔偿）的权利要求。索赔在一定程度上被认为是不可避免的，它是合同执行中双方各自享有的正当权利。

（1）索赔的作用和特征。索赔的作用体现在：保证合同的实施；落实与调整合同双方的经济责任关系；维护正当权益；使工程造价更为合理。

索赔的特征：索赔是一种正当的权利要求；索赔是双向的；只有实际发生了经济损失或权力损害，一方才能向对方索赔；索赔是一种未经确认的单方行为；索赔必须以合同和法律为依据。

应该指出，索赔的性质属于经济补偿行为，而不是惩罚，索赔方所受到的损害与被索赔方的行为并不一定存在法律因果关系。索赔的内容不外乎两种：工期索赔和费用索赔。有些在合同中明示清楚的索赔相对容易成功；但另一些是合同中默示的，属隐含条款，这类索赔的难度就相对比较大。另外，工期索赔相对简单，而费用索赔中，小额单项索赔容易操作，大额综合索赔问题一般比较复杂，处理周期较长，应慎重细心。

（2）费用索赔的计算原则和方法。索赔申请书一般要附设一份清单，一般关于工期索赔的内容比较简单，但费用索赔内容常常复杂一些，可能包括直接损失、间接损失、工地管理费、总部管理费、赶工费、拖延付款的应付利息、窝工费等，涉及人工费、材料费、设备费、管理费、保险费、保证金、利息、利润等。

费用索赔的计算原则最好在合同中明确，但实际问题千差万别，通常费用索赔包括直接损失和间接损失，这里介绍两种索赔的计算方法。

分项法：这种方法是指只针对某一次索赔内容进行分项损失计算，由于内容明确，只要信息齐全，它的计算会相对准确，结果较易令人信服。因此，其适用性较强，应用较广泛，值得推荐。

总费用法：一般是多次索赔后，重新计算实际总费用，再减去合同价，差额即为索赔金额，这种方法不易精确，通常不容易使业主和工程师完全接受，而且索赔时间也拖得较长。采用这种方法的原因常常可能包含承包商组织不合理的因素，或承包商在竞价投标时过于压价，后求补偿。鉴于此，总费用法不及分项法易行简便，应慎用。

（3）索赔时效。索赔时效有两层含义，一是大的方面，索赔只能发生于合同有效期以内；二是小的方面，索赔必须在事发 28d 内提出申请，并附上证明材料。否则，工程师将不予受理。

（4）索赔成立的条件。以承包商为例，索赔能否成立，主要依照以下条件进行判断：

该项索赔事件已经造成工期损失或费用损失；

索赔报告中引用的理由充分，如具有法律、法规、合同依据或按某工程惯例；

索赔事件的发生不是承包商的行为责任或风险责任；

在索赔事件发生时，承包商已经采取了必要的控制措施；

承包商在合同规定的时限（发生索赔事件后的 28d 内）向监理工程师报送了索赔意向通知书及相关证明材料。

（5）索赔时的注意事项。索赔既是一门科学，也是一门艺术，其中的许多环节并不是非白即黑的，灰色地带较多。承包商应摸索学习，积累经验，一般索赔时应注意的事项有：主动创造机会；及时抓住机会；与工程师保持良好关系；努力掌握索赔知识，积累经验。

（6）反索赔。FIDIC 合同规定，承包商可以提出索赔要求，对应地，业主也有反索赔的权利，反索赔的常见内容包括因承包商原因造成的工期延误、施工质量缺陷、超额利润、对指定分包商付款、业主合理终止合同或承包商不合理放弃合同等。由于市场需求的不平衡，业主常常处于更主动的地位，因为业主可以直接从应付给承包商的工程款中扣抵。业主的反索赔有以下两种方式。

防卫性反索赔：针对承包商的索赔要求，据理反驳，并且指出对方的问题和责任，从而提出反索赔要求，达到反守为攻的目的。

进攻性反索赔：先发制人，抢占主动，迫使承包商不敢随便使用索赔权利。

有人说，"竞标靠低价，盈利靠索赔"。此话既有道理，也不完全准确。因为项目在实施中，主要应依靠合作去完成合同，索赔过多显然不利于合同双方关系的融洽，所以实际上，索赔问题的处理相当棘手，常常是"可索而不赔"，承包商不得不考虑索赔造成的冲撞效应或波纹效应。为了对付承包商不合理的索赔要求，有些国家和地区的业主开始操作所谓的内部指引，将这些承包商的行为写进不良报告或列入黑名单。所以，平时承包商与业主和工程师培养感情，通情达理，避免尴尬是十分重要的。一般小矛盾、小纠纷等非原则性问题，不必都用索赔方法来解决，可以采用"恻隐术"，显得马虎一点，不必太斤斤计较，即使提出索赔也忌直露、忌怒、忌"理直气壮"，点到即可，在争取利益时要讲究策略，要着眼于长远利益；但对于重大原则性问题，则决不能轻易让步。

工程项目的实际实施中会产生大量的纠纷和索赔事件，项目管理人员应理解和掌握纠纷、索赔产生的原因以及索赔的具体规定。

合同管理是项目管理的重要内容之一，应从合同的订立、履行、变更、索赔、终止等方面对合同进行全过程管理。

12.8　课程思政教学案例

本节从工程项目合同管理专业思想的视角出发，植入的课程思政教学案例（元素）为：工程建设制度的总法律框架体系——建设项目法律法规建设。

12.8.1　专业知识点

建设工程施工合同的主体是发包人和承包人，其法律行为应由法定代表人行使。项目经理应按照承包人订立的施工合同认真履行所承接的任务，依照施工合同的约定，行使权利，履行义务。发包人和承包人应按《中华人民共和国合同法》的规定，确定施工合同的各项履行规则。

现代工程合同管理要求建立合同管理系统，内容包括合同分析子系统、数据库档案子系统、网络子系统、监督子系统和索赔子系统等。

项目应随时注意各种因素引起的合同变更，如工程量增减、地质资料、不可预见因素变更等。

合同终止后，承包人应进行有关评价，如合同订立过程情况评价、合同条款的评价、合同履行情况评价、合同管理工作评价等。

项目实施过程中，常常会发生不尽如人意的情况，产生违约、索赔、争议等纠纷。合同双方都可能违约，当事人一方不履行合同义务或履行合同义务不符合合同约定的，应当承担继续履行、采取补救措施或者赔偿损失等责任，而不论违约方是否有过错责任。

承包人应掌握索赔知识，依法进行索赔。索赔应当有正当的索赔理由和充足的证据，按施工合同文件中有关规定办理，认真、如实、合理、正确地计算索赔的时间和费用。

12.8.2　思政育人目标

合同管理是改革开放后市场经济的产物，是强制执行的招标投标制、建设项目管理制、工程建设监理制、合同管理制的四项制度之一。

我国的合同制度可以追溯到远古时期，但真正的全面建设和完善则是改革开放以后才逐步开始的。1981 年，全国人民代表大会通过了《中华人民共和国经济合同法》，随后又颁布了《中华人民共和国技术合同法》和《中华人民共和国民法通则》，各级政府又制定了相关的实施细则、管理条例等，国家工商行政管理机关和最高人民法院颁发了一系列规范性文件和司法解释，对保护合同当事人的合法利益、维护社会经济秩序产生了深远影响。特别是1999 年第九届全国人民代表大会第二次会议通过的《中华人民共和国合同法》，更是我国合同法制建设史上的一个里程碑。

12.8.3　思政案例

工程建设制度的总法律框架体系
——建设项目法律法规建设

核心价值：依法治国，建设法治国家。
根本要求：促进社会公平正义。
基本任务：维护社会和谐稳定。
根本目的：确保国家长治久安。

总目标：建设中国特色社会主义法治体系。

进度节点：到 2025 年，公民法制素养和社会治理法制化水平显著提升，全民普法体系更加健全；到 2035 年，基本建成法治国家、法治政府、法治社会。

法律体系：以宪法为核心的法律体系。

12.8.4　思政案例

改革开放后，我国颁布和完善了一系列建设项目法律法规制度，其中合同管理是强制执行的招标投标制、建设项目法人制、工程建设监理制、合同管理制的四项制度之一，是改革开放市场经济的产物，市场主体对保护合同当事人的合法利益、维护社会经济秩序产生了极其深远的影响。

思考练习题

1. 建设工程合同包括哪些具体的合同？
2. 合同文件众多，优先解释顺序是怎样的？
3. 施工方索赔应满足哪些要求？
4. 请指出 FIDIC 合同中的概念与我国法律、规范、示范文本等的区别。
5. 索赔的具体程序是什么？

第 13 章 建设工程项目施工管理信息化

建设工程项目的施工管理过程中，会涉及多项管理事项和任务，管理的工序也比较复杂，施工管理的水平又直接影响到项目施工的进展，所以建设工程团队就必须采取有效的管理方法来不断完善自身的管理水平，以便更好地适应经济模式的改变。信息化管理模式早在 20 世纪 80 年代就被运用到建筑施工的管理过程中，以准确掌握建设信息的变化，高效地进行建设工程项目施工管理。

工程项目施工管理信息化的本质是，在工程项目施工管理中通过充分利用计算机技术、网络技术、数据库等在内的科学方法对信息进行收集、存储、加工、处理，并辅助决策，以便提高管理水平，降低管理成本，提高管理效率。本章主要介绍建设工程项目管理信息化的发展背景、意义以及信息化实现工具（相关 BIM 软件，如广联达、Project）等。

13.1 概　　述

在建筑工程管理过程中，以信息化技术运用为基础，可以更好地开展工作流程的调整，使得工作流程更加标准化，更加规范化，这对于企业发展来讲，将使得其各项资源得以优化配置，是实现企业现代化发展的重要途径。

13.1.1 建设工程信息化的背景

建设工程是一种具有高度组织性、目的性的大规模经济活动，是对于原有固定资产的改造或者建造新的固定资产的过程。在大多数的发达与发展中国家，建设行业都在国民经济发展中占着举足轻重的作用。在大多数发达国家中，建筑业独自占国内生产总值的 10% 或更多；在经济快速发展的发展中国家里，其所占的百分比更要大许多。

建筑建设行业对于国民经济的贡献作用非常大，但相较于其他行业，其效率却相对低下。在过去 40 年间，其他行业生产效率大幅度提高的同时，建筑工程行业的效率实际上是呈下降趋势，这是一个全球范围的问题。英国研究表明，30%～40% 的建设成本浪费都是由低效率造成。在规模上，全球制造业与建筑业几乎相同，它们之间也有许多相似的特征，以购买力平价为标准每年大约有 3 万美元。但是它们各自在信息技术方面的投入却有着十分明显的差异。如图 13-1 所示，制造业每年花费在信息技术方面的金额大约是 81 亿美元，而建筑行业在信息技术上的投资仅为 14 亿美元。建筑业的生产效率低下与它在信息技术方面的投资较少呈现了比较强的相关性。

1997 年，在英国牛津大学的"国际建筑论坛"上，与会的全世界三十多位专家一致认为，建筑业在过去 5 年的变革大于前 50 年，主要就表现在信息革命给建筑业带来了巨大的变化。据 1999 年英国 Latham 报告指出，英国建筑业在 5 年内，通过更好地运用信息技术、新的方法、加强培训等可节省 30% 项目建设成本，而美国的招标网站（www.bidcom.com）和建造网（www.buildnet.com）都宣称通过将建筑市场带入互联网可以节约 30%～35% 的项目成本。

因此，为了解决建筑工程行业低效率的问题，就应当从建筑工程领域信息化方向入手，

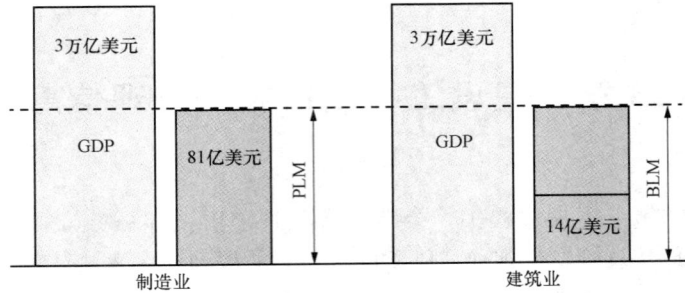

图 13-1　制造业与建筑业在信息技术方面的投资比较

改变行业内传统的信息收集、处理、传递、保存的方法。

13.1.2　建设工程信息化的定义

在信息化的时代，建筑业迫切需要在科技进步的引领下，以新型建筑信息化为核心，对建筑全产业链进行更新、改造和升级。

（1）信息化。从生产力发展的角度，信息化最初是用来描述社会形态演变的综合概念，最早提出信息化概念的是美国学者丹尼尔·贝尔提出的"后工业社会"的概念，研究中已经对"信息社会"有所提及。从广义上来说，信息化是指信息资源的开发和利用以及信息技术的开发和应用。完整的信息化应包括：一定的信息技术水平；信息基础设施；信息产业水平；社会信息基础环境支持的环境；信息活动的不断提升和丰富的过程等。

信息资源的开发和利用是信息化建设的核心内容，因为信息化建设的初衷和归属都是通过对信息资源的充分开发利用来发挥信息化在各行各业中的作用。信息技术的开发和应用是信息化建设的加速器，因为信息技术为人们提供了新的、更有效的信息获取、传输、处理和控制的手段和工具，极大地提高了人类信息活动的能力，扩展了人类信息活动的范围，加速了社会的信息化进程。

（2）建设工程信息化。建设工程信息化，是指对于建设工程信息资源的开发与利用，以及信息技术在建设工程中的开发与利用。一方面，在投资建设一个新的工程项目时，应重视开发和充分利用国内国外的同类或类似建设项目的有关信息资源；另一方面，信息技术在建设工程中的开发和应用，应包括在建设项目决策阶段的开发管理、实施阶段的项目管理和使用阶段的设施管理中开发和应用信息技术。

工程管理信息资源的充分开发与利用，意味着建设项目参与方可以吸取类似建设项目的正反两方面的经验与教训。许多有价值的组织信息、技术信息、法规信息、经济信息的共享，有助于项目前期的方案决策，有利于项目建设期间的目标控制，也有利于项目建成后的运营管理。通过信息技术在工程管理中的开发和应用能实现：信息存储数字化和存储相对集中；信息处理和变换的程序化；信息传输的数字化和电子化；信息的获取边界；信息透明度提高；信息流扁平。

13.1.3　建设工程信息化的意义

建设工程信息化为建筑业跨越"数字鸿沟"提供了前所未有的机遇。以改善建设工程中的有效沟通和实现信息化管理为契机，通过建设工程信息资源及信息技术的有效开发和利用，建筑业将创造更大的发展空间。建设工程项目管理信息化的意义在于以下几点。

（1）加快信息交流速度。利用信息网络作为项目信息交流的载体，使信息交流速度可以大大加快，减轻了项目参与人日常管理工作的负担，加快了项目管理系统中的信息反馈速度和系统的反应速度，人们能够及时查询工程进展情况的信息，进而能及时地发现问题，及时作出决策，提高了工作效率。

（2）信息共享和协同工作。利用公共的信息管理平台，从而方便各参建方进行信息共享和协同工作，一方面有助于提高工作效率；另一方面可以提高管理水平。建设工程项目信息化使项目的透明度增加，人们能够了解企业和项目的全貌。总目标容易贯彻，项目经理和上层领导容易发现问题。下层管理人员和执行人员也更快、更容易领会上层的意图，使各方面协调更为容易。在信息共享的环境下通过自动地完成某些常规的信息通知，减少了项目参与人之间需要人为信息交流的次数，保证了信息的传递变得快捷、及时和通畅。

（3）信息数据的采集及使用。适应建筑工程项目管理对信息量急剧增长的需要，允许将每天的各种项目管理活动信息数据进行实时采集，并提供对各管理环节进行及时便利的督促与检查，实行规范化管理，从而促进了各项目管理工作质量的提高。建设工程项目信息化使信息容量增加，信息的可靠性增强。例如项目管理职能人员可以直接查询和使用其他部门的信息，这样不仅可以减少信息的加工和处理工作，而且在传输过程中信息不失真。

（4）数据的定量分析。建筑工程项目的全部信息以系统化、结构化的方式存储起来，甚至对已积累的既往项目信息高效地进行分析，便于施工后的分析和数据复用，从而可以为项目管理提供定量的分析数据，进而支持项目的科学决策。因此，对建筑施工项目实行信息化管理，可以有效地利用有限的资源，用尽可能少的费用、尽可能快的速度来保证优良的工程质量，获取项目最大的社会经济效益。

（5）提高项目风险管理的能力。由于现代市场经济的特点，工程建设项目的风险越来越大。现代信息技术使人们能够对风险进行有效地、迅速地预测、分析、防范和控制。因为风险管理需要大量的信息，而且要迅速获得这些信息，需要十分复杂的信息处理过程。现代信息技术给风险管理提供了很好的方法、手段和工具。

13.1.4　建设工程信息化发展历程

自 20 世纪 70 年代开始，信息技术经历了一个迅速发展的过程，信息技术在建设工程管理中的应用也有一个相应的发展过程，发展总趋势如图 13-2 所示，每一阶段信息化特点见表 13-1。

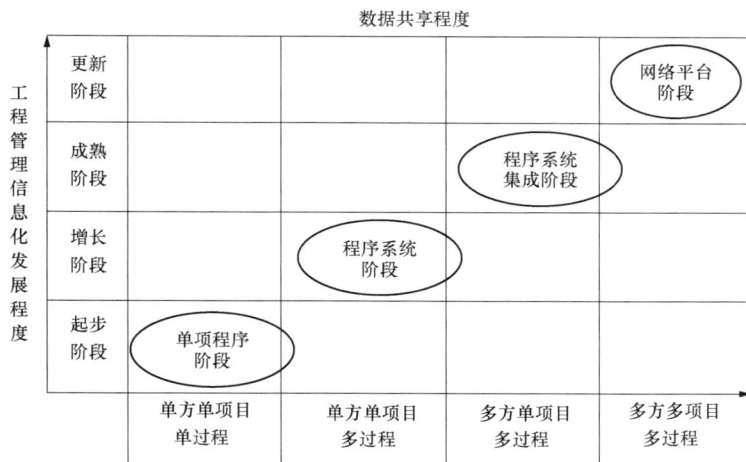

图 13-2　总发展趋势图

表 13 - 1　　　　　　　　　　每一阶段信息化特点（1979～2012 年）

年份	发展状况	发展趋势	推动因素
20 世纪 70 年代	工程行业内大多使用了计算机，但往往是报表和文字处理等工作，还有的也仅是单项业务和单机版的工具软件，缺乏贯穿项目始终的项目信息交流共享	在造价、施工等多方面运用计算机进行工作，而不是单一过程运用	政府部门的推动
20 世纪 80 年代	电算化进一步推广，实现多方面应用。软件可以对工程的多个环节和项目进行数据的处理和管理	用计算机模拟技术计算与分析施工系统	计算机科学和系统科学的发展，特别是计算机模拟的应用
20 世纪 90 年代	计算机在施工管理中的许多单项应用已趋成熟，但我国建筑施工领域信息技术应用刚刚起步，施工技术与管理水平相对落后，国家信息基础设施建设还很不完善	建筑行业的信息化建设将快速发展	科学技术的发展以及企业需求和同行业内部的竞争
20 世纪 90 年代至今	政府大力推广建筑业信息化发展，网络信息技术普及，迅速发展；BIM 在我国一些大型工程项目得到应用，得到政府的高度关注和行业的普遍认可	向数字化、规范化、信息化方面发展，形成一套成熟、规范、通用的信息化管理系统；BIM 中国化	资金、技术水平较高的企业进行推广，政府政策扶持，国内专家学者的相关研究与推广

20 世纪 70 年代，单项程序的应用，如工程网络计划的时间参数的计算程序，施工图预算程序等；

20 世纪 80 年代，程序系统的应用，如项目管理信息系统、设施管理信息系统；

20 世纪 90 年代，程序系统的集成，它是随着工程管理的集成而发展的；

20 世纪 90 年代至今，基于网络平台的工程管理。

建筑工程信息化是信息化大背景下信息革命的产物，有助于解决建筑行业低效率的问题；建筑工程信息化是对建设工程信息实际以及信息技术在建设工程全生命期中的开发和利用；建设工程信息化有助于加快信息交流建设、信息共享和协同、信息数据采集及利用、数据的定量分析及提高项目风险管理的能力。信息技术在建筑业将发挥显著的作用。

13.2　建筑信息模型（BIM）

BIM（building information modeling）技术已经在全球范围内得到业界的广泛认可，它可以帮助实现建筑信息的集成，从建筑的设计、施工、运行直至建筑全生命周期的终结，各种信息始终整合于一个三维模型信息数据库中，设计团队、施工单位、设施运营部门和业主等各方人员可以基于 BIM 进行协同工作，有效提高工作效率，节省资源，降低成本，以实现可持续发展。

13.2.1　BIM 的基本概念

BIM 技术是一种应用于工程设计、建造、管理的数据化工具，通过对建筑的数据化、信息化模型整合，在项目策划、运行和维护的全生命周期过程中进行共享和传递，使工程技术人员对各种建筑信息作出正确理解和高效应对，为设计团队以及包括建筑、运营单位在内的各方建设主体提供协同工作的基础，在提高生产效率、节约成本和缩短工期方面发挥重要作用。

（1）BIM 的定义。建筑信息模型是以建筑工程项目的各项相关信息数据作为模型的基础，进行建筑模型的建立，通过数字信息仿真模拟建筑物所具有的真实信息。美国国家建筑科学院给出了对 BIM 的定义，定义由三部分组成。

第一部分，BIM 是一个设施（建设项目）物理和功能特性的数字表达；

第二部分，BIM 是一个共享的知识资源，是一个分享有关这个设施的信息，为该设施从建设到拆除的全生命周期中的所有决策提供可靠依据的过程；

第三部分，在项目的不同阶段，不同利益相关方通过在 BIM 中插入、提取、更新和修改信息，以支持和反映其各自职责的协同作业。

此外，美国"国家建筑信息模型标准项目委员会（the National Building Information Model Standard Project Committee)"对 BIM 的定义是：BIM 是对设施的物理及功能特征的一种数字化表达。BIM 是对设施的信息、知识资源的共享，以在该设施的全寿命过程——从项目的早期的概念阶段直至项目的拆除为决策提供可靠的基础。

（2）BIM 技术的特点。BIM 技术的特点包括可视化、协调性、模拟性、优化性和可出图性。

可视化：在建筑信息模型中，可视化是一种构件之间形成互动性和反馈性的可视，而且遍布于项目的整个过程，这就使得该特点可以用来展示过程项目效果图和生成需要的报表，更直观快捷。

协调性：有效使用 BIM 协调流程进行协调综合，可减少不合理变更方案或问题变更方案。不仅能解决建筑物建造前期对各专业的碰撞问题进行协调，生成协调数据，还可以解决。例如：电梯井布置与其他设计布置及净空要求之协调，防火分区与其他设计布置之协调，地下排水布置与其他设计布置之协调等。

模拟性：BIM 技术可进行负荷模拟、系统模拟、设备模拟、经济模拟。大部分专业软件的数据可以相互导入，也可以对建筑的风环境、光环境、声环境等因素进行物理模拟。

优化性：BIM 及与其配套的各种优化工具能对项目进行可能的优化处理。在项目施工前，可以对项目进行碰撞检测，找出碰撞点，对管道进行综合优化，提高施工效率和质量。

可出图性：通过对建筑物进行了可视化展示、协调、模拟、优化以后，可以帮助业主出管线综合优化图、结构留洞图、碰撞检查报告和修改意见。

（3）BIM 的应用价值。建立以 BIM 应用为载体的项目管理信息化，能够提升项目生产效率、提高建筑质量、缩短工期、降低建造成本。具体体现为以下内容。

三维渲染，宣传展示：三维渲染动画，给人以真实感和直接的视觉冲击。快速算量，精度提升：可以准确快速计算工程量，提升施工预算的精度与效率。

精确计划，减少浪费：BIM 可以使相关管理条线快速准确地获得工程基础数据，为施工企业制订精确人才计划提供有效支撑，大大减少了资源、物流和仓储环节的浪费，为实现限额领料、消耗控制提供技术支撑。

多算对比，有效管控：通过合同、计划与实际施工的消耗量、分项单价、分项合价等数据的多算对比，可以有效了解项目运营是盈是亏，消耗量有无超标，进货分包单价有无失控等等问题，实现对项目成本风险的有效管控。

虚拟施工，有效协同：随时随地直观快速地将施工计划与实际进展进行对比，同时进行有效协同，施工方、监理方，甚至非工程行业出身的业主领导都对工程项目的各种问题和情况了如指掌，大大减少建筑质量问题、安全问题，减少返工和整改。

碰撞检查，减少返工：在前期可以进行碰撞检查，优化工程设计，减少在建筑施工阶段可能存在的错误损失和返工的可能性，而且优化净空，优化管线排布方案。

冲突调用，决策支持：项目基础数据可以在各管理部门进行协同和共享，工程量信息可以根据时空维度、构件类型等进行汇总、拆分、对比分析等，保证工程基础数据及时、准确地提供，为决策者制订工程造价项目群管理、进度款管理等方面的决策提供依据。

13.2.2　BIM 技术的应用

依托各类 BIM 软件，BIM 技术在建设工程全过程的应用得到越来越多的重视。

（1）BIM 应用的软件。主要可以分为以下两大类别：

BIM 核心建模软件：负责创建 BIM 结构化信息，提供 BIM 应用的基础。

基于 BIM 模型的应用软件：负责为 BIM 提供信息源或处理 BIM 信息，实现 BIM 的应用价值。

与 BIM 相关的常用软件产品具体又可细分为十三类，整理如表 13-2 所示。

表 13-2　　　　　　　　　　BIM 软件类别及相关软件产品

序号	软件类别	相关软件产品	国产软件
1	BIM 核心建模软件	（1）Autodesk：Revit Architecture/Structual/MEP； （2）Bentley：Bentley Architecture/Structual/Mechanical Systems； （3）Nemetschek Graphisoft：ArchiCAD、AllPLAN； （4）Gery Technology Dassault：Digital Project、CATIA	
2	BIM 方案设计软件	Planning System、Affinity	
3	和 BIM 接口的几何造型软件	Sketchup、Rhino、FormZ	
4	BIM 可持续（绿色）分析软件	Echotect、IES、Green Building Studio	PKPM
5	BIM 机电分析软件	Designmaster、IES Virtual Environment、Trane Trace	鸿业、博超
6	BIM 结构分析软件	ETABS、STAAD、Robot	PKPM
7	BIM 可视化软件	3DS Max、Artlantis、AccuRender、Lightscape	
8	BIM 模型检查软件	Solibri Model Checker	
9	BIM 深化设计软件	Tekla Structure（Xsteel）	
10	BIM 模型综合碰撞检查软件	Autodesk Navisworks、Bentley Projectwise Navigator、Solibri Model Checker	
11	BIM 造价管理软件	Innovaya、Solibri	鲁班、广联达
12	BIM 运营管理软件	ArchiBUS、Autodesk Navisworks	
13	BIM 发布审核软件	Autodesk Design Review、Adobe PDF、Adobe 3D PDF	

工程项目的每个参与方都可能成为信息的提供者，大量的项目信息存储在信息提供者自己的信息系统中。事实上，不管是企业之间还是企业内部不同系统之间的信息互用，归根结底都是不同软件之间的信息互用。BIM 不同类型的应用软件之间有机地结合，信息互用关系如图 13-3 所示。

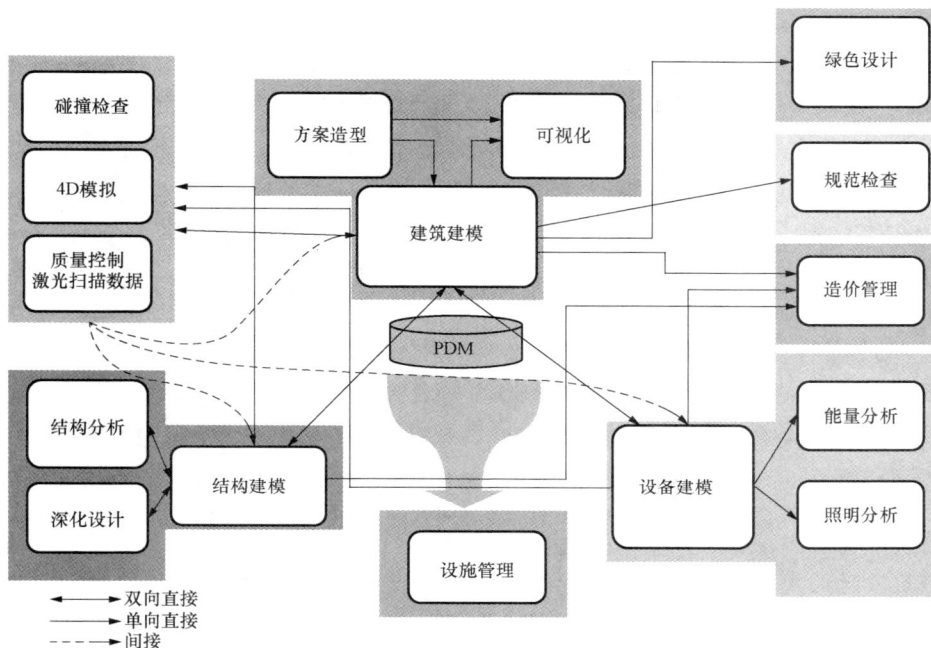

图 13-3　BIM 软件信息互用关系

（2）BIM 在建设工程全过程中的应用。BIM 在建设项目的规划、设计、施工、运营全过程中得到充分的重视，各阶段具体应用如表 13-3 所示。

表 13-3　　　　　　　　　　　　　　BIM 在建设工程全过程中的具体应用

建设项目阶段	具体应用
规划阶段	场地分析；建筑策划
设计阶段	BIM 模型维护；方案论证；可视化设计；协同设计；性能化分析；工程量统计；管线综合
施工阶段	施工进度模拟；施工组织模拟；数字化建造；物料跟踪；施工现场配合；竣工模拟交付
运营阶段	维护计划；资产管理；空间管理；建筑系统分析；灾害应急模拟

（3）BIM 技术在施工阶段的应用。BIM 技术在施工阶段的应用主要体现在施工进度控制、施工成本控制、施工质量管理和施工安全管理方面。

1）施工进度控制。工程进度管理是指在项目的工程建设过程中实施经审核批准的工程进度计划，采用适当的方法定期跟踪、检查工程实际进度状况，与计划进度对照、比较找出两者之间的偏差，并对产生偏差的各种因素及影响工程目标的程度进行分析与评估，并组织、指导、协调、监督监理单位、承包商及相关单位及时采取有效措施调整工程进度计划。

在 Luban BIM Works 中，可以把不同的形态设置成不同的显示状态，这样可以直观地检查出时间设置是否合理，如图 13-4 所示。

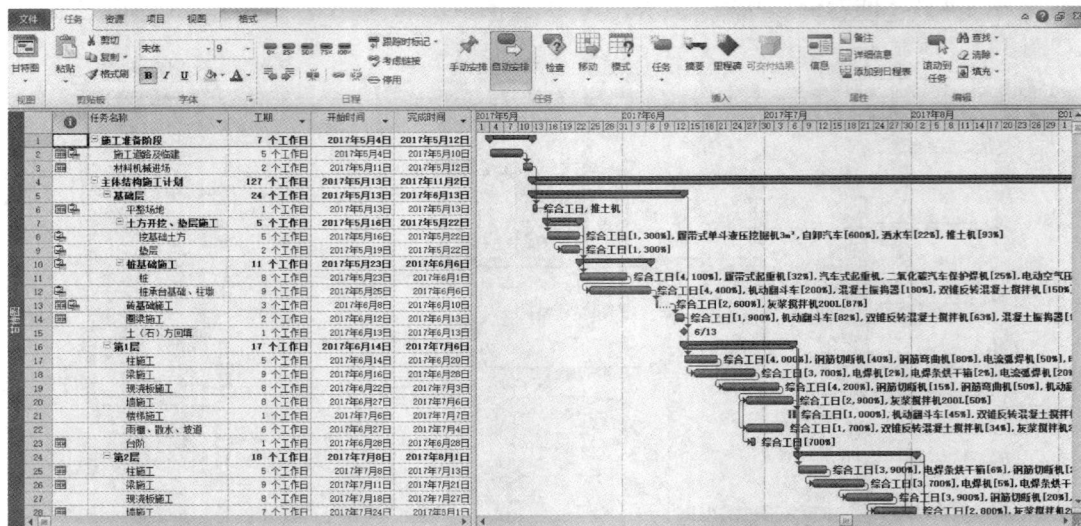

图 13-4　进度计划与 BIM 模型关联

项目进度动态跟踪：利用 BIM 技术反复模拟施工过程来进行工程项目进度管理，让那些在施工阶段已经发生的或将来可能出现的问题在模拟的环境中提前发生，逐一进行修改，并提前制订相应解决办法，使进度计划安排和施工方案达到最优，再用来该指导项目的实际施工，从而保证工程项目按时完成。

进度对比：关于计划进度与实际进度的对比一般综合利用横道图对比、进度曲线对比、模型对比完成。系统可同时显示多种视图，实现计划进度与实际进度间对比，如图 13-5 所示。

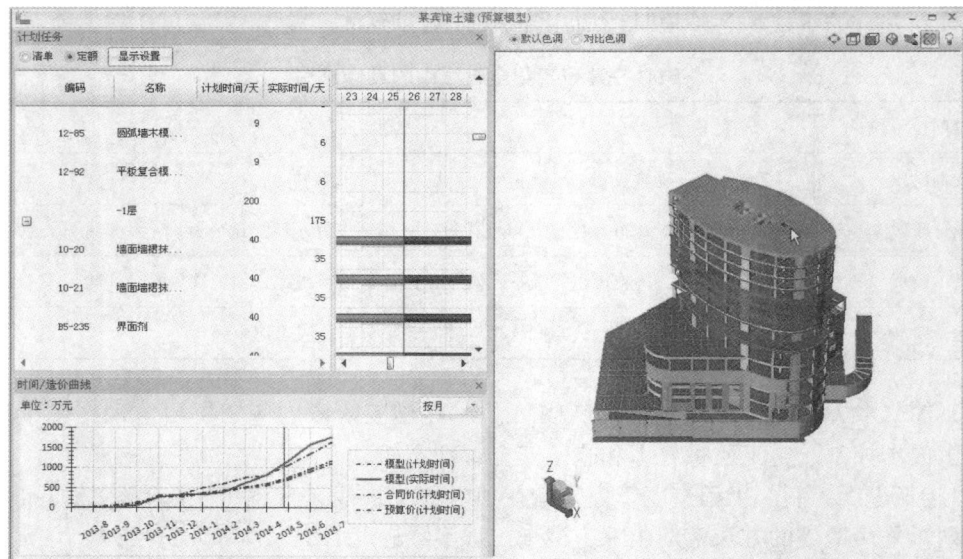

图 13-5　进度监控视图

　　纠偏与进度调整：在系统中输入实际进展信息后，通过实际进展与项目计划间的对比分析，可发现较多偏差，并指出项目中存在的潜在问题。为避免偏差带来的问题，项目过程中需要不断地调整目标，并采取合适的措施解决出现的问题。项目时常发生完成时间、总成本或资源分配偏离原有计划轨道现象，需要采取相应措施，使项目发展与计划趋于一致。对进度偏差的调整以及目标计划的更新，均需考虑资源、费用等因素，采取合适的组织、管理、技术、经济等措施，这样才能达到多方平衡，实现进度管理的最终目的。

　　2）施工成本控制。工程项目成本管理是指施工企业结合本行业的特点，以施工过程中直接耗费为原则，以货币为主要计量单位，对项目从开工到竣工所发生的各项收支进行全面系统地管理，以实现项目施工成本最优化目的的过程。

　　某建筑楼酒店项目利用 Luban Soft 建模软件建立成本 BIM 模型，基于国家规范和平法标准图集，采用 CAD 转化建模，绘图建模，辅以表格输入等多种方式，整体考虑构件之间的扣减关系，解决在施工过程钢筋工程量控制和结算阶段钢筋工程量的计算问题。造价人员可以修改内置计算规则，借助其强大的钢筋三维显示，使得计算过程有据可依，便于查看和控制，报表种类齐全，满足各各方面需求。该软件内置了全国各地定额的计算规则，可靠、细致，与定额完全吻合，便于调用。具体建模过程如图 13-6～图 13-11 所示。

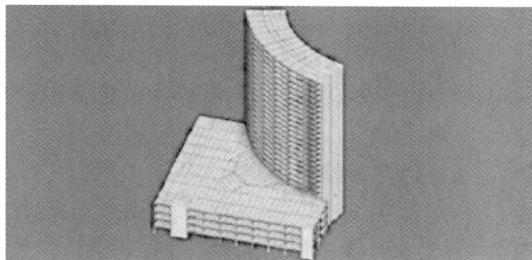

图 13-6　成本 BIM 模型图

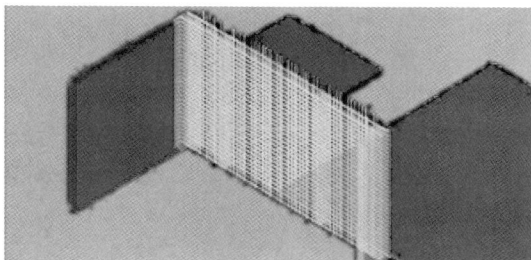

图 13-7　剪力墙的钢筋三维图

图 13-8　板的钢筋三维

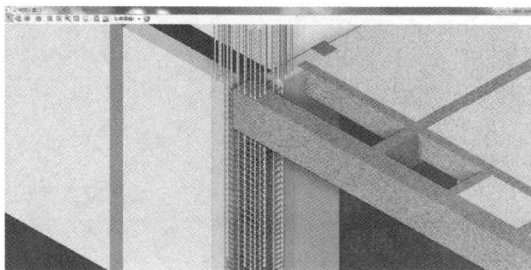

图 13-9　柱的钢筋三维

　　3）施工质量管理。复杂工程施工中，传统的施工质量控制方法难以满足工程建设目标，利用 BIM 技术可视化、虚拟化和信息化的优势，可以将施工质量控制的相关信息关联到 BIM 模型上，以提升工程质量信息传递效率，优化工程质量控制流程。BIM 技术在施工阶段工程项目质量管理中的具体应用及优点见表 13-4。

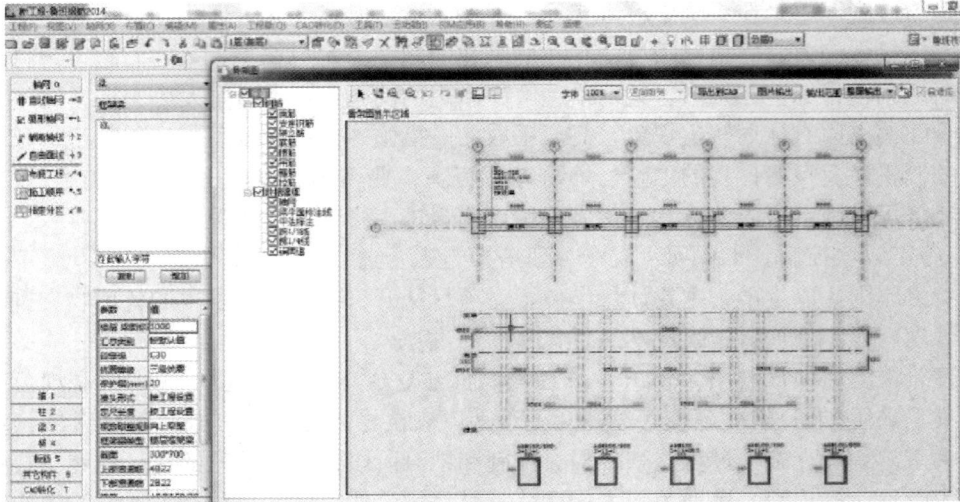

图 13-10　板的钢筋三维

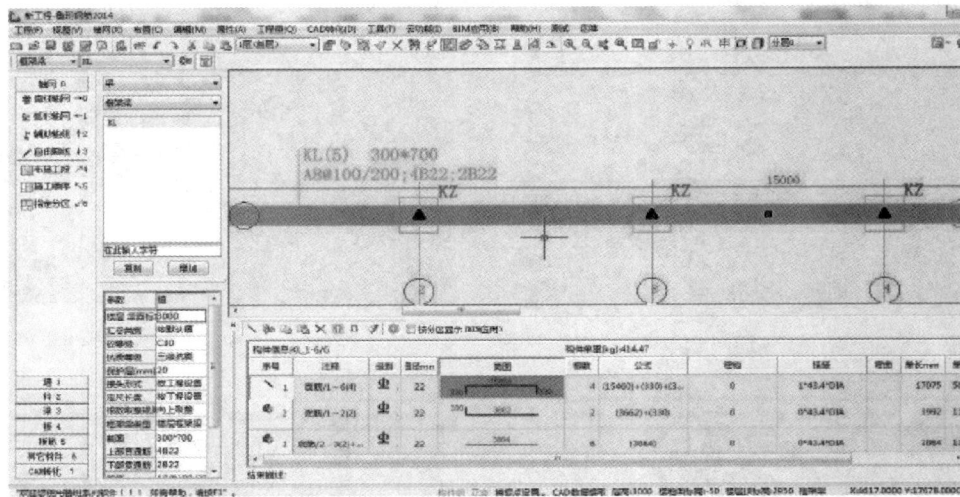

图 13-11　柱的钢筋三维

表 13-4　　　　　　　BIM 技术在施工阶段工程项目质量管理中的应用

阶段	具体应用	优点
事前质量管理	三维建模	项目管理人员通过建立的三维模型可以更直观、更全面地了解工程，在工程施工前发现设计中的错误和缺陷，提高工程设计质量，从源头上杜绝工程质量问题
	碰撞检查	利用 Luban Soft 云碰撞检查功能，进行碰撞检查计算，快速查找出各不同专业空间上的碰撞冲突，输出碰撞检查报告，以便提前发现二维 CAD 图纸设计中存在的问题，优化工程设计质量，减少图纸会审过程中发现、分析、解决问题的时间，同时可以降低工程施工阶段可能存在的返工风险

阶段	具体应用	优点
事中质量管理	施工模拟	利用 BIM 技术可进行节点构造模拟、施工工艺模拟、预留洞口定位等，把工程施工难点提前反映出来，提高施工效率和质量；模拟施工工艺，进行基于 BIM 模型的技术交底，提升各个参与方之间协同沟通的效率；模拟工作流程，优化施工阶段工程质量管理
	现场质量管理	项目管理人员可通过手机等智能移动终端对工程质量数据信息进行采集，将信息实时上传到云平台中，并将信息与 BIM 模型进行关联，给项目管理人员设置相应的权限，既可保证工程质量信息传递即时性，又可以避免人为篡改，确保工程质量信息真实性
事后质量管理	信息分析	利用 BIM 技术将采集到的工程信息进行归纳和分析，可避免大量纸质文件翻阅和查找，节省工作时间，并分析工程质量问题产生的原因，提出防治措施，便于日后学习
	工程质量信息获取与共享	建立企业质量管理数据库实现信息的共享，通过云端数据库加强质量信息的交流

4）施工安全管理。施工阶段是工程项目涉及专业最多、交叉作业最多且最复杂的阶段，主要包括给水排水、电气、暖通、房屋建筑、道路等。为了确保该工程有序推进，可运用 BIM 技术的模型动画对施工现场情况进行演示并对工人进行安全技术交底，最大限度地降低施工风险，确保安全施工。BIM 技术条件下的施工安全模拟可以将进度计划作为第四个维度挂接到三维模型上，合理地安排施工计划，使得各作业工序、作业面、人员、机具设备和场平布置等要素合理有序地聚集在一起。

13.3　广联达软件在工程中的应用

广联达软件在工程领域应用广泛，本节主要介绍广联达软件的特点及在工程中的应用。

13.3.1　广联达软件的基本介绍

工程造价控制是工程管理的重中之重。随着现代计算机技术的快速发展，图形算量软件不断被应用在工程造价控制上，取得了一定的造价控制效果。

（1）常用造价软件介绍。工程造价软件可以分为两种，一种是工具型软件，内容包括图形计算工程量、钢筋统计、定额套价、人工、材料、机械消耗分析等，主要是广联达、斯维尔、神机妙算等的软件；另外一种是管理型软件，内容包括项目管理、进度跟踪、项目资料管理、合同管理、月度统计报量等管理功能，如 IECCMS 工程造价咨询管理软件。常用的造价软件及其特点见表 13 - 5。

表 13 - 5　　　　　　　　　　　　　　　常用造价软件及其特点

工程软件公司	开发平台	优势	不足	市占率
广联达	自主平台	在造价软件领域是产品线及功能最齐全的；开发实力最强；渠道铺设广，共计32家分公司、6家子公司；有全国定额库；重视教育培训领域，在造价师、预算员群体中口碑好，有形成行业事实标准的趋势	由于专注于造价软件，其关注领域比PKPM窄	计价和算量软件排名第一
PKPM	自主平台	建设部指定清单计价软件的提供商，唯一一家提供工程全过程、全方位、多层次、多领域软件产品的公司；以结构设计软件见长，市占率达95％以上；有全国定额库	更专注于设计软件及建筑企业ERP。综合营销战略方面存在不足	
鲁班软件	CAD平台	美国国际风险基金的支持，可以使用构件向导方便地完成钢筋输入工作	只在算量软件较强	算量软件排名靠前
清华斯维尔	CAD平台	具有一些特殊功能，如可视化检验功能具有预防多算、少扣、纠正异常错误、排除统计出错等用途	平台受限	
神机软件	CAD平台	同类软件中成立较早的公司；在清单实施前能进行充分的本地化；分公司、销售网络遍布全国	主要在计价软件较强	计价软件排名靠前
地方性公司重庆鹏业河北新奔腾公司		本地化程度好，和当地建设部门关系建设较好	无法开展全国业务	在当地具有一定的市占率
使用方自主开发的软件		一般存在于设计院、规划研究院等单位，适用性较好	大多不存在开发能力，多用Excel和VB编写，功能简单，不适合商业化、大项目	消亡趋势

（2）广联达软件介绍。市场推出的工程造价方面的软件包括广联达图形算量软件和广联达清单计价软件。广联达土建算量软件基于各地计算规则与全统清单计算规则，采用建模方式，整体考虑各类构件之间的相互关系，以直接输入为补充，软件主要解决工程造价人员在招投标过程中的算量、过程提量、结算阶段构件工程量计算的业务问题。广联达清单计价软件是融招标管理、投标管理、计价于一体的全新计价软件，作为工程造价管理的核心产品，该软件以工程量清单计价为基础，并全面支持电子招投标应用。算量软件主要有套价软件（GBQ4.0）、广联达土建算量软件（GCL2013）和钢筋算量软件（GGJ2013），目前均比较成熟，普及率很高，普遍运用于各大设计院、造价事务所等。

（3）广联达软件的实用性。广联达软件的实用性主要体现在：软件界面的实用性，定额、清单同算，算量、钢筋互导。

广联达软件界面的实用性：算量软件能够计算土石方工程量、砌体工程量、混凝土及模板工程量及屋面工程量等。算量软件整个界面以导航栏为指引分别按工程设置、绘图输入、表格输入、报表预览的流程，具有操作流程化的特点。

定额、清单同算，算量、钢筋互导：可以做定额算量与清单算量模式灵活切换，做到一次绘图，多次算量满足用户的各种需求。能够数据共享，在结构图纸中输入钢筋信息的同时，已将结构构件的截面尺寸、位置全部绘制完成，在图形算量中就可不必再输入结构部分构件，采用钢筋导入图形中；软件还可以多人多机进行操作，将图纸分解成多个层由不同的人员进行操作，最后将数据汇总在一起，减少重复工作量，达到事半功倍的效果。

13.3.2　广联达软件的应用

广联达软件的应用主要有图形算量软件的应用和清单计价软件应用两个方面。

（1）图形算量软件应用。实际上，图形算量软件是将手工的思路完全内置在软件中，只是将过程利用软件实现，依靠已有的计算扣减规则，利用计算机这个高效的运算工具快速、完整地计算出所有的细部工程量，使用户从繁琐的背规则、列式子、按计算器中解脱出来。以下是图形算量软件操作的基本流程。

1）新建工程。点击"新建向导"，进入"工程名称"界面，如图 13-12 所示。填写工程的必要信息，点击完成，这时进入软件绘图状态，如图 13-13 所示。

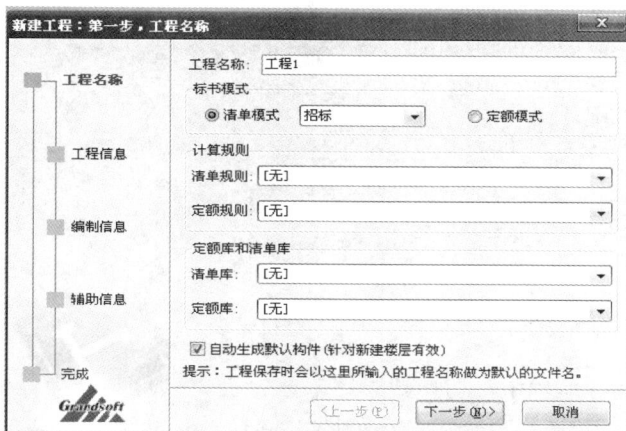

图 13-12　"工程名称"界面

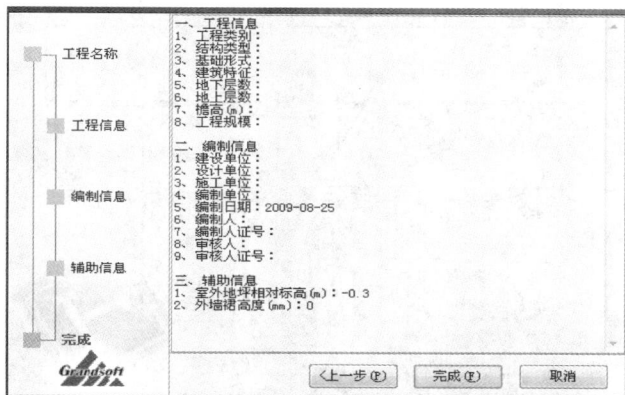

图 13-13　工程必要信息

　　2）工程设置。在新建完工程后，可以在导航栏中的工程设置查看标书模式，计算规则的版本号及定额库和清单库等信息，如图 13 - 14 所示。

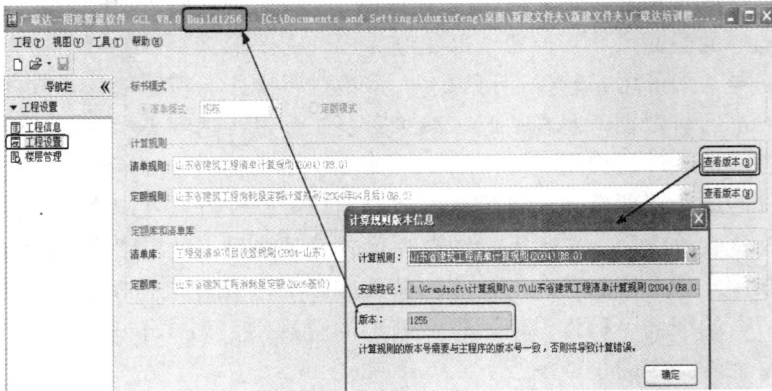

图 13 - 14　标书模式

　　3）楼层管理。完成工程设置后，添加楼层，如图 13 - 15 所示。

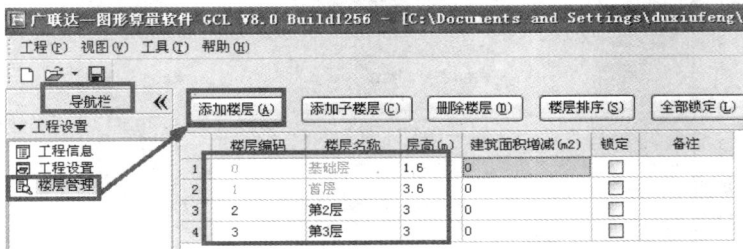

图 13 - 15　楼层管理

　　4）新建轴网。在导航栏中，切换到绘图输入界面，软件共分为标题栏、菜单栏、工具栏、导航条、绘图区、状态栏六个部分，如图 13 - 16 所示。在导航栏中新建轴网：轴网—轴网管理—新建，如图 13 - 17、图 13 - 18 所示。

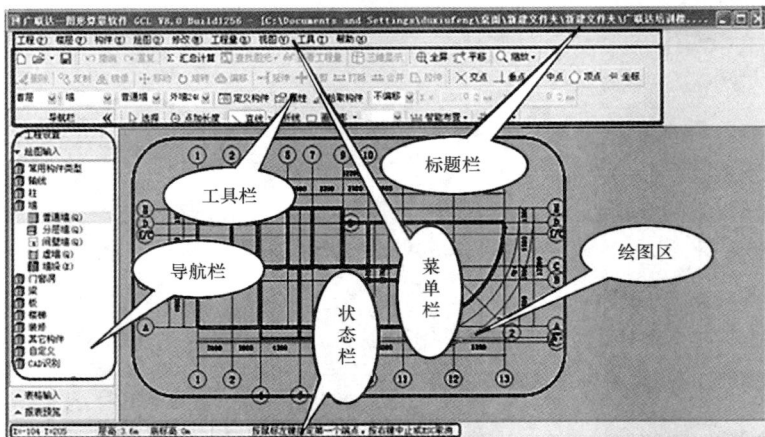

图 13 - 16　绘图输入界面

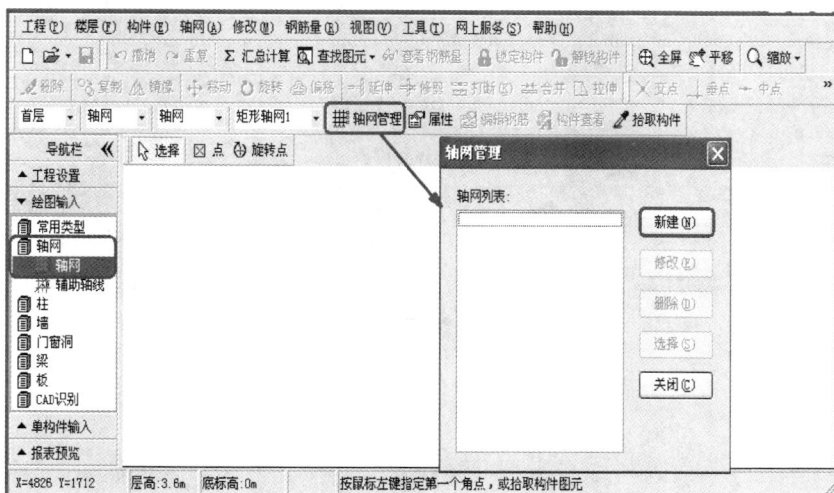

图 13 - 17　新建轴网（轴网—轴网）

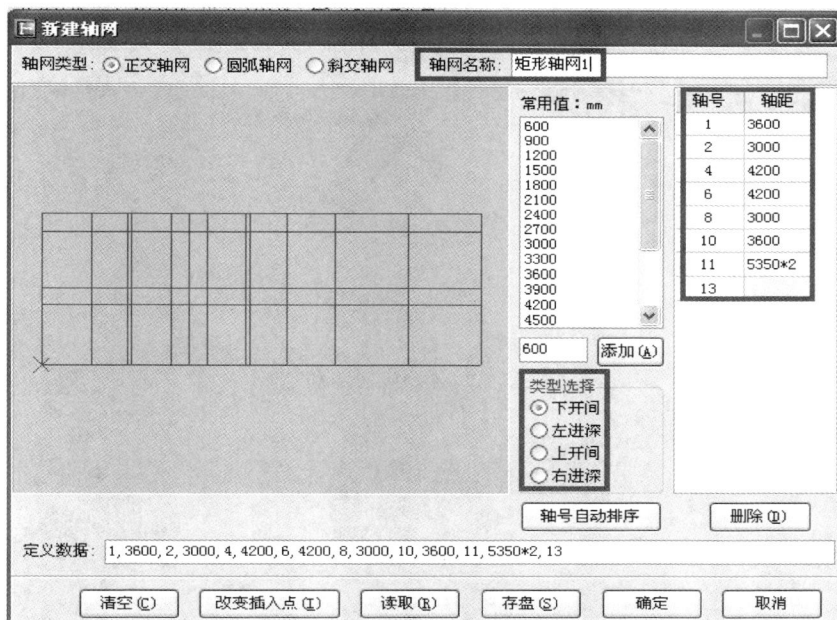

图 13 - 18　新建轴网（管理—新建）

5）绘制构件。首先定义属性：名称、材质、厚度必须填写，如图 13 - 19 所示；定义属性后，切换进入"构件做法"栏目中通过"查询"下的"查询清单项"和"查询定额项"查找到相应的清单和定额；选择好相应的清单和定额点击选择相应的代码点击按钮开始画图，如图 13 - 20 所示。分别绘制墙体、门窗、梁、柱等，绘制好的三维立体图如图 13 - 21 所示。

6）输出报表：制图完成后，输出所需报表①②③，如图 13 - 22～图 13 - 24 所示。

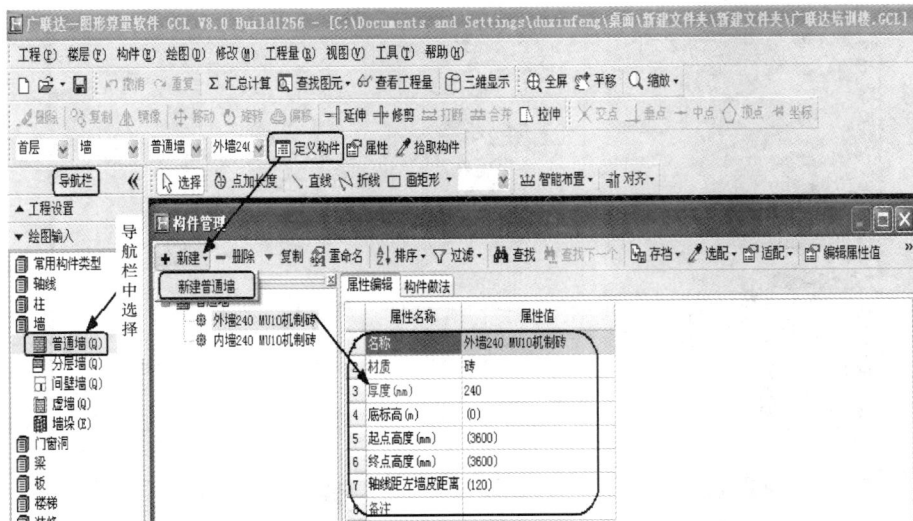

图 13-19　定义属性

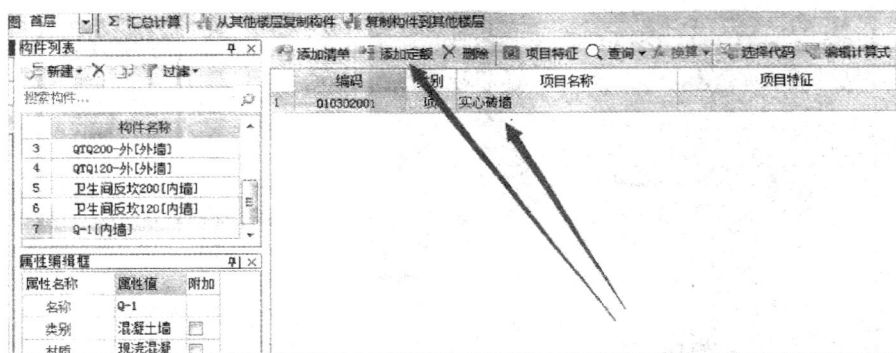

图 13-20　选择相应清单和定额

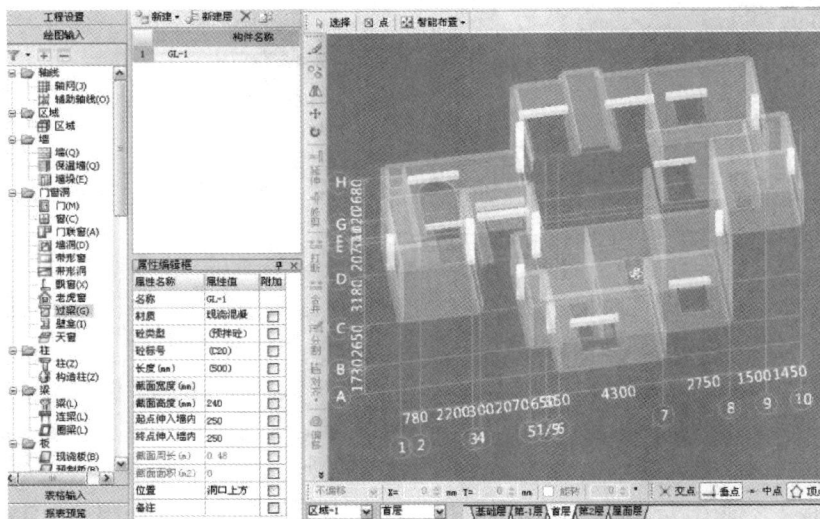

图 13-21　三维立体图

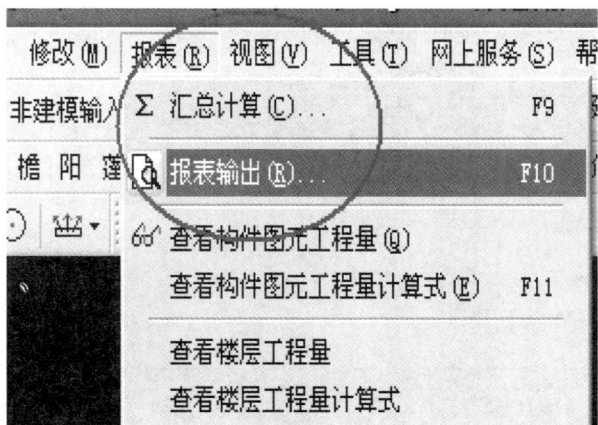

图 13-22 报表输出①

图 13-23 报表输出②

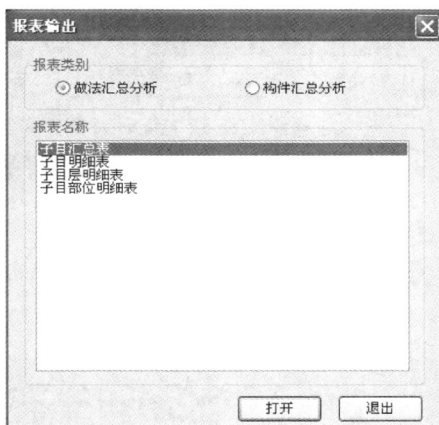

图 13-24 报表输出③

（2）清单计价软件应用。清单计价软件，俗称"套价"软件，以工程量清单计价为基础，完成工程量及报价计算工作。广联达清单计价 GBQ3.0 软件的界面如图 13-25 所示。

上图中界面的区域分别为：①标题栏；②菜单栏；③系统工具条；④网上服务工具条；⑤数据导入工具条；⑥格式工具条；⑦表操作工具条；⑧导航栏；⑨定额操作工具条；⑩预算书操作工具条；⑪预算书特性工具条；⑫输入窗口；⑬属性查看窗口；⑭状态显示栏。

该软件操作流程为：①新建工程；②输入工程概况；③导入或录入工程量清单；④工程量清单组价；⑤措施项目清单组价；⑥其他项目清单组价；⑦零星工作项目组价；⑧调整人材机价格；⑨调整计价程序；⑩输出报表。某工程项目的具体操作如下。

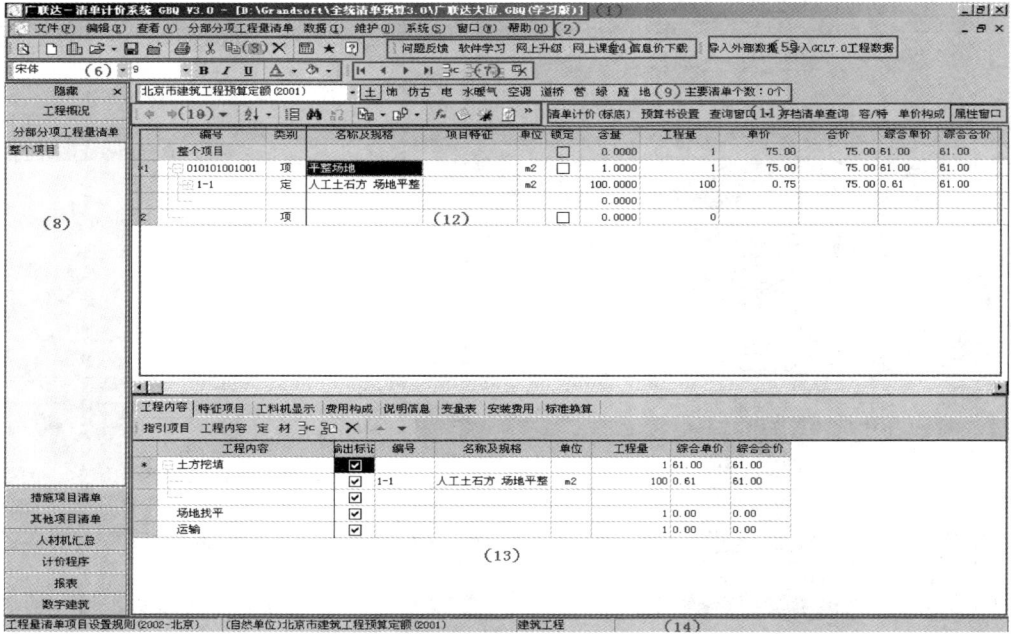

图 13-25 广联达清单计价 GBQ3.0 软件界面

1）输入工程概况。

①总说明：直接输入，插入宏，导入；

②预算信息：（选择填写）；

③工程信息：也可以选择填写，已经填写的工程信息会在报表封面等位置出现；

④工程特征：工程特征中的信息也为选填信息，不必全部填写；

⑤计算信息：仅供查看工程的计算结果，用户不能对这里的计算信息进行修改。

2）编制分部分项工程量清单：首先录入工程量清单，如图 13-26～图 13-28 所示。

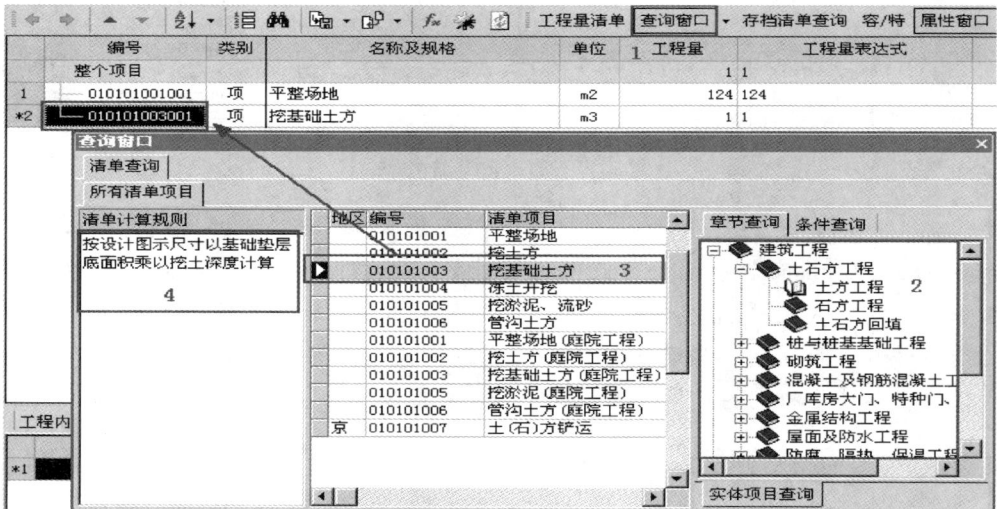

图 13-26 查询输入工程量清单

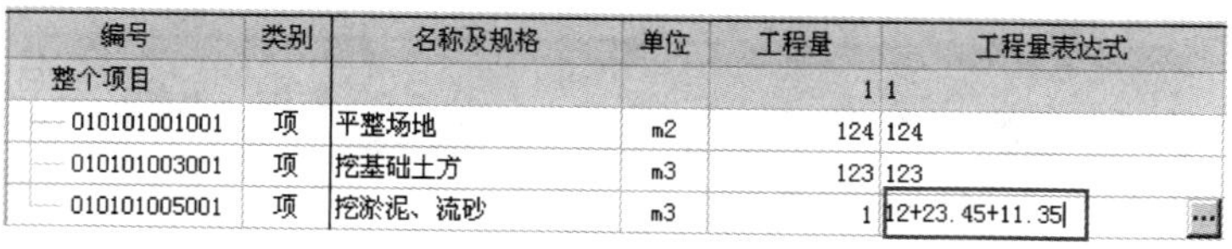

编号	类别	名称及规格	单位	工程量	工程量表达式
整个项目				1	1
010101001001	项	平整场地	m2	124	124
010101003001	项	挖基础土方	m3	123	123
010101005001	项	挖淤泥、流砂	m3		12+23.45+11.35

图 13 - 27　编辑计算公式输入

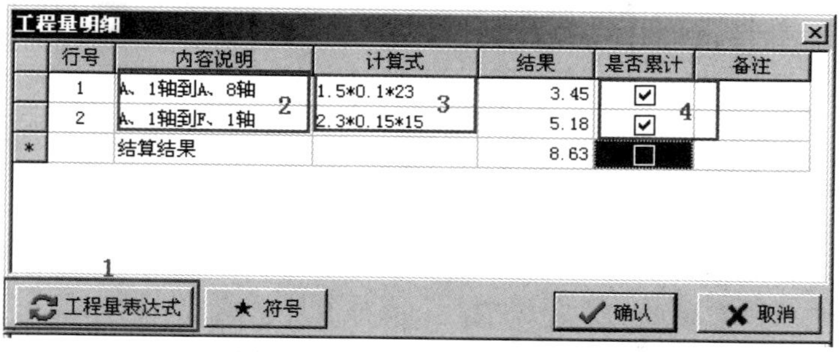

图 13 - 28　编辑计算公式输入

3）编制措施项目清单：增加措施项目，如图 13 - 29 所示。

4）编制其他项目清单：增加其他项目，如图 13 - 30 所示。

5）报表输出①②③，如图 13 - 31～图 13 - 33 所示。

6）项目管理：首先建立项目，进行项目设置，最后输出报表，如图 13 - 34～图 13 - 36 所示。

工程造价软件是建设工程项目管理中必不可少的工具。广联达软件具有软件界面实用、

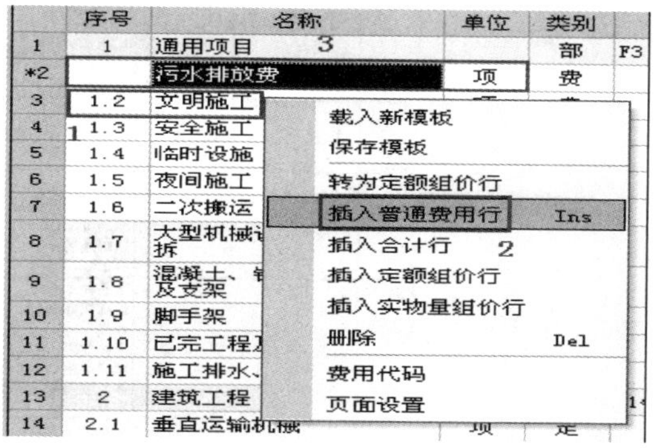

图 13 - 29　增加措施项目

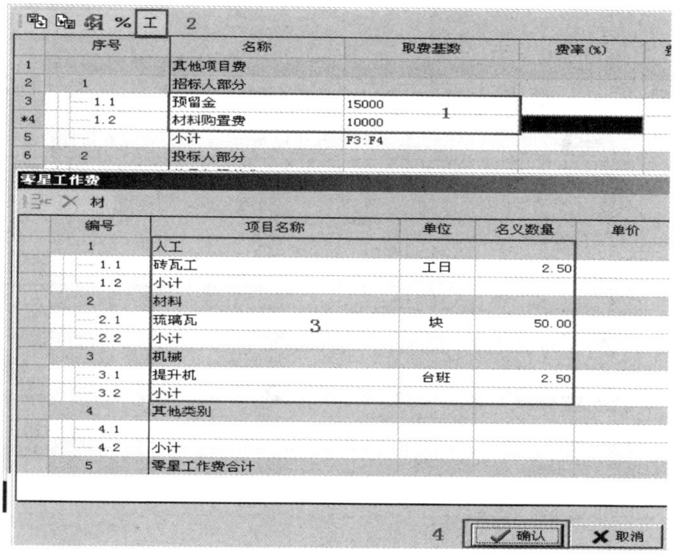

定额和清单同算、算量及钢筋互导等特点，在各设计院、造价事务所得到越来越多的应用。

图 13 - 30　增加其他项目

序号	项　目　名　称	金额(元)
1	分部分项工程量清单计价合计	2185048.54
2	措施项目清单计价合计	327200.49
3	其他项目清单计价合计	0.00
4	规费	152546.07
5	税金	16671.19
-	合　计	2681466.29

图 13-31　单位工程造价汇总表①

序号	项目编码	项目名称	项目特征	计量单位	工程数量	综合单价	合价	其中人工费
1	010101001001	平整场地	土壤类别：三类土	m2	544.620	1.35	732.98	555.29
2	010101003001	挖基础土方	土壤类别：三类土 基础类型：条形 挖土深度：2M内	m3	476.320	29.16	13887.44	10520.79
3	010103001001	土（石）方回填(室内回填)	0.96上 工作内容：分层碾压、夯实	m3	193.311	12.32	2380.74	1461.43
4	010103001002	土（石）方回填(基础回填)	0.96上 工作内容：分层碾压、夯实	m3	317.300	83.57	26516.04	3555.31
5	010301001001	砖基础	砖品种、规格、强度等级：烧结煤矸石砖 基础类型：条形 砂浆强度等级：水泥M10、混合M2.5	m3	203.100	215.86	43842.05	7051.63
6	010302001001	实心砖墙	砖品种、规格、强度等级：烧结煤矸石砖 外墙 墙体厚度：240 墙体高度：2.8M 砂浆强度等级、配合比：混合M10	m3	362.133	237.76	86100.09	17041.98
7	010302001002	实心砖墙	砖品种、规格、强度等级：烧结煤矸石内墙 墙体厚度：240 墙体高度：2.8M	m3	889.403	237.76	211462.86	41855.31

图 13-32　单位工程造价汇总表②

序号	项　目　名　称	取费基数	费率(%)	金额(元)
1	环境保护费	429179.38	0.400	1716.72
2	文明施工费	429179.38	4.000	17167.18
3	安全施工费	429179.38	3.500	15021.28
4	临时设施费	429179.38	4.800	20600.61
5	夜间施工增加费	429179.38	0.200	858.36
6	缩短工期措施费(工期缩短30%以内)	429179.38	3.500	15021.28
7	二次搬运费	429179.38	0.900	3862.61
8	已完工程及设备保护	0.00	0.000	0.00
9	冬雨季施工增加费	429179.38	1.300	5579.33
10	工程定位复测、工程点交、场地清理	429179.38	2.000	8583.59
11	生产工具用具使用费	429179.38	1.800	7725.23
	合计			96136.19

图 13-33　单位工程造价汇总表③

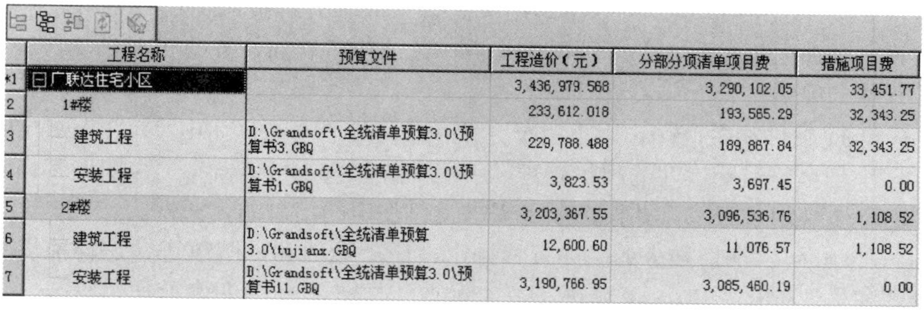

	工程名称	预算文件	工程造价（元）	分部分项清单项目费	措施项目费
*1	日广联达住宅小区		3,436,979.568	3,290,102.05	33,451.77
2	1#楼		233,612.018	193,565.29	32,343.25
3	建筑工程	D:\Grandsoft\全统清单预算3.0\预算书3.GBQ	229,788.488	189,867.84	32,343.25
4	安装工程	D:\Grandsoft\全统清单预算3.0\预算书1.GBQ	3,823.53	3,697.45	0.00
5	2#楼		3,203,367.55	3,096,536.76	1,108.52
6	建筑工程	D:\Grandsoft\全统清单预算3.0\tujianx.GBQ	12,600.60	11,076.57	1,108.52
7	安装工程	D:\Grandsoft\全统清单预算3.0\预算书11.GBQ	3,190,766.95	3,085,460.19	0.00

图 13 - 34　建立项目

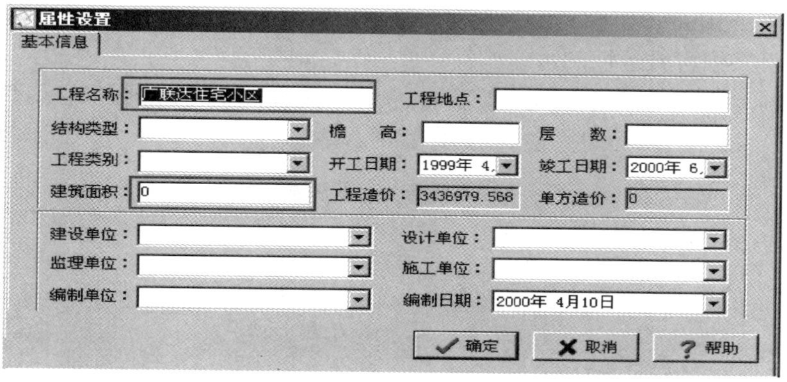

图 13 - 35　项目属性设置

项目名称：广联达住宅小区

序号	单项工程名称	金额元
1	1号楼	233612.02
2	2号楼	3203367.55

图 13 - 36　项目报表输出

13.4　Project 软件在工程中的应用

本节主要从软件介绍和应用实例两方面介绍 Project 软件在工程中的应用。

13.4.1　Project 软件的基本介绍

Project 不仅可以快速、准确地创建项目计划，而且可以帮助项目经理实现项目进度、成本的控制、分析和预测，使项目工期大大缩短，资源得到有效利用，提高经济效益。

（1）Project 软件简介。Project 是一个国际上享有盛誉的通用的项目管理工具软件，凝集了许多成熟的项目管理现代理论和方法，可以帮助项目管理者实现时间、资源、成本的计划、控制。

Project 软件介绍。Microsoft Project（或 MSP）是由微软开发销售的项目管理软件程序，设计目的在于协助项目经理发展计划、为任务分配资源、跟踪进度、管理预算和分析工作量。通过 Project 软件设置，可以帮助用户制订任务、管理资源、项目分解，并且可以进行成本预算、跟踪项目进度，进行可视化分析，让使用者看到任务的相互联系，对于制订全面施工计划非常关键。

（2）Project 软件相关产品。以下主要介绍 Microsoft Project 2010 软件。Microsoft Project 2010 SP1 是全球最受欢迎的项目管理软件之一。Microsoft Project 为知识工作者提供了对于项目的整体规划和跟踪，并按照业务需求交付相应的结果的灵活性。

Project 2010 包含功能强大的新的日程排定、任务管理和视图改进，这样能够更好地控制如何管理和呈现项目。Project 2010 SP1 产品改进之处主要为四个方面，首先，通过一个共有的用户界面，它统一了项目及投资组合管理；在 SharePoint Server 2010 的基础上实现更加有效的协作从而提升了效率，整合了 Outlook 2007/2010；增强用户体验，采用了用户熟悉的微软 Office Fluent 用户界面和直观设计；整合了微软在 PC、手机和浏览器中的相关技术为该平台带来了可升级性和可转换性。

（3）Project 软件基本操作。某工厂有一个机床大修的项目计划，其项目的详细信息见表 13-6。

表 13-6　　　　　　　　　　　　　　　　　项目任务信息汇总表

序号	任务名称	工期（工作日）	前置任务	资源名称
1	拆卸	2		组装工
2	清洗	2	1	清洁工
3	检查	3	2	质检员
4	电器检修	2	1	维修工
5	床身与工作台研合	5	3	维修工
6	零部件修理	3	3	维修工
7	零件加工	8	3	操作工
8	变速箱组装	3	6、7	组装工
9	部件组装	4	5、8	组装工
10	总装和试车	4	4、9	组装工

项目开始时间：2005 年 9 月 15 日。

项目工期：26d。

项目经费：5000 元。

工人工资：5 元/工时，加班 8 元/工时。

实验内容：

1）在 Project 软件中输入项目的总体信息，如项目名称、起止日期等；

2）输入资源数据，建立资源数据库；

3）输入工作数据，建立工作数据库；

4）编制基本日历与资源日历；

5）调整项目相应的参数，观察对项目总工期和总成本的影响。

操作流程：

1）新建一个空白项目，设置项目总体信息，如图 13-37 所示。

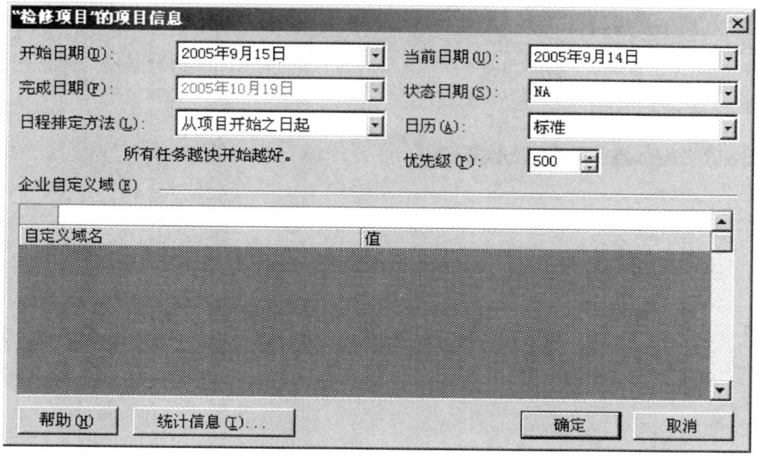

图 13-37　项目总体信息（主菜单/项目信息）

在该窗口中，其实只需设置项目开始日期，完成日期由系统计算，日历、优先级等选择默认即可。

2）输入项目任务。逐项输入项目任务。可以直接在甘特图左侧的任务表中输入任务信息，也可以通过"任务信息"对话框，来添加新任务，如图 13-38、图 13-39 所示。

	ⓘ	任务名称	工期	开始时间	完成时间	前置任务
1		拆卸	1 工作日?	2005年9月14日	2005年9月14日	
2		清洗	1 工作日?	2005年9月14日	2005年9月14日	

图 13-38　任务表

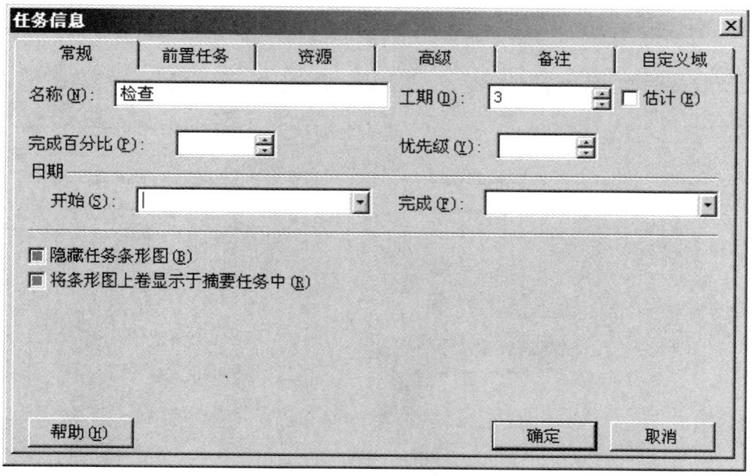

图 13-39　任务信息对话框

3）输入资源数据。双击任务的"资源名称"项，弹出"任务信息"对话框。输入资源名称和单位，见图 13-40。当然，也可在任务表中直接输入。选中某项任务，由菜单"工具/分配资源"，打开"分配资源"对话框，也可输入资源信息，如图 13-41 所示。

图 13-40　输入资源信息

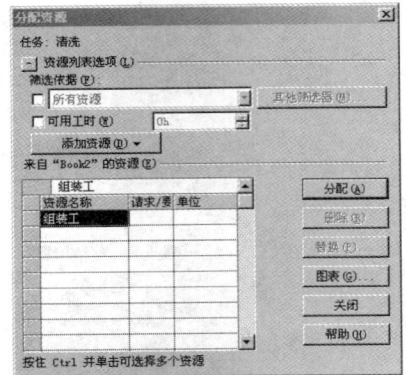

图 13-41　分配资源

资源分配操作完成后，打开"资源工作表"，定义资源的详细信息，如成本、费率等见图 13-42。

	资源名称	类型	最大单位	标准费率	加班费率	成本累算	基准日历
1	组装工	工时	100%	￥5.00/工时	￥8.00/工时	按比例	标准
2	清洁工	工时	100%	￥5.00/工时	￥8.00/工时	按比例	标准
3	质检员	工时	100%	￥5.00/工时	￥8.00/工时	按比例	标准
4	维修工	工时	100%	￥5.00/工时	￥8.00/工时	按比例	标准
5	操作工	工时	100%	￥5.00/工时	￥8.00/工时	按比例	标准
6	车间主任	工时	100%	￥0.00/工时	￥0.00/工时	按比例	标准

图 13-42　资源工作表（菜单：视图/资源工作表）

通过查看"资源工作表"和"资源使用状况表"，可以掌握项目资源分配相关信息，发现问题，及时解决。如某资源使用负荷过大（每天工作时间过长，经常加班等），可通过资源调配或增加资源来解决。增加资源即增加资源的单位①②，见图 13-43、图 13-44。50%表示资源共享，100%表示一个完整资源，200%表示两个完整的资源，简单说就是几个工人来完成任务。

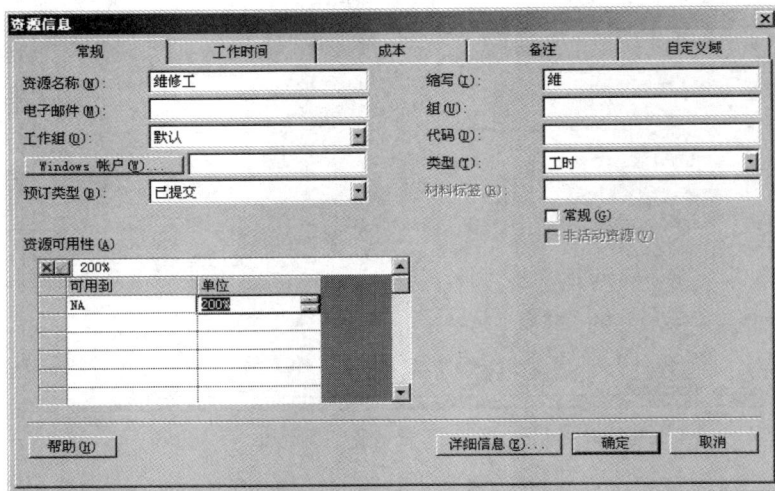

图 13-43　增加资源①

	资源名称	类型	最大单位	标准费率	加班费率	成本累算	基准日历
1	组装工	工时	100%	￥5.00/工时	￥8.00/工时	按比例	标准
2	清洁工	工时	100%	￥5.00/工时	￥8.00/工时	按比例	标准
3	质检员	工时	100%	￥5.00/工时	￥8.00/工时	按比例	标准
4	维修工	工时	200%	￥5.00/工时	￥8.00/工时	按比例	标准
5	操作工	工时	100%	￥5.00/工时	￥8.00/工时	按比例	标准
6	车间主任	工时	100%	￥0.00/工时	￥0.00/工时	按比例	标准

图 13-44　增加资源②

4）阶段划分。为了项目清晰，往往需要把项目分成几个重要阶段。此处因例子非常简单，划分为一个阶段。如图 13-45 所示。

	任务名称	工期	前置任务	成本	资源名称	实际成本
	□ 设备检修	26 工作日		￥1,440.00		￥40.00
	拆卸	2 工作日		￥80.00	组装工	￥40.00
	清洗	2 工作日	2	￥80.00	清洁工	￥0.00
	检查	3 工作日	3	￥120.00	质检员	￥0.00
	电器检修	2 工作日	2	￥80.00	维修工	￥0.00
	床身与工作台研合	5 工作日	4	￥200.00	维修工	￥0.00
	零部件修理	3 工作日	4	￥120.00	维修工	￥0.00
	零件加工	8 工作日	4	￥320.00	操作工	￥0.00
	变速箱组装	3 工作日	7,8	￥120.00	组装工	￥0.00
	部件组装	4 工作日	6,9	￥160.00	组装工	￥0.00
	总装和试车	4 工作日	5,10	￥160.00	组装工	￥0.00
	检修结束	0 工作日	11	￥0.00		￥0.00

图 13-45　项目阶段划分

5）模拟项目运行，对项目进行维护。主要包括任务拆分、添加材料成本和成本监控等内容。

任务拆分。项目框架建成后，和实际日历对照发现，2005 年 9 月 19 日和 2005 年 10 月 1 日～10 月 7 日，是传统节日中秋和法定节假日国庆节。因此，需要对项目进行调整。

这种情况，通过任务拆分，可达目的。任务拆分很简单，在甘特条形图上，选中要拆分的任务，右键选择"任务拆分"，选择一个拆分点，确定即可。拆分后，可通过拖动任务条的方法，进行调整。如图 13-46 所示。

这种情况，通过任务拆分，可达目的。任务拆分很简单，在甘特条形图上，选中要拆分的任务，右键选择"任务拆分"，选择一个拆分点，确定即可。拆分后，可通过拖动任务条的方法，进行调整。如图 13-47 所示。

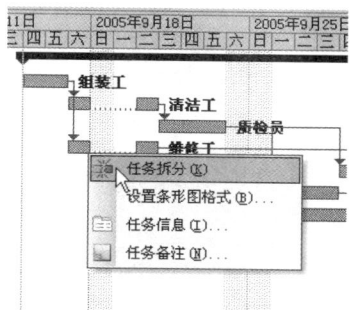

图 13-46　任务拆分　　　　　　　　　图 13-47　调整任务

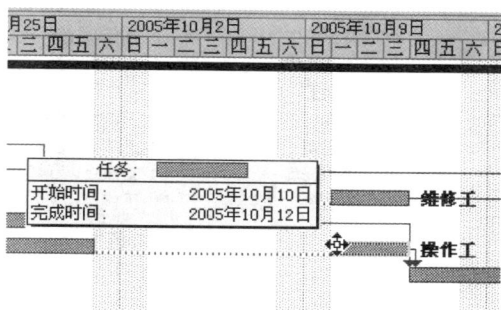

添加材料成本。在完成各种任务，往往是要消耗材料的。本项目材料消耗见表 13 - 7。图 13 - 48 是增加材料资源后的资源工作表。

表 13 - 7 项 目 材 料 消 耗 表

任务	材料名称	数量	购置费用
清洗	清洁剂	2 袋	40 元/袋
床身与工作台研合	高档机油	1 桶	120 元/桶
电器检修	主控开关	4 个	240 元/个

	资源名称	类型	最大单位	标准费率	加班费率	成本累算	基准日历
1	组装工	工时	100%	¥5.00/工时	¥8.00/工时	按比例	标准
2	清洁工	工时	100%	¥5.00/工时	¥8.00/工时	按比例	标准
3	质检员	工时	100%	¥5.00/工时	¥8.00/工时	按比例	标准
4	维修工a	工时	100%	¥5.00/工时	¥8.00/工时	按比例	标准
5	维修工b	工时	100%	¥5.00/工时	¥8.00/工时	按比例	标准
6	操作工	工时	100%	¥5.00/工时	¥8.00/工时	按比例	标准
7	车间主任	工时	100%	¥10.00/工时	¥8.00/工时	按比例	标准
8	清洁剂	材料		¥40.00		按比例	
9	高档机油	材料		¥120.00		按比例	
10	主控开关	材料		¥240.00		开始	

图 13 - 48 增加材料资源后的资源工作表

注：标准费率¥40.00 的含义是 40 元/袋。袋、桶、个这些量词在 Project 中称作材料标签。在资源工作表中添加材料资源后，就可以给对应任务分配材料资源了。具体做法是：打开甘特图，双击要分配材料的任务，在任务信息对话框添加即可，和添加人力资源一样。

成本监控。假定本项目前五个阶段的任务（修改这些任务的完成百分比为 100%），查看甘特图的成本和实际成本，看是否超出预算。细心的同学可以计算一下，并与表中数据对照，如图 13 - 49 所示。

	ⓘ	任务名称	工期	资源名称	成本	实际成本
1		☐ 设备检修	26 工作日		¥2,820.00	¥1,940.00
2	✓	拆卸	2 工作日	组装工	¥80.00	¥80.00
3	✓	清洗	2 工作日	清洁工,清洁剂[3 袋]	¥200.00	¥200.00
4	✓	检查	3 工作日	质检员	¥120.00	¥120.00
5	✓	电器检修	2 工作日	主控开关[4],维修工a	¥1,040.00	¥1,040.00
6	✓	床身与工作台研合	5 工作日	维修工b,高档机油[1],维	¥500.00	¥500.00
7		零部件修理	3 工作日	维修工a	¥120.00	¥0.00
8		零件加工	8 工作日	操作工	¥320.00	¥0.00
9		变速箱组装	3 工作日	组装工	¥120.00	¥0.00
10		部件组装	4 工作日	组装工	¥160.00	¥0.00
11		总装和试车	4 工作日	组装工	¥160.00	¥0.00
12		检修结束	0 工作日		¥0.00	¥0.00

图 13 - 49 成本监控

13.4.2　Project 软件应用实例

S 公司府谷清水川低热值燃料资源综合利用项目 2×300MW 电厂工程供水工程位于陕西省榆林市府谷县，该供水工程是 S 公司府谷清水川低热值燃料资源综合利用项目 2×300MW 电厂的配套附属工程。该工程位于府谷县皇甫川口至郭家峁之间，主要由取水泵站、沉沙调蓄池、输水泵站及输水管道组成。原始数据表见表 13-8、表 13-9。

表 13-8　　　　　　资源（仅考虑劳动力和现场管理人员）及其费率表

序号	资源名称	最大限量（人）	费率（元/工日）	简称
1	现场管理人员	12	60	管理
2	技术工人（技工）	80	46.62	技工
3	非技术工人（普工）	180	38.45	普工

表 13-9　　　　　各工序的固定成本、工序时间、资源分配、逻辑关系表

序号	工程费用名称	工序时间	固定成本（元）	紧前工作	管理人员	技术工	普工
一	取水泵站工程		139.98				
	土方挖运	5	0.77		1		10
	石方挖运	4	0.20	2	1	2	1
	取水泵站厂房建筑	42	32.48	2	2	10	16
	钢构件安装 DN300	25	48.03	3	2	10	10
	进站道路 60m	22	5.24	4	1	15	15
	机电设备安装工程	22	47.48	5	1	12	
	金属结构设备安装工程	25	5.78	7	1	10	
二	沉砂调蓄池		697.68				
	坝体填土	10	154.76	11	1		10
	土方开挖	45	79.36	2SS+2 工作日	1		15
	浆砌石、干砌石	160	139.62	10	2	20	50
	混凝土	10	13.16	12	1	14	30
	钢筋制作安装	12	8.75	13	1	20	2
	棱体排水石料	30	32.86	14	2	5	30
	钢管 DN300 安装及防腐	20	13.43	15	1	8	7
	上坝道路	30	86.27	16	3	8	35
	机电设备安装工程	4	49.46	17	2	8	

序号	工程费用名称	工序时间	固定成本（元）	紧前工作	人数		
					管理人员	技术工	普工
	输水泵站工程		214.97				
	土方挖运	5	0.71	10SS＋5 工作日	1		10
	石方挖运	8	0.40	20	1	25	10
	输水泵站厂房建筑	60	61.61	21	2	15	20
三	管沟土方工程	30	6.96	22	3	2	35
	DN300 钢管安装及钢管防腐	20	19.28	13	1	6	5
	进站道路	18	5.26	24	1	2	15
	管理用房	10	46.00	25	2	6	
	设备安装工程	20	74.74	26	1	2	
	输水管道工程		707.84				
	挖运管沟岩石	160	503.40	2SS＋3 工作日	1		40
四	管沟回填土方	150	30.14	29SS＋30 工作日	1		15
	钢管安装 DN250 防腐	175	129.28	30SS＋100 工作日	4	50	40
	钢筋制作	20	42.41	31	2	25	3
	机电设备安装工程	5	2.61	32	5	10	

（1）操作准备主要操作准备如下。项目基本信息设置；环境选项设置。

定义一个工作时间的日历：包括基本日历的编辑和资源日历的编辑。

（2）输入工序数据。工序数据的输入步骤如下。

创建任务列表：输入任务及工期，创建里程碑。

编辑任务列表：将任务列表组织为大纲模式。

排定任务历程：为项目选择基准日历，编辑和新建日历，为任务分配日历。

建立任务关系：了解任务相关性，建立任务相关性。

创建资源列表：认识资源工作表，创建资源列表、设置资源、编辑资源日历。

分配资源：给任务分配资源。

分配成本：给资源分配费率，给资源输入每次使用成本，给任务分配固定成本，分配固定的资源成本，计算加班成本。

查看项目汇总情况：查看项目总成本、每项任务的成本及每个资源的成本。

（3）资源或进度计划调整（可考虑分段流水作业等）。

（4）调整和优化项目计划。

（5）项目进度计划、安排资源、测算项目的总成本结果。

进度计划。进度计划见甘特图①②，如图 13 - 50、图 13 - 51 所示。

	ⓘ	任务名称	工期	开始时间	完成时间	前置任务	资源名称
1		⊟	81 工作日	2015年4月1日	2015年6月20日		
2		土方挖运	5 工作日	2015年4月1日	2015年4月5日		管理人员,普工[1,000%]
3		石方挖运	4 工作日	2015年4月6日	2015年4月9日	2	管理人员,普工,技工[200%]
4		取水泵站厂房建筑	42 工作日	2015年4月6日	2015年5月17日	2	普工[1,600%],管理人员[200%],技工[1,600%]
5		钢构件安装DN300	25 工作日	2015年4月10日	2015年5月4日	3	管理人员[200%],普工[1,000%],技工[1,000%]
6		进站道路60m	22 工作日	2015年5月18日	2015年6月8日	4	管理人员,普工[1,500%],技工[1,500%]
7		机电设备安装工程	22 工作日	2015年5月5日	2015年5月26日	5	管理人员,普工[1,200%]
8		金属结构设备安装工程	25 工作日	2015年5月27日	2015年6月20日	7	管理人员,技工[1,000%]
9		⊟ 二、沉砂调蓄池	321 工作日	2015年4月3日	2016年2月17日		
10		坝体填土	10 工作日	2015年5月18日	2015年5月27日	11	管理人员,普工[1,500%]
11		土方开挖	45 工作日	2015年4月3日	2015年5月17日	2SS+2 工作日	管理人员,普工[1,500%]
12		浆砌石、干砌石	160 工作日	2015年5月28日	2015年11月3日	10	管理人员[200%],普工[5,000%],技工[2,000%]
13		混凝土	10 工作日	2015年11月4日	2015年11月13日	12	管理人员[300%],普工[3,000%],技工[1,400%]
14		钢筋制安	12 工作日	2015年11月14日	2015年11月25日	13	管理人员,普工[200%],技工[2,000%]
15		棱体排水石料	30 工作日	2015年11月26日	2015年12月25日	14	管理人员[200%],普工[3,000%],技工[500%]
16		钢管DN300安装及防腐	20 工作日	2015年12月26日	2016年1月14日	15	管理人员,普工[700%],技工[800%]
17		上坝道路	30 工作日	2016年1月15日	2016年2月13日	16	管理人员[300%],普工[3,500%],技工[800%]
18		aa	4 工作日	2016年2月14日	2016年2月17日	17	管理人员[200%],技工[800%]
19		⊟ 三、输水泵站工程	164 工作日	2015年5月23日	2015年11月2日		
20		土方挖运	5 工作日	2015年5月23日	2015年5月27日	10SS+5 工作日	管理人员,普工[1,000%]
21		石方挖运	1 工作日	2015年5月28日	2015年5月28日	20	管理人员,普工[1,000%],技工[2,500%]
22		输水泵站厂房建筑	60 工作日	2015年5月29日	2015年7月27日	21	管理人员,普工[2,000%],技工[1,500%]
23		管沟土方工程	30 工作日	2015年7月28日	2015年8月26日	22	管理人员[300%],普工[3,500%],技工[200%]
24		DN300钢管安装及钢管防腐	20 工作日	2015年8月27日	2015年9月15日	23	管理人员,普工[500%],技工[600%]
25		进站道路	18 工作日	2015年9月16日	2015年10月3日	24	管理人员,普工[1,500%],技工[200%]
26		管理用房	10 工作日	2015年10月4日	2015年10月13日	25	管理人员[200%],技工[600%]
27		设备安装工程	20 工作日	2015年10月14日	2015年11月2日	26	管理人员,技工[200%]
28		⊟ 四、输水管道工程	330 工作日	2015年4月4日	2016年2月27日		
29		挖运管沟岩石	160 工作日	2015年4月4日	2015年9月10日	2SS+3 工作日	管理人员,普工[4,000%]
30		管沟回填土方	150 工作日	2015年5月4日	2015年9月30日	29SS+30 工作日	管理人员,普工[1,500%]
31		钢管安装dn250和钢管防腐	175 工作日	2015年8月12日	2016年2月2日	10SS+100 工作日	管理人员[400%],普工[4,000%],技工[5,000%]
32		钢筋制作	20 工作日	2016年2月3日	2016年2月22日	31	管理人员[200%],普工[300%],技工[2,500%]
33		机电设备安装工程	5 工作日	2016年2月23日	2016年2月27日	32	管理人员[500%],技工[1,000%]

图 13 - 50　甘特图①

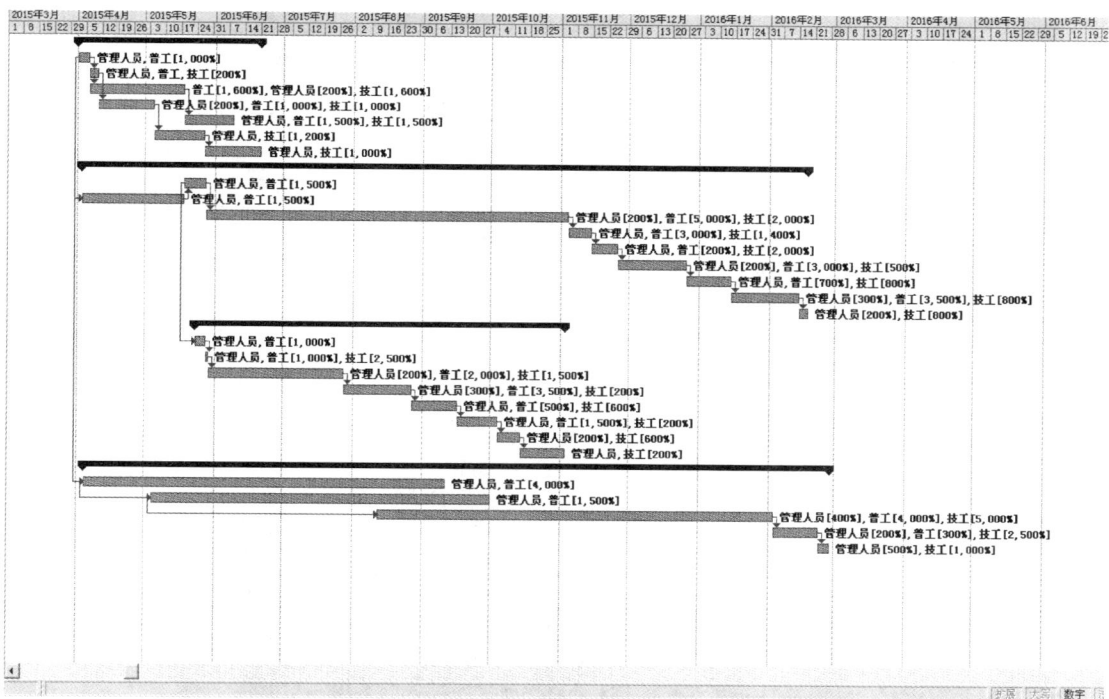

图 13 - 51　甘特图②

　　资源分配。资源分配情况见图 13 - 52，管理人员、普工、技工具体分配分别如图 13 - 53~图 13 - 55 所示。

	ⓘ	资源名称	类型	材料标签	缩写	组	最大单位	标准费率	加班费率	每次使用成本	成本累算	基准日历	代码
1		管理人员	工时		管		1,200%	¥7.50/工时	¥0.00/工时	¥0.00	按比例	标准	
2		普工	工时		普		18,000%	¥4.81/工时	¥0.00/工时	¥0.00	按比例	标准	
3		技工	工时		技		8,000%	¥5.83/工时	¥0.00/工时	¥0.00	按比例	标准	

图 13-52　资源分配表

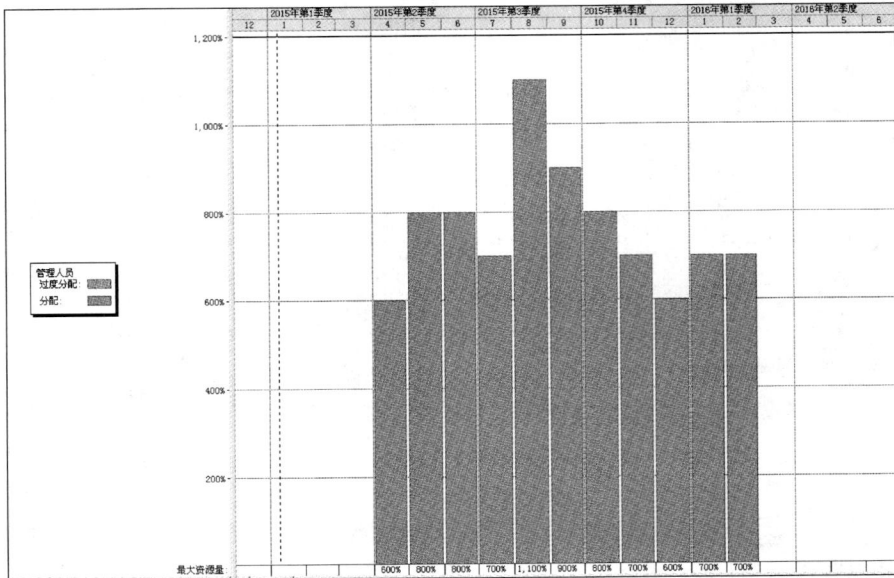

图 13-53　管理人员资源表

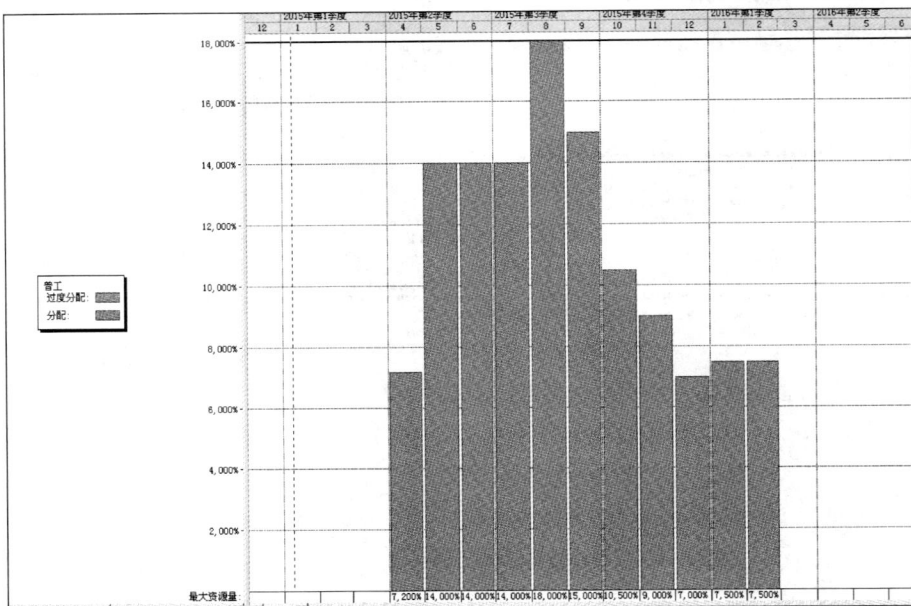

图 13-54　普工资源表

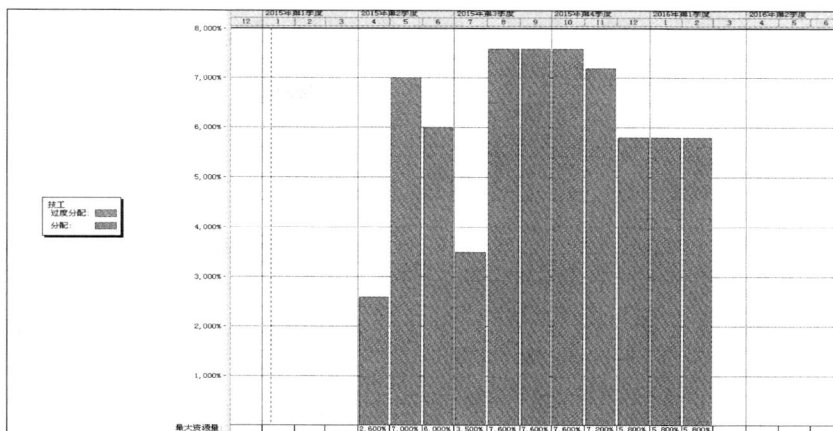

图 13 - 55　技工资源表

成本计算。项目成本情况如图 13 - 56 所示。

	任务名称	固定成本	固定成本累算	总成本	比较基准	差异	实际	剩余
1	一、取水泵站工程	¥1,399,822.91	按比例	¥2,915,349.71	¥0.00	¥2,915,349.71	¥0.00	¥2,915,349.71
2	土方挖运	¥7,721.35	按比例	¥9,945.35	¥0.00	¥9,945.35	¥0.00	¥9,945.35
3	石方挖运	¥1,988.40	按比例	¥2,755.44	¥0.00	¥2,755.44	¥0.00	¥2,755.44
4	取水泵站厂房建筑	¥324,800.00	按比例	¥361,263.09	¥0.00	¥361,263.09	¥0.00	¥361,263.09
5	钢构件安装DN300	¥480,343.68	按比例	¥504,623.68	¥0.00	¥504,623.68	¥0.00	¥504,623.68
6	进站道路60m	¥52,385.48	按比例	¥77,562.28	¥0.00	¥77,562.28	¥0.00	¥77,562.28
7	机电设备安装工程	¥474,775.00	按比例	¥488,407.96	¥0.00	¥488,407.96	¥0.00	¥488,407.96
8	金属结构设备安装工程	¥57,809.00	按比例	¥70,969.00	¥0.00	¥70,969.00	¥0.00	¥70,969.00
9	二、沉砂调蓄池	¥6,976,758.96	按比例	¥14,614,610.32	¥0.00	¥14,614,610.32	¥0.00	¥14,614,610.32
10	坝体填土	¥1,547,588.00	按比例	¥1,553,960.00	¥0.00	¥1,553,960.00	¥0.00	¥1,553,960.00
11	土方开挖	¥793,614.46	按比例	¥822,288.46	¥0.00	¥822,288.46	¥0.00	¥822,288.46
12	浆砌石、干砌石	¥2,396,240.55	按比例	¥2,872,528.55	¥0.00	¥2,872,528.55	¥0.00	¥2,872,528.55
13	混凝土	¥231,619.50	按比例	¥250,293.10	¥0.00	¥250,293.10	¥0.00	¥250,293.10
14	钢筋制安	¥87,469.53	按比例	¥100,306.65	¥0.00	¥100,306.65	¥0.00	¥100,306.65
15	棱体排水石料	¥328,564.20	按比例	¥373,792.20	¥0.00	¥373,792.20	¥0.00	¥373,792.20
16	钢管DN300安装及防腐	¥234,326.72	按比例	¥248,376.32	¥0.00	¥248,376.32	¥0.00	¥248,376.32
17	上坝道路	¥862,728.00	按比例	¥919,725.60	¥0.00	¥919,725.60	¥0.00	¥919,725.60
18	aa	¥494,608.00	按比例	¥496,580.48	¥0.00	¥496,580.48	¥0.00	¥496,580.48
19	三、输水泵站工程	¥2,149,663.85	按比例	¥4,476,824.66	¥0.00	¥4,476,824.66	¥0.00	¥4,476,824.66
20	土方挖运	¥7,127.40	按比例	¥9,351.40	¥0.00	¥9,351.40	¥0.00	¥9,351.40
21	石方挖运	¥3,976.80	按比例	¥4,437.92	¥0.00	¥4,437.92	¥0.00	¥4,437.92
22	输水泵站厂房建筑	¥616,130.00	按比例	¥711,482.00	¥0.00	¥711,482.00	¥0.00	¥711,482.00
23	管沟土方工程	¥69,593.10	按比例	¥118,195.50	¥0.00	¥118,195.50	¥0.00	¥118,195.50
24	DN300钢管安装及钢管防腐	¥192,761.28	按比例	¥203,406.08	¥0.00	¥203,406.08	¥0.00	¥203,406.08
25	进站道路	¥52,645.27	按比例	¥65,793.91	¥0.00	¥65,793.91	¥0.00	¥65,793.91
26	管理用房	¥460,000.00	按比例	¥463,998.40	¥0.00	¥463,998.40	¥0.00	¥463,998.40
27	设备安装工程	¥747,430.00	按比例	¥750,495.60	¥0.00	¥750,495.60	¥0.00	¥750,495.60
28	四、输水管道工程	¥7,078,378.05	按比例	¥15,259,528.90	¥0.00	¥15,259,528.90	¥0.00	¥15,259,528.90
29	挖运管沟岩石	¥5,033,992.88	按比例	¥5,289,864.88	¥0.00	¥5,289,864.88	¥0.00	¥5,289,864.88
30	管沟回填土方	¥301,420.18	按比例	¥397,000.18	¥0.00	¥397,000.18	¥0.00	¥397,000.18
31	钢管安装dn250和钢管防腐	¥1,292,781.32	按比例	¥2,012,241.32	¥0.00	¥2,012,241.32	¥0.00	¥2,012,241.32
32	钢筋制作	¥424,133.67	按比例	¥452,162.47	¥0.00	¥452,162.47	¥0.00	¥452,162.47
33	机电设备安装工程	¥26,050.00	按比例	¥29,882.00	¥0.00	¥29,882.00	¥0.00	¥29,882.00

图 13 - 56　成本计算表

Project 软件不仅可以快速、准确地创建项目计划，而且可以帮助项目经理实现项目进度、成本的控制、分析和预测，使项目工期大大缩短，资源得到有效利用，提高经济效益。

建筑工程信息化是信息技术在建设工程全生命周期中的应用，以 BIM、广联达和 Project 为代表的软件在建筑工程中得到越来越多的应用，能够通过项目管理、进度跟踪、合同管理等手段实现提升项目生产效率、提高建筑质量、缩短工期和降低建造成本等效果。

13.5　课程思政教学案例

本节从建设工程项目施工管理信息化专业思想的视角出发，植入的思政教学案例（元素）为：人工智能——建设工程项目施工管理信息化的基石。

13.5.1　专业知识点

工程项目施工管理信息化的本质是，在工程项目施工管理中通过充分利用计算机技术、网络技术、数据库等科学方法对信息进行收集、存储、加工、处理并辅助决策，以提高管理水平、降低管理成本、提高管理效率。本章主要介绍建设工程项目管理信息化的发展背景、意义以及信息化实现工具 BIM、广联达、Project 等。

BIM 技术的特点：可视化、协调性、模拟性、优化性和可出图性。

可视化：在建筑信息模型中，可视化是一种构件之间形成互动性和反馈性的可视，而且遍布于项目的整个过程，这就使得该特点可以用来展示过程项目效果图和生成需要的报表，更直观快捷。

协调性：有效使用 BIM 协调流程进行协调综合，可减少不合理变更方案或问题变更方案。不仅能解决建筑物建造前期对各专业的碰撞问题进行协调，生成协调数据，还可以解决例如：电梯井布置与其他设计布置及净空要求之协调，防火分区与其他设计布置之协调，地下排水布置与其他设计布置之协调等。

模拟性：BIM 技术可进行负荷模拟、系统模拟、设备模拟、经济模拟。大部分专业软件的数据可以相互导入，也可以对建筑的风环境、光环境、声环境等因素进行物理模拟。

优化性：BIM 及与其配套的各种优化工具能对项目进行可能的优化处理。在项目施工前，可以对项目惊醒碰撞检测，找出碰撞点，对管道惊醒综合优化，提高施工效率和质量。

可出图性：通过对建筑物进行了可视化展示、协调、模拟、优化以后，可以帮助业主出管线综合优化图、结构留洞图、碰撞检查报告和修改意见。

13.5.2　思政育人目标

随着我国全面建成小康社会，步入中国式现代化，全面推进中华民族伟大复兴的新征程，我国水利现代化的内涵更加丰富、特征更加明确，水利现代化的目标和任务也有了新变化。

中国水利现代化是植根于中国大地，经过多年的摸索和实践，确定的一条具有中国特色的水利发展道路，是社会主义现代化强国建设的重要保障。作为中国式现代化的重要组成部分。

我国水利现代化建设主要是为经济发展和国家建设而服务，主要任务和发展目标呈现出动态调整、动态变化的特性，其建设呈现出明显的阶段性，不同阶段承担着不同的任务，具备不同时代特征。为了更全面地了解我国水利现代化概念和内涵，提升水利现代化的政治生态和环境生态。有必要对我国水利现代化发展的历程进行梳理，对时代特征进行归纳。

13.5.3　思政案例

人　工　智　能
——建设工程项目施工管理信息化的基石

生态环境的另一个方向就是算力体系的建立。人工智能对计算能力的要求是很高的，这些年来云计算服务体系的发展，使得我国算力服务基础设施在世界上占据领先地位，5G 通信技术上的领先，使得我国在边缘计算上也有着突出的潜在优势，移动端的广泛普及使得我国有了一个先进的算力环境，这为我国人工智能发展奠定了一个很好的算力基础，这样的集汇化的大算力对于支持基于大模型的人工智能产业体系也是至关重要的。当然，应充分认识到，计算技术的发展是日新月异的，新的计算技术如类脑计算、量子计算正在孕育着新的计算革命。新的计算器件，如忆阻器也在成熟，我们应当在这些新的领域中锐意创新，使我们在未来的算力竞争中保持领先地位，支持人工智能的快速发展。

人工智能的生态环境发展离不开对于人机二元社会的新的社会形态、准则、相关的法律，以及道德伦理的研究和建设。人机二元社会伦理体系设立的法律框架是人工智能发展的重要软实力，应当充分依据我国国情和发展特点，有前瞻性地制定可信赖的人工智能法律体系，以建立在这个至关重要问题上的话语权。说到话语权，一个重要的方面就是建立标准。但是，要在人工智能上真正做出有价值的标准，必须有大量的、长时间的战略投入。譬如，如果有一批全世界都使用的、高质量的、较完整的训练数据集，又可以给出一系列精心设计的测试人工智能功能的方法，并为全世界研究者共享，那么就在学习算法上有了定义标准的基本能力。标准需要被广泛接受，而共享数据往往是获得制定标准的话语权的有效途径。

人工智能赋能应用，建立完整的人工智能化产业体系。人工智能是各行各业所需的赋能技术，它运用的广泛性使其成为一个工业的先进性标志，我们常说的"智能化"就是衡量人工智能在这一产业中的应用程度。但是，在智能化各行各业的进程中，要把"科学性"和"实效性"放在第一位。以机器人工业发展为例，机器人在制造业、国防、医疗、金融等几乎所有领域都有着非常广泛的应用，在机器人的发展中，一条重要的技术路线就是让机器人做人做不到、做不好的事，譬如，"达芬奇"系列的手术机器人为人类外科手术的发展作出了革命性的贡献，我国的大疆发展的"无人驾驶飞行物"也是机器人工业发展的一个成功范例。它们的成功都是构造智能行为体系，以此来完成对人类行为的挑战作为出发点，而不是玩一些人形机械的噱头。在人工智能产业的发展中，我们要深刻认识到人工智能应用的普适性，只要我们面临着数据驱动和知识驱动的决策行为的需要，人工智能就有其用武之地。在智慧城市、自动驾驶、制药、金融、设计、医疗等众多领域，人工智能系统都能成为数据驱动和知识驱动的决策者。从这个意义上来说，应利用好我国在数据和算力上的优势，建设好我国基于大模型的"智能能源"和人工智能产业链，从而形成一个完整的人工智能赋能环境。

人工智能的发展，源于人类对于自身的认知能力、智慧和创造力的崇拜和追求。它对人类文明进步的推动具有根本性的意义。对于人类发展的重要性、科学上的挑战性、技术上的复杂性，使得人工智能未来的道路一定是艰苦漫长同时又激动人心的。对此应当充满信心，同时又要脚踏实地，坚持科学的精神和态度。中国人有智慧、有能力，也有信心，在人工智能的发展中为整个人类共同体作出贡献。

人工智能为建设工程项目施工管理信息化奠定了坚实的基石。建设工程项目施工管理信息化将具有广阔的应用前景。

13.5.4　思政育人效果

建设工程信息化是信息化大背景下信息革命的产物，有助于解决土木工程行业低效率的问题；建筑工程信息化是对建设工程信息技术在建设工程全生命期中的开发和利用；建设工程信息化有助于加快信息交流建设、信息共享和协同、信息数据采集及利用、数据的定量分析及提高项目风险管理的能力。信息技术在建筑业将发挥显著的作用。

思考练习题

1. 简述建设工程信息化的内涵与意义。
2. 简述建设工程信息化的发展历程。
3. 如何理解 BIM 的定义？3D 建模的基本流程是什么？
4. 简述 BIM 模型的基本特征，BIM 应用在项目施工建设中的作用是什么？
5. 广联达软件常用的造价软件是什么？分别简述其基本操作流程。
6. Project 软件的基本操作流程是什么？如何进行资源调整？

第 14 章 工程收尾管理

工程项目收尾阶段应是工程项目管理全过程的最后阶段，主要包括竣工验收、结算、决算、建设工程竣工资料编制，回访保修和管理考核评价等方面的管理。工程项目收尾管理工作的具体内容如图 14-1 所示。

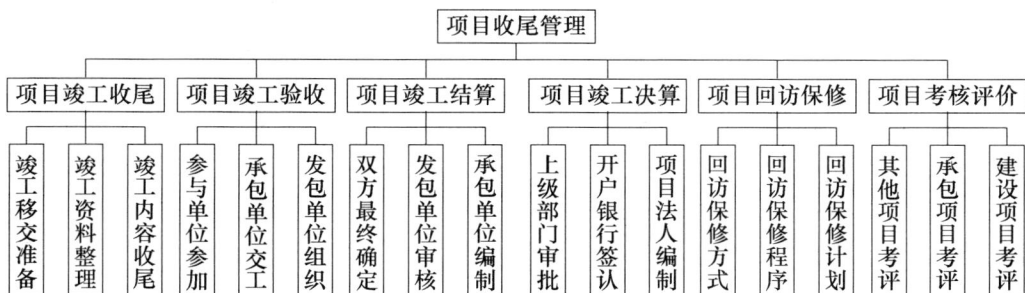

图 14-1 工程项目收尾管理工作

14.1 建 设 工 程 竣 工 验 收

竣工验收是建设工程项目交付前最后一个重要的阶段性过程，包含了竣工验收依据、竣工验收条件及竣工验收程序。竣工验收指建设工程项目竣工后，由投资主管部门会同建设、设计、施工、设备供应单位及工程质量监督等部门，对该项目是否符合规划设计要求以及建筑施工和设备安装质量进行全面检验后，取得竣工合格资料、数据和凭证的过程。

14.1.1 竣工验收依据

工程项目建成后应依据国家验收标准、行业验收规范，主管部门批准文件项目立项、设计、施工以及承包合同等进行竣工验收。竣工验收的依据可概括以下几点。

（1）上级主管部门对该项目批准的各种文件。

（2）可行性研究报告、初步设计文件及批复文件。

（3）施工图设计文件及设计变更洽商记录。

（4）国家颁布的各种标准和现行的施工质量验收规范。

（5）工程承包合同文件。

（6）技术设备说明书。

（7）关于工程竣工验收的其他规定。

（8）从国外引进的新技术和成套设备的项目，以及中外合资建设项目，要按照签订的合同和进口国提供的设计文件等进行验收。

（9）利用世界银行等国际金融机构贷款的建设项目，应按世界银行规定，按时编制《项目完成报告》。

14.1.2 竣工验收条件

建设单位在收到施工单位提交的工程竣工报告，并具备以下条件后，方可组织勘察、设计、施工、监理等单位有关人员进行竣工验收：

完成工程设计和合同约定的各项内容。

施工单位对竣工工程质量进行检查，确认工程质量符合有关法律、法规和工程建设强制性标准，符合设计文件及合同要求，并提出工程竣工报告。该报告应经总监理工程师（针对委托监理的项目）、项目经理和施工单位有关负责人审核签字。

有完整的技术档案和施工管理资料。

建设行政主管部门及委托的工程质量监督机构等有关部门责令整改的问题全部整改完毕。

对于委托监理的工程项目，具有完整的监理资料，监理单位提出工程质量评估报告，该报告应经总监理工程师和监理单位有关负责人审核签字。未委托监理的工程项目，工程质量评估报告由建设单位完成。

勘察、设计单位对勘察、设计文件及施工过程中由设计单位签署的设计变更通知书进行检查，并提出质量检查报告。该报告应经该项目勘察、设计负责人和各自单位有关负责人审核签字。

有规划、消防、环保等部门出具的验收认可文件。

有建设单位与施工单位签署的工程质量保修书。

14.1.3 竣工验收程序

竣工验收通常必须遵循一定的程序，并包含相应的内容。

（1）竣工验收内容。

检查工程是否按批准的设计文件建成，配套、辅助工程是否与主体工程同步建成。

检查工程质量是否符合国家和行业颁布的相关设计规范及工程施工质量验收标准。

检查工程设备配套及设备安装、调试情况，国外引进设备合同完成情况。

检查概算执行情况及财务竣工决算编制情况。

检查联调联试、动态检测、运行试验情况。

检查环保、水保、劳动、安全、卫生、消防、防灾安全监控系统、安全防护、应急疏散通道、办公生产生活房屋等设施是否按批准的设计文件建成并验收合格，精测网复测是否完成、复测成果和相关资料是否移交设备管理单位，工机具、常备材料是否按设计配备到位，地质灾害整治及建筑抗震设防是否符合规定。

检查工程竣工文件编制完成情况，竣工文件是否齐全、准确。

检查建设用地权属来源是否合法，面积是否准确，界址是否清楚，手续是否齐备。

（2）竣工验收程序。

申请报告：当工程具备验收条件时，承包人即可向监理人报送竣工申请报告。

验收：监理单位收到承包人按要求提交的竣工验收申请报告后，应审查申请报告的各项内容，并按不同情况进行处理。

单位工程验收：发包人根据合同进度计划安排，在全部工程竣工前需要使用已经竣工的单位工程时，或承包人提出经发包人同意时，可进行单位工程验收。验收合格后，由监理单位向承包人出具经发包人签认的单位工程验收证书。

施工期运行：合同工程尚未全部竣工，其中某项或几项单位工程或工程设备安装已竣工，根据专用合同条款约定，可进行施工期运行。需要投入施工期运行的，经发包人约定验收合格，证明能确保安全后，才能在施工期投入运行。

试运行。

竣工清场：除合同另有约定外，工程接收证书颁发后，承包人应按要求对施工现场进行整理竣工清场。直至监理单位检验合格为止，竣工清场费用由承包人承担。

竣工验收是全面考核建设工作，检查是否符合设计要求和工程质量的重要环节，对促进建设项目（工程）及时投产，发挥投资效益，总结建设经验有重要作用。

14.2　工程结算与决算

工程结算是承包方与建设方针对项目按照合同履行情况进行的经济性活动。工程决算是做最后的经济审核。

14.2.1　工程结算

工程结算是指施工企业按照承包合同和已完工程量向建设单位（业主）办理工程价清算的经济文件。工程建设周期长，耗用资金数大，为使建筑安装企业在施工中耗用的资金及时得到补偿，需要对工程价款进行中间结算（进度款结算）、年终结算，全部工程竣工验收后应进行竣工结算。在会计科目设置中，工程结算为建造承包商专用的会计科目。工程结算是工程项目施工中的一项十分重要的工作。

工程价款的结算，是指施工单位与建设单位之间根据双方签订合同（含补充协议）进行的工程合同价款结算。

工程结算又分为：工程定期结算、工程阶段结算、工程年终结算、工程竣工结算。

（1）竣工结算编制依据。工程结算主要依据国家法律法规、行业规范、承包合同等办理工程清算。工程结算编制的主要依据如下：

1）国家有关法律、法规、规章制度和相关的司法解释。

2）国务院建设行政主管部门以及各省、自治区、直辖市和有关部门发布的工程造价计价标准、计价办法、有关规定及相关解释。

3）施工方承包合同、专业分包合同及补充合同，有关材料、设备采购合同。

4）招投标文件，包括招标答疑文件、投标承诺、中标报价书及其组成内容。

5）工程竣工图或施工图、施工图会审记录，经批准的施工组织设计，以及设计变更、工程洽商和相关会议纪要。

6）经批准的开、竣工报告或停、复工报告。

7）建设工程工程量清单计价规范或工程预算定额、费用定额及价格信息、调价规定等。

8）工程预算书。

9）影响工程造价的相关资料。

10）安装工程定额基价。

11）结算编制委托合同。

（2）竣工结算时间。竣工结算是指施工企业按照合同规定，在一个单位工程或建筑安装工程完工、验收后，向建设单位（业主）办理最后工程价款清算的经济技术文件。

《建设工程施工合同（示范文本）》中对竣工结算作了详细规定：

工程竣工验收报告经发包方认可后 28d 内，承包方向发包方递交竣工结算报告及完整的结算资料，双方按照协议书约定的合同价款及专用条款约定的合同价调整内容，进行工程竣工结算。

发包方收到承包方递交的竣工结算报告及结算资料后 28d 内进行核实，给予确认或者提出修改意见。发包方确认竣工结算报告后通知经办银行向承包方支付工程竣工结算价款。承包方收到竣工结算价款后 14d 内将竣工工程交付发包方。

发包方收到竣工结算报告及结算资料后 28d 内无正当理由不支付工程竣工结算价款，从第 29d 起按承包方同期向银行贷款利率支付拖欠工程价款的利息，并承担违约责任。发包方收到竣工结算报告及结算资料后 28d 内不支付工程竣工结算价款，承包方可以催告发包方支付结算价款。发包方在收到竣工结算报告及结算资料后 56d 内仍不支付的，承包方可以与发包方协议将该工程折价，也可以由承包方申请人民法院将该工程依法拍卖，承包方就该工程折价或者拍卖的价款优先受偿。

工程竣工验收报告经发包方认可后 28d 内，承包方未能向发包方递交竣工结算报告及完整的结算资料，造成工程竣工结算不能正常进行或工程结算价款不能及时支付，发包方要求交付工程的，承包方应当交付；发包方不要求交付工程的，承包方承担保管责任。

发包方和承包方对工程竣工结算价款发生争议时，按争议的约定处理。在实际工作中，当年开工、当年竣工的工程，只需办理一次性结算。跨年度的工程，在年终办理一次年终结算，将未完工程结转到下一年度，此时竣工结算等于各年度结算的总和。

办理工程价款竣工结算的一般公式为：

竣工结算工程款＝预算（或概算）或合同价款＋施工过程中预算或合同价款调整数额－预付及已结算工程价款－保修金

（3）竣工结算方式。结算书以施工单位为主进行编制。竣工结算一般采用以下方式。

预算结算方式：这种方式是把经过审定确认的施工图预算作为竣工结算的依据，在施工过程中发生的而施工预算中未包括的项目和费用，经建设单位驻现场工程师签证，和原预算一起在工程结算时进行调整，因此又称这种方式为施工图预算加签证的结算方式。

承包总价结算方式：这种方式的工程承包合同为总价承包合同。工程竣工后，暂扣合同价的 2‰～5‰作为维修金，其余工程价款一次结清，在施工过程中所发生的材料代用、主要材料价差、工程量的变化等，如果合同中没有可以调价的条款，一般不予调整。因此，凡按总价承包的工程，一般都列有一项不可预见费用。

平方米造价包干方式：承发包双方根据一定的工程资料，经协商签订每平方米造价指标的合同，结算时按实际完成的建筑面积汇总结算价款。

工程量清单结算方式：采用清单招标时，中标人填报的清单分项工程单价是承包合同的组成部分，结算时按实际完成的工程量，以合同中的工程单价为依据计算结算价款。

（4）竣工结算意义。工程结算是工程项目承包中的一项十分重要的工作，主要表现为以下几个方面。

1）工程结算是反映工程进度的主要指标。在施工过程中，工程结算的依据之一就是按照已完的工程进行结算，根据累计已结算的工程价款占合同总价款的比例，能够近似反映出工程的进度情况。

2）工程结算是加速资金周转的重要环节。施工单位尽快尽早地结算工程款，有利于偿还债务，有利于资金回笼，降低内部运营成本。通过加速资金周转，提高资金的使用效率。

3）工程结算是考核经济效益的重要指标。对于施工单位来说，只有工程款如数地结清，才意味着避免了经营风险，施工单位也才能够获得相应的利润，进而达到良好的经济效益。

14.2.2　工程决算

工程决算是国家基本建设中的一个重要程序，是对所完成的各类大小工程在竣工验收后的最后经济审核，包括各类工料、机械设备及管理费用等。其内容应包括从项目策划到竣工投产全过程的全部实际费用。

工程决算是指由建设单位编制的反映建设项目实际造价和投资效果的文件。其内容应包括从项目策划到竣工投产全过程的全部实际费用。

（1）竣工决算编制依据。工程决算主要依据国家法律法规、行业规范，承包文件等编制。必须有相应的依据：

经批准的可行性研究报告及其投资估算。

经批准的初步设计或扩大初步设计及其概算或修正概算。

经批准的施工图设计及其施工图预算。

设计交底或图纸会审纪要。

招投标的标底、承包合同、工程结算资料。

施工记录或施工签证单，以及其他施工中发生的费用记录，如：索赔报告与记录、停（交）工报告等。

竣工图及各种竣工验收资料。

历年基建资料、历年财务决算及批复文件。

设备、材料调价文件和调价记录。

有关财务核算制度、办法和其他有关资料、文件等。

（2）竣工决算编制步骤。通常，编制工程决算有一定的步骤，才能做到有条不紊。

收集、整理、分析原始资料。从建设工程开始就按编制依据的要求，收集、清点、整理有关资料，主要包括建设工程档案资料，如：设计文件、施工记录、上级批文、预（决）算文件。

对照、核实工程变动情况，重新核实各施工单位、单项工程造价。将竣工资料与原设计图纸进行查对、核实，必要时可实地测量，确认实际变更情况；根据经审定的施工单位竣工结算等原始资料，按照有关规定对原概（预）算进行增减调整，重新核定工程造价。

编制竣工财务决算说明书，力求内容全面、简明扼要、文字流畅、说明问题。

填报竣工决算报表。

做好工程造价对比分析。

清理、装订好竣工图。

按国家规定上报、审批、存档。

（3）竣工决算注意事项。审计部在收到工程决算10d内应按照上级有关文件的规定，结合公司的规章及结算方式进行审查，发现问题及时与工程部门联系，做到基建开支合理、准确。审查后的工程决算应及时返回工程部，办理与施工单位结算事宜。

固定资产的转移工作由公司财务部负责在一个月内尽早办理。

　　小结：工程结算与工程决算作为工程建设的重要部分，同时也是重要的经济活动，必须给予高度重视，同时应该提前准备。

14.3　建设工程竣工资料

　　作为工程档案的一部分，竣工资料需满足一定要求，竣工资料的质量也是工程质量组成内容，通常有固定的格式要求。

14.3.1　竣工资料组织

　　竣工结算资料要求：一般包括八卷资料。

　　竣工资料应为已备案完毕的完整资料，结算资料提交后无特殊情况不得补充资料。施工单位对所提供的竣工结算资料真实性、完整性及有效性应作出书面承诺并对此负责，资料报送套数：完整的竣工结算资料一式二套（其中竣工结算书一式三套）。一般由八卷组成。

　　（1）卷一：施工承包资料。

　　中标（中选）通知书；

　　会议纪要；

　　施工合同及附件、协议书、补充协议；

　　施工单位资质证书；

　　图纸会审纪要；

　　开、竣工报告及工期延期联系单；

　　竣工验收记录。

　　（2）卷二：招标人投标文件。

　　招标文件及招标工程量清单及电子盘、招标答疑纪要、招标补遗；

　　投标文件商务标及电子盘；

　　投标文件技术标；

　　承包人编制的结算书及电子盘。

　　（3）卷三：勘察资料及施工图。

　　地勘报告；

　　施工图及电子盘。

　　（4）卷四：施工图及施工方案。

　　承包方、发包方、监理方按规定签字认可的施工图纸；

　　经审定的施工组织设计、施工方案或专项施工方案。

　　（5）卷五：原始资料及签证资料。

　　原始地形、地貌抄测记录；

　　材料、设备认质核价单；

　　设计变更单、技术核定单；

　　现场签证单；

　　甲供材料（设备）；

　　收货验收签收单。

　　（6）卷六：隐蔽资料及来往文件。

隐蔽工程验收记录（签字盖章手续齐全且清楚）；

吊装工程记录、安装工程调试记录、调试报告；

与工程结算有关的"发包方通知、指令、会议纪要、往来文件、工程洽商记录等"；

建设单位付款情况表；

各标段、各专业施工单位；

结算资料报送承诺书。

（7）卷七：其他资料。

其他有关影响工程造价、工期等资料。

（8）卷八：签收表。

移交资料签收表（一式三份）。

14.3.2 档案资料

一套完整的建设工程项目档案资料一般包括开工前、施工中和竣工资料等七部分。

第一部分 开工前资料

中标通知书及施工许可证；

施工合同；

委托监理工程的监理合同；

施工图审查批准书及施工图审查报告；

质量监督登记书；

质量监督交底要点及质量监督工作方案；

岩土工程勘察报告；

施工图会审记录；

经监理（或业主）批准所施工组织设计或施工方案；

开工报告；

质量管理体系登记表；

施工现场质量管理检查记录；

技术交底记录；

测量定位记录。

第二部分 质量验收资料

地基验槽记录；

基桩工程质量验收报告；

地基处理工程质量验收报告；

地基与基础分部工程质量验收报告；

主体结构分部工程质量验收报告；

特殊分部工程质量验收报告；

线路敷设验收报告；

地基与基础分部及所含子分部、分项、检验批质量验收记录；

主体结构分部及所含子分部、分项、检验批质量验收记录；

装饰装修分部及所含子分部、分项、检验批质量验收记录；

屋面分部及所含子分部、分项、检验批质量验收记录；

给水、排水及采暖分部及所含子分部、分项、检验批质量验收记录；

电气分部及所含子分部、分项、检验批质量验收记录；

智能分部及所含子分部、分项、检验批质量验收记录；

通风与空调分部及所含子分部、分项、检验批质量验收记录；

电梯分部及所含子分部、分项、检验批质量验收记录；

单位工程及所含子单位工程质量竣工验收记录；

室外工程的分部（子分部）、分项、检验批质量验收记录。

第三部分　试验资料

水泥物理性能检验报告；

砂、石检验报告；

各强度等级混凝土配合比试验报告；

砼试件强度统计表、评定表及试验报告；

各强度等级砂浆配合比试验报告；

砂浆试件强度统计表及试验报告；

砖、石、砌块强度试验报告；

钢材力学、弯曲性能检验报告及钢筋焊接接头拉中、弯曲检验报告或钢筋机械连接接头检验报告；

预应力筋、钢丝、钢纹线力学性能进场复验报告；

桩基工程试验报告；

钢结构工程试验报告；

幕墙工程试验报告；

防水材料试验报告；

金属及塑料的外门、外窗检测报告（包括材料及三性）；

外墙饰面的拉拔强度试验报告；

建（构）筑物防雷装置验收检测报告；

有特殊要求或设计要求的回填土密实度试验报告；

质量验收规范规定的其他试验报告；

地下空防水效果检查记录；

有防水要求的地面蓄水试验记录；

屋面淋水试验记录；

抽气（风）道检查记录；

节能、保温测试记录；

管道、设备强度及严密性试验记录；

系统清洗、灌水、通水试验记录；

照明全负荷试验记录；

大型灯具牢固性试验记录；

电气设备调试记录；

电气工程接地、绝缘电阻测试记录；

制冷、空调、管道的强度及严密性试验记录；

制冷设备试运行调试记录；

通风、空调系统试运行调试记录；

风量、温度测试记录；

电梯设备开箱检验记录；

电梯负荷试验、安全装置检查记录；

电梯接地、绝缘电阻测试记录；

电梯试运行调试记录；

智能建筑工程系统试运行记录；

智能建筑工程系统功能测定及设备调试记录；

单位（子单位）工程安全和功能检验所必需的其他测量、测试、检测、检验、试验、调试、试运行记录。

第四部分 材料、产品、构配件等合格证资料

水泥出厂合格证（含 28d 补强报告）；

砖、砌块出厂合格证；

钢筋、预应力、钢丝、钢绞线、套筒出厂合格证；

钢桩、预制桩、预应力管桩出厂合格证；

钢结构工程构件及配件、材料出厂合格证；

幕墙工程配件、材料出厂合格证；

防水材料出厂合格证；

金属及塑料门窗出厂合格证；

焊条及焊剂出厂合格证；

预制构件、预拌混凝土合格证；

给水排水与采暖工程材料出厂合格证；

建筑电气工程材料、设备出厂合格证；

通风与空调工程材料、设备出厂合格证；

电梯工程设备出厂合格证；

智能建筑工程材料、设备出厂合格证；

施工要求的其他合格证。

第五部分 施工过程资料

设计变更、洽商记录；

工程测量、放线记录；

预检、自检、互检、交接检记录；

建（构）筑物沉降观测测量记录；

新材料、新技术、新工艺施工记录；

隐蔽工程验收记录；

施工日志；

混凝土开盘报告；

混凝土施工记录；

混凝土配合比计量抽查记录；

工程质量事故报告单；

工程质量事故及事故原因调查、处理记录；

工程质量整改通知书；

工程局部暂停施工通知书；

工程质量整改情况报告及复工申请；

工程复工通知书。

第六部分　必要时应增补的资料

勘察、设计、监理、施工（包括分包）单位的资质证明；

建设、勘察、设计、监理、施工（包括分色）单位的变更、更换情况及原因；

勘察、设计、监理单位执业人员的执业资格证明；

施工（包括分包单位现场管理售货员及各工种技术工人）的上岗证明；

经建设单位（业主）同意认可的监理规划或监理实施细则；

见证单位派驻施工现场设计代表委托书或授权书；

设计单位派驻施工现场设计代表委托书或授权书。

第七部分　竣工资料

施工单位工程竣工报告；

监理单位工程竣工质量评价报告；

勘察单位勘察文件及实施情况检查报告；

设计单位设计文件及实施情况检查报告；

建设工程质量竣工验收意见书或单位（子单位）工程质量竣工验收记录；

竣工验收存在问题整改通知书；

竣工验收存在问题整改验收意见书；

工程的具备竣工验收条件的通知及重新组织竣工验收通知书；

单位（子单位）工程质量控制资料核查记录（质量保证资料审查记录）；

单位（子单位）工程安全和功能检验资料核查及主要功能抽查记录；

单位（子单位）工程观感质量检查记录（观感质量评定表）；

定向销售商品房或职工集资用户签收意见表；

工程质量保修合同（书）；

建设工程竣工验收报告（由建设单位填写）；

竣工图（包括智能建筑分部）；

竣工资料应该根据建设项目的情况合理完整的进行编制，包括但不限于以上七部分，避免缺少和遗漏。

14.4　案　　　例

竣工图纸是建筑工程竣工档案中的重要组成部分，不重视竣工资料可能会带来预期不到的后果。

【案例 1】　2015 年 12 月，受某房地产开发商委托，对某小区住宅楼项目进行结算审核，施工方提送的竣工图为投标时的施工图。在现场勘查时，发现实际竣工现场与投标图纸不一致，如：原设计勒脚处挂贴蘑菇石，实际为仿石砖；原设计厨房与客厅墙体分隔用塑钢门联窗，实际已取消；原设计公共楼梯间贴地砖，实际为水泥砂浆压光；原设计配电箱元器件为施耐德；实际为德力西。针对以上问题，梳理了竣工图与建筑实体之间的差异，同时落实差异的原因，并估算差异金额约 178 万元，书面报告甲方进行差额扣减，详见表 14 - 1。

表 14 - 1　　　　　　　　　　某小区住宅楼项目结算资料表

序号	分部分项名称	单位	工程量	单价差/元	合价/元
1	外墙勒脚由挂贴蘑菇石改为仿石砖	m²	2132	26	55432
2	塑钢门窗（取消）	m²	3828	385	1473780
3	楼梯间地砖改为水泥砂浆压光	m²	2851	45	128295
4	配电箱元器件品牌由施耐德改为德力西	套	360	330	118800
合计					1776307

从这个案例可以发现，竣工图纸是建筑工程竣工档案中的重要组成部分，也是贯彻整个项目建设全过程的一项持续性的基础工作。竣工图的每一处遗漏或错误都是用钱买单，少画内容则乙方吃亏，多画内容则甲方吃亏，都不是工程咨询单位所希望的结果。因而，绘制者、审核者、使用者都必须严肃对待。但由于各种现实原因，绘制的竣工图纸与建筑实体之间往往都略有差异，因此结算审核者在收到竣工图纸后，第一时间就要落实竣工图纸是否与实际施工内容一致的问题。如不一致，应落实具体原因，同时根据现场实际情况建议甲方与施工单位当面澄清，及时修改竣工图纸，并落实到位，使竣工图纸与建筑实体保持一致，不能盲目相信竣工图的权威性，或抱着竣工图有问题与我无关的心态进行竣工结算审核，否则将造成经济损失。

【案例 2】　2017 年 9 月，受某财政局委托，对某工业园区的市政给水管网工程进行结算审核，此工程招标文件载明对于其中的钢筋混凝土给水管道必须采用宁夏青龙管道，且合同条款也对钢筋混凝土给水管道的品牌进行了约定。

在审核过程中施工方只提供了常见的结算审核资料，因该工程属于隐蔽工程，笔者无法核实钢筋混凝土给水管道的品牌，在建设单位的协调下，施工方后续提供了施工技术资料，经核实技术资料中的材料进场记录、材料报验单、材料合格证，得出钢筋混凝土给水管道采用的是另外一个品牌，而非合同约定的宁夏青龙管道。同时，还依据技术资料发现给水井室的砌体材质不是青砖，而是粉煤灰蒸压砖。据此两项内容，通过调整材料价差核减约 78 万元，详见表 14 - 2。

表 14 - 2　　　　　　　　某工业园区市政给水管网工程结算资料表

序号	分部分项名称	单位	工程量	单价差/元	合价/元
1	DN1600（0.8MPa）预应力钢筋混凝土给水管品牌变更	m	1995	351	700245
2	井室砌体材料由青砖改为粉煤灰蒸压砖	m²	367	210	77070
合计					777315

因有前车之鉴，隐蔽资料也是重要的结算资料，造价咨询人员要仔细核实隐蔽资料的内容是否与施工现场一致，是否准确，是否与施工单位提送的结算分项内容一致。

竣工验收，是全面考核建设工作，检查是否符合设计要求和工程质量的重要环节，对促进建设项目（工程）及时投产，发挥投资效果，总结建设经验有重要作用。工程结算与工程决算作为工程建设的重要部分，同时也是重要的经济活动，必须给予高度重视，同时应该提前准备。竣工资料应该根据建设项目的情况合理且完整地进行编制。

14.5　课 程 思 政 教 学 案 例

本节从工程收尾管理专业思想的视角出发，植入的课程思政教学案例（元素）为：成功是拼搏出来的——总监理工程师马斌教授在北沟尾矿库投入试运行庆典发言。

14.5.1　专业知识点

工程项目收尾阶段应是工程项目管理全过程的最后阶段，主要包括竣工验收、工程结算、工程决算、建设工程竣工资料编制四部分。

竣工验收是建设工程项目交付前最后一个重要的阶段性过程。竣工验收由建设投资主管部门会同建设、设计、施工、监理、设备供应单位及工程质量监督等部门，对该项目是否符合规划设计要求，以及对建筑施工和设备安装质量进行全面检验后，取得竣工合格资料、数据和凭证的过程。

工程结算是承包方与建设方针对项目按照合同履行情况进行的经济性活动。为了项目核算与成本控制，双方应依据合同约定及时做单位工程验收，并进行结算。

工程决算是国家基本建设中的一个重要程序，是对所完成的各类大小工程在竣工验收后的最后经济审核，包括各类工料、机械设备及管理费用等。其内容应包括从项目策划到竣工投产全过程的全部实际费用。

14.5.2　思政育人目标

竣工验收是全面考核建设工作，检查是否符合设计要求和工程质量的重要环节，对促进建设项目（工程）及时投产，发挥投资效益，总结建设经验有重要作用。

工程结算与工程决算作为工程建设的重要部分，同时也是重要的经济活动，必须给予高度重视，同时应该提前准备。

工程质量包含两部分：建筑物实体质量和资料的质量，竣工资料的质量也是工程质量的组成内容。两者相辅相成、缺一不可。

14.5.3　思政案例

成功是拼搏出来的

——总监理工程师马斌教授在北沟尾矿库投入试运行庆典发言

尊敬的各位领导、各位专家、各位来宾，大家好！

今天，秋高气爽、丹桂飘香、绿水青山、欢声笑语。北沟大坝以"拔地通天之势、擎手捧日之姿"屹立在伏牛山脉十八盘间，巍然地展现在来宾面前，继泉水沟尾矿库工程之后，又一伟大的工程即将竣工！在这个心潮澎湃、热血沸腾的时刻，作为本工程项目总监理工程师，我谨代表监理方，向工程建设项目业主表示热烈的祝贺！向工程建设者表示衷心的感谢！并致以崇高的敬礼！大家辛苦了！

在工程项目建设中，业主、设计、监理、施工等各参建单位以优质工程为目标，秉承

"安全第一、质量为本"的方针。使用新工艺、新材料、新技术，资源优化，绿色环保，缩短工期、节约资源，精心施工、精细管理，克服了一道道施工难题，啃下了一个个硬骨头。

今天，终于实现了我们的承诺，达成了我们共同的目标。践行了向建设单位负责、向施工单位负责、向社会负责的责任与担当。

十年磨一剑，以石柱沟水库工程、泉水沟尾矿库工程、北沟尾矿库工程为载体，以金钼汝业为实践基地，以校企联合为依托，会同金堆城钼业集团有限公司、西安理工大学、西安有色冶金设计研究院有限公司、西京学院、商洛学院、青岛华鹏工程咨询集团有限公司，在工程建设中攻克了诸多的科学技术难关，培养了数十名博士、硕士研究生及尾矿库建设专业人才，在尾矿库全生命期绿色建造关键技术创新与实践，国家绿色矿山的建设中取得了可喜的成果，为行业设计标准及施工规范提供了完善的理论依据。获得了陕西省高等学校科学技术一等奖、陕西省科学技术二等奖，获得了多项国家发明和实用新型专利。

行百里路者半九十，幸福是奋斗出来的，成功是拼搏出来的。今天的庆典是新的起点，我们将逢山开路、遇水架桥、不畏艰险、攻坚克难，撸起袖子加油干！向工程全面竣工运营做最后的冲刺！再次感谢大家！谢谢！

14.5.4 思政育人效果

新时代中国建造呼唤大国工匠，而实践出真知是工匠精神的底层逻辑。工程项目管理的实践是未来工程建设者的必修课。

实践可以从"三义"解释：定义——从认识论的观点，实践是人的感性活动，是对主体和客体对象关系的现实化过程，是相互过度的双向桥；广义——从广义上可以解释为经过或完成过程，如革命实践、教学实践、科研实践、生产实践；狭义——从狭义上解释为实验、验证、动手、操作过程或经历。

实践的观点是马克思主义哲学首要的基本观点，在包含着"新世界观的天才萌芽的第一文件"《关于费尔巴哈的提纲》中，马克思指出："人的思维是否具有客观的真理性，这不是一个理论问题，而是一个实践的问题。"实践是永葆初心，践行使命的现实保证。新时代坚持"不忘初心、牢记使命"，就是要在为实现中华民族伟大复兴的中国梦的实践中，以中国化的马克思主义理论成果为指导，进行社会主义现代化建设。

工程以实践为主导，对土建专业大学生培养实践能力、解决工程实际问题、培养大国工匠人才有着更重要的意义。而工程实践的艰巨性、复杂性更要具备责任与担当。树立工匠精神，实践过程中态度决定实践状态、状态决定实践心态、心态决定实践结果、结果产生实践成效、成效在工程实践中才能得到检验。

思考练习题

1. 竣工验收的依据是什么？
2. 竣工验收的内容有哪些？
3. 简述竣工验收的程序。
4. 工程结算的编制依据是什么？
5. 工程决算的内容有哪些？
6. 竣工资料的内容主要有哪些？

参 考 文 献

[1] 刘泽俊，周杰，李秀华，等．工程项目管理［M］．南京：东南大学出版社，2019.

[2] 韩国波，崔彩云，卫赵斌，等．建设工程项目管理［M］．重庆：重庆大学出版社，2017.

[3] 单泊源，李林凤，张人龙．多项目管理方法及其应用研究［M］．北京：中国人民大学出版社，2016.

[4] 陆惠民，苏振民，王延树．工程项目管理［M］．南京：东南大学出版社，2015.

[5] 丛培经，曹小琳，贾宏俊，等．工程项目管理［M］．5版．北京：中国建筑工业出版社，2017.

[6] 项勇，王辉．工程项目管理［M］．北京：机械工业出版社，2017.

[7] 李慧民．工程经济与项目管理［M］．北京：科学出版社，2016.

[8] 本丛书编审委员会．建筑工程施工项目管理总论［M］．2版．北京：机械工业出版社，2003.

[9] 王要武．工程项目管理百问［M］．2版．北京：中国建筑工业出版社，2010.

[10] 戚振强．建设工程项目质量管理［M］．北京：机械工业出版社，2004.

[11] 丁士昭．工程项目管理［M］．北京：中国建筑工业出版社，2014.

[12] 全国一级建造师执业资格考试辅导编写委员会．建设工程项目管理［M］．北京：中国建筑工业出版社，2018.

[13] 张建新，杜亚丽，鞠蕾，等．工程项目管理［M］．北京：清华大学出版社，2019.

[14] 齐宝库．工程项目管理［M］．5版．大连：大连理工大学出版社，2017.

[15] 成虎，陈群．工程项目管理［M］．北京：中国建筑工业出版社，2015.

[16] 王卓甫，杨高升．工程项目管理—原理与案例［M］．北京：中国水利水电出版社，2014.

[17] 张毅．工程建设质量监督［M］．2版．上海：同济大学出版社，2003.

[18] 王祖和．项目质量管理［M］．北京：机械工业出版社，2004.

[19] 韩福荣．现代质量管理学［M］．4版．北京：机械工业出版社，2018.

[20] 赵涛，潘欣鹏．项目质量管理［M］．北京：中国纺织出版社，2005.

[21] 马斌，朱记伟，等．建设项目施工管理及优化［M］．北京：中国电力出版社，2016.

[22] 李建峰，等．工程计价与造价管理［M］．2版．北京：中国电力出版社，2012.